Aventures De Monsieur Pickwick V2

Charles Dickens

AVENTURES

DE MONSIEUR

PICKWICK

PAR CH. DICKENS

ROMAN ANGLAIS

TRADUIT AVEC L'AUTORISATION DE L'AUTEUR

SOUS LA DIRECTION DE P. LORAIN

PAR P. GROLIER

TOME SECOND

PARIS

LIBRAIRIE DE L. HACHETTE ET Cie

BOULEVARD SAINT-GERMAIN, Nº 77

1865

AVENTURES

DE

M. PICKWICK.

CHAPITRE PREMIER.

Comment les pickwickiens firent et cultivèrent la connaissance d'une couple d'agréables jeunes gens, appartenant à une des professions libérales ; comment ils folâtrèrent sur la glace ; et comment se termina leur visite.

« Eh bien ! Sam, il gèle toujours ? » dit M. Pickwick à son domestique favori, comme celui-ci entrait dans sa chambre le matin du jour de Noël, pour lui apprêter l'eau chaude nécessaire.

« L'eau du pot à eau n'est plus qu'un masque de glace, monsieur.

— Une rude saison, Sam !

— Beau temps pour ceux qui sont bien vêtus, monsieur, comme disait l'ours blanc en s'exerçant à patiner.

— Je descendrai dans un quart d'heure, Sam, reprit M. Pickwick, en dénouant son bonnet de nuit.

— Très-bien, monsieur, vous trouverez en bas une couple de carabins.

— Une couple de quoi ? s'écria M. Pickwick en s'asseyant sur son lit.

— Une couple de carabins, monsieur.

— Qu'est-ce que c'est qu'un carabin ? demanda M. Pickwick, incertain si c'était un animal vivant ou quelque comestible.

— Comment ! vous ne savez pas ce que c'est qu'un carabin, monsieur ? Mais tout le monde sait que c'est un chirurgien.

— Oh ! un chirurgien ?

— Justement, monsieur. Quoique ça, ceux-là ne sont que des chirurgiens en herbe; ce sont seulement des apprentis.

— En d'autres termes, ce sont, je suppose, des étudiants en médecine? »

Sam Weller fit un signe affirmatif.

« J'en suis charmé, dit M. Pickwick, en jetant énergiquement son bonnet sur son couvre-pieds. Ce sont d'aimables jeunes gens, dont le jugement est mûri par l'habitude d'observer et de réfléchir; dont les goûts sont épurés par l'étude et par la lecture : je serai charmé de les voir.

— Ils fument des cigares au coin du feu dans la cuisine, dit Sam.

— Ah! fit M. Pickwick en se frottant les mains, justement ce que j'aime: surabondance d'esprits animaux et de socialité.

—Et il y en a un, poursuivit Sam, sans remarquer l'interruption de son maître; il y en a un qui a ses pieds sur la table, et qui pompe ferme de l'eau-de-vie; pendant que l'autre qui paraît amateur de mollusques, a pris un baril d'huîtres entre ses genoux, il les ouvre à la vapeur, et les avale de même, et avec les coquilles il vise not' jeune popotame qui est endormi dans le coin de la cheminée.

— Excentricités du génie, Sam. Vous pouvez vous retirer. »

Sam se retira, en conséquence, et M. Pickwick, au bout d'un quart d'heure, descendit pour déjeuner:

« Le voici à la fin, s'écria le vieux Wardle. Pickwick, je vous présente le frère de miss Allen, M. Benjamin Allen. Nous l'appelons Ben, et vous pouvez en faire autant, si vous voulez. Ce gentleman est son ami intime, monsieur....

— M. Bob Sawyer, » dit M. Benjamin Allen. Et là-dessus, M. Bob Sawyer et M. Benjamin Allen éclatèrent de rire en duo.

M. Pickwick salua Bob Sawyer, et Bob Sawyer salua M. Pickwick; après quoi Ben et son ami intime s'occupèrent très-assidûment des comestibles, ce qui donna au philosophe la facilité de les examiner.

M. Benjamin Allen était un jeune homme épais, ramassé, dont les cheveux noirs avaient été taillés trop courts, dont la face blanche était taillée trop longue. Il s'était embelli d'une paire de lunettes, et portait une cravate blanche. Au-dessous de son habit noir, qui était boutonné jusqu'au menton, apparaissait le nombre ordinaire de jambes, revêtues d'un pantalon couleur de poivre, terminé par une paire de bottes imparfaitement cirées. Quoique les manches de son habit fussent courtes, elles ne laissaient voir aucun vestige de manchettes; et quoique son visage fût assez large pour admettre l'encadrement d'un col de chemise, il n'était orné d'aucun appendice de ce genre. Au total, son costume avait l'air un peu moisi, et il répandait autour de lui une pénétrante odeur de cigares à bon marché.

M. Bob Sawyer, couvert d'un gros vêtement bleu moitié paletot, moitié redingote, d'un large pantalon écossais, d'un grossier gilet à doubles revers, avait cet air de prétention mal propre, cette tournure fanfaronne, particulière aux jeunes gentlemen qui fument dans la rue durant le jour, y chantent et y crient durant la nuit, appellent les garçons des tavernes par leur nom de baptême, et accomplissent dans la rue divers autres exploits non moins facétieux; il portait un gros bâton, orné d'une grosse pomme, se gardait de mettre des gants, et ressemblait en somme à un Robinson Crusoé, tombé dans la débauche.

Telles étaient les deux notabilités auxquelles M. Pickwick fut présenté, dans la matinée du jour de Noël.

« Superbe matinée, messieurs, » dit-il. M. Bob Sawyer fit un léger signe d'assentiment à cette proposition, et demanda la moutarde à M. Benjamin Allen.

— Êtes-vous venus de loin ce matin, messieurs? poursuivit M. Pickwick.

— De l'auberge du *Lion-Bleu*, à Muggleton, répondit brièvement M. Allen.

— Vous auriez dû arriver hier au soir, continua M. Pickwick.

— Et c'est ce que nous aurions fait, répliqua Bob Sawyer, mais l'eau-de-vie du *Lion-Bleu* était trop bonne pour la quitter si vite; pas vrai, Ben?

— Certainement, répondit celui-ci, et les cigares n'étaient pas mauvais, ni les côtelettes de porc frais non plus, hein, Bob?

—Assurément, repartit Bob; » et les amis intimes recommencèrent plus vigoureusement leur attaque sur le déjeuner, comme si le souvenir du souper de la veille leur avait donné un nouvel appétit.

« Mastique, Bob, dit Allen à son compagnon, d'un air encourageant.

— C'est ce que je fais, répondit M. Bob; et, pour lui rendre justice, il faut convenir qu'il s'en acquittait joliment.

— Vive la dissection pour donner de l'appétit, reprit M. Bob Sawyer, en regardant autour de la table. »

M. Pickwick frissonna légèrement.

« A propos, Bob, dit M. Allen, avez-vous fini cette jambe ?

— A peu près, répondit M. Sawyer, en s'administrant la moitié d'une volaille. Elle est fort musculeuse pour une jambe d'enfant.

— Vraiment ? dit négligemment M. Allen.

— Mais oui, répliqua Bob Sawyer, la bouche pleine.

— Je me suis inscrit pour un bras à notre école, reprit M. Allen. Nous nous cotisons pour un sujet, et la liste est presque pleine; mais nous ne trouvons pas d'amateur pour la tête. Vous devriez bien la prendre.

— Merci, repartit Bob Sawyer; c'est trop de luxe pour moi.

— Bah! bah!

— Impossible! une cervelle, je ne dis pas.... Mais une tête tout entière, c'est au-dessus de mes moyens.

— Chut! chut! messieurs! s'écria M. Pickwick; j'entends les dames. »

M. Pickwick parlait encore lorsque les dames rentrèrent de leur promenade matinale. Elles avaient été galamment escortées par MM. Snodgrass, Winkle et Tupman.

« Comment, c'est toi, Ben? dit Arabelle, d'un ton qui exprimait plus de surprise que de plaisir, à la vue de son frère.

— Je te ramène demain à la maison, Arabelle, répondit Benjamin. »

M. Winkle devint pâle.

« Tu ne vois donc pas Bob Sawyer? » poursuivit l'étudiant, d'un ton de reproche.

Arabelle tendit gracieusement la main; et, comme M. Sawyer la serrait d'une manière visible, M. Winkle sentit dans son cœur un frémissement de haine.

« Mon cher Ben, dit Arabelle en rougissant, as-tu.... as-tu été présenté à M. Winkle?

— Non, mais ce sera avec plaisir, » répondit son frère gravement; puis il salua d'un air roide M. Winkle, tandis que celui-ci et M. Bob Sawyer se dévisageaient du coin de l'œil avec une méfiance mutuelle.

L'arrivée de deux nouveaux visages, et la contrainte qui en

résultait pour Arabelle et pour M. Winkle, auraient, suivant toute apparence, modifié d'une manière déplaisante l'entrain de la compagnie, si l'amabilité de M. Pickwick et la bonne humeur de leur hôte ne s'étaient pas déployées au plus haut degré pour le bonheur commun. M. Winkle s'insinua graduellement dans les bonnes grâces de M. Benjamin Allen, et entama même une conversation amicale avec M. Bob Sawyer, qui, grâce à l'eau-de-vie, au déjeuner et à la causerie, se trouvait dans une situation d'esprit des plus facétieuses. Il raconta avec beaucoup de verve comment il avait enlevé une tumeur sur la tête d'un vieux gentleman, illustrant cette agréable anecdote en faisant, avec son couteau, des incisions sur un pain d'une demi-livre, à la grande édification de son auditoire.

Après le déjeuner, on se rendit à l'église, où M. Benjamin Allen s'endormit profondément, tandis que M. Bob Sawyer détachait ses pensées des choses terrestres par un ingénieux procédé, qui consistait à graver son nom sur le devant de son banc en lettres corpulentes de quatre pouces de hauteur environ.

Après un goûter substantiel, arrosé de forte bière et de cerises à l'eau-de-vie, le vieux Wardle dit à ses hôtes :

« Que pensez-vous d'une heure passée sur la glace? Nous avons du temps à revendre.

— Admirable! s'écria Benjamin Allen.

— Fameux! acclama Bob Sawyer.

— Winkle! reprit M. Wardle. Vous patinez, nécessairement?

— Eh !... oui, oh! oui, répliqua M. Winkle. Mais.... mais je suis un peu rouillé.

— Oh! monsieur Winkle, dit Arabelle, patinez, je vous en prie ; j'aime tant à voir patiner!

— C'est si gracieux! » continua une autre jeune demoiselle.

Une troisième jeune demoiselle ajouta que c'était élégant; une quatrième, que c'était aérien.

« J'en serais enchanté, répliqua M. Winkle en rougissant; mais je n'ai pas de patins. »

Cette objection fut aisément surmontée : M. Trundle avait deux paires de patins, et le gros joufflu annonça qu'il y en avait en bas une demi-douzaine d'autres. En apprenant cette bonne nouvelle, M. Winkle déclara qu'il était ravi; mais, en disant cela, il avait l'air parfaitement misérable.

M. Wardle conduisit donc ses hôtes vers une large nappe de glace. Sam Weller et le gros joufflu balayèrent la neige qui était tombée la nuit précédente, et M. Bob Sawyer ajusta ses patins avec une dextérité qui, aux yeux de M. Winkle, était absolument merveilleuse. Ensuite il se mit à tracer des cercles, à écrire des huit, à inscrire sur la glace, sans s'arrêter un seul instant, une collection d'agréables emblèmes, à l'excessive satisfaction de M. Pickwick, de M. Tupman et de toutes les dames. Mais ce fut bien mieux encore, ce fut un véritable enthousiasme, quand le vieux Wardle et Benjamin Allen, assistés par ledit Bob, accomplirent nombre de figures et d'évolutions mystiques.

Pendant tout ce temps, M. Winkle, dont le visage et les mains étaient bleus de froid, s'occupait à mettre ses patins avec la pointe par derrière et à emmêler les courroies de la manière la plus compliquée. Il avait été aidé dans cette opération par M. Snodgrass, qui se connaissait en patins à peu près aussi bien qu'un Hindou; néanmoins, grâce à l'assistance de Sam, les malheureux patins furent serrés assez solidement pour engourdir les pieds du patient, et il fut enfin levé sur ses jambes.

« Voilà, monsieur, lui dit Sam, d'un ton encourageant; en route, à cette heure, et montrez-leur comme il faut s'y prendre.

— Attendez, attendez! cria M. Winkle, qui tremblait violemment et qui avait saisi Sam avec la vigueur convulsive d'un noyé. Comme c'est glissant, Sam!

— La glace est presque toujours comme ça. Tenez-vous donc, monsieur. »

Cette dernière exhortation était inspirée à Sam par un brusque mouvement du patineur, qui semblait avoir un désir frénétique de lever ses pieds vers le ciel et de briser la glace avec le derrière de sa tête.

« Voilà.... voilà des patins bien peu solides; n'est-ce pas, Sam? balbutia M. Winkle, en trébuchant.

— Je crois plutôt, répliqua l'autre, que c'est le gentleman qui est dedans qui n'est pas solide.

— Eh bien! Winkle! cria M. Pickwick, tout à fait ignorant de ce qui se passait, venez donc; ces dames vous attendent avec impatience.

— Oui, oui, répondit l'infortuné jeune homme, avec un sourire qui faisait mal à voir; oui, oui, j'y vais à l'instant.

— Voilà que ça va commencer ! dit Sam en cherchant à se dégager. Allons, monsieur, en route !

— Attendez un moment, Sam, murmura M. Winkle, en s'attachant à son soutien avec l'affection du lierre pour l'ormeau. Je me rappelle maintenant que j'ai à la maison deux habits qui ne me servent plus ; je vous les donnerai, Sam.

— Merci, monsieur.

— Inutile de toucher votre chapeau, Sam, reprit vivement M. Winkle ; ne me lâchez pas !... Je voulais vous donner cinq shillings, ce matin, pour vos étrennes de Noël, mais vous les aurez cette après-midi, Sam.

— Vous êtes bien bon, monsieur.

— Tenez-moi d'abord un peu, Sam. Voulez-vous ? Là.... c'est cela. Je m'y habituerai promptement. Pas trop vite ! pas trop vite ! Sam ! »

M. Winkle, penché en avant, et le corps presque en deux, était soutenu par Sam, et s'avançait sur la glace d'une manière singulière, mais très-peu aérienne, lorsque M. Pickwick cria, fort innocemment, du bord opposé :

« Sam !

— Monsieur !

— Venez ici, j'ai besoin de vous.

— Lâchez-moi, monsieur ! Est-ce que vous n'entendez pas mon maître, qui m'appelle ? Lâchez-moi donc, monsieur ! »

En parlant ainsi, Sam se dégagea par un violent effort, des mains du malheureux M. Winkle et lui communiqua en même temps une vitesse considérable. Aussi, avec une précision qu'aucune habileté n'aurait pu surpasser, l'infortuné patineur arriva-t-il rapidement au milieu de ses trois confrères, au moment même ou M. Bob Sawyer accomplissait une figure d'une beauté sans pareille ; M. Winkle se heurta violemment contre lui, et tous les deux tombèrent sur la glace avec un grand fracas. M. Pickwick accourut. Quand il arriva sur la place, Bob Sawyer était déjà relevé, mais M. Winkle était trop prudent pour en faire autant, avec des patins aux pieds. Il était assis sur la glace et faisait des efforts convulsifs pour sourire, tandis que chaque trait de son visage exprimait l'angoisse la plus profonde.

« Êtes-vous blessé ? demanda anxieusement Ben Allen.

— Pas beaucoup, répondit M. Winkle, en frottant son dos.

— Voulez-vous que je vous saigne ? reprit Benjamin, avec un empressement généreux.

— Non ! non ! merci, répliqua vivement le pikwickien désarçonné.

— Qu'en pensez-vous, M. Pickwick ? dit Bob Sawyer. »

Le philosophe était indigné ! Il fit un signe à Sam Weller, en disant d'une voix sévère :

« Otez-lui ses patins.

— Les ôter ? mais je ne fais que commencer, représenta M. Winkle, d'un ton de remontrance.

— Otez-lui ses patins, répéta M. Pickwick avec fermeté. »

On ne pouvait résister à un ordre donné de cette manière : M. Winkle permit silencieusement à Sam de l'exécuter.

« Levez-le, » dit M. Pickwick.

Sam aida M. Winkle à se relever.

M. Pickwick s'éloigna de quelques pas, et ayant fait signe à son jeune ami de s'approcher, fixa sur lui un regard pénétrant et prononça d'un ton peu élevé, mais distinct et emphatique, ces paroles remarquables :

« Vous êtes un imposteur, monsieur.

— Un quoi ? demanda M. Winkle en tressaillant.

— Un imposteur, monsieur. Et je parlerai plus clairement si vous le désirez : un blagueur, monsieur. »

Ayant laissé tomber ces mots d'une lèvre dédaigneuse, le philosophe tourna lentement sur ses talons, et rejoignit la société.

Pendant que M. Pickwick exprimait l'opinion ci-dessus rapportée, Sam et le gros joufflu avaient réuni leurs efforts pour établir une glissade, et s'exerçaient d'une manière très-brillante. Sam, en particulier, exécutait cette admirable et romantique figure que l'on appelle vulgairement *cogner à la porte du savetier*, et qui consiste à glisser sur un pied, tandis que de l'autre on frappe de temps en temps la glace d'un coup redoublé.

La glissade était longue et luisante, et comme M. Pickwick se sentait à moitié gelé d'être resté si longtemps tranquille, il y avait dans ce mouvement quelque chose qui semblait l'attirer.

« Voilà un joli exercice, et qui doit bien réchauffer, n'est-ce pas ? dit-il à M. Wardle.

— Oui, ma foi ! répondit celui-ci, qui était tout essoufflé d'avoir converti ses jambes en une paire de compas infatigable pour tracer sur la glace mille figures géométriques. Glissez-vous ?

— Je glissais autrefois, quand j'étais enfant; sur les ruisseaux.

— Essayez maintenant.

— Oh! oui, monsieur Pickwick, s'il vous plaît! s'écrièrent
toutes les dames.

— Je serais enchanté de vous procurer quelque amusement,
repartit le philosophe, mais il y a plus de trente ans que je
n'ai glissé!

— Bah! bah! enfantillage, reprit M. Wardle, en ôtant ses
patins avec l'impétuosité qui le caractérisait. Allons! je vous
tiendrai compagnie; venez! »

Et en effet le joyeux vieillard s'élança sur la glissade avec
une rapidité digne de Sam Weller, et qui enfonçait complètement le gros joufflu.

M. Pickwick le contempla un instant d'un air réfléchi, ôta
ses gants, les mit dans son chapeau, prit son élan deux ou
trois fois sans pouvoir partir, et à la fin, après avoir couru sur la
glace la longueur d'une centaine de pas, se lança sur la glissade
et la parcourut lentement et gravement, avec ses jambes écartées de deux ou trois pieds. L'air retentissait au loin des
applaudissements des spectateurs.

« Il ne faut pas laisser à la marmite le temps de se refroidir,
monsieur, » cria Sam; et le vieux Wardle s'élança de nouveau
sur la glissade, suivi de M. Pickwick, puis de Sam, puis de
M. Winkle, et puis de M. Bob Sawyer, puis du gros joufflu,
et enfin de M. Snodgrass; chacun glissant sur les talons de son
prédécesseur, tous courant l'un après l'autre avec autant d'ardeur que si le bonheur de toute leur vie avait dépendu de leur
vélocité.

La manière dont M. Pickwick exécutait son rôle dans cette
cérémonie, offrait un spectacle du plus haut intérêt. Avec
quelle anxiété, avec quelle torture, il s'apercevait que son
successeur gagnait sur lui, au risque imminent de le renverser! Arrivé à la fin de la glissade, avec quelle satisfaction
il se relâchait graduellement de la crispation pénible qu'il
avait déployée d'abord, et, tournant sur lui-même, dirigeait
son visage vers le point d'où il était parti! Quel jovial sourire
se jouait sur ses lèvres quand il avait accompli sa distance,
quel empressement pour reprendre son rang et pour courir
après son prédécesseur! Ses guêtres noires trottaient gaiement
à travers la neige; ses yeux rayonnaient de gaieté derrière ses
lunettes, et quand il était renversé (ce qui arrivait en moyenne

une fois sur trois tours), quel plaisir de lui voir ramasser vivement son chapeau, ses gants, son mouchoir, et reprendre sa place avec une physionomie enflammée, avec une ardeur, un enthousiasme que rien ne pouvait abattre!

Le jeu s'échauffait de plus en plus ; on glissait de plus en plus vite; on riait de plus en plus fort, quand un violent craquement se fit entendre. On se précipite vers le bord; les dames jettent un cri d'horreur; M. Tupman y répond par un gémissement; un vaste morceau de glace avait disparu; l'eau bouillonnait par-dessus ; le chapeau, les gants, le mouchoir de M. Pickwick flottaient sur la surface: c'était tout ce qui restait de ce grand homme.

La crainte, le désespoir étaient gravés sur tous les visages. Les hommes pâlissaient, les femmes se trouvaient mal; M. Snodgrass et M. Winkle s'étaient saisis convulsivement par la main, et contemplaient d'un œil effaré la place où avait disparu leur maître; tandis que M. Tupman, emporté par le désir de secourir efficacement son ami, et de faire connaître, aussi clairement que possible, aux personnes qui pourraient se trouver aux environs, la nature de la catastrophe, courait à travers champs comme un possédé, en criant de toute la force de ses poumons : « Au feu! au feu! au feu! »

Cependant le vieux Wardle et Sam Weller s'approchaient avec prudence de l'ouverture ; M. Benjamin Allen et M. Bob Sawyer se consultaient sur la convenance qu'il y aurait à saigner généralement toute la compagnie, afin de s'exercer la main, lorsqu'une tête et des épaules sortirent de dessous les flots et offrirent aux regards enchantés des assistants les traits et les lunettes de M. Pickwick.

« Soutenez-vous sur l'eau un instant, un seul instant, vociféra M. Snodgrass.

— Oui! hurla M. Winkle, profondément ému; je vous en supplie, soutenez-vous sur l'eau, pour l'amour de moi ! »

Cette adjuration n'était peut-être pas fort nécessaire; car, suivant toutes les apparences, si M. Pickwick avait pu se soutenir sur l'eau, il n'aurait pas manqué de le faire pour l'amour de lui-même.

« Eh! vieux camarade, dit M. Wardle, sentez-vous le fond?

— Oui, certainement, répondit M. Pickwick, en respirant longuement et en pressant ses cheveux pour en faire découler l'eau; je suis tombé sur le dos, et je n'ai pas pu me remettre tout de suite sur mes jambes.»

La vérité de cette assertion était corroborée par la cuirasse d'argile qui recouvrait la partie visible de l'habit de M. Pickwick; et, comme le gros joufflu se rappela soudainement que l'eau n'avait nulle part plus de quatre pieds de profondeur, des prodiges de valeur furent accomplis pour délivrer le philosophe embourbé. Après bien des craquements, des éclaboussures, des plongeons, M. Pickwick fut, à la fin, tiré de sa désagréable situation et se retrouva sur la terre ferme.

« Oh, mon Dieu! il va attraper un rhume épouvantable, s'écria Emily.

— Pauvre chère âme! dit Arabelle. Enveloppez-vous dans mon châle, M. Pickwick.

— C'est ce qu'il y a de mieux à faire, ajouta M. Wardle. Ensuite, courez à la maison, aussi vite que vous pourrez, et fourrez-vous dans votre lit sur-le-champ. »

Une douzaine de châles furent offerts à l'instant, et M. Pickwick, ayant été emmaillotté dans trois ou quatre des plus chauds, s'élança vers la maison, sous la conduite de Sam, offrant à ceux qui le rencontraient le singulier phénomène d'un homme âgé, ruisselant d'eau, la tête nue, les bras attachés au corps par un châle féminin et trottant sans aucun but apparent avec une vitesse de six bons milles à l'heure.

Mais, dans une circonstance aussi grave, M. Pickwick ne se souciait guère des apparences. Soutenu par Sam, il continua à courir de toutes ses forces jusqu'à la porte de Manoir-Ferme, où M. Tupman, arrivé quelques minutes avant lui, avait déjà répandu la terreur. La vieille lady, saisie de palpitations violentes, se désolait, dans l'inébranlable conviction que le feu avait pris à la cheminée de la cuisine : genre de calamité qui se présentait toujours à son esprit sous les plus affreuses couleurs, lorsqu'elle voyait autour d'elle la moindre agitation.

M. Pickwick, sans perdre un instant, se coucha bien chaudement dans son lit. Sam alluma dans sa chambre un feu d'enfer et lui apporta son dîner. Bientôt après, on monta un bol de punch, et il y eut des réjouissances générales en l'honneur de son heureux sauvetage. Le vieux Wardle ne voulut pas lui permettre de se lever; mais son lit fut promu aux fonctions de *fauteuil* de la présidence, et M. Pickwick, nommé président de la table. Un second, un troisième bol furent apportés, et le lendemain matin, quand le président s'éveilla, il ne ressentait aucun symptôme de rhumatisme. Ce qui prouve, comme le fit très-bien remarquer M. Bob Sawyer, qu'il n'y a rien de tel que le punch chaud dans des cas semblables, et que, si quelquefois le punch n'a pas produit l'effet désiré, c'est simplement parce que le patient était tombé dans l'erreur vulgaire de n'en pas prendre suffisamment.

Le lendemain matin fut dissoute la joyeuse association que les fêtes de Noël avaient formée. Les collégiens qui se quittent en sont enchantés; mais plus tard, dans la vie du monde, ces séparations deviennent pénibles. La mort, l'intérêt, les changements de fortune divisent chaque jour d'heureux groupes, dont les membres, dispersés au loin, ne se rejoignent jamais. Nous ne voulons pas faire entendre que cela soit exactement le cas dans cette circonstance; nous désirons seulement informer nos lecteurs que les hôtes de M. Wardle se séparèrent pour le moment et s'en furent chacun chez soi. M. Pickwick et ses amis prirent de nouveau leur place à l'extérieur de la voiture de Muggleton, pendant que miss Arabella Allen, sous la conduite de son frère Benjamin et de l'ami intime dudit frère, se rendait à sa destination. Nous sommes obligé de confesser que nous ne pourrions pas dire quelle était cette destination; mais nous avons quelques raisons de croire que M. Winkle ne l'ignorait pas.

Quoi qu'il en soit, avant de quitter M. Pickwick, les jeunes étudiants le prirent à part d'un air mystérieux.

« Dites donc, vieux, où se trouve votre perchoir? » lui demanda M. Bob Sawyer, en introduisant son index entre deux des côtes du philosophe, démontrant à la fois, par cette action, sa gaieté naturelle et ses connaissances ostéologiques.

M. Pickwick répondit qu'il perchait, pour le moment, à l'hôtel du *George et Vautour.*

« Vous devriez bien venir me voir, reprit M. Bob Sawyer.

— Avec le plus grand plaisir, reprit M. Pickwick.

— Voici mon adresse, dit Bob, en tirant une carte. *Lant-street, Borough.* C'est commode pour moi, comme vous voyez; tout auprès de *Guy's hospital.* Quand vous avez passé l'église Saint-George, vous tournez à droite.

— Je vois cela d'ici.

— Venez de jeudi en quinze, et amenez ces autres individus avec vous. J'aurai quelques étudiants en médecine ce soir-là; Ben y sera, et nous n'engendrerons pas de mélancolie. »

M. Pickwick exprima la satisfaction qu'il éprouverait à rencontrer les étudiants en médecine; et, des poignées de main ayant été échangées, nos nouveaux amis se séparèrent.

Nous sentons qu'en cet endroit nous sommes exposé à ce qu'on nous demande si M. Winkle chuchotait, pendant ce temps, avec Arabella Allen, et, dans ce cas, ce qu'il·lui disait; et, en outre, si M. Snodgrass causait à part avec Emily Wardle, et, dans ce cas, quel était le sujet de leur conversation. Nous répondrons à ceci que, quoi qu'ils aient pu dire aux jeunes demoiselles en question, ils ne dirent rien du tout à M. Pick-wick, ni à M. Tupman, pendant vingt-quatre milles, et que, durant tout ce temps, ils soupirèrent toutes les trois minutes et refusèrent d'un air ténébreux l'ale et l'eau-de-vie qui leur étaient offertes. Si nos judicieuses lectrices peuvent tirer de ces faits quelques conclusions satisfaisantes, nous ne nous y opposons nullement.

CHAPITRE II.

Consacré tout entier à la loi et à ses savants interprètes.

Dans divers coins et recoins du Temple, se trouvent certaines chambres sombres et malpropres, vers lesquelles se dirigent sans cesse pendant toute la matinée, dans le temps des vacances, et, en outre, durant la moitié de la soirée, dans le temps des sessions, une armée de clercs d'avoués portant d'énormes paquets de papiers sous leurs bras et dans leurs poches. Il y a plusieurs grades parmi les clercs : d'abord le premier clerc, qui a payé une pension, qui est avoué en perspective, possède un compte courant chez son tailleur, reçoit des invitations de soirées, connaît une famille dans Gower-street et une autre dans Tavistock-Square, quitte la ville aux vacances pour aller voir son père, entretient d'innombrables chevaux vivants, et est enfin l'aristocrate des clercs. Il y a le clerc salarié, externe ou interne, suivant les cas : il consacre la majeure partie de ses trente shillings hebdomadaires à orner sa personne et à la divertir. Trois fois par semaine, au moins, il assiste à moitié prix [1] aux représentations du théâtre

1. A une certaine heure, les places des théâtres anglais ne se payent plus que moitié prix.

d'*Adelphi*, et fait majestueusement la débauche dans les tavernes qui restent ouvertes après la fermeture des spectacles ;
il est enfin une caricature malpropre de la mode d'il y a six
mois. Vient ensuite l'expéditionnaire, homme d'un certain
âge, père d'une nombreuse famille : il est toujours râpé et souvent gris. Puis ce sont les saute-ruisseaux dans leur premier
habit ; ils éprouvent un mépris convenable pour les enfants à
l'école, se cotisent en retournant à la maison, le soir, pour
l'achat de saucissons et de *porter*, et pensent qu'il n'y a rien
de tel que de faire *la vie*. Il y a, en un mot, des variétés de
clercs trop nombreuses pour que nous puissions les énumérer,
mais tout innombrables qu'elles soient, on les voit toutes, à
certaines heures réglées, s'engouffrer dans les lieux sombres
que nous venons de mentionner, ou en ressortir comme un
torrent.

Ces antres, isolés du reste du monde, nous représentent les
bureaux publics de la justice. Là sont lancées les assignations ;
là les jugements sont signés ; là les déclarations sont remplies ;
là une multitude d'autres petites machines sont ingénieuse-
ment mises en mouvement pour la torture des fidèles sujets
de Sa Majesté, et pour le profit des hommes de loi. Ce sont,
pour la plupart, des salles basses, sentant le renfermé, où d'innombrables feuilles de parchemin qui y transpirent en secret
depuis un siècle, émettent un agréable parfum, auquel vient
se mêler, pendant la journée, une odeur de moisissure, et
pendant la nuit, les exhalaisons de manteaux, de parapluies
humides et de chandelles rances.

Une quinzaine de jours après le retour de M. Pickwick à
Londres, on vit entrer dans un de ces bureaux, vers 7 heures
et demie du soir, un individu dont les longs cheveux étaient
scrupuleusement roulés autour des bords de son chapeau, privé
de poil. Il avait un habit brun, avec des boutons de cuivre,
et son pantalon malpropre était si bien tiré sur ses bottes à la
Blücher, que ses genoux menaçaient à chaque instant de sortir de leur retraite. Il aveignit de sa poche un morceau de
parchemin, long et étroit, sur lequel le fonctionnaire officier
imprima un timbre, noir et illisible. Ledit individu tira ensuite, d'une autre poche, quatre morceaux de papier de dimen-
sion semblable, contenant, avec des blancs pour les noms,
une copie imprimée du parchemin. Il remplit les blancs, remit les cinq documents dans sa poche et s'éloigna d'un pas
précipité.

L'homme à l'habit brun, qui emportait ces documents cabalistiques, n'était autre que notre vieille connaissance M. Jackson de la maison Dodson et Fogg, Freeman's Court, Cornhill. Mais au lieu de retourner vers l'étude d'où il venait, il dirigea ses pas vers Sun Court, et entrant tout droit dans l'hôtel du *George et Vautour*, il demanda si un certain M. Pickwick ne s'y trouvait pas.

« Tom, dit la demoiselle de comptoir, appelez le domestique de M. Pickwick. »

« Ce n'est pas la peine, reprit M. Jackson, je viens pour affaire. Si vous voulez m'indiquer la chambre de M. Pickwick, je monterai moi-même. »

« Votre nom, monsieur? demanda le garçon.

— Jackson, » répondit le clerc.

Le garçon monta pour annoncer M. Jackson, mais M. Jackson lui épargna la peine de l'annoncer, en marchant sur ses talons, et en entrant dans la chambre avant qu'il eût pu articuler une syllabe.

Ce jour-là, M. Pickwick avait invité ses trois amis à dîner, et ils étaient tous assis autour du feu, en train de boire leur vin, lorsque M. Jackson se présenta de la manière qui vient d'être indiquée.

« Comment vous portez-vous, monsieur, » dit-il, en faisant un signe de tête à M. Pickwick.

Le philosophe salua d'un air légèrement surpris, car la physionomie de M. Jackson ne s'était pas logée dans sa mémoire.

« Je viens de chez Dodson et Fogg, » dit M. Jackson d'un ton explicatif.

Notre héros s'échauffa à ce nom. « Monsieur, dit-il, adressez vous à mon homme d'affaire, Perker, de *Gray's-Inn*. — Garçon : reconduisez ce gentleman.

— Je vous demande pardon, monsieur Pickwick, rétorqua Jackson en posant son chapeau par terre, d'un air délibéré, et en tirant de sa poche le morceau de parchemin. Vous savez, monsieur Pickwick, la citation doit être signifiée par un clerc ou un agent, parlant à sa personne, etc., etc. Il faut de la prudence dans toutes les formalités légales, eh! eh! »

M. Jackson appuya alors ses deux mains sur la table, et regardant à l'entour avec un sourire engageant et persuasif il continua ainsi : « Allons, n'ayons pas de discussions pour si peu de chose, — qui de vous, messieurs, s'appelle Snodgrass? »

A cette demande, M. Snodgrass tressaillit si visiblement qu'il n'eut pas besoin de faire une autre réponse.

« Ah ! je m'en doutais, dit Jackson d'une manière plus affable qu'auparavant. J'ai un petit papier à vous remettre, monsieur.

— A moi ? s'écria M. Snodgrass.

— C'est seulement une citation, un *sub pœna* dans l'affaire Bardell et Pickwick, à la requête de la plaignante, répliqua le clerc, en choisissant un de ses morceaux de papier, et tirant un shilling de sa poche. Nous pensons que ce sera pour le 14 février, bien que la citation porte la date du dix, et nous avons demandé un jury spécial. Voilà pour vous, monsieur Snodgrass ; » et en parlant ainsi, M. Jackson présenta le parchemin devant les yeux de M. Snodgrass, et glissa dans sa main le papier et le shilling.

M. Tupman avait considéré cette opération avec un étonnement silencieux. Soudain le clerc lui dit, en se tournant vers lui à l'improviste :

« Je ne me trompe pas en disant que votre nom est Tupman, monsieur ? »

M. Tupman jeta un coup d'œil à M. Pickwick ; mais n'apercevant dans ses yeux tout grands ouverts aucun encouragement à nier son identité, il répliqua :

« Oui, monsieur, mon nom est Tupman.

— Et cet autre gentleman est M. Winkle, j'imagine ? »

M. Winkle balbutia une réponse affirmative, et tous les deux furent alors approvisionnés d'un morceau de papier et d'un shilling par l'adroit M. Jackson.

« Maintenant, dit-il, j'ai peur que vous ne me trouviez importun, mais j'ai encore besoin de quelqu'un, si vous le permettez. J'ai ici le nom de Samuel Weller, monsieur Pickwick.

— Garçon, dit M. Pickwick, envoyez mon domestique. »

Le garçon se retira fort étonné, et M. Pickwick fit signe à Jackson de s'asseoir.

Il y eut un silence pénible, qui fut à la fin rompu par l'innocent défendeur.

« Monsieur, dit-il, et son indignation s'accroissait en parlant, je suppose que l'intention de vos patrons est de chercher à m'incriminer par le témoignage de mes propres amis ? »

M. Jackson frappa plusieurs fois son index sur le côté gauche de son nez, afin d'intimer qu'il n'était pas là pour divul-

guer les secrets de la boutique, puis il répondit d'un air jovial :

« Peux pas dire.... Sais pas.

— Pour quelle autre raison, monsieur, ces citations leur
auraient-elles été remises?

— Votre souricière est très-bonne, monsieur Pickwick, répliqua Jackson en secouant la tête; mais je ne donne pas dans
le panneau. Il n'y a pas de mal à essayer, mais il n'y a pas
grand'chose à tirer de moi. »

En parlant ainsi, M. Jackson accorda un nouveau sourire à
la compagnie ; et, appliquant son pouce gauche au bout de son
nez, fit tourner avec sa main droite un moulin à café imaginaire, accomplissant ainsi une gracieuse pantomime, fort en
vogue à cette époque, mais par malheur presque oubliée maintenant, et que l'on appelait *faire le moulin*.

« Non, non, monsieur Pickwick, dit-il comme conclusion.
Les gens de Perker prendront la peine de deviner pourquoi
nous avons lancé ces citations ; s'ils ne le peuvent pas, ils
n'ont qu'à attendre jusqu'à ce que l'action arrive, et ils le sau-
ront alors. »

M. Pickwick jeta un regard de dégoût excessif à son malen-
contreux visiteur, et aurait probablement accumulé d'effroyables anathèmes sur la tête de MM. Dodson et Fogg, s'il n'en
avait pas été empêché par l'arrivée de Sam.

« Samuel Weller? dit M. Jackson interrogativement.

— Une des plus grandes vérités que vous ayez dites depuis
bien longtemps, répondit Sam d'un air fort tranquille.

— Voici un *sub pœna* pour vous, monsieur Weller?

— Qu'est-ce que c'est que ça, en anglais?

— Voici l'original, poursuivit Jackson, sans vouloir donner
d'autre explication.

— Lequel?

— Ceci, répliqua Jackson en secouant le parchemin.

— Ah ! c'est ça l'original? Eh bien ! je suis charmé d'avoir
vu l'original; c'est un spectacle bien agréable et qui me réjouit beaucoup l'esprit.

— Et voici le shilling: c'est de la part de Dodson et Fogg.

— Et c'est bien gentil de la part de Dodson et Fogg, qui me
connaissent si peu, de m'envoyer un cadeau. Voilà ce que j'appelle une fière politesse, monsieur. C'est très-honorable pour
eux de récompenser comme ça le mérite où il se trouve; m'en
voilà tout ému. »

En parlant ainsi, Sam fit avec sa manche une petite friction
sur sa paupière gauche, à l'instar des meilleurs acteurs quand
ils exécutent du pathétique bourgeois.

M. Jackson paraissait quelque peu intrigué par les manières
de Sam; mais, comme il avait remis les citations et n'avait
plus rien à dire, il fit la feinte de mettre le gant unique qu'il
portait ordinairement dans sa main, pour sauver les apparences, et retourna à son étude rendre compte de sa mission.

M. Pickwick dormit peu cette nuit-là. Sa mémoire avait été
désagréablement rafraîchie au sujet de l'action Bardell. Il déjeuna de bonne heure le lendemain, et ordonnant à Sam de
l'accompagner, se mit en route pour *Gray's Inn Square*.

Au bout de Cheapside, M. Pickwick, dit en regardant derrière lui :

« Sam !

— Monsieur, fit Sam en s'avançant auprès de son maître.

— De quel côté ?

— Par Newgate-Street, monsieur. »

M. Pickwick ne se remit pas immédiatement en route, mais
pendant quelques secondes il regarda d'un air distrait le visage
de Sam et poussa un profond soupir.

« Qu'est-ce qu'il y a, monsieur?

— Ce procès, Sam ; il doit arriver le 14 du mois prochain.

— Remarquable coïncidence, monsieur.

— Quoi de remarquable, Sam?

— Le jour de la saint Valentin[1], monsieur. Fameux jour
pour juger une violation de promesse de mariage. »

Le sourire de Sam Weller n'éveilla aucun rayon de gaieté
sur le visage de son maître, qui se détourna vivement et continua son chemin en silence.

Depuis quelque temps, M. Pickwick, plongé dans une profonde méditation, trottait en avant et Sam suivait par derrière,
avec une physionomie qui exprimait la plus heureuse et la plus
enviable insouciance de chacun et de chaque chose ; tout à
coup, Sam, qui était toujours empressé de communiquer à son
maître les connaissances spéciales qu'il possédait, hâta le pas
jusqu'à ce qu'il fût sur les talons de M. Pickwick, et, lui montrant une maison devant laquelle ils passaient, lui dit :

« Une jolie boutique de charcuterie, ici, monsieur.

---

1. Jour où un grand nombre d'amoureux et d'amoureuses s'adressent,
sous le voile de l'anonyme, des déclarations sérieuses ou ironiques.

— Oui; elle en a l'air.

— Une fameuse fabrique de saucisses.

— Vraiment?

— Vraiment? répéta Sam avec une sorte d'indignation; un peu ! Mais vous ne savez donc rien de rien, monsieur? C'est là qu'un respectable industriel a disparu mystérieusement il y a quatre ans. »

M. Pickwick se retourna brusquement.

« Est-ce que vous voulez dire qu'il a été assassiné?

— Non, monsieur; mais je voudrais pouvoir le dire ! C'est pire que ça, monsieur. Il était le maître de cette boutique et l'inventeur d'une nouvelle mécanique à vapeur, patentée, pour fabriquer des saucisses sans fin. Sa machine aurait avalé un pavé, si vous l'aviez mis auprès, et l'aurait broyé en saucisses aussi aisément qu'un tendre bébé. Il était joliment fier de sa mécanique, comme vous pensez; et, quand elle était en mouvement, il restait dans la cave pendant plusieurs heures, jusqu'à ce qu'il devînt tout mélancolique de joie. Il aurait été heureux comme un roi dans la possession de cette mécanique-là et de deux jolis enfants par-dessus le marché, s'il n'avait pas eu une femme qui était la plus mauvaise des mauvaises. Elle était toujours autour de lui à le tarabuster et à lui corner dans les oreilles, tant qu'il n'y pouvait plus tenir. « Voyez-vous, ma « chère, qu'il lui dit un jour, si vous persévérez dans cette sorte « d'amusement, je veux être pendu si je ne pars pas pour l'Amé- « rique. Et voilà, qu'il dit. — Vous êtes un grand feignant, « qu'elle dit; et cela leur fera une belle jambe aux Américains, « si vous y allez. » Alors elle continue à l'agoniser pendant une demi-heure, et puis elle court dans le petit parloir, derrière la boutique, et elle tombe dans des attaques, et elle crie qu'il la fera périr, et tout ça avec des coups de pied et des coups de poing, que ça dure trois heures. Pour lors, voilà que le lendemain matin, le mari ne se trouve pas. Il n'avait rien pris dans la caisse; il n'avait même pas mis son paletot; ainsi, il était clair qu'il ne s'était pas payé l'Amérique. Cependant il ne revient pas le jour d'après, ni la semaine d'après non plus. La bourgeoise fait imprimer des affiches, pour dire que, s'il revenait, elle lui pardonnerait tout. Ce qui était fort libéral de sa part, puisqu'il ne lui avait rien fait au monde. Alors, tous les canaux sont visités; et, pendant deux mois après, toutes les fois qu'on trouvait un corps mort, on le portait tout de go à la boutique des saucisses; mais pas un ne répondait au signalement. Elle fit courir le bruit que son mari s'était sauvé, et elle continua son commerce. Un samedi soir, un vieux petit gentleman, très-maigre, vient dans la boutique, en grande colère. « Étes-vous la maîtresse de cette boutique ici? dit-il. « — Oui, qu'elle dit. — Eh bien! madame, je suis venu pour « vous avertir que ma famille et moi nous ne voulons pas être « étranglés à cause de vous. Et plus que ça; permettez-moi « de vous observer, madame, que, comme vous ne mettez pas « de la viande de premier choix dans vos saucisses, vous pour- « riez bien trouver du bœuf aussi bon marché que des boutons. « — Des boutons? monsieur, dit-elle. — Des boutons, madame, « dit l'autre en déployant un morceau de papier et lui mon- « trant vingt ou trente moitiés de boutons. Voilà un joli as- « saisonnement pour des saucisses, madame; des boutons de « culotte. — Saperlote! s'écrie la veuve en se trouvant mal, c'est « les boutons de mon mari! » Là-dessus, voilà le vieux petit gentleman qui devient blanc comme du saindoux. « Je vois ce « que c'est, dit la veuve; dans un moment d'impatience, il s'est « bêtement converti en saucisses! » Et c'était vrai, monsieur, poursuivit Sam en regardant en face le visage plein d'horreur de M. Pickwick, c'était vrai. Ou bien, peut-être qu'il avait été pris dans la machine. Mais, en tout cas, le petit vieux gentle- man, qui avait toujours adoré les saucisses, se sauva de la boutique comme un fou, et on n'en a jamais plus entendu par- ler depuis! »

La relation de cette touchante tragédie domestique amena le maître et le valet au cabinet de M. Perker. M. Lowten, te- nant la porte à moitié ouverte, était en conversation avec un homme dont l'air et les vêtements paraissaient également mi- sérables. Ses bottes étaient sans talons, et ses gants sans doigts. On voyait des traces de souffrances, de privations, presque de désespoir sur sa figure maigre et creusée par les soucis. Il avait la conscience de sa pauvreté, car il se rangea sur le côté obscur de l'escalier, lorsque M. Pickwick approcha.

« C'est bien malheureux, disait l'étranger avec un soupir.

— Effectivement, répondit Lowten, en griffonnant son nom sur la porte, et en l'effaçant avec la barbe de sa plume. Voulez- vous lui faire dire quelque chose?

— Quand pensez-vous qu'il reviendra?

— Je n'en sais rien du tout, répliqua Lowten, en clignant de l'œil à M. Pickwick, pendant que l'étranger abaissait ses regards vers le plancher.

— Ce n'est donc pas la peine de l'attendre? demanda le pauvre homme, en regardant d'un air d'envie dans le bureau.

— Oh ! non, rétorqua le clerc en se plaçant plus exactement au centre de la porte. Il est bien certain qu'il ne reviendra pas cette semaine.... et c'est bien du hasard si nous le voyons la semaine d'après. Quand une fois Perker est hors de la ville, il ne se presse pas d'y revenir.

— Hors de la ville ! s'écria M. Pickwick, juste ciel ! que c'est malheureux !

— Ne vous en allez pas, monsieur Pickwick, dit Lowten ; j'ai une lettre pour vous. »

L'étranger parut hésiter. Il contempla de nouveau le plancher ; et le clerc fit un signe du coin de l'œil à M. Pickwick, comme pour lui faire entendre qu'il y avait sous jeu une excellente plaisanterie : mais, ce que c'était, le philosophe n'aurait pas pu le deviner, quand il se serait agi de sa vie.

« Entrez, monsieur Pickwick, dit Lowten. Eh bien ! monsieur Watty, voulez-vous me donner un message, ou bien revenir ?

— Priez-le de laisser un mot pour m'apprendre où en est mon affaire, répondit le malheureux Watty. Pour l'amour de Dieu ! ne l'oubliez pas, monsieur Lowten.

— Non, non, je ne l'oublierai pas, répliqua le clerc. —Entrez, monsieur Pickwick. —Bonjour , monsieur Watty.... un joli temps pour se promener, n'est-ce pas ? » Ayant ainsi parlé, et voyant que l'étranger hésitait encore, il fit signe à Sam de suivre son maître dans l'appartement, et ferma la porte au nez du pauvre diable.

« Je crois qu'on n'a jamais vu un si insupportable banqueroutier depuis le commencement du monde ! s'écria Lowten, en jetant sa plume sur la table, avec toute la mauvaise humeur d'un homme outragé. Il n'y a pas encore quatre ans que son affaire est devant la cour de la chancellerie, et je veux être damné s'il ne vient pas nous ennuyer deux fois par semaine. Il fait un peu froid , pourtant, pour perdre son temps debout, à la porte, avec de misérables râpés comme cela. »

En proférant ces expressions de dépit, Lowten attisait un feu remarquablement grand avec un tisonnier remarquablement petit ; puis il ajouta : « Entrez par ici, monsieur Pickwick. Perker *y est* : je sais qu'il vous recevra volontiers. »

« Ah ! mon cher monsieur, dit le petit avoué en s'empressant de se lever, lorsque M. Pickwick lui fut annoncé. Eh bien !

mon cher monsieur, quelles nouvelles de votre affaire? Eh?
vous avez entendu parler de nos amis de Freeman's Court?
Ils ne se sont pas endormis ; je sais cela. Ah ! ce sont des gaillards bien madrés, bien madrés, en vérité. »

En concluant cet éloge, M. Perker prit une prise de tabac
emphatique, comme un tribut à la madrerie de MM. Dodson
et Fogg.

« Ce sont de fameux coquins ! dit M. Pickwick.

— Oui, oui, reprit le petit homme. C'est une affaire d'opinion, comme vous savez, et nous ne disputerons pas sur des
mots. Il est tout simple que vous ne considériez pas ces choses
là d'un point de vue professionnel. Du reste, nous avons fait
tout ce qui était nécessaire. J'ai retenu maître Snubbin.

— Est-ce un habile avocat? demanda M. Pickwick.

— Habile! Bon Dieu, quelle question m'adressez-vous là,
mon cher monsieur; mais maître Snubbin est à la tête de sa
profession. Il a trois fois plus d'affaires que les meilleurs
avocats : il est engagé dans tous les procès de ce genre. Il ne
faut pas répéter cela au dehors, mais nous disons, entre nous,
qu'il mène le tribunal par le bout du nez. »

Le petit homme prit une autre prise de tabac, en faisant
cette communication à M. Pickwick, et l'accompagna d'un
geste mystérieux.

« Ils ont envoyé des citations à mes trois amis, dit le philosophe.

— Ah! naturellement; ce sont des témoins importants : ils
vous ont vu dans une situation délicate.

— Mais ce n'est pas ma faute s'il lui a plu de se trouver
mal ! Elle s'est jetée elle-même dans mes bras.

— C'est très-probable, mon cher monsieur; très-probable
et très-naturel. Rien n'est plus naturel, mon cher monsieur;
mais qu'est-ce qui le prouvera? »

M. Pickwick passa à un autre sujet, car la question de
M. Perker l'avait un peu démonté. « Ils ont également cité
mon domestique, dit-il.

— Sam? »

M. Pickwick répliqua affirmativement :

« Naturellement, mon cher monsieur; naturellement. Je le
savais d'avance; j'aurais pu vous le dire, il y a un mois.
Voyez-vous, mon cher monsieur, si vous voulez faire vos
affaires vous-même, après les avoir confiées à votre avoué,
il faut en subir les conséquences. »

Ici M. Perker se redressa avec un air de dignité, et fit tomber quelques grains de tabac, égarés sur son jabot.

« Que veulent-ils donc prouver par son témoignage ? demanda M. Pickwick, après deux ou trois minutes de silence.

— Que vous l'avez envoyé à la plaignante pour faire quelques affaires de compromis, je suppose. Au reste, il n'y a pas beaucoup d'inconvénient, car je ne crois pas que nos adversaires puissent tirer grand'chose de lui.

— Je ne le crois pas, dit M. Pickwick, et malgré sa vexation, il ne put s'empêcher de sourire à la pensée de voir Sam paraître comme témoin. Quelle conduite tiendrons-nous ? ajouta-t-il.

— Nous n'en avons qu'une seule à adopter, mon cher monsieur ; c'est de contre-examiner les témoins, de nous fier à l'éloquence de Snubbin, de jeter de la poudre aux yeux des juges, et de nous en rapporter au jury.

— Et si le verdict est contre moi ? »

M. Perker sourit, prit une très-longue prise de tabac, attisa le feu, leva les épaules, et garda un silence expressif.

« Vous voulez dire que dans ce cas il faudra que je paye les dommages-intérêts ? » reprit M. Pickwick, » qui avait examiné avec un maintien sévère cette réponse télégraphique.

Perker donna au feu une autre secousse fort peu nécessaire, en disant : « J'en ai peur.

—Et moi, reprit M. Pickwick avec énergie, je vous annonce ici ma résolution inaltérable de ne payer aucun dommage quelconque, aucun, Perker. Pas une guinée, pas un penny de mon argent ne s'engouffrera dans les poches de Dodson et Fogg. Telle est ma détermination réfléchie, irrévocable. Et en parlant ainsi, M. Pickwick déchargea sur la table qui était auprès de lui un violent coup de poing, pour confirmer l'irrévocabilité de ses intentions.

—Très-bien, mon cher monsieur ; très-bien : vous savez mieux que personne ce que vous avez à faire.

—Sans aucun doute, reprit notre héros avec vivacité. Où demeure maître Snubbin ?

—Dans *Old-Square, Lincoln's Inn.*

— Je désirerais le voir.

— Voir maître Snubbin ! mon cher monsieur, s'écria M. Perker, dans le plus grand étonnement. Poh ! Poh ! impossible ! Voir maître Snubbin ! Dieu vous bénisse, mon cher monsieur, on n'a jamais entendu parler d'une chose semblable. Cela ne peut absolument pas se faire, à moins d'avoir payé d'avance des honoraires de consultation, et d'avoir obtenu un rendez-vous. »

Malgré tout cela, M. Pickwick avait décidé, non-seulement que cela pouvait se faire, mais que cela se ferait; et, en conséquence, dix minutes après avoir reçu l'assurance que la chose était impossible, il fut conduit par son avoué dans le cabinet extérieur de l'illustre maître Snubbin.

C'était une pièce assez grande, mais sans tapis. Auprès du feu était une table couverte d'une serge, qui depuis longtemps avait perdu toute prétention à son ancienne couleur verte, et qui, grâces à l'âge et à la poussière, était graduellement devenue grise, excepté dans les endroits nombreux où elle était noircie d'encre. On voyait sur la table une énorme quantité de petits paquets de papier, attachés avec de la ficelle rouge; et, derrière la table, un clerc assez âgé, dont l'apparence soignée et la pesante chaîne d'or accusaient clairement la clientèle étendue et lucrative de maître Snubbin.

« Le patron est-il dans son cabinet, monsieur Mallard, demanda Perker au vieux clerc, en lui offrant sa tabatière, avec toute la courtoisie imaginable.

— Oui, mais il est trop occupé. Voyez-vous toutes ces affaires ? Il n'a pu encore donner d'opinion sur aucune d'elles, et cependant les honoraires d'expédition sont payés pour toutes. »

Le clerc sourit en disant ceci, et respira sa prise de tabac avec une sensualité qui semblait être composée de goût pour le tabac et d'amour pour les honoraires.

« Ça ressemble à de la clientèle, cela, dit Perker.

— Oui, répondit le clerc, en offrant à son tour sa boîte, avec la plus grande cordialité; et le meilleur de l'affaire c'est que personne au monde, excepté moi, ne peut lire l'écriture du patron. Si bien que, quand il a donné son opinion, on est obligé d'attendre que je l'aie copiée, hé! hé! hé!

— Ce qui profite à quelqu'un aussi bien qu'à maître Snubbin, et contribue à vider la bourse du client, ha! ha! ha! »

A cette observation, le clerc recommença à rire; non pas d'un rire bruyant et ouvert, mais d'un ricanement silencieux, intérieur, qui faisait mal à M. Pickwick. Quand un homme saigne intérieurement, c'est une chose fort dangereuse pour lui; mais quand il rit intérieurement, cela ne présage rien de bon pour les autres.

« Est-ce que vous n'avez pas fait la petite note des honoraires que je vous dois ? reprit Perker.

— Non ; pas encore.

—Faites-la donc, je vous en prie. Je vous enverrai un mandat. Mais vous êtes trop occupé à empocher l'argent comptant
pour penser à vos débiteurs, hé! hé! hé! »

Cette plaisanterie parut chatouiller agréablement le clerc,
et il se régala sur nouveaux frais de son ricanement égoïste.

« Maintenant M. Mallard, mon cher ami, dit M. Perker en
recouvrant tout d'un coup sa gravité, et en tirant par le revers de son habit le grand clerc du grand avocat, dans un
coin de la chambre, il faut que vous persuadiez au patron de
me recevoir avec mon client que voilà.

— Allons! allons! en voilà une bonne! voir maître Snubbin?
C'est par trop absurde! »

Malgré l'absurdité de la proposition, le clerc se laissa doucement emmener hors de l'ouïe de M. Pickwick, puis après
quelques chuchotements, il disparut dans le sanctuaire du
luminaire de la justice. Il en revint bientôt sur la pointe du
pied et informa M. Perker et M. Pickwick qu'il avait décidé
maître Snubbin à les admettre sur-le-champ, en violation de
toutes les règles établies.

Maître Snubbin, suivant la phrase reçue, pouvait avoir une
cinquantaine d'années. C'était un de ces individus pâles, mai-
gres, desséchés, dont la figure ressemble à une lanterne de
corne. Il avait des yeux ronds, saillants, ternes comme on
en rencontre ordinairement dans la tête des gens qui se sont
appliqués pendant de longues années à de laborieuses et mo-
notones études; des yeux qui l'auraient fait reconnaître pour
myope quand même on n'aurait pas vu le lorgnon qui se dan-
dinait sur sa poitrine, au bout d'un large ruban noir. Ses cheveux étaient rares et grêles, ce qu'on pouvait attribuer en
partie à ce qu'il n'avait jamais sacrifié beaucoup de temps à leur
arrangement, mais surtout à ce qu'il avait porté pendant vingt-
cinq ans la perruque légale, que l'on voyait derrière lui, sur
une tête à perruque. Les traces de poudre qui souillaient son
collet, la cravate de batiste mal blanchie et plus mal attachée,
qui entourait son cou, indiquaient que, depuis qu'il avait quitté
la cour, il n'avait pas eu le temps de faire le moindre changement dans sa toilette; et l'air malpropre du reste de son costume, donnait lieu de croire qu'il aurait pu avoir tout le temps
désirable, sans que sa tournure en fût améliorée. Des livres de

droit, des monceaux de papiers, des lettres ouvertes, étaient répandus sur la table, sans aucune apparence d'ordre. L'ameublement était vieux et délabré, les portes de la bibliothèque semblaient vermoulues; à chaque pas la poussière s'élevait en petits nuages du tapis râpé; les rideaux étaient jaunis par l'âge et par la fumée, et l'état de toutes choses, dans le cabinet, prouvait, clair comme le jour, que maître Snubbin était trop absorbé par sa profession pour faire attention à ses aises.

L'illustre avocat s'occupait à écrire, lorsque ses clients entrèrent; il salua d'un air distrait, quand M. Pickwick lui fut présenté par son avoué, fit signe à ses visiteurs de s'asseoir, plaça soigneusement sa plume dans son encrier, croisa sa jambe gauche sur sa jambe droite, et attendit qu'on lui adressât la parole.

« Maître Snubbin, dit M. Perker, M. Pickwick est le défendeur dans Bardell et Pickwick.-

— Est-ce que je suis retenu pour cette affaire-là?

— Oui, monsieur. »

L'avocat inclina la tête, et attendit une autre communication.

« Maître Snubbin, reprit le petit avoué, M. Pickwick avait le plus vif désir de vous voir, avant que vous entrepreniez sa cause, pour vous assurer qu'il n'y a aucun fondement, aucun prétexte à l'action intentée contre lui, et pour vous affirmer qu'il ne paraîtrait pas devant la cour, si sa conscience n'était pas complétement tranquille en résistant aux demandes de la plaignante. — Ai-je bien exprimé votre pensée, mon cher monsieur? continua le petit homme en se tournant vers M. Pickwick.

— Parfaitement. »

Maître Snubbin développa son lorgnon, l'éleva à la hauteur de ses yeux, et après avoir considéré notre héros pendant quelques secondes, avec une grande curiosité, se tourna vers M. Perker, et lui dit en souriant légèrement:

« La cause de M. Pickwick est-elle bonne? »

L'avoué leva les épaules.

« Vous proposez-vous d'appeler des témoins?

— Non, monsieur. »

Le sourire de l'avocat se dessina de plus en plus; il dandina sa jambe avec une violence redoublée, et se rejetant en arrière dans son fauteuil, il toussa dubitativement.

Tout légers qu'étaient ces indices des sentiments de l'avocat,
ils ne furent pas perdus pour M. Pickwick. Il fixa plus solidement sur son nez les besicles à travers lesquelles il avait
attentivement contemplé les démonstrations que l'homme de
loi avait laissé échapper, puis il lui dit, avec une grande
énergie, et en dépit des clins d'œil et des froncements de sourcils
de l'avoué :

« Mon désir de vous être présenté dans un semblable but,
monsieur, paraît sans doute fort extraordinaire à une personne
qui voit tant d'affaires du même genre ? »

L'avocat essaya de regarder gravement son feu, mais il eut
beau faire, le sourire revint encore sur ses lèvres. M. Pickwick
continua :

« Les gentlemen de votre profession, monsieur, voient
toujours le plus mauvais côté de la nature humaine. Toutes
les discussions, toutes les rancunes, toutes les haines, se pro-
duisent devant vous. Vous savez par expérience jusqu'à quel
point les jurés se laissent prendre par la mise en scène, et
naturellement vous attribuez aux autres le désir d'employer,
dans un but d'intérêt et de déception, le moyen dont vous
connaissez si bien la valeur, parce que vous l'employez constamment dans l'intention louable et honorable de faire tout ce
qui est possible en faveur de vos clients. Je crois qu'il faut
attribuer à cette cause l'opinion vulgaire mais générale, que
vous êtes, comme corps, froids, soupçonneux, égoïstes. Je
sais donc fort bien, monsieur, tout le désavantage qu'il y a à
vous faire une semblable déclaration, dans la circonstance où
je me trouve. Néanmoins, comme vous l'a dit mon ami,
M. Perker, je suis venu ici pour vous déclarer positivement
que je suis innocent de l'action qu'on m'impute ; et quoique
je connaisse parfaitement l'inestimable valeur de votre assistance, je vous demande la permission d'ajouter que je renon-
cerais à me servir de votre talent, si vous n'étiez pas absolument convaincu de ma sincérité. »

Longtemps avant la fin de ce discours (qui, nous devons
le dire, était d'une nature fort prolixe pour M. Pickwick),
l'avocat était retombé dans ses distractions. Cependant, au
bout de quelques minutes de silence et après avoir repris sa
plume, il parut se ressouvenir de la présence de son client,
et levant les yeux de dessus son papier, il dit d'un ton assez
brusque :

« Qui est-ce qui est avec moi dans cette cause ? »

— M. Phunky, répliqua l'avoué.

— Phunky? Phunky? Je n'ai jamais entendu ce nom-là. C'est donc un jeune homme?

— Oui, c'est un très-jeune homme. Il n'y a que quelques semaines qu'il a plaidé sa première cause, il n'y a pas encore huit ans qu'il est au barreau.

— Oh! c'est ce que je pensais, reprit maître Snubbin, avec cet accent de commisération que l'on emploie dans le monde pour parler d'un pauvre petit enfant sans appui. — M. Mallard, envoyez chez monsieur.... monsieur....

— Phunky, Holborn-Court, suppléa M. Parker.

— Très-bien. Faites-lui dire, je vous prie, de venir ici un instant. »

M. Mallard partit pour exécuter sa commission, et maître Snubbin retomba dans son abstraction, jusqu'au moment où M. Phunky fut introduit.

M. Phunky était un homme d'un âge mûr, quoique un avocat en bourgeon. Il avait des manières timides, embarrassées, et en parlant, il hésitait péniblement. Cependant ce défaut ne semblait pas lui être naturel, mais paraissait provenir de la conscience qu'il avait des obstacles que lui opposait son manque de fortune ou de protections, ou peut-être bien de savoir-faire. Il était intimidé par l'avocat, et se montrait obséquieusement poli pour l'avoué.

« Je n'ai pas encore eu le plaisir de vous voir, M. Phunky, » dit maître Snubbin avec une condescendance hautaine.

M. Phunky salua. Il avait eu, pendant huit ans et plus, le plaisir de voir maître Snubbin, et de l'envier aussi, avec toute l'envie d'un homme pauvre.

« Vous êtes avec moi dans cette cause, à ce que j'apprends? poursuivit l'avocat. »

Si M. Phunky avait été riche, il aurait immédiatement envoyé chercher son clerc, pour savoir ce qui en était; s'il avait été habile, il aurait appliqué son index à son front et aurait tâché de se rappeler si, dans la multitude de ses engagements, il s'en trouvait un pour cette affaire: mais, comme il n'était ni riche ni habile (dans ce sens, du moins), il devint rouge et salua.

« Avez-vous lu les pièces, M. Phunky? continua le grand avocat. »

Ici encore, M. Phunky aurait dû déclarer qu'il n'en avait aucun souvenir; mais comme il avait examiné tous les papiers qui lui avaient été remis, et comme, le jour ou la nuit, il n'avait pas pensé à autre chose depuis deux mois qu'il avait été retenu comme *junior* de maître Snubbin, il devint encore plus rouge, et salua sur nouveaux frais.

« Voici M. Pickwick, » reprit l'avocat en agitant sa plume dans la direction de l'endroit où- notre philosophe se tenait debout.

M. Phunky salua M. Pickwick avec toute la révérence qu'inspire un premier client, et ensuite inclina la tête du côté de son chef.

« Vous pourriez emmener M. Pickwick, dit maître Snubbin, et.... et.... et écouter tout ce que M. Pickwick voudra vous communiquer. Après cela, nous aurons une consultation, naturellement. »

Ayant ainsi donné à entendre qu'il avait été dérangé suffisamment, maître Snubbin qui était devenu de plus en plus distrait, appliqua son lorgnon à ses yeux, pendant un instant, salua légèrement, et s'enfonça plus profondément dans l'affaire qu'il avait devant lui. C'était une prodigieuse affaire; une interminable procédure occasionnée par le fait d'un individu, décédé depuis environ un siècle, et qui avait envahi un sentier conduisant d'un endroit d'où personne n'était jamais venu, à un autre endroit où personne n'était jamais allé !

M. Phunky ne voulant jamais consentir à passer une porte avant M. Pickwick et son avoué, il leur fallut quelque temps avant d'arriver dans le *square*. Ils s'y promenèrent longtemps en long et en large, et le résultat de leur conférence fut qu'il était fort difficile de prévoir si le verdict serait favorable ou non ; que personne ne pouvait avoir la prétention de prédire le résultat de l'affaire ; enfin qu'on était fort heureux d'avoir prévenu l'autre partie, en retenant maître Snubbin.

Après avoir entendu différents autres topiques de doute et de consolation, également bien appropriés à son affaire, M. Pickwick tira Sam du profond sommeil où il était tombé depuis une heure, et ayant dit adieu à Lowten. retourna dans la Cité, suivi de son fidèle domestique.

CHAPITRE III.

Où l'on décrit plus compendieusement que ne l'a jamais fait aucun
journal de la cour une soirée de garçon, donnée par M. Bob Sawyer
en son domicile, dans le *Borough*.

Le repos et le silence qui caractérisent Lant-street, dans le
Borough[1], font couler jusqu'au fond de l'âme les trésors d'une
douce mélancolie. C'est une rue de traverse dont la monotonie
est consolante et où l'on voit toujours beaucoup d'écriteaux aux
croisées. Une maison, dans Lant-street, ne pourrait guère
recevoir la dénomination d'*hôtel*, dans la stricte acception du
mot; mais, cependant, c'est un domicile fort souhaitable. Si
quelqu'un désire se retirer du monde, se soustraire à toutes
les tentations, se précautionner contre tout ce qui pourrait
l'engager à regarder par la fenêtre, nous lui recommandons
Lant-street par-dessus toute autre rue.

Dans cette heureuse retraite sont colonisées quelques blan-
chisseuses de fin, une poignée d'ouvriers relieurs, un ou deux
recors, plusieurs petits employés des Docks, une pincée de
couturières et un assaisonnement d'ouvriers tailleurs. La majorité des aborigènes dirige ses facultés vers la location d'ap-
partements garnis, ou se dévoue à la saine et libérale profession de la calandre. Ce qu'il y a de plus remarquable dans
la nature morte de cette région, ce sont les volets verts, les
écriteaux de location, les plaques de cuivre sur les portes et
les poignées de sonnettes du même métal. Les principaux spé-
cimens du règne animal sont les garçons de taverne, les marchands de petits gâteaux et les marchands de pommes de terre
cuites. La population est nomade; elle disparaît habituellement à l'approche du terme, et généralement pendant la nuit.
Les revenus de S. M. sont rarement recueillis dans cette vallée
fortunée. Les loyers sont hypothétiques, et la distribution de
l'eau est souvent interrompue faute du payement de la rente.

Au commencement de la soirée à laquelle M. Pickwick

1. Faubourg méridional de Londres.

avait été invité par M. Bob Sawyer, ce jeune praticien et son ami, M. Ben Allen, s'étalaient aux deux coins de la cheminée, au premier étage d'une des maisons de la rue que nous venons de décrire. Les préparatifs de réception paraissaient complets. Les parapluies avaient été retirés du passage et entassés derrière la porte de l'arrière-parloir ; la servante de la propriétaire avait ôté son bonnet et son châle de dessus la rampe de l'escalier, où ils étaient habituellement déposés. Il ne restait que deux paires de socques sur le paillasson, derrière la porte de la rue ; enfin, une chandelle de cuisine, dont la mèche était fort longue, brûlait gaiement sur le bord de la fenêtre de l'escalier. M. Bob Sawyer avait acheté lui-même les spiritueux dans un caveau de High-street, et avait précédé jusqu'à son domicile celui qui les portait, pour empêcher la possibilité d'une erreur. Le punch était déjà préparé dans une casserole de cuivre. Une petite table, couverte d'une vieille serge verte, avait été amenée du parloir pour jouer aux cartes, et les verres de l'établissement, avec ceux qu'on avait empruntés à la taverne voisine, garnissaient un plateau, sur le carré.

Nonobstant la nature singulièrement satisfaisante de tous ces arrangements, un nuage obscurcissait la physionomie de M. Bob Sawyer. Assis à côté de lui, Ben Allen regardait attentivement les charbons avec une expression de sympathie qui vibra mélancoliquement dans sa voix lorsqu'il se prit à dire, après un long silence :

« C'est damnant qu'elle ait tourné à l'aigre justement aujourd'hui ! Elle aurait bien dû attendre jusqu'à demain.

— C'est pure méchanceté, pure méchanceté ! rétorqua M. Bob Sawyer avec véhémence. Elle dit que, si j'ai assez d'argent pour donner une soirée, je dois en avoir assez pour payer son petit mémoire.

— Depuis combien de temps court-il ? demanda M. Ben Allen (par parenthèse un mémoire est l'engin locomotif le plus extraordinaire que le génie de l'homme ait jamais inventé : une fois en mouvement, il continue à courir de soi-même, sans jamais s'arrêter, durant la vie la plus longue).

— Il n'y a guère que trois ou quatre mois, répliqua l'autre. »

Ben Allen toussa d'un air désespéré en contemplant fixement les barres de la grille. A la fin, il ajouta :

« Ça sera diablement désagréable si elle se met dans la tête de faire son sabbat quand les amis seront arrivés, hein ?

— Horrible ! murmura Bob Sawyer, horrible ! »

En ce moment un léger coup se fit entendre à la porte. M. Bob Sawyer jeta un regard expressif à son ami ; et, lorsqu'il eut dit : « Entrez ! » on vit apparaître dans l'ouverture de la porte la tête mal peignée d'une servante, dont l'apparence aurait fait peu d'honneur à la fille d'un balayeur retraité.

« Sauf votre respect, monsieur Sawyer, Mme Raddle désire vous parler. »

M. Bob Sawyer n'avait pas encore médité sa réponse, lorsque la jeune fille disparut subitement, comme quelqu'un qui est violemment tiré par derrière, et en même temps un autre coup fut frappé à la porte, un coup sec et décidé, qui semblait dire : me voici ; c'est moi.

M. Bob Sawyer regarda son ami avec un air de mortelle appréhension, et cria de nouveau : « Entrez. »

La permission n'était nullement nécessaire, car, avant qu'elle fût articulée, une petite femme, pâle et tremblante de colère, s'était élancée dans la chambre.

« M. Sawyer, dit-elle en s'efforçant de paraître calme, voulez-vous avoir la bonté de régler mon petit mémoire ? Je vous serai bien obligée, parce que j'ai mon loyer à payer ce soir, et que mon propriétaire est en bas qui attend. »

Ici la petite femme se frotta les mains et fixa fièrement ses regards sur la muraille, par-dessus la tête de M. Bob Sawyer.

« Je suis excessivement fâché de vous incommoder, madame Raddle, répondit Bob avec déférence, mais.... »

— Oh ! cela ne m'incommode pas, interrompit la petite femme, d'une voix aigre. Je n'en avais pas absolument besoin avant le jour d'aujourd'hui ; mais, comme cet argent-là va directement dans la poche du propriétaire, autant valait que vous le gardissiez pour moi. Vous me l'avez promis pour aujourd'hui, monsieur Sawyer, et tous les gentlemen qui ont vécu ici ont toujours tenu leur parole, comme doit le faire nécessairement quiconque est véritablement un gentleman. »

Ayant ainsi parlé, mistress Raddle secoua sa tête, mordit ses lèvres, se frotta les mains encore plus fort, et regarda le mur plus fixement que jamais. Il était clair que la vapeur s'amassait, comme le dit plus tard M. Bob lui-même, dans un style d'allégorie orientale.

« Je suis bien fâché, madame Raddle, répondit-il avec toute

l'humilité imaginable ; mais le fait est que j'ai été désappointé dans la cité aujourd'hui. »

C'est un endroit bien extraordinaire que cette cité ; nous connaissons un nombre étonnant de gens qui y sont journellement désappointés.

« Eh bien ! monsieur Sawyer, dit mistress Raddle en se plantant solidement sur une des rosaces du tapis de Kidderminster, qu'est-ce que cela me fait à moi ?

— Je.... je suis certain, madame Raddle, répondit Bob en éludant la dernière question ; je suis certain qu'avant le milieu de la semaine prochaine nous pourrons tout ajuster, et qu'ensuite nous marcherons plus régulièrement. »

C'était là tout ce que voulait Mme Raddle. Elle avait escaladé l'appartement de l'infortuné Bob avec tant d'envie de faire une scène, qu'elle aurait été probablement contrariée si elle avait reçu son argent. En effet, elle était singulièrement bien disposée pour une récréation de ce genre, car elle venait d'échanger, dans la cuisine, avec M. Raddle, quelques compliments préparatoires.

« Supposez-vous, monsieur Sawyer, s'écria-t-elle en élevant la voix pour l'édification des voisins, supposez-vous que je garderai éternellement dans ma maison un individu qui ne pense jamais à payer son loyer, et qui ne donne pas même un rouge liard pour le beurre et pour le sucre de son déjeuner, ni pour le lait qu'on lui achète à la porte ? Supposez-vous qu'une femme honnête et laborieuse, qui a vécu vingt ans dans cette rue (dix ans sur le pavé et neuf ans et neuf mois dans cette maison), n'a rien autre chose à faire que de s'éreinter pour loger et nourrir un tas de paresseux qui sont toujours à fumer, à boire et à flâner, au lieu de travailler pour payer leur mémoire ? Supposez-vous.....

— Ma bonne dame, dit M. Ben Allen d'une voix conciliante....

— Ayez la bonté, monsieur, de garder vos observations pour vous-même, dit mistress Raddle en comprimant soudain le rapide torrent de son éloquence, et en s'adressant à l'interrupteur avec une lenteur et une solennité imposante. Je ne pense pas, monsieur, que vous ayez aucun droit de m'adresser votre conversation ? Je ne pense pas vous avoir loué cet appartement ?

— Non, certainement, répondit Benjamin.

— Parfaitement, monsieur, rétorqua mistress Raddle avec

une politesse hautaine; parfaitement, monsieur; et vous voudrez bien alors vous contenter de briser les bras et les jambes du pauvre monde, dans les hôpitaux, et vous tenir à votre place. Autrement il y aura peut-être ici quelque personne qui vous y fera tenir, monsieur.

— Mais vous êtes une femme si peu raisonnable..., dit Benjamin.

— Je vous demande excuse, jeune homme, s'écria mistress Raddle, que la colère inondait d'une sueur froide. Voulez-vous avoir la bonté de répéter un peu ce mot-là?

— Madame, répondit Benjamin, qui commençait à devenir inquiet pour son propre compte, je n'attachais pas d'offense à cette expression.

— Je vous demande excuse, jeune homme, reprit mistress Raddle d'un ton encore plus impératif et plus élevé. Qui avez-vous appelé une femme? Est-ce à moi que vous adressez cette remarque-là, monsieur?

— Eh! mon Dieu!... fit Benjamin.

— Je vous demande, oui ou non, si c'est à moi que vous appliquez ce nom-là, monsieur? interrompit mistress Raddle avec fureur, en ouvrant la porte toute grande.

— Eh !... oui !... parbleu! confessa le pauvre étudiant.

— Oui, parbleu! reprit mistress Raddle en reculant graduellement jusqu'à la porte, et en élevant la voix à sa plus haute clef, pour le bénéfice spécial de M. Raddle, qui était dans la cuisine. En effet, chacun sait qu'on peut m'insulter dans ma propre maison, pendant que mon mari roupille en bas, sans faire plus d'attention à moi qu'à un caniche. Il devrait rougir (ici mistress Raddle commença à sangloter); il devrait rougir de laisser traiter sa femme comme la dernière des dernières, par des bouchers de chair humaine qui déshonorent le logement (autres sanglots). Le poltron! le sans cœur! qui laisse sa femme exposée à toutes sortes d'avanies! Voyez-vous, le capon; il a peur de monter pour corriger ces bandits-là! Il a peur de monter! il a peur de monter! »

Ici mistress Raddle s'arrêta pour écouter si la répétition de ce défi avait réveillé sa meilleure moitié. Voyant qu'elle n'y pouvait réussir, elle commença à descendre l'escalier en poussant d'innombrables sanglots, lorsqu'un double coup de marteau retentit violemment à la porte de la rue. Elle y répondit par des gémissements qui duraient encore au sixième coup frappé par le visiteur; puis, à la fin, dans un accès irrésistible d'agonie mentale, elle renversa tous les parapluies et se précipita dans l'arrière-parloir en fermant la porte après elle avec un fracas épouvantable.

« N'est-ce pas ici que demeure M. Sawyer ? demanda M. Pickwick à la servante qui lui ouvrit la porte.

— Au premier, la porte en face de l'escalier, répondit la jeune fille en rentrant dans la cuisine avec sa chandelle, parfaitement convaincue qu'elle avait fait tout ce qu'exigeaient les circonstances. »

M. Snodgrass, qui était entré le dernier, parvint, après bien des efforts, à fermer la porte de la rue; et les pickwickiens, ayant grimpé l'escalier en trébuchant, furent reçus par Bob, qui n'avait pas osé descendre au-devant d'eux, de peur d'être assailli par Mme Raddle.

« Comment vous portez-vous? leur dit l'étudiant déconfit. Charmé de vous voir. Prenez garde aux verres ! »

Cet avertissement s'adressait à M. Pickwick, qui avait posé son chapeau sur le plateau.

« Pardon ! s'écria celui-ci; je vous demande pardon.

— Il n'y a pas de mal; il n'y a pas de mal, reprit l'amphitryon. Je suis un peu à l'étroit ici; mais il faut en prendre son parti quand on vient voir un garçon. Entrez donc.... Vous avez déjà vu ce gentleman, je pense? »

M. Pickwick secoua la main de M. Benjamin Allen, et ses amis suivirent son exemple. Ils étaient à peine assis lorsqu'on entendit frapper de nouveau un double coup à la porte.

« J'espère que c'est Jack Hopkins, dit Bob. Chut!... Oui, c'est lui. Montez, Jack, montez. »

Des pas lourds retentirent sur l'escalier, et Jack Hopkins se présenta sous un gilet de velours noir, orné de boutons flamboyants. Il portait, en outre, une chemise bleue rayée, surmontée d'un faux-col blanc.

« Vous arrivez bien tard, lui dit Ben.

— J'ai été retenu à l'hôpital.

— Y a-t-il quelque chose de nouveau!

— Non, rien d'extraordinaire. Un assez bon accident, toutefois.

— Qu'est-ce que c'est, monsieur ? demanda M. Pickwick.

— Un homme qui est tombé d'un quatrième étage, voilà tout. Mais c'est un cas superbe.

— Voulez-vous dire que le patient guérira probablement?

— Non, répondit le nouveau venu d'un air d'indifférence;
j'imagine plutôt qu'il en mourra; mais il y aura une belle opération demain; quel spectacle magnifique si c'est Slasher qui
opère !

— Vous regardez donc M. Slasher comme un bon opéra-
teur ?

— Le meilleur qui existe assurément. La semaine dernière, il
a désarticulé la jambe d'un enfant, qui a mangé cinq pommes
et un morceau de pain d'épice pendant l'opération. Mais
ce n'est pas tout; deux minutes après, le moutard a déclaré
qu'il ne voulait pas rester là pour le roi de Prusse, et qu'il le
dirait à sa mère si on ne commençait pas.

— Vous m'étonnez ! s'écria M. Pickwick.

— Bah ! cela n'est rien; n'est-il pas vrai, Bob ?

— Rien du tout, répliqua M. Sawyer.

— A propos, Bob, reprit Hopkins en jetant vers le visage
attentif de M. Pickwick un coup d'œil à peine perceptible, nous
avons eu un curieux accident la nuit dernière. On nous a
amené un enfant qui avait avalé un collier.

— Avalé quoi, monsieur? interrompit M. Pickwick.

— Un collier. Non pas tout à la fois, cela serait trop fort;
vous ne pourriez pas avaler cela, n'est-ce pas? Hein! monsieur
Pickwick. Ha! ha! ha! »

Ici M. Hopkins éclata de rire, enchanté de sa propre plaisanterie, puis il continua :

« Non, mais voici la chose. Les parents du bambin sont
très-pauvres; la sœur aînée achète un collier, un collier commun, des grosses boules de bois noir. L'enfant, qui aime beaucoup les joujoux, escamote le collier, le cache, joue avec,
coupe le fil et avale une boule. Il trouve que c'est une fameuse farce; il recommence le lendemain et avale une autre
boule....

— Juste ciel! interrompit M. Pickwick, quelle épouvantable chose! Mais je vous demande pardon, monsieur; continuez.

— Le lendemain, l'enfant avale deux boules. Le surlende-
main, il se régale de trois, et ainsi de suite, si bien qu'en une
semaine il avait expédié tout le collier, vingt-cinq boules en
tout. La sœur, qui est une jeune fille économe, et qui ne dépense guère d'argent en parure, se dessèche les lacrymales à
force de pleurer son collier; elle le cherche partout, mais je
n'ai pas besoin de vous dire qu'elle ne le trouve nulle part.

Quelques jours après, la famille était à dîner.... une épaule de mouton cuite au four avec des pommes de terre.... l'enfant, qui n'avait pas faim, jouait dans la chambre. Voilà que l'on entend un bruit du diable, comme s'il était tombé de la grêle. « Ne fais pas ce bruit là, mon garçon, dit le père. — Ce n'est pas moi, répond le moutard. — C'est bon, dit le père; ne le fais plus alors. » Il y eut un court silence, et le bruit recommença de plus belle. « Mon garçon, dit le père, si tu ne m'écoutes pas, tu te trouveras dans ton lit en moins de rien. » En même temps, il secoue l'enfant, pour lui faire mieux comprendre la chose, et voilà qu'il entend un cliquetis terrible. « Dieu me damne! s'écrie-t-il, c'est dans le corps de mon fils! Il a le croup dans le ventre!—Non, non, papa, dit le moucheron en se mettant à pleurer. C'est le collier de ma sœur; je l'ai avalé, papa. » Le père prend l'enfant dans ses bras et court avec lui à l'hôpital; et, tout le long du chemin, les boules de bois retentissaient dans son estomac à chaque secousse; et les boutiquiers cherchaient de tous les côtés d'où venait un si drôle de bruit. L'enfant est à l'hôpital maintenant; et il fait tant de tapage en marchant, qu'on a été obligé de l'entortiller dans une houppelande de watchman, de peur qu'il n'éveille les autres malades.

« Voilà l'accident le plus extraordinaire dont j'aie jamais entendu parler! s'écria M. Pickwick, en donnant sur la table un coup de poing emphatique.

— Oh! cela n'est rien encore, rétorqua Jack Hopkins. N'est-ce pas, Bob?

— Non, certainement.

— Je vous assure, monsieur, reprit Hopkins, qu'il arrive des choses singulières dans notre profession.

— Je le crois facilement, répondit M. Pickwick. »

Un nouveau coup de marteau frappé à la porte annonça un gros jeune homme, dont l'énorme tête était ombragée d'une perruque noire. Il amenait avec lui un jouvenceau engainé dans une étroite redingote, et qui avait une physionomie scorbutique. Ensuite arriva un gentleman dont la chemise était semée de petites ancres rouges. Celui-ci fut suivi de près par un pâle garçon, décoré d'une lourde chaîne en chrysocale. L'entrée d'un individu maniéré, au linge parfaitement blanc, aux bottines de lasting, compléta la réunion. La petite table à la serge verte fut amenée; le premier service de punch fut apporté dans un pot blanc, et les trois heures suivantes furent dévouées au vingt et un, à un demi penny la fiche. Une fois seulement cet agréable jeu fut interrompu par une légère difficulté qui s'éleva entre le jeune homme scorbutique et le gentleman aux ancres rouges. A cette occasion le premier exprima un brûlant désir de tirer le nez du second, et celui qui portait les emblèmes de l'espérance déclara qu'il n'entendait accepter, à titre gratuit, aucune insolence, ni de l'irascible jeune homme à la contenance scorbutique, ni de tout autre individu, orné d'une tête humaine.

Quand la dernière banque fut terminée, et lorsque le compte des fiches et des *pence* fut ajusté à la satisfaction de toutes les parties, M. Bob Sawyer sonna pour le souper, et ses convives se comprimèrent dans les coins, pendant qu'on servait le festin.

Ce n'était pas une opération aussi facile qu'on pourrait l'imaginer. D'abord il fut nécessaire d'éveiller la fille qui était tombée endormie sur la table de la cuisine. Cela prit un peu de temps, et même lorsqu'elle eut répondu à la sonnette, un autre quart-d'heure s'écoula avant qu'on pût exciter chez elle une faible étincelle de raison. D'autre part, l'homme à qui on avait demandé des huîtres, n'avait pas reçu l'ordre de les ouvrir; or il est très-difficile d'ouvrir une huître avec un couteau de table, ou avec une fourchette à deux pointes; aussi n'en put-on pas tirer grand parti. Le bœuf n'offrit guère plus de ressources, car il n'était pas assez cuit, et l'on en pouvait dire autant du jambon, quoiqu'il fût de la boutique allemande du coin de la rue. En revanche l'on possédait abondance de *porter* dans un broc d'étain, et il y avait assez de fromage pour contenter tout le monde, car il était très-fort. Au total le souper fut aussi bon qu'il l'est en général dans une réunion de ce genre.

Après souper, un autre bol de punch fut placé sur la table, avec un paquet de cigares et deux bouteilles d'eau-de-vie. Mais alors il y eut une pause pénible, occasionnée par une circonstance fort commune en pareille occasion et qui pourtant n'en est pas moins embarrassante.

Le fait est que la fille était occupée à laver les verres. L'établissement s'enorgueillissait d'en posséder quatre; ce que nous ne rapportons nullement comme étant injurieux à Mme Raddle, car il n'y a jamais eu, jusqu'à présent, d'appartement garni où l'on ne fût pas à court de verres. Ceux de l'hôtesse étaient des petits goblets, étroits et minces; ceux qu'on avait empruntés à l'auberge voisine étaient de grands vases soufflés, hydropiques, portés, chacun, sur un gros pied goutteux. Ceci, de soi, aurait été suffisant pour avertir la compagnie de l'état réel des affaires ; mais la jeune servante *factotum*, pour empêcher la possibilité du doute à cet égard, s'était emparée violemment de tous les verres, longtemps avant que la bière fût finie, en déclarant hautement, malgré les clins d'œil et les interruptions de l'amphytrion, qu'elle allait les porter en bas pour les rincer.

C'est, dit le proverbe, un bien mauvais vent que celui qui ne souffle rien de bon pour personne. L'homme maniéré, aux bottines d'étoffe, s'était inutilement efforcé d'accoucher d'une plaisanterie durant la partie. Il remarqua l'occasion et la saisit aux cheveux. A l'instant où les verres disparurent, il commença une longue histoire, au sujet d'une réponse singulièrement heureuse, faite par un grand personnage politique, dont il avait oublié le nom, à un autre individu également noble et illustre, dont il n'avait jamais pu vérifier l'identité. Il s'étendit soigneusement et avec détail sur diverses circonstances accessoires, mais il ne put jamais venir à bout, dans ce moment, de se rappeler la réponse même, quoiqu'il eût l'habitude de raconter cette anecdote, avec grand succès, depuis dix années.

« Voilà qui est drôle ! s'écria l'homme maniéré, est-ce extraordinaire d'oublier ainsi !

— J'en suis fâché, dit Bob, en regardant avec anxiété vers la porte, car il croyait avoir entendu un froissement de verres, j'en suis très-fâché !

— Et moi aussi, répliqua le narrateur, parce que je suis sûr que cela vous aurait bien amusé. Mais ne vous chagrinez pas, d'ici à une demi-heure, ou environ, j'espère bien parvenir à m'en souvenir. »

L'homme maniéré en était là, lorsque les verres revinrent ; et M. Bob Sawyer qui jusqu'alors était resté comme absorbé, lui dit en souriant gracieusement, qu'il serait enchanté d'entendre la fin de son histoire, et que, telle qu'elle était, c'était la meilleure qu'il eût jamais ouï raconter.

En effet, la vue des verres avait replacé notre ami Bob dans un état d'équanimité qu'il n'avait pas connu depuis son entrevue avec l'hôtesse. Son visage s'était éclairci, et il commençait à se sentir tout à fait à son aise.

« Maintenant, Betsy, dit-il avec une grande suavité, en dispersant le petit rassemblement de verres que la jeune fille avait concentré au milieu de la table; maintenant, Betsy, de l'eau chaude, et dépêchez-vous, comme une brave fille. »

— Vous ne pouvez pas avoir d'eau chaude, répliqua Betsy.

. — Pas d'eau chaude! s'écria Bob.

— Non, reprit la servante avec un hochement de tête plus négatif que n'aurait pu l'être le langage le plus verbeux, madame a dit que vous n'en auriez point. »

La surprise qui se peignait sur le visage des invités inspira un nouveau courage à l'amphitryon.

« Apportez de l'eau chaude sur-le-champ, sur-le-champ! dit-il avec le calme du désespoir.

— Mais je ne peux pas! Mme Raddle a éteint le feu et enfermé la bouilloire avant d'aller se coucher.

— Oh! c'est égal, c'est égal, ne vous tourmentez pas pour si peu, dit M. Pickwick, en remarquant le tumulte des passions qui agitaient la physionomie de Bob Sawyer, de l'eau froide sera tout aussi bonne.

— Oui, certainement, ajouta Benjamin Allen.

— Mon hôtesse est sujette à de légères attaques de dérangement mental, dit Bob avec un sourire glacé. Je crains d'être obligé de lui donner congé.

— Non, non, fit Benjamin.

— Je crains d'y être obligé, poursuivit Bob, avec une fermeté héroïque. Je lui payerai ce que je lui dois, et je lui donnerai congé ce matin. »

Pauvre garçon! avec quelle dévotion il souhaitait de pouvoir le faire!

Les lamentables efforts de Bob pour se relever de ce dernier coup, communiquèrent leur influence décourageante à la compagnie. La plupart de ses hôtes, pour ranimer leurs esprits, s'attachèrent avec un surcroît de cordialité au grog froid, dont les premiers effets se firent sentir par un renouvellement d'hostilités entre le jeune homme scorbutique et le propriétaire de la chemise pleine d'espoir. Les belligérants signalèrent pendant quelque temps leur mépris mutuel par une variété de froncements de sourcil et de reniflements; mais à la fin, le jeune scorbutique sentit qu'il était nécessaire de provoquer un éclaircissement. On va voir comment il s'y prit pour cela.

« Sawyer, dit-il d'une voix retentissante.

— Eh bien, Noddy, répondit l'amphitryon.

— Je serais très-fâché, Sawyer, d'occasionner le moindre désagrément à la table d'un ami, et surtout à la vôtre, mon cher; mais je me crois obligé de saisir cette occasion d'informer M. Gunter qu'il n'est pas un gentleman.

— Et moi, Sawyer, reprit M. Gunter, je serais très-fâché d'occasionner le moindre vacarme dans la rue que vous habitez, mais j'ai peur d'être obligé d'alarmer les voisins, en jetant par la fenêtre la personne qui vient de parler.

— Qu'est-ce que vous entendez par là, monsieur, demanda M. Noddy?

— J'entends ce que j'ai dit, monsieur.

— Je voudrais bien voir cela, monsieur !

— Vous allez le sentir dans une minute, monsieur.

— Je vous serai obligé de me donner votre carte, monsieur.

— Je n'en ferai rien, monsieur.

— Pourquoi pas, monsieur?

— Parce que vous la placeriez à votre glace, pour faire croire que vous avez reçu la visite d'un gentleman.

— Monsieur, un de mes amis ira vous parler demain matin.

— Je vous suis très-obligé de m'en prévenir, monsieur; j'aurai soin de dire au domestique d'enfermer l'argenterie. »

En cet endroit du dialogue, les assistants s'interposèrent et représentèrent aux deux parties l'inconvenance de leur conduite. En conséquence, M. Noddy déclara que son père était aussi respectable que le père de M. Gunter. À quoi M. Gunter rétorqua que son père était tout aussi respectable que le père de M. Noddy, et que, tous les jours de la semaine, le fils de son père valait bien M. Noddy. Comme cette déclaration semblait préluder au renouvellement de la dispute, il y eut une autre intervention de la part de la compagnie; il s'en suivit une vaste quantité de paroles et de cris, pendant lesquels M. Noddy se laissa vaincre graduellement par son émotion, et protesta qu'il avait toujours professé pour M. Gunter un attachement et un dévouement sans bornes. A cela, M. Gunter répliqua, qu'au total, il préférait peut-être M. Noddy à son propre frère. En entendant cette déclaration, M. Noddy se leva avec magnanimité, et tendit la main à M. Gunter; M. Gunter la secoua avec une ferveur touchante, et chacun convint que toute cette discussion avait été conduite d'une manière grandement honorable pour les deux parties belligérantes.

« Maintenant, Bob, pour vous remettre à flot, dit M. Jack Hopkins, je ne demande pas mieux que de chanter une chanson. » Cette proposition ayant été accueillie par des applaudissements tumultueux, Hopkins se plongea immédiatement dans *God save the King*, qu'il chanta de toutes ses forces sur un nouvel air composé de la *Baie de Biscaye* et de *Une grenouille volait*. Le refrain était l'essence de la chanson, et comme chaque gentleman le chantait en chœur, sur l'air qu'il savait le mieux, l'effet en était réellement saisissant.

A la fin du chœur du premier couplet, M. Pickwick leva la main pour réclamer l'attention des assistants, et dit, aussitôt que la tranquillité fut rétablie :

« Chut! je vous demande pardon, mais il me semble que j'entends appeler là-haut. »

Un profond silence se fit, et l'on remarqua que M. Bob Sawyer pâlissait.

« Je crois que j'entends encore le même bruit, poursuivit M. Pickwick. Ayez la bonté d'ouvrir la porte. »

A peine la porte fut-elle ouverte que toute espèce de doute se trouva dissipé.

« M. Sawyer! M. Sawyer! criait une voix au second étage.

— C'est mon hôtesse, dit Bob en regardant ses invités avec angoisse. Oui, Mme Raddle.

— Qu'est-ce que cela signifie, M. Sawyer? répéta la voix avec une aigre rapidité. C'est donc pas assez de m'escroquer mon loyer et l'argent que j'ai payé pour vous de ma poche, et de me faire insulter par vos amis, qui ont le front de s'appeler des hommes, il faut encore que vous fassiez un sabbat capable d'attirer les pompiers et de faire tomber la maison par les fenêtres, et ça à deux heures du matin. Renvoyez-moi ces gens-là !

— Vous devriez mourir de honte, ajouta la voix de M. Raddle, laquelle paraissait sortir de dessous quelques couvertures lointaines.

— Mourir de honte, certainement, répéta sa douce moitié. Mais vous, poule mouillée que vous êtes, pourquoi n'allez vous pas les rouler en bas des escaliers? Voilà ce que vous feriez si vous étiez un homme.

— Voilà ce que je ferais, si j'étais une douzaine d'hommes, ma chère, répliqua pacifiquement le mari. Dans ce moment ici, ils ont un peu trop l'avantage du nombre sur moi.

— Hou ! le poltron, retorqua Mme Raddle avec un mépris suprême. M. Sawyer, voulez-vous renvoyer ces gens; oui ou non ?

— Ils s'en vont, Mme Raddle, ils s'en vont, dit le misérable

Bob. Je crois que vous feriez mieux de vous en aller, ajouta-t-il à ses amis, je pensais effectivement que vous faisiez trop de bruit.

— C'est bien malheureux, fit observer l'homme maniéré, juste au moment où nous devenions si confortables! (Le fait est qu'il venait de retrouver un souvenir confus de son histoire.) C'est difficile à digérer, continua-t-il en regardant autour de lui, c'est difficile à digérer, hein!

— Il ne faut pas endurer cela, répliqua Hopkins. Chantons l'autre couplet, Bob, allons!

— Non, non, Jack, ne chantez pas! s'empressa de dire le triste amphitryon. C'est une superbe chanson, mais je crois que nous ferons mieux d'en rester là. Les gens de cette maison sont très-violents, excessivement violents.

— Voulez-vous que je monte en haut et que j'entreprenne le propriétaire? dit Hopkins, ou que je carillonne à la sonnette, ou que j'aille aboyer sur l'escalier? Disposez de moi, Bob.

— Je suis bien obligé à votre amitié et à votre bon naturel, répondit le malheureux Bob, mais je crois que le meilleur plan, pour éviter toute dispute, est de nous séparer sur-le-champ.

— Eh bien! M. Sawyer, cria la voix aigüe de Mme Raddle, s'en vont-ils, ces brigands?

— Ils cherchent leurs chapeaux, Mme Raddle; ils s'en vont à la minute.

— C'est heureux! s'écria Mme Raddle en allongeant son bonnet de nuit par-dessus la rampe, juste au moment où M. Pickwick, suivi de M. Tupman, sortait de la chambre. C'est heureux! Ils auraient pu se dispenser de venir.

— Ma chère dame, dit M. Pickwick en levant la tête....

— Allez-vous-en, vieux farceur! rétorqua Mme Raddle, en ôtant précipitamment son bonnet de nuit. Assez vieux pour être son grand-père, le débauché! Vous êtes le pire de tous. »

M. Pickwick reconnut qu'il était inutile de protester de son innocence. Il descendit donc rapidement l'escalier, et fut rejoint dans la rue par MM. Tupman, Winkle et Snodgrass. M. Ben Allen, qui était affreusement contristé par l'eau-de-vie et par l'agitation de cette scène, les accompagna jusqu'au pont de Londres, et le long du chemin confia à M. Winkle, comme à une personne singulièrement digne de sa confidence, qu'il était décidé à couper la gorge de tout gentleman, autre que M. Bob Sawyer, qui oserait aspirer à l'affection de sa sœur Arabella.

Ayant exprimé sa détermination d'exécuter avec une fermeté convenable ce pénible devoir fraternel, il fondit en larmes, enfonça son chapeau sur ses yeux, et reprenant son chemin le mieux possible, il s'arrêta devant la porte du marché du Borough. Là, jusqu'au point du jour, il s'occupa à frapper à coups redoublés et à faire alternativement de petits sommes sur les marches de pierre, dans la ferme persuasion qu'il était devant sa porte, et qu'il en avait oublié la clef.

Les invités étant ainsi partis, grâce à la requête assez pressante de Mme Raddle, l'infortuné Bob se trouva libre de méditer sur les événements probables du lendemain et sur les plaisirs de la soirée.

CHAPITRE IV.

M. Weller *senior* profère quelques opinions critiques concernant les compositions littéraires; puis avec l'assistance de son fils Samuel, il s'acquitte d'une partie de sa dette envers le révérend gentleman au nez rouge.

Le 13 février, comme le savent aussi bien que nous les lecteurs de cette authentique narration, était la veille du jour désigné pour le jugement de l'action intentée par Mme Bardell. Ce fut une journée fatigante pour Samuel Weller, qui fut occupé sans interruption, depuis 9 heures du matin jusqu'à 2 heures de l'après-midi, inclusivement, à voyager de l'hôtel de M. Pickwick au cabinet de M. Perker, et réciproquement; non pas qu'il y eût la moindre chose à faire, car les consultations avaient eu lieu, et l'on avait définitivement arrêté la marche qui devait être suivie, mais M. Pickwick se trouvant dans un état d'excitation excessive, persistait à envoyer constamment à son avoué de petites notes contenant seulement cette demande : *Cher Perker, tout marche-t-il bien?* — A quoi M. Perker répondait invariablement : *Cher Pickwick, aussi bien que possible.* Le fait est, comme nous l'avons déjà fait entendre, que rien ne pouvait marcher, soit bien, soit mal, jusqu'à l'audience du jour subséquent. Mais on doit passer aux gens qui vont volontairement devant un tribunal, ou qui y sont traînés

forcément pour la première fois, l'irritation temporaire et
l'anxiété dont ils sont atteints. Sam n'ignorait pas cela, il savait se prêter philosophiquement aux faiblesses de la nature
humaine ; aussi exécuta-t-il toutes les fantaisies de son maître,
avec cette bonne humeur imperturbable qui formait l'un des
.traits les plus frappants et les plus aimables de son caractère.

Il s'était réconforté avec un petit dîner fort agréable, et
attendait à la buvette la chaude mixture que M. Pickwick l'a-
vait engagé à prendre pour noyer les fatigues de ses promenades matinales, lorsqu'un jeune garçon, dont la casquette à
poil, la jaquette de flanelle et toute la tournure, annonçaient
qu'il avait la louable ambition d'atteindre un jour la dignité
de palefrenier, entra dans le passage du *George et Vautour*, et
regarda d'abord sur l'escalier, ensuite le long du corridor,
puis enfin dans la buvette, comme s'il avait cherché quelqu'un
pour qui il aurait eu une commission.

La demoiselle de comptoir ne considérant pas comme impro-
bable que ladite commission eût pour objet l'argenterie de
l'établissement, accosta en ces termes l'indiscret personnage :
« Eh bien ! jeune homme, qu'est-ce que vous voulez ?

— Y a-t-il ici quettes un appelé Sam ? répondit le gamin
d'une voix de fausset.

— Et l'aut' nom ? demanda Sam en se retournant.

— Est-ce que j'sais, moi, rétorqua vivement le jeune gentleman à la casquette velue.

— Vous avez l'air joliment fin, mon p'tit, mais à vot' place, je
ne ferais pas trop voir ma finesse ici, on pourrait vouloir vous
l'émousser. Qu'est-ce que ça veut dire de venir dans un hôtel,
demander après Sam, avec autant de politesse qu'un sauvage indien ?

·— Parce qu' i' y a un vieux qui me l'a dit.

— Quel vieux ? demanda Sam avec un profond dédain.

— Celui-là qui conduit la voiture d'Ipswick et qui remise à
not' auberge. I' m'a dit hier matin de venir c't après-midi au
George et Vautour, et de demander Sam.

— C'est mon auteur, ma chère, dit Sam, en se tournant
d'un air explicatif vers la demoiselle de comptoir. Dieu me
bénisse s'il sait mon autre nom ! Eh bien ! jeune chou frisé,
qu'est-ce qu'il y a encore ?

— Y a qu'i' dit que vous veniez chez nous à six heures,
parce qu'i' veut vous voir, à l'*Ours Bleu*, près du marché de
Leadenhall. J'y dirai-t-i' que vous viendrez ?

— Oui, monsieur, répliqua Sam avec une exquise politesse;
vous pouvez vous aventurer à dire cela. »

Ayant reçu ces pleins pouvoirs, le jeune gentleman s'éloigna, éveillant en chemin tous les échos de George Yàrd, par
des imitations singulièrement sonores et correctes du sifflet
d'un bouvier.

Sam obtint facilement un congé de M. Pickwick, car dans
l'état d'excitation et de mécontentement où se trouvait notre
philosophe, il n'était pas fâché de demeurer seul. Sam se mit
donc en route, longtemps avant l'heure indiquée, et ayant du
temps à revendre, s'en alla tout en flânant jusqu'à Mansion-
House[1]. Là, il s'arrêta et s'occupa à contempler, avec un
calme philosophique, les nombreux cabriolets et les innombrables voitures de toute espèce qui stationnent aux environs, à la grande terreur et confusion des vieilles femmes du
royaume uni de Grande-Bretagne et d'Irlande. Ayant musé
dans cet endroit pendant une demi-heure, Sam se remit en
route, et se dirigea vers le marché de Leadenhall, à travers
une multitude de ruelles et de cours. Comme il travaillait à
perdre son temps, et s'arrêtait devant presque tous les objets
qui frappaient sa vue, on ne doit nullement s'étonner de ce
qu'il fit une pose devant la demeure d'un petit papetier; mais
ce qui sans autre explication paraîtrait surprenant, c'est qu'à
peine ses yeux s'étaient-ils arrêtés sur certaines peintures
exposées aux vitres de la boutique, qu'il tressaillit violemment, frappa énergiquement de sa main droite sur sa cuisse,
et s'écria avec grande véhémence : « Ma foi, j'aurais oublié
de lui en envoyer un! Je ne me serais pas rappelé que c'est
demain la Saint-Valentin![2] »

Le dessin colorié sur lequel s'étaient arrêtés les yeux de Sam,
tandis qu'il parlait ainsi, représentait deux cœurs humains,
hauts en couleur, fixés ensemble par une flèche, et qui cui-
saient devant un feu ardent. Un couple de cannibales, mâle
et femelle, en costume moderne (le gentleman vêtu d'un habit bleu et d'un pantalon blanc, la dame d'une pelisse rouge

1. Hôtel du maire de Londres ou hôtel de ville.
2. Tous les papetiers exposent pendant une quinzaine de jours avant la
Saint-Valentin des déclarations enjolivées dont le prix varie de deux sols à
trois ou quatre francs, lesquelles sont destinées aux amoureux et amoureuses qui n'ont pas assez d'imagination pour composer eux-mêmes une
des épîtres qu'on expédie par centaines de milliers en cette saison.

avec un parasol pareil), s'avançaient vers ce rôti, d'un air
affamé et par un sentier couvert d'un sable fin. Un petit garçon fort immodeste (car il n'avait pour tout vêtement qu'une
paire d'ailes), surveillait la cuisine. Dans le fond on distinguait le clocher de l'église de Langham ; bref, cela représentait une de ces lettres d'amour qu'on nomme *un Valentin*[1].
Il s'en trouvait dans la boutique un vaste assortiment, comme
l'annonçait une inscription manuscrite collée au carreau, et
le papetier s'engageait à les livrer à ses concitoyens au prix
modéré d'un shilling six pence.

« Eh bien! je n'aurais jamais songé à lui en envoyer un, »
répéta Sam ; et en parlant ainsi, il entra tout droit dans la
boutique, et demanda une feuille du plus beau papier à lettre
doré sur tranche, ainsi qu'une plume taillée dur et garantie
pour ne pas cracher. Ayant obtenu promptement ces objets,
il se remit en route d'un bon pas, fort différent de l'allure nonchalante qu'il avait auparavant. Arrivé près du marché de
Leadenhall, il regarda autour de lui, et vit une enseigne sur
laquelle le peintre avait dessiné quelque chose qui ressemblait
à un éléphant bleu de ciel, avec un nez aquilin au lieu de
trompe. Conjecturant judicieusement que c'était l'*Ours Bleu*
en personne, Sam entra dans la maison, et demanda l'auteur
de ses jours.

« Il ne sera pas ici avant trois quarts d'heure, au plus tôt,
répondit la jeune lady qui dirigeait les arrangements domestiques de l'*Ours Bleu*.

— Très-bien, ma chère, répliqua Sam. Faites-moi donner
pour neuf pence d'eau-de-vie, avec de l'eau chaude, et l'encrier s'il vous plaît, miss. »

L'eau-de-vie et l'eau chaude avec l'encrier ayant été apportés dans le petit parloir, la jeune lady aplatit soigneusement
le charbon de terre pour l'empêcher de flamber, et emporta le
fourgon pour ôter toute possibilité d'attiser le feu, sans avoir
obtenu préalablement le consentement et la participation de
l'Ours Bleu. Pendant ce temps, Sam, assis dans une stalle,
près du poêle, tirait de sa poche la feuille de papier doré et la
plume au bec dur, examinait soigneusement la fente de celle-
ci, pour voir s'il ne s'y trouvait point de poil, époussetait la
table, de peur qu'il n'y eût des miettes de pain sous son pa-

---

1. Parce qu'elles se terminent presque toujours par ces mots : *voulez-
vous de moi pour votre Valentin?*

pier, relevait les parements de son habit, étalait ses coudes, et se préparait à écrire.

Écrire une lettre n'est pas la chose du monde la plus facile, pour les ladies et les gentlemen qui ne se dévouent pas habituellement à la science de la calligraphie. Dans des cas semblables, l'écrivain a toujours considéré comme nécessaire d'incliner sa tête sur son bras gauche, de manière à placer ses yeux, autant que possible, au même niveau que son papier, et, tout en considérant de côté les lettres qu'il construit, de former avec sa langue des caractères imaginaires pour y correspondre. Or, quoique ces mouvements favorisent incontestablement la composition, ils retardent quelque peu les progrès de l'écrivain. Aussi y avait-il plus d'une heure et demie que Sam s'appliquait à écrire, en caractères menus, effaçant avec son petit doigt les mauvaises lettres, pour en mettre d'autres à la place, et repassant plusieurs fois sur celles-ci, afin de les rendre lisibles, lorsqu'il fut rappelé à lui-même, par l'entrée du respectable M. Weller.

« Eh ben! Sammy, dit le père.

— Eh bien! Bleu de Prusse, répondit le fils, en déposant sa plume. Que dit le dernier bulletin de la santé de belle-mère?

— Mme Weller a passé une bonne nuit; mais elle est d'une humeur joliment massacrante ce matin. Signé z'avec serment Tony Weller, squire. Voilà le dernier bulletin, Sammy, répliqua M. Weller en dénouant son châle.

— Ça ne va donc pas mieux?

— Tous les symptômes agravés, dit le père en hochant la tête. Mais qu'est-ce que vous faites donc là Sammy? Instruction primaire, hein?

— J'ai fini maintenant, répondit Sam avec un léger embarras; j'étais en train d'écrire.

— Je le vois bien, pas à une jeune femme, j'espère?

— Ma foi, ça ne sert à rien de dissimuler, c'est un Valentin.

— Un quoi? s'écria le père, que le son de ces mots semblait frapper d'horreur.

— Un Valentin.

— Samivel, Samivel! reprit le père d'un ton plein de reproches, je n'aurais pas cru cela de toi, après l'exemple que tu as eu des penchants vicieux de ton père, après tout ce que je t'ai raisonné sur ce sujet ici, après avoir vécu toi-même avec ta belle-mère, qu'est une leçon morale qu'un homme ne doit pas oublier, jusqu'à la fin de ses jours ; je ne pensais pas que tu aurais fait cela, Samivel, non, je ne l'aurais pas cru ! »

Ces réflexions étaient trop pénibles pour l'infortuné père ; il porta le verre de Sam à ses lèvres, et en but le contenu, tout d'un trait.

« Comment ça va-t-il maintenant? lui demanda son fils.

— Ah! Sammy, ça sera une furieuse épreuve de voir ça à mon âge ! Heureusement que je suis passablement coriace, et c'est une consolation, comme disait le vieux dindon, quand le fermier l'avertit qu'il était obligé de le tuer pour le porter au marché.

— Qu'est-ce qui sera une épreuve ?

— De te voir marié, Sammy ; de te voir comme une victime abusée, qui s'imagine que tout est rose. C'est une épreuve effroyable pour les sentiments d'un père, Sammy !

. — Bêtises! je ne suis pas pour me marier ; ne vous vexez pas pour cela. Demandez plutôt votre pipe, je m'en vas vous lire ma lettre ; là ! »

Nous ne saurions dire positivement si le chagrin de M. Weller fut calmé par la perspective de sa pipe ou par la pensée qu'il y avait dans sa famille une propension fatale au mariage, contre laquelle il était inutile de vouloir lutter. Nous sommes porté à croire que cet heureux résultat fut atteint à la fois par ces deux sources combinées de consolation, car il répéta fréquemment la seconde à voix basse, pendant qu'il sonnait pour se faire apporter la première. Ensuite il se débarrassa de sa houppelande, alluma sa pipe, et se plaça le dos au feu, de manière à en recevoir toute la chaleur et à s'appuyer en même temps sur le manteau de la cheminée ; puis il tourna vers Sam son visage notablement adouci par la bénigne influence du tabac, et l'engagea à démarrer.

Sam plongea sa plume dans l'encre pour être prêt à faire les corrections, et commença d'un air théâtral.

« Aimable.... »

« Halte ! dit M. Weller en tirant la sonnette. Un double erre de l'invariable, ma chère.

— Très-bien, monsieur, répondit la jeune fille ; et avec une singulière prestesse elle disparut, revint et redisparut.

— Ils ont l'air de connaître vos idées, ici, fit observer Sam.

— Oui, répondit son père ; j'y ai z'été qué'que fois dans ma vie. Allons Sam. »

« Aimable créature.... »

« Est-ce que c'est des verses ?

— Non, non.

— Tant mieux. Les verses, ce n'est pas naturel. l'n'y a pas un homme qui parle en verses, excepté la circulaire du bedeau, le jour des étrennes, les annonces du cirage de Warren, où l'huile de Macassar, ou qué'que gens de ce poil là. Ne te laisse jamais aller à parler en verses, mon garçon, c'est trop commun ! Recommence-moi un peu ça, Sammy. »

Cela dit, M. Weller reprit sa pipe avec une solennité d'Aristarque, et Sam, recommençant pour la troisième fois, lut ainsi qu'il suit :

« Aimable créature, je sens que mon cœur est bigrement....»

« Cela n'est pas convenable, interrompit M. Weller, en ôtant sa pipe de sa bouche.

— Non, ce n'est pas bigrement, dit Sam, en tournant la lettre plus au jour. C'est joliment; il y a un pâté là. Je sens que mon cœur est joliment tonteux.

— Très-bien, marchez.

— Est joliment tonteux et sir.... J'ai oublié le mot qu'il y a là, dit Sam, en se grattant l'oreille avec sa plume.

— Pourquoi ne le regardes-tu pas alors ?

— C'est ce que je fais, mais il y a un autre pâté. Il y a un s et un i et un r.

— Circonscrit, peut-être ? suggéra M. Weller.

— Non ce n'est pas cela. Sirconvenu voilà.

— Ça n'est pas un aussi beau mot que circonscrit, dit M. Weller gravement.

— Vous croyez ?

— Sûr et certain.

— Vous ne trouvez pas que ça dit plus de choses ?

— Eh ! Eh ! fit M. Weller après un moment de réflexion. C'est peut-être un mot plus tendre. Va toujours, Sammy. »

« — Mon cœur est joliment tonteux et sirconvenu quant je me rat pelle de vous, car vous ete un joli brain de fille, et je voudrais bien qu'on vînt me dire le contraire.... »

« Voilà une belle pensée, dit M. Weller, en ôtant sa pipe, pour laisser sortir cette remarque.

— Oui, je crois qu'elle n'est pas mauvaise, répondit son fils, singulièrement flatté.

— Ce que j'aime dans ton style, c'est que tu ne donnes pas un tas de noms aux gens ; tu n'y mets pas de Vénus, ni d'au-

tres machines de ce genre-là. A quoi sert d'appeler une jeune
femme une Vénus ou un ange, Sammy ?

— Ah ! oui, à quoi bon !

— Pourquoi ne pas l'appeler tout de suite *griffon* ou *licorne*,
qu'est bien connu pour être des animaux métaphysiques.

— Ça vaudrait tout autant.

— Roulez toujours, Sammy. »

Sam obéit, et continua à lire, tandis que son père continuait
à fumer, avec une physionomie de sagesse et de contentement tout à fait édifiante.

« — Avent de vous havoir vu je pansais que toute les fames
« fucent pareils.... »

« Elles le sont, » fit observer M. Weller, entre parenthèses.

« Mai maintenant je vois quel fichu bêtte de corps nid
« chond j'ai zété, car il nid a pas dent tout le monde une
« pèrresone come vous quoi que je vous ême come tout ! »

« J'ai pensé que je ferais bien de mettre cela un peu fort, »
dit Sam en levant la tête.

M. Weller fit un signe approbatif, et son fils poursuivit:

« Ih sclé je prrends le privilaije du jour, ma chair Mary,
« come dit le genman dent l'embarrat, qui ne sortais que la nuit
« pour vous dire que la I' et leunnuque foie que je vous et vu
« vot porterait et aimprimé dent mont cueur en couleur ben
« pus vive et ben pus vitte qu'y ni a jamet zu dé portret fait
« par la machinne à porfil (don vous avet peu taître entendu
« parler ma chair Mary) qui fabrique le porttrait et met le
« quadre avec un annot ô boue pour la crocher en 2 minutes un
« cart. »

« J'ai pear que ça ne frise le poétique, fit observer M. Weller
d'un air dubitatif.

— Pas du tout, » répondit Sam, en recommençant promptement à lire pour éviter toute discussion.

« Acceptez moi Mary ma chair pour votre Valentin et panset
« a se que je vous et dit. Ma chair Mary je vais conclure main-
« tenan. — Voilà tout. »

« Ça s'arrête un peu court, il me semble, Sammy.

— Pas du tout. Elle souhaitera qu'il y en ait plus long ; et
voilà le grand art d'écrire des lettres !

— Eh ! ben, i' y a qué'que chose là dedans. Je voudrais
seulement que ta belle-mère conduise sa conversation sur ce
principe ici. Est-ce que vous n'allez pas signer.

— C'est la difficulté, ça. Je ne sais pas ce que je vas signer.

— Signe : *Weller*, dit le vieux propriétaire de ce nom.

— Ça n'ira pas : il ne faut jamais signer un Valentin avec son propre nom.

— Signe : *Pickwick* alors, c'est un très-bon nom et facile à épeler.

— Voilà l'affaire. Si je finissais par des verses, hein ?

— Je n'aime pas ça, mon garçon ; je n'ai jamais connu un respectable cocher qu'a écrit de la poésie, excepté un qu'a fait un morceau de verses attendrissant, le jour avant qu'il a été pendu, pour un vol de grand chemin, et encore c'était seulement un homme de Cambervell. Ainsi ça ne compte pas. »

Cependant Sam ne put être dissuadé de l'idée poétique qui lui était survenue, il signa donc sa lettre ainsi qu'il suit :

> L'amour me pique,
> Piquewique.

Ayant ensuite fermé son épître d'une manière très-compliquée, il y mit obliquement l'adresse :

Miss Mary fam de chambre ché monsieur Nupkins mère à Ipswick Suffolk. Puis après l'avoir cachetée il la fourra dans sa poche, toute prête pour la poste.

Cette importante affaire étant terminée, M. Weller *senior* commença à développer celle pour laquelle il avait convoqué son héritier.

« La première histoire regarde ton gouverneur, Sammy, lui dit-il. Il va être jugé demain, n'est-il pas vrai ?

— Sûr comme ache.

— Eh bien ! je suppose qu'il aura besoin de qué'ques témoins pour jurer ses mœurs, ou bien peut-être pour prouver un allébi. J'ai retourné tout cela dans ma tête, et y peut se tranquilliser, Sammy. J'ai ramassé qué'ques amis qui feront son affaire, pour les deux choses. Mais voilà mon avis à moi. Vous inquiétez pas des mœurs, et raccrochez vous à l'allébi. Rien comme un allébi, Sammy, rien. »

Ayant délivré cette opinion légale d'un air singulièrement profond, M. Weller ensevelit son nez dans son verre, et fit par-dessus le bord de rapides clins d'œil à son fils étonné.

« Qu'est-ce que vous voulez dire ? demanda celui-ci. Est-ce que vous vous imaginez qu'il va passer en cour d'assises ?

— Ça ne fait rien à l'affaire, Sammy. N'importe où ce qui sera jugé, mon garçon ; un allébi voilà la chose. Nous avons sauvé Tom Wildspark d'un meurtre, avec un allébi, quand toutes les grosses perruques disaient que rien ne pouvait le tirer d'affaire. Et vois-tu, Sammy, mon opinion est que si ton gouverneur ne prouve pas un allébi, il se trouvera couronné des deux jambes. »

Comme M. Weller entretenait la conviction ferme et inaltérable que le *Old Bailey* était la cour suprême de judicature de l'Angleterre, et que ses formes de procédure réglaient toutes les autres cours de justice sans exception, il n'écouta en aucune manière les assurances et les arguments de son fils pour lui prouver que l'alibi était inadmissible; mais il continua à protester avec véhémence que M. Pickwick allait être *victimisé*. Trouvant qu'il était inutile de discuter davantage cette matière, Sam changea de sujet, et demanda quel était le second topique, sur lequel son vénérable parent désirait le consulter.

« C'est un point de politique domestique, Sammy, répondit celui-ci. Tu sais bien ce Stiggins ?

— L'homme au nez rouge ?

— Le même. Cet homme au nez rouge, Sammy, visite ta belle-mère avec une bonté et une constance comme je n'en ai jamais vu. Il aime tant notre famille que, quand il s'en va, il ne peut pas être confortable, à moins qu'il n'emporte qué'que chose pour se souvenir de nous.

— Et si j'étais que de vous, interrompit Sam, je lui donnerais qué'que chose qu'il s'en souviendrait pendant dix ans.

— Une minute : j'allais te dire qu'à présent il apporte toujours une bouteille plate, qui tient à peu près une pinte et demie, et qu'avant de s'en aller il la remplit soigneusement avec notre rhum.

— Et il la vide toujours avant de revenir, je suppose ?

— Juste, il n'y laisse rien que le bouchon et l'odeur. Fietoi à lui pour cela, Sammy. Maintenant, mon garçon, ces gaillards ici vont tenir ce soir l'assemblée mensuelle de la branche de *Brick-Lane* de la grande union *Ebenezer*, à l'association de Tempérance. Ta belle-mère était pour y aller. Sammy, mais elle a attrapé le rhumatique, et elle ne peut pas ; et moi j'ai attrapé les deux billets qu'on y avait envoyés. »

M. Weller communiqua ce secret avec une immense jouissance, et ensuite se mit à cligner de l'œil, si infatigablement que Sam commença à penser qu'il avait le tic douloureux dans la paupière droite.

« Eh bien ! dit le jeune gentleman.

— Eh bien ! continua son père en regardant avec précaution autour de lui, nous irons ensemble, ponctuels à l'heure, Sammy. Le substitut du berger ne le sera pas ! Le substitut du berger ne le sera pas ! »

Ici M. Weller fut saisi d'un paroxysme de ricanement qui s'approcha gràduellement de la suffocation, autant que cela se peut chez un vieux gentleman, sans amener d'accident. Pendant ce temps, Sam frottait le dos de son père, assez vivement pour l'enflammer par la friction, s'il eût été un peu plus sec.

« Vraiment, dit-il, je n'ai jamais vu un vieux revenant comme ça de mes jours, ni de ma vie. Qu'est-ce que vous avez donc à rire, corpulence ?

— Chut ! Sammy, répondit M. Weller, en regardant autour de lui, avec encore plus de défiance, et en parlant à voix basse. Deux de mes amis, qui travaillent sur la route d'Oxford, et qu'est fameux pour toutes sortes de farces, ont pris le substitut du berger à la remorque, et quand il viendra à la grande union Ebenezer (ce qu'il est bien sûr de faire, car ils le reconduiront jusqu'à la porte, et ils le feront monter, bon gré malgré, si c'est nécessaire), il sera embourbé dans le rhum aussi fort qu'il l'a jamais été au marquis de Granby, et c'est pas peu dire. »

Ici, M. Weller recommença à rire immodérément, et en conséquence retomba sur nouveaux frais dans un état de suffocation partielle.

Rien ne pouvait mieux s'accorder avec les idées de Sam que le projet de démasquer les penchants et les qualités réelles de l'homme au nez rouge. L'heure désignée pour la réunion approchant, le père et le fils se dirigèrent immédiatement vers Brick-Lane, et pendant le chemin Sam n'oublia pas de jeter sa lettre à la poste.

L'assemblée mensuelle de la branche de l'Association de Tempérance de *Brick-Lane*, embranchement de la grande union *Ebenezer*, se tenait dans une vaste chambre, située d'une manière agréable et aérée au sommet d'une échelle sûre et commode. Le président était le juste M. Anthony Humm, pompier converti, maintenant maître d'école, et occasionnellement prédicant-voyageur. Le secrétaire était M. Jonas Mudge, garçon chandelier, vase d'enthousiasme et de désintéressement, qui vendait du thé aux membres de l'association. Préalablement au commencement des opérations, les dames étaient assises sur des tabourets et buvaient du thé, aussi longtemps qu'*elles* croyaient pouvoir le faire, tandis qu'une large tirelire de bois était placée en évidence sur le tapis vert du bureau, derrière lequel le secrétaire se tenait debout, reconnaissant par un gracieux sourire, chaque addition à la riche veine de cuivre que la boîte renfermait dans ses flancs.

Dans la présente occasion, les dames commencèrent par boire une quantité de thé presque alarmante, à la grande horreur de M. Weller qui, méprisant les signes de Sam, promenait autour de lui des regards où pouvaient se lire, avec facilité, son étonnement et son mépris.

« Sammy, murmura-t-il à son fils, si qué'ques uns de ces gens ici n'ont pas besoin d'être opérés pour l'hydropisie, demain matin, je ne suis pas ton père! Vois-tu cette vieille lady, assise auprès de moi? elle se noie avec du thé.

— Est-ce que vous ne pouvez pas vous tenir tranquille? chuchota Sam.

— Sammy, reprit M. Weller au bout d'un moment et avec un accent d'agitation profonde, fais attention à ce que je te dis, mon garçon; si ce secrétaire continue encore cinq minutes, il va crever à force d'avaler des rôties et de l'eau chaude.

— Eh bien! laissez-le, si ça lui fait plaisir. Ce n'est pas votre affaire.

— Si ça dure plus longtemps, Sammy, poursuivit M. Weller à boix basse, je sens que c'est mon devoir comme homme et comme chrétien, de me lever et d'adresser qué'ques paroles au président. Il y a là une jeune femme, au troisième tabouret, qui a bu neuf tasses et demie; je la vois qui gonfle visiblement à l'œil nu. »

Il n'y a nul doute que M. Weller eût exécuté ses bienveillantes intentions, si un grand bruit, occasionné par le choc des tasses, n'avait pas heureusement annoncé que le thé était terminé. La faïence ayant été enlevée et la table à la serge verte apportée au centre de la chambre, les opérations de la soirée furent entamées par un petit homme chauve, en culotte de velours de coton, qui grimpa soudainement à l'échelle, au hasard imminent de briser ses jambes maigrelettes.

« Ladies et gentlemen, dit le petit homme chauve, je porte au fauteuil notre excellent frère, M. Anthony Humm. »

A cette proposition les dames agitèrent une élégante collection de mouchoirs, et l'impétueux petit homme porta littéralement au fauteuil M. Humm, en le prenant par les épaules et le poussant vers un ustensile d'acajou, qui avait autrefois représenté cette pièce d'ameublement. L'agitation des mouchoirs fut renouvelée, et M. Humm, qui avait un visage blafard et luisant, en état de transpiration perpétuelle, salua gracieusement l'assemblée, à la grande admiration des femelles, et prit gravement son siège. Le silence fut alors réclamé par le petit homme, puis M. Humm se leva, et dit qu'avec la permission des frères et des sœurs de la branche de *Brick-Lane*, alors présents, le secrétaire lirait le rapport du comité de la branche de *Brick-Lane*, proposition qui fut encore accueillie par un trépignement de mouchoirs.

Le secrétaire ayant éternué d'une manière très-expressive, et la toux qui saisit toujours une assemblée, quand il va se passer quelque chose d'intéressant, ayant eu son cours régulier, on entendit la lecture du document suivant:

Rapport du Comité de la Branche de Brick-Lane de la Grande Union Ebenezer de l'Association de Tempérance.

« Votre comité a poursuivi ses agréables travaux, durant le mois passé, et a l'inexprimable plaisir de vous rapporter les cas suivants de nouveaux convertis à la tempérance.

« H. Walker, tailleur, sa femme et ses deux enfants. Quand il était plus à son aise, il confesse qu'il avait l'habitude de boire de l'ale et de la bière. Il dit qu'il n'est pas certain s'il n'a pas siroté pendant vingt ans, deux fois par semaines, du *nez de chien*, que votre comité trouve, sur enquête, être composé de porter chaud, de cassonade, de genièvre et de muscade. (Ici une femme âgée pousse un gémissement en s'écriant: c'est vrai !) Il est maintenant sans ouvrage et sans argent ; il pense que ce doit être la faute du porter (applaudissements) ou la perte de l'usage de sa main droite ; il ne peut pas dire lequel des deux, mais il regarde comme très-probable que s'il n'avait bu que de l'eau toute sa vie, son camarade ne l'aurait pas piqué avec une aiguille rouillée, ce qui a occasionné son accident (immenses applaudissements). Il n'a plus rien à boire que de l'eau claire, et ne se sent jamais altéré (grands applaudissements).

« Betzy Martin, veuve, n'a qu'un enfant et qu'un œil, va en journée comme femme de ménage et blanchisseuse: n'a jamais eu qu'un œil, mais sait que sa mère buvait solidement, ne serait pas étonnée si cela en était la cause (terribles applaudissements). Ne regarde pas comme impossible qu'elle eût deux yeux maintenant, si elle s'était toujours abstenue de spiritueux (applaudissements formidables). Était habituée à recevoir par jour 1 *shilling et* 6 *pence*, une pinte de porter et un verre d'eau-de-vie, mais depuis qu'elle est devenue membre de la branche de *Brick-Lane*, elle demande toujours à la place 3 *shillings et* 6 *pence* (l'annonce de ce fait intéressant est reçue avec le plus étourdissant enthousiasme).

« Henry Beller a été pendant nombre d'années maître d'hôtel pour différents dîners de corporations. En ce temps-là il buvait une grande quantité de vins étrangers. Il en a peut-être emporté quelque fois une bouteille ou deux chez lui. Il n'est pas tout à fait certain de cela, mais il est sûr que s'il les a emportées, il en a bu le contenu. Il se trouve très-mal disposé et mélancolique, est agité la nuit et éprouve une soif continuelle. Il pense que ce doit être le vin qu'il avait l'habitude de boire (applaudissements). Il est sans emploi maintenant, et ne tâte jamais une seule goutte de vins étrangers (applaudissements épouvantables).

« Thomas Burten, marchand de mou du lord maire, des schérifs et de plusieurs membres du Common council (le nom de ce gentleman est entendu avec un intérêt saisissant). Il a une jambe de bois : il trouve qu'une jambe de bois coûte bien cher quand on marche sur le pavé. Il avait l'habitude d'acheter des jambes de bois d'occasion, et buvait régulièrement chaque soir un verre d'eau et de genièvre chaud; quelquefois deux (profonds soupirs). Il s'est aperçu que les jambes d'occasion se fendaient et se pourrissaient très-promptement; il est fermement persuadé que leur constitution était minée par l'eau et le genièvre (applaudissements prolongés). Il achète maintenant des jambes de bois neuves, et ne boit rien que de l'eau et du thé léger. Les nouvelles jambes de bois durent deux fois aussi longtemps que les anciennes, et il attribue cela uniquement à ses habitudes de tempérance (applaudissements triomphants). »

Après cette lecture, Anthony Humm proposa à l'assemblée de se régaler d'une chanson. Il l'invita à se joindre à lui pour chanter les paroles du joyeux batelier, adaptées à l'air du centième psaume par le frère Mordlin, en vue de favoriser les jouissances morales et rationnelles de la société (grands applaudissements). M. Anthony Humm saisit cette opportunité d'exprimer sa ferme persuasion que feu M. Dibdin[1], reconnais-

---

1. Auteur de chansons célèbres.

sant les erreurs de sa jeunesse, avait écrit cette chanson
pour montrer les avantages de l'abstinence. « C'est une chanson de tempérance (tourbillon d'applaudissements). La propreté du costume de l'intéressant jeune homme, son
habileté, comme rameur, la désirable disposition d'esprit
qui lui permettait, suivant la belle expression du poëte,
de ramer tout le jour en ne pensant à rien; tout se
réunit pour prouver qu'il devait être buveur d'eau (applaudissements). Oh! quel état de vertueuses jouissances (applaudissements enthousiastes)! et quelle fut la récompense du
jeune homme! que tous les jeunes gens présents remarquent
ceci :

« Les jeunes filles s'empressaient d'entrer dans son bateau
(bruyants applaudissements, surtout parmi les dames). Quel
brillant exemple! Les jeunes filles se pressant autour du jeune
batelier et l'escortant dans le sentier du devoir et de la tempérance. Mais étaient-ce seulement les jeunes filles de bas étage,
qui le soignaient, qui le consolaient, qui le soutenaient ?
Non!

> Il était le rameur chéri
> Des plus belles dames du monde.

(immenses applaudissements). Le doux sexe se ralliait comme
un seul homme.... Mille pardons, comme une seule femme....
autour du jeune batelier, et se détournait avec dégoût des
buveurs de spiritueux (applaudissements). Les frères de la
Branche de Brick-Lane sont des bateliers d'eau douce (applaudissements et rires). Cette chambre est leur bateau; cette
audience représente les jeunes filles, et l'orateur, quoique
indigne, est leur rameur chéri (applaudissements frénétiques
et interminables). »

« Sammy, qu'est-ce qui veut dire par le *doux sexe?* demanda
M. Weller à voix basse.

— La femme, répondit Sam du même ton.

— Pour ça, il n'a pas tort; faut qu'elle soit joliment *douce*
pour se laisser plumer par des olibrius comme ça. »

Les observations mordantes du vieux gentleman furent in-
terrompues par le commencement de la chanson que M. Anthony Humm psalmodiait, deux lignes par deux lignes, pour
l'instruction de ceux de ses auditeurs qui ne connaissaient
point la légende. Pendant qu'on chantait, le petit homme
chauve disparut, mais il revint aussitôt que la chanson fut

terminée, et parla bas à M. Anthony Humm avec un visage plein d'importance.

« Mes amis, dit M. Humm en levant la main d'un air suppliant, pour faire taire quelques vieilles ladies qui étaient en arrière d'un vers ou deux ; mes amis, un délégué de la branche de Dorking, de notre société, le frère Stiggins, est en bas. »

Les mouchoirs s'agitèrent de nouveau et plus fort que jamais, car M. Stiggins était extrêmement populaire parmi les dames de *Brick-Lane.*

« Il peut entrer, je pense, dit M. Humm en regardant autour de lui avec un sourire fixe. Frère Tadger, il peut venir auprès de nous et remplir sa mission. »

Le petit homme chauve, qui répondait au nom de *frère Tadger*, dégringola l'échelle avec grande rapidité, puis immédiatement après, on l'entendit remonter avec le révérend M. Stiggins.

« Le voilà qui vient, Sammy, chuchota M. Weller, dont le visage était pourpre d'une envie de rire supprimée.

— Ne lui dites rien, répartit Sam, je ne pourrais pas me retenir. Il est près de la porte ; je l'entends qui se cogne la tête contre la cloison. »

Pendant que Sam parlait, la porte s'ouvrit et le frère Tadger parut, immédiatement suivi par le révérend M. Stiggins. L'entrée de celui-ci fut accueillie par des bravos, par des trépignements, par des agitations de mouchoirs. Mais, à toutes ces manifestations de délices, le frère Stiggins ne répondit pas un mot, se contentant de regarder avec un sourire hébété la chandelle qui fumait sur la table, et balançant en même temps son corps d'une manière irrégulière et alarmante.

« Est-ce que vous n'allez pas bien, frère Stiggins? lui dit tout bas M. Anthony Humm.

— Je vais très-bien, monsieur, répliqua M. Stiggins d'une voix aussi féroce que le permettait l'épaisseur de sa langue. Je vais parfaitement, monsieur.

— Tant mieux, tant mieux, reprit M. Anthony Humm, en reculant de quelques pas.

— J'espère que personne ici ne se permet de dire que je ne suis pas bien?

— Oh! certainement non.

— Je les engage à ne pas le dire, monsieur, je les y engage. »

Pendant ce colloque, l'assemblée était restée parfaitement

silencieuse, attendant avec une certaine anxiété la reprise de
ses travaux ordinaires.

« Frère, dit M. Humm avec un sourire engageant ; voulez-
vous édifier l'assemblée ?

— Non, » répliqua M. Stiggins.

L'assemblée leva les yeux au ciel et un murmure d'étonnement parcourut la salle.

« Monsieur, dit M. Stiggins, en déboutonnant son habit, et
en parlant très-haut ; j'ai dans l'opinion que cette assemblée
s'est honteusement soûlée. — Frère Tadger, continua-t-il
avec une férocité croissante, et en se tournant brusquement
vers le petit homme chauve ; vous êtes soûl, monsieur. »

En disant ces mots, M. Stiggins dans le louable dessein
d'encourager la sobriété de l'assemblée, et d'en exclure toute
personne indigne, lança sur le nez de frère Tadger un coup de
poing, si bien appliqué, que le petit secrétaire disparut en un
clin d'œil. Il avait été précipité la tête première en bas de l'é-
chelle.

A ce mouvement oratoire, les femmes poussèrent des cris dé-
chirants, et se précipitant par petits groupes autour de leurs
frères favoris, les entourèrent de leurs bras pour les préserver
du danger. Cette preuve d'affection touchante devint presque
fatale au frère Humm, car il était extrêmement populaire, et il
s'en fallut de peu qu'il ne fût étouffé par la foule des séïdes femelles qui se pendirent à son cou, et l'accablèrent de leurs
caresses. La plus grande partie des lumières furent promptement éteintes, et l'on n'entendit plus, de toutes parts, qu'un
tumulte épouvantable.

« Maintenant, Sammy, dit M. Weller en ôtant sa redingote
d'un air délibéré, allez-vous-en me chercher un watchman.

— Et qu'est-ce donc que vous allez faire, en attendant ?

— Ne vous inquiétez pas de moi, Sammy ; je vas m'occuper
à régler un petit compte avec ce Stiggins ici. »

Ayant ainsi parlé, et avant que Sam pût le retenir, l'héroïque
vieillard pénétra dans le coin de la chambre où se trouvait
le révérend M. Stiggins, et l'attaqua avec une admirable dextérité.

« Venez-vous-en, dit Sam.

— Avancez donc ! » s'écria M. Weller, et sans autre avertissement, il administra au révérend M. Stiggins une tape sur la
tête, puis se mit à danser autour de lui, avec une légèreté parfaitement admirable chez un gentleman de cet âge.

Voyant que ses remontrances étaient inutiles, Sam enfonça solidement son chapeau, jeta sur son bras l'habit de son père, et saisissant le gros cocher par la ceinture, l'entraîna de force le long de l'échelle, et de là dans la rue, sans le lâcher, et sans lui permettre de s'arrêter. Comme ils arrivaient au carrefour, ils entendirent le tumulte, occasionné par la dispersion, dans différentes directions, des membres la branche de *Brick Lane* de la grande union d'*Ebenezer* à l'association de Tempérance, et virent bientôt après passer le révérend M. Stiggins, que l'on emmenait parmi les huées de la populace, afin de lui faire *passer* la nuit dans un logement fourni par la cité.

CHAPITRE V.

Entièrement consacré au compte-rendu complet et fidèle du mémorable procès de Bardell contre Pickwick.

« Je voudrais bien savoir ce que le chef du jury peut avoir mangé ce matin à son déjeûner, dit M. Snodgrass par manière de conversation, dans la mémorable matinée du 14 février.

— Ah ! répondit M. Perker, j'espère qu'il a fait un bon déjeûner.

— Pourquoi cela ? demanda M. Pickwick.

— C'est fort important, extrêmement important, mon cher monsieur. Un bon jury satisfait, qui a bien déjeûné, est une chose capitale pour nous. Des jurés mécontents ou affamés, sont toujours pour le plaignant.

— Au nom du ciel, dit M. Pickwick, d'un air de complète stupéfaction, quelle est la cause de tout cela?

— Ma foi, je n'en sais rien, répondit froidement le petit homme, c'est pour aller plus vite, je suppose. » Quand le jury s'est retiré dans la chambre des délibérations, si l'heure du dîner est proche, le chef des jurés tire sa montre, et dit : « Juste ciel ! gentlemen , déjà cinq heures moins dix, et je dîne à cinq heures ! — Moi aussi, » disent tous les autres, excepté deux individus qui auraient dû dîner à trois heures, et qui en conséquence sont encore plus pressés de sortir. Le chef des jurés sourit et remet sa montre. « Eh bien ! gentlemen, qu'est-

ce que nous disons? Le plaignant ou le défendant, gentlemen?
Je suis disposé à croire, quant à moi.... Mais que cela ne
vous influence pas.... Je suis assez disposé à croire que le plaignant a raison. » Là-dessus deux ou trois autres jurés ne
manquent pas de dire qu'ils le croient aussi, comme c'est naturel ; et alors ils font leur affaire unanimement et confortablement. « Neuf heures dix minutes, continua le petit homme
en regardant à sa montre, il est grandement temps de partir,
mon cher monsieur. La cour est ordinairement pleine quand
il s'agit d'une violation de promesse de mariage. Vous ferez
bien de demander une voiture, mon cher monsieur, ou nous
arriverons trop tard, »

M. Pickwick tira immédiatement la sonnette ; une voiture
fut amenée, et les quatre Pickwickiens y étant montés, avec
M. Perker, se firent conduire à Guildhall. Sam Weller, M. Lowten
et le sac bleu, contenant la procédure, suivaient dans un cabriolet.

« Lowten, dit Perker, quand ils eurent atteint la salle des
pas perdus, mettez les amis de M. Pickwick dans la tribune des stagiaires ; M. Pickwick lui-même sera mieux auprès
de moi.

— Par ici, mon cher monsieur, par ici. » En parlant de la
sorte, le petit homme prit M. Pickwick par la manche et le
conduisit vers un siége peu élevé, situé au-dessous du bureau
du conseil du roi. De là, les avoués peuvent commodément
chuchoter, dans l'oreille des avocats, les instructions que la
marche du procès rend nécessaires. Ils y sont d'ailleurs invisibles au plus grand nombre des spectateurs, car ils sont assis
beaucoup plus bas que les avocats et que les jurés, dont les
siéges dominent le parquet. Naturellement ils leur tournent
le dos, et regardent le juge.

« Voici la tribune des témoins, je suppose ? dit M. Pickwick,
en montrant, à sa gauche, une espèce de chaire, entourée d'une
balustrade de cuivre.

— Oui, mon cher monsieur, répliqua Perker en extrayant
une quantité de papiers du sac bleu que Lowten venait de déposer à ses pieds.

— Et là, dit M. Pickwick en indiquant, sur sa droite, une
couple de bancs, enfermés d'une balustrade, là siégent les
jurés, n'est-il pas vrai?

— Précisément, » répondit Perker, en tapant sur le couvercle
de sa tabatière.

Ainsi renseigné, M. Pickwick se tint debout dans un état de grande agitation, et promena ses regards sur la salle.

Il y avait déjà, dans la galerie, un flot assez épais de spectateurs, et sur le siége des avocats, une nombreuse collection de gentlemen en perruque, dont la réunion présentait cette étonnante et agréable variété de nez et de favoris, pour laquelle le barreau anglais est si justément célèbre. Parmi ces gentlemen, ceux qui possédaient un dossier le tenaient de la manière la plus visible possible, et de temps en temps s'en frottaient le menton, pour convaincre davantage les spectateurs de la réalité de ce fait. Quelques-uns de ceux qui n'avaient aucun dossier à montrer, portaient sous leurs bras de bons gros in-octavo, reliés en basane fauve à titres rouges. D'autres qui n'avaient ni diplômes ni livres, fourraient leurs mains dans leurs poches et prenaient un air aussi important qu'ils le pouvaient, sans s'incommoder; tandis que d'autres encore, allaient et venaient avec une mine suffisante et affairée, satisfaits d'éveiller, de la sorte, l'admiration des étrangers non initiés. Enfin, au grand étonnement de M. Pickwick, ils étaient tous divisés en petits groupes, et causaient des nouvelles du jour, avec la tranquillité la plus parfaite, comme s'il n'avait jamais été question de jugement.

Un salut de M. Phunky, lorsqu'il entra pour prendre sa place, derrière le banc réservé au conseil du roi, attira l'attention de M. Pickwick. A peine lui avait-il rendu sa politesse, lorsque M⁰ Snubbin parut, suivi par M. Mallard, qui déposa sur la table un immense sac cramoisi, donna une poignée de main à M. Perker, et se retira. Ensuite entrèrent deux ou trois autres avocats, et parmi eux un homme au teint rubicond, qui fit un signe de tête amical à M⁰ Snubbin, et lui dit que la matinée était belle.

« Quel est cet homme rubicond, qui vient de saluer notre conseil, et de lui dire que la matinée est belle ? demanda tout bas M. Pickwick à son avoué.

— C'est M⁰ Buzfuz, l'avocat de notre adversaire. Ce gentleman placé derrière lui, est M. Skimpin, son junior. »

M. Pickwick, rempli d'horreur, en apprenant la froide scélératesse de cet homme, allait demander comment M⁰ Buzfuz, qui était l'avocat de son adverse partie, osait se permettre de dire, à son propre avocat, qu'il faisait une belle matinée, quand il fut interrompu par un long cri de : *silence!* que poussèrent les officiers de la cour, et au bruit duquel se levèrent tous les avocats M. Pickwick se retourna, et s'aperçut que ce tumulte était causé par l'entrée du juge.

M. le juge Stareleigh (qui siégeait en l'absence du chef-justice, empêché par indisposition), était un homme remarquablement court, et si gros qu'il semblait tout visage et tout gilet. Il roula dans la salle sur deux petites jambes cagneuses, et ayant salué gravement le barreau, qui le salua gravement à son tour, il mit ses deux petites jambes sous la table, et son petit chapeau à trois cornes, dessus. Lorsque M. le juge Stareleigh eut fait cela, tout ce qu'on pouvait voir de lui c'étaient deux petits yeux fort drôles, une large face écarlate, et environ la moitié d'une grande perruque très comique.

Aussitôt que le juge eut pris son siége, l'huissier qui se tenait debout sur le parquet de la cour, cria : *silence !* d'un ton de commandement, un autre huissier dans la galerie répéta immédiatement : *silence!* d'une voix colérique, et trois ou quatre autres huissiers lui répondirent avec indignation : *silence!* Ceci étant accompli, un gentleman en noir, assis au-dessous du juge, appela les noms des jurés. Après beaucoup de hurlements, on découvrit qu'il n'y avait que dix jurés spéciaux qui fussent présents. M⁰ Buzfuz ayant alors demandé que le jury spécial fût complété par des *tales quales*, le gentleman en noir s'empara immédiatement de deux jurés ordinaires, à savoir un apothicaire et un épicier.

« Gentlemen, dit l'homme en noir, répondez à votre nom pour prêter le serment. Richard Upwitch?

— Voilà, répondit l'épicier.

— Thomas Groffin?

— Présent, dit l'apothicaire.

— Prenez le livre, gentlemen. Vous jugerez fidèlement et loyalement....

— Je demande pardon à la cour, interrompit l'apothicaire, qui était grand, maigre et jaune, mais j'espère que la cour ne m'obligera pas à siéger.

— Et pourquoi cela, monsieur? dit le juge Stareleigh.

— Je n'ai pas de garçon, milord, répondit l'apothicaire.

— Je n'y peux rien, monsieur. Vous devriez en avoir un.

— Je n'en ai pas le moyen, milord.

— Eh bien! monsieur, vous devriez en avoir le moyen, rétorqua le juge en devenant rouge, car son tempérament frisait l'irritable et ne supportait point la contradiction.

— Je sais que je devrais en avoir le moyen, si je prospérais comme je le mérite; mais je ne l'ai pas, milord.

— Faites prêter serment au gentleman, reprit le juge d'un ton péremptoire. »

L'officier n'avait pas été plus loin que le *vous jugerez fidèlement et loyalement*, quand il fut encore interrompu par l'apothicaire.

« Est-ce qu'il faut que je prête serment, milord? demanda-t-il.

— Certainement, monsieur, répliqua l'entêté petit juge.

— Très-bien, milord, fit l'apothicaire d'un air résigné. Il y aura mort d'homme avant que le jugement soit rendu, voilà tout. Faites-moi prêter serment si vous voulez, monsieur. »

Et l'apothicaire prêta serment avant que le juge eût pu trouver une parole à prononcer.

« Milord, reprit l'apothicaire en s'asseyant fort tranquillement, je voulais seulement vous faire observer que je n'ai laissé qu'un galopin dans ma boutique. C'est un charmant bonhomme, milord, mais qui se connaît fort peu en drogues; et je sais que, dans son idée, *sel d'Epsom* veut dire *acide prussique*, et *sirop d'Ipécacuanha*, *laudanum*. Voilà tout, milord. »

Ayant proféré ces mots, l'apothicaire s'arrangea commodément sur son siége, prit un visage aimable et parut préparé à tout événement.

M. Pickwick le considérait avec le sentiment de la plus profonde horreur, lorsqu'une légère sensation se fit remarquer dans la cour. Mme Bardell, supportée par Mme Cluppins, fut amenée et placée, dans un état d'accablement pitoyable, à l'autre bout du banc qu'occupait M. Pickwick. Un énorme parapluie fut alors apporté par M. Dodson, et une paire de socques, par M. Fogg, qui, tous les deux, avaient préparé pour cette occasion leurs visages les plus sympathiques et les plus compatissants. Mme Sanders parut ensuite, conduisant master Bardell. A la vue de son enfant, la tendre mère tressaillit, revint à elle et l'embrassa avec des transports frénétiques; puis, retombant dans un état d'imbécillité hystérique, la bonne dame demanda à ses amies où elle était. En répliquant à cette question, Mme Cluppins et Mme Sanders détournèrent la tête et se prirent à pleurer, tandis que MM. Dodson et Fogg suppliaient la plaignante de se tranquilliser. M⁰ Buzfuz frotta ses yeux de toutes ses forces avec un mouchoir blanc et jeta vers le jury un regard qui semblait faire appel à son humanité. Le juge

tlemen, une veuve. Feu M. Bardell, après avoir joui, pendant beaucoup d'années, de l'estime et de la confiance de son souverain, comme l'un des gardiens de ses revenus royaux, s'éloigna presque imperceptiblement de ce monde, pour aller chercher ailleurs le repos et la paix, que la douane ne peut jamais accorder. »

A cette poétique description du décès de M. Bardell (qui avait eu la tête cassée d'un coup de pinte dans une rixe de taverne), la voix du savant avocat trembla et s'éteignit un instant. Il continua avec grande émotion.

« Quelque temps avant sa mort, il avait imprimé sa ressemblance sur le front d'un petit garçon. Avec ce petit garçon, seul gage de l'amour du défunt douanier, Mme Bardell se cacha au monde et rechercha la tranquillité de la rue Goswell. Là elle plaça à la croisée de son parloir un écriteau manuscrit portant cette inscription : *Appartement de garçon à louer en garni; s'adresser au rez-de-chaussée.* »

Ici M⁰ Buzfuz fit une pause, tandis que plusieurs gentlemen du jury prenaient note de ce document.

« Est-ce qu'il n'y a point de date à cette pièce? demanda un juré.

— Non, monsieur, il n'y a point de date, répondit l'avocat. Mais je suis autorisé à déclarer que cet écriteau fut mis à la fenêtre de la plaignante il y a justement trois années. J'appelle l'attention du jury sur les termes de ce document : *Appartement de garçon à louer en garni.* Messieurs, l'opinion que Mme Bardell s'était formée de l'autre sexe était dérivée d'une longue contemplation des qualités inestimables de l'époux qu'elle avait perdu. Elle n'avait pas de crainte; elle n'avait pas de méfiance; elle n'avait pas de soupçons; elle était tout abandon et toute confiance. M. Bardell, disait la veuve, M. Bardell était autrefois garçon; c'est à un garçon que je demanderai protection, assistance, consolation. C'est dans un garçon que je verrai éternellement quelque chose qui me rappellera ce qu'était M. Bardell, quand il gagna mes jeunes et vierges affections; c'est à un garçon que je louerai mon appartement. Entraînée par cette belle et touchante inspiration (l'une des plus belles inspirations de notre imparfaite nature, gentlemen), la veuve solitaire et désolée sécha ses larmes, meubla son premier étage, serra son innocente progéniture sur son sein maternel, et mit à la fenêtre de son parloir l'écriteau que vous connaissez. Y resta-t-il longtemps? Non. Le serpent était aux aguets, la mèche était allumée, la mine était préparée, le sapeur et le mineur étaient à l'ouvrage. L'écriteau n'avait pas été trois jours à la fenêtre du parloir.... trois jours, gentlemen ! quand un être qui marchait sur deux jambes et qui ressemblait extérieurement à un homme et non point à un monstre, frappa à la porte de Mme Bardell. Il s'adressa au rez-de-chaussée; il loua le logement, et le lendemain il s'y installa. Cet être était Pickwick; Pickwick le défendeur. »

M⁰ Buzfuz avait parlé avec tant de volubilité que son visage en était devenu absolument cramoisi. Il s'arrêta ici pour reprendre haleine. Le silence réveilla M. le juge Stareleigh qui, immédiatement, écrivit quelque chose avec une plume où il n'y avait pas d'encre, et prit un air extraordinairement réfléchi, afin de faire croire au jury qu'il pensait toujours plus profondément quand il avait les yeux fermés.

M⁰ Buzfuz continua.

« Je dirai peu de choses de cet homme. Le sujet présente peu de charmes, et je n'aurais pas plus de plaisir que vous, gentlemen, à m'étendre complaisamment sur son égoïsme révoltant, sur sa scélératesse systématique. »

En entendant ces derniers mots, M. Pickwick qui, depuis quelques instants écrivait en silence, tressaillit violemment, comme si quelque vague idée d'attaquer M⁰ Buzfuz sous les yeux mêmes de la justice, s'était présentée à son esprit. Un geste monitoire de M. Perker le retint, et il écouta le reste du discours du savant gentleman avec un air d'indignation qui contrastait complétement avec le visage admirateur de Mmes Cluppins et Sanders.

« Je dis scélératesse systématique, gentlemen, continua l'avocat en regardant M. Pickwick, et en s'adressant directement à lui; et, quand je dis scélératesse systématique, permettez-moi d'avertir le défendeur, s'il est dans cette salle, comme je suis informé qu'il y est, qu'il aurait agi plus décemment, plus convenablement, avec plus de jugement et de bon goût, s'il s'était abstenu d'y paraître. Laissez-moi l'avertir, messieurs, que s'il se permettait quelque geste de désapprobation dans cette enceinte, vous sauriez les apprécier et lui en tenir un compte rigoureux; et laissez-moi lui dire, en outre, comme milord vous le dira, gentlemen, qu'un avocat qui remplit son devoir envers ses clients, ne doit être ni intimidé, ni menacé, ni maltraité, et que toute tentative pour commettre l'un ou l'autre de ces actes retombera sur la tête du machinateur, qu'il soit demandeur ou défendeur, que son nom soit Pickwick ou Noakes, ou Stoakes, ou Stiles, ou Brown, ou Thompson. »

Cette petite digression du sujet principal amena nécessairement le résultat désiré, de tourner tous les yeux sur M. Pickwick. M⁺ Buzfuz, s'étant partiellement remis de l'état d'élévation morale où il s'était fouetté, continua plus posément.

« Je vous prouverai, gentlemen, que, pendant deux années, Pickwick continua de rester constamment et sans interruption, sans intermission, dans la maison de la dame Bardell; je vous prouverai que, durant tout ce temps, la dame Bardell le servit, s'occupa de ses besoins, fit cuire ses repas, donna son linge à la blanchisseuse, le reçut, le raccommoda, et jouit enfin de toute la confiance de son locataire. Je vous prouverai que, dans beaucoup d'occasions, il donna à son petit garçon des demipence, et même, dans quelques occasions, des pièces de six pence; je vous prouverai aussi, par la déposition d'un témoin qu'il sera impossible à mon savant ami de récuser ou d'infirmer; je vous prouverai, dis-je, qu'une fois il caressa le petit bonhomme sur la tête, et, après lui avoir demandé s'il avait gagné récemment beaucoup de billes et de calots, se servit de ces expressions remarquables : *Seriez-vous bien content d'avoir un autre père?* Je vous prouverai, en outre, gentlemen, qu'il y a environ un an, Pickwick commença tout à coup à s'absenter de la maison, durant de longs intervalles, comme s'il avait eu l'intention de se séparer graduellement de ma cliente; mais je vous ferai voir aussi qu'à cette époque sa résolution n'était pas assez forte ou que ses bons sentiments prirent le dessus, s'il a de bons sentiments; ou que les charmes et les accomplissements de ma cliente l'emportèrent sur ses intentions inhumaines; car je vous prouverai qu'en revenant d'un voyage, il lui fit positivement des offres de mariage, après avoir pris soin toutefois qu'il ne pût y avoir aucun témoin de leur contrat solennel. Cependant je suis en état de vous prouver, d'après le témoignage de trois de ses amis, qui déposeront bien malgré eux, gentlemen, que, dans cette même matinée, il fut découvert par eux, tenant la plaignante dans ses bras et calmant son agitation par des douceurs et des caresses. »

Une impression visible fut produite sur les auditeurs par cette partie du discours du savant avocat. Tirant de son sac deux petits chiffons de papier, il continua :

« Et maintenant, gentlemen, un seul mot de plus. Nous avons heureusement retrouvé deux lettres, que le défendeur confesse être de lui, et qui disent des volumes. Ces lettres dévoilent le caractère de l'homme. Elles ne sont point écrites dans un langage ouvert, éloquent, fervent, respirant le parfum d'une tendresse passionnée; non, elles sont pleines de précautions, de ruses, de mots couverts, mais qui heureusement sont bien plus concluantes que si elles contenaient les expressions les plus brûlantes, les plus poétiques images : lettres qui doivent être examinées avec un œil soupçonneux; lettres qui étaient destinées, par Pickwick, à dérouter les tiers entre les mains desquels elles pourraient tomber. Je vais vous lire la première, gentlemen. « Garraway, midi. Chère mistress B. « Côtelettes de mouton et sauce aux tomates ! Tout à vous. « Pickwick. » Côtelettes de mouton ! Juste ciel ! et sauce aux tomates ! Gentlemen, le bonheur d'une femme sensible et confiante devra-t-il être à jamais détruit par ces vils artifices ? La lettre suivante n'a point de date, ce qui, par soi-même, est déjà suspect. « Chère madame B. Je n'arriverai à la maison « que demain matin : la voiture est en retard. » Et ensuite viennent ces expressions très-remarquables : « Ne vous tour- « mentez point pour la bassinoire. » La bassinoire ! Eh ! messieurs, qui donc se tourmente pour une bassinoire ? Quand est-ce que la paix d'un homme ou d'une femme a été troublée par une bassinoire ? par une bassinoire, qui est en elle-même un meuble domestique innocent, utile, et j'ajouterai même, commode. Pourquoi Mme Bardell est-elle si chaleureusement suppliée de ne point s'affliger pour la bassinoire ? À moins (comme il n'y a pas l'ombre d'un doute) que ce mot ne serve de couvercle à un feu caché, qu'il ne soit l'équivalent de quelque expression caressante, de quelque promesse flatteuse, le tout déguisé par un système de correspondance énigmatique, artificieusement imaginé par Pickwick, dans le dessein de préparer sa lâche trahison, et qui, effectivement, est resté indéchiffrable pour tout le monde. Ensuite, que signifient ces paroles : *La voiture est en retard ?* Je ne serais point étonné qu'elles s'appliquassent à Pickwick lui-même qui, incontestablement, a été bien criminellement en retard durant toute cette affaire; mais dont la vitesse sera inopinément accélérée, et dont les roues, comme il s'en apercevra à son dam, seront incessamment graissées par vous-mêmes, gentlemen ! »

Me Buzfuz s'arrêta en cet endroit, pour voir si le jury souriait à cette plaisanterie; mais personne ne l'ayant comprise, excepté l'épicier, dont l'intelligence sur ce sujet provenait probablement de ce qu'il avait soumis, dans la matinée même, son chariot au procédé en question, le savant avocat jugea convenable, pour finir, de retomber encore dans le lugubre.

« Assez de ceci, gentlemen; il est difficile de sourire avec un cœur déchiré; il est mal de plaisanter, quand nos plus profondes sympathies sont éveillées. L'avenir de ma cliente est perdu; et ce n'est pas une figure de rhétorique de dire que sa maison est vide. L'écriteau n'est pas mis, et pourtant il n'y a point de locataire. Des célibataires estimables passent et repassent dans la rue Goswell, mais il n'y a pas pour eux d'invitation à s'adresser au rez-de-chaussée. Tout est sombre et silencieux dans la demeure de madame Bardell; la voix même de l'enfant ne s'y fait plus entendre; ses jeux innocents sont abandonnés, car sa mère gémit et se désespère; ses agates et ses billes sont négligées; il n'entend plus le cri familier de ses camarades : pas de tricherie ! Il a perdu l'habileté dont il faisait preuve au jeu de pair ou impair. Cependant, gentlemen, Pickwick, l'infâme destructeur de cette oasis domestique qui verdoyait dans le désert de Goswell Street, Pickwick qui se présente devant vous aujourd'hui, avec son infernale *sauce aux tomates* et son ignoble *bassinoire*, Pickwick lève encore devant vous son front d'airain, et contemple avec férocité la ruine dont il est l'auteur. Des dommages, gentlemen, de forts dommages sont la seule punition que vous puissiez lui infliger, la seule consolation que vous puissiez offrir à ma cliente; et c'est dans cet espoir qu'elle fait, en ce moment, un appel à l'intelligence, à l'esprit élevé, à la sympathie, à la conscience, à la justice, à la grandeur d'âme d'un jury composé de ses plus honorables concitoyens. »

Après cette belle péroraison, M⁰ Buzfuz s'assit, et M. le juge Stareleigh s'éveilla.

« Appelez Élisabeth Cluppins, » dit l'avocat en se relevant, au bout d'une minute, avec une nouvelle vigueur.

L'huissier le plus proche appela : « Élisabeth Tuppins ! » un autre, à une petite distance, demanda : « Élisabeth Supkins ! » et un troisième enfin se précipita dans King-Street, et beugla : « Élisabeth Fnuffin ! » jusqu'à ce qu'il en fût enroué.

Pendant ce temps, Madame Cluppins avec l'assistance combinée de Mmes Bardell et Sanders, de M. Dodson et de

M. Fogg, était conduite vers la tribune des témoins. Lorsqu'elle fut heureusement juchée sur la marche d'en haut, Mme Bardell se plaça debout sur celle d'en bas, tenant d'une main le mouchoir et les socques de son amie, de l'autre une bouteille de verre, qui pouvait contenir environ un quart de pinte de sel de vinaigre, afin d'être prête à tout événement. Mme Sanders, dont les yeux étaient attentivement fixés sur le visage du juge, se planta près de Mme Bardell, tenant de la main gauche le grand parapluie, et appuyant d'un air déterminé son pouce droit sur le ressort, comme pour faire voir qu'elle était prête à l'ouvrir, au plus léger signal.

« Madame Cluppins, dit M⁺ Buzfuz, je vous en prie, madame, tranquillisez-vous. »

Bien entendu qu'à cette invitation, Mme Cluppins se prit à sangloter avec une nouvelle violence, et donna des marques si alarmantes de sensibilité, qu'elle semblait à chaque instant prête à s'évanouir.

Cependant, après quelques questions peu importantes, M⁺ Buzfuz lui dit : « Vous rappelez-vous, madame Cluppins, vous être trouvée dans la chambre du fond, au premier étage, chez Mme Bardell, dans une certaine matinée de juillet, tandis qu'elle époussetait l'appartement de M. Pickwick?

— Oui milord, et messieurs du jury, répondit Mme Cluppins.

— La chambre de M. Pickwick était au premier, sur le devant, je pense?

— Oui, Monsieur.

— Que faisiez-vous dans la chambre de derrière, madame? demanda le petit juge.

— Milord et messieurs! s'écria Mme Cluppins, avec une agitation intéressante, je ne veux pas vous tromper....

— Vous ferez bien, madame, lui dit le petit juge.

— Je me trouvais là à l'insu de Mme Bardell. J'étais sortie avec un petit panier, messieurs, pour acheter trois livres de vitelottes, qui m'ont bien coûté deux pence et demi, quand je vois la porte de la rue de Mme Bardell entre-bâillée...

— Entre quoi? s'écria le petit juge.

— A moitié ouverte, milord, dit M⁺ Snubbin.

— Elle a dit entre-bâillée, fit observer le petit juge d'un air plaisant.

— C'est la même chose, milord, » reprit l'illustre avocat.

Le petit juge le regarda dubitativement, et dit qu'il en tiendrait note. Mme Cluppins continua.

« Je suis entrée, gentlemen, juste pour dire bonjour, et je suis montée les escaliers, d'une manière pacifique, et je suis pénétrée dans la chambre de derrière et.... et....

— Et vous avez écouté, je pense, madame Cluppins? dit M⁰ Buzfuz.

— Je vous demande excuse, monsieur, répliqua Mme Cluppins, d'un air majestueux, j'en mépriserais l'action. Les voix étaient très-élevées, monsieur, et se forcèrent sur mon oreille.

— Très bien, vous n'écoutiez pas, mais vous entendiez les voix. Une de ces voix était-elle celle de M. Pickwick?

— Oui, monsieur. »

Mme Cluppins, après avoir déclaré distinctement que M. Pickwick s'adressait à Mme Bardell, répéta lentement et en réponse à de nombreuses questions, la conversation que nos lecteurs connaissent déjà. M⁰ Buzfuz sourit, en s'asseyant, et les jurés prirent un air soupçonneux; mais leur physionomie devint absolument menaçante, lorsque M⁰ Snubbin déclara qu'il ne contre-examinerait pas le témoin, parce que M. Pickwick croyait devoir convenir que son récit était exact en substance.

Mme Cluppins ayant une fois brisé la glace, jugea que l'occasion était favorable pour faire une courte dissertation sur ses propres affaires domestiques. Elle commença donc par informer la cour qu'elle était au moment actuel mère de huit enfants, et qu'elle entretenait l'espérance d'en présenter un neuvième à M. Cluppins dans environ six mois. Malheureusement dans cet endroit instructif, le petit juge l'interrompit très-colériquement, et par suite de cette interruption la vertueuse dame et Mme Sanders furent poliment conduites hors de la salle, sous l'escorte de M. Jackson, sans autre forme de procès.

« Nathaniel Winkle! dit M. Skimpin.

— Présent, répondit M. Winkle, d'une voix faible; puis il entra dans la tribune des témoins, et après avoir prêté serment, salua le juge avec une grande déférence.

— Ne vous tournez pas vers moi, monsieur, lui dit aigrement le juge, en réponse à son salut. Regardez le jury. »

M. Winkle obéit, avec empressement, à cet ordre, et se tourna vers la place où il supposait que le jury devait être, car dans l'état de confusion où il se trouvait, il était tout à fait incapable de voir quelque chose.

M. Skimpin s'occupa alors de l'examiner. C'était un jeune homme de 42 ou 43 ans, qui promettait beaucoup, et qui était nécessairement fort désireux de confondre, autant qu'il le pourrait, un témoin notoirement prédisposé en faveur de l'autre partie.

« Maintenant, monsieur, aurez-vous la bonté de faire connaître votre nom à Sa Seigneurie et au jury? dit M. Skimpin, en inclinant de côté pour écouter la réponse, et pour jeter en même temps aux jurés un coup d'œil qui semblait indiquer que le goût naturel de M. Winkle pour le parjure pourrait bien l'induire à déclarer un autre nom que le sien.

— Winkle, répondit le témoin.

— Quel est votre nom de baptême, monsieur? demanda le petit juge d'un ton courroucé.

— Nathaniel, monsieur.

— Daniel? Vous n'avez pas d'autre prénom?

— Nathaniel, monsieur.... milord, je veux dire.

— Nathaniel, Daniel? ou Daniel Nathaniel.

— Non, milord; seulement Nathaniel; point Daniel.

— Alors, monsieur, pourquoi donc m'avez-vous dit Daniel?

— Je ne l'ai pas dit, milord.

— Vous l'avez dit, monsieur, rétorqua le juge, avec un austère froncement de sourcils. Pourquoi aurais-je écrit : *Daniel,* dans mes notes, si vous ne me l'aviez pas dit, monsieur? »

Cet argument était évidemment sans réplique.

« M. Winkle a la mémoire assez courte, milord, interrompit M. Skimpin, en jetant un autre coup d'œil au jury ; mais j'espère que nous trouverons moyen de la lui rafraîchir.

— Je vous conseille de faire attention, monsieur, » dit le petit juge au témoin, en le regardant d'un air sinistre.

Le pauvre M. Winkle salua, et s'efforça de feindre une tranquillité dont il était bien loin ; ce qui, dans son état de perplexité, lui donnait précisément l'air d'un filou pris sur le fait.

« Maintenant, monsieur Winkle, reprit M. Skimpin, écoutez-moi avec attention, s'il vous plaît, et laissez-moi vous recommander, dans votre propre intérêt, de ne point oublier les injonctions de milord. N'êtes-vous pas ami intime de M. Pickwick, le défendeur?

— Autant que je puisse me le rappeler, en ce moment, je connais M. Pickwick depuis près de....

— Monsieur, n'éludez pas la question. Êtes-vous oui ou non ami intime du défendeur?

— J'allais justement vous dire que....

— Voulez-vous, oui ou non, répondre à ma question, mon-sieur?

— Si vous ne répondez pas à la question, Je vous ferai in-carcérer, monsieur, s'écria le petit juge en regardant par-des-sus ses notes.

— Allons! monsieur, oui ou non, s'il vous plaît, répéta M. Skimpin.

— Oui, je le suis, dit enfin M. Winkle.

— Ah! vous l'êtes! Et pourquoi n'avez-vous pas voulu le dire du premier coup, monsieur? Vous connaissez peut-être aussi la plaignante? n'est-ce pas, monsieur Winkle?

— Je ne la connais pas, mais je l'ai vue.

— Oh! vous ne la connaissez pas, mais vous l'avez vue! Maintenant ayez la bonté de dire à MM. les jurés, ce que vous entendez par cette distinction, monsieur Winkle?

— J'entends que je ne suis pas intime avec elle, mais que je l'ai vue quand j'allais chez monsieur Pickwick, dans Goswell-Street.

— Combien de fois l'avez-vous vue, monsieur?

— Combien de fois?

— Oui, monsieur, combien de fois? Je vous répéterai cette question tant que vous le désirerez, monsieur. » Et le savant gentleman, après avoir froncé sévèrement les sourcils, plaça ses mains sur ses hanches, et sourit aux jurés, d'un air soupçonneux.

Sur cette question, s'éleva l'édifiante controverse, ordinaire en pareil cas. D'abord M. Winkle déclara qu'il lui était abso-lument impossible de préciser combien de fois il avait vu Mme Bardell. Alors on lui demanda s'il l'avait vue vingt fois? à quoi il répondit : « Certainement plus que cela. » — S'il l'avait vue cent fois? — S'il pouvait jurer de l'avoir vue plus de cinquante fois? — S'il n'était pas certain de l'avoir vue, au moins soixante et quinze fois, et ainsi de suite. A la fin on arriva à cette conclusion satisfaisante qu'il ferait bien de pren-dre garde à lui et à ses réponses. Le témoin ayant été réduit de la sorte à l'état désiré de susceptibilité nerveuse, l'interro-gatoire fut continué ainsi qu'il suit :

.« Monsieur Winkle, vous rappelez-vous avoir été chez le défendeur Pickwick dans l'appartement de la plaignante, rue Goswell, une certaine matinée de juillet?

— Oui, je me le rappelle.

— Étiez-vous accompagné dans cette occasion par un ami du nom de Tupman, et par un autre du nom de Snodgrass.

— Oui, monsieur.

— Sont-ils ici?

— Oui, ils y sont, répondit M. Winkle en regardant avec inquiétude l'endroit où étaient placés ses amis.

— Je vous en prie, monsieur Winkle, occupez-vous de moi et ne pensez pas à vos amis, reprit M. Skimpin, en jetant au jury un autre coup d'œil expressif. Il faudra qu'ils racontent leur histoire sans avoir de consultation préalable avec vous, s'ils n'en ont pas eu déjà (autre regard au jury). Maintenant, monsieur, dites à MM. les jurés ce que vous vîtes en entrant dans la chambre du défendeur, le jour en question. Allons! monsieur, accouchez donc; il faut que nous le sachions tôt ou tard.

— Le défendeur, M. Pickwick, tenait la plaignante dans ses bras, ayant ses mains autour de sa taille, répliqua M. Winkle, avec une hésitation bien naturelle; et la plaignante paraissait être évanouie.

— Avez-vous entendu le défendeur dire quelque chose?

— Je l'ai entendu appeler Mme Bardell une bonne âme, et l'engager à se calmer, en lui représentant dans quelle situation on les trouverait s'il survenait quelqu'un, ou quelque chose comme cela.

— Maintenant, monsieur Winkle, je n'ai plus qu'une question à vous faire, et je vous prie de vous rappeler l'avertissement de milord. Voulez-vous affirmer, sous serment, que Pickwick, le défendeur, n'a pas dit dans l'occasion en question : «Ma chère madame Bardell, vous êtes une bonne âme; habituez-vous à cette situation : un jour vous y viendrez, même devant quelqu'un; » ou quelque chose comme cela.

— Je.... je ne l'ai certainement pas compris ainsi, dit M. Winkle étonné de l'ingénieuse explication donnée au petit nombre de paroles qu'il avait entendues. J'étais sur l'escalier, et je n'ai pas pu entendre distinctement. L'impression qui m'est restée est que....

— Ah! interrompit M. Skimpin, les gentlemen du jury n'ont pas besoin de vos impressions qui, je le crains, ne satisferaient guère des personnes honnêtes et franches : vous étiez sur l'escalier et vous n'avez pas entendu distinctement; mais vous ne voulez pas jurer que M. Pickwick ne se soit pas servi des expressions que je viens de citer. Vous ai-je bien compris?

— Non, je ne le peux pas jurer, ż répliqua M. Winkle; et M. Skimpin s'assit d'un air triomphant.

Jusque-là, la cause de M. Pickwick n'avait pas marché d'une manière tellement heureuse qu'elle fût en état de supporter le poids de nouveaux soupçons, mais comme on pouvait désirer de la placer sous un meilleur jour, s'il était possible, M. Phunky se leva, afin de tirer quelque chose d'important de M. Winkle dans un contre-examen. On va voir tout à l'heure s'il en tira en effet quelque chose d'important.

« Je crois, monsieur Winkle, lui dit-il, que M. Pickwick n'est plus un jeune homme?

— Oh non! répondit M. Winkle, il est assez âgé pour être mon père.

— Vous avez dit à mon savant ami que vous connaissiez M. Pickwick depuis longtemps. Avez-vous jamais eu quelques raisons de supposer qu'il était sur le point de se marier?

— Oh non! certainement, non! répliqua M. Winkle avec tant d'empressement que M. Phunky aurait dû le tirer de la tribune le plus promptement possible. Les praticiens tiennent qu'il y a deux espèces de témoins particulièrement dangereux : le témoin qui rechigne, et le témoin qui a trop de bonne volonté. Ce fut la destinée de M. Winkle de figurer de ces deux manières, dans la cause de son ami.

— J'irai même plus loin que ceci, continua M. Phunky, de l'air le plus satisfait et le plus confiant. Avez-vous jamais vu dans les manières de M. Pickwick envers l'autre sexe, quelque chose qui ait pu vous induire à croire qu'il ne serait pas éloigné de renoncer à la vie d'un vieux garçon?

— Oh non! certainement, non!

— Dans ses rapports avec les dames, sa conduite n'a-t-elle pas toujours été celle d'un homme qui, ayant atteint un âge assez avancé, satisfait de ses propres amusements et de ses occupations, les traite toujours comme un père traite ses filles?

— Il n'y a pas le moindre doute à cela, répliqua M. Winkle dans la plénitude de son cœur. C'est-à-dire.... oui.... oh! oui certainement.

— Vous n'avez jamais remarqué dans sa conduite envers Mme Bardell, ou envers toute autre femme, rien qui fût le moins du monde suspect? ajouta M. Phunky, en se préparant

à s'asseoir, car M* Snubbin lui faisait signe du coin de
l'œil.

— Mais.... n.... n.... non; répondit M. Winkle, excepté....
dans une légère circonstance, qui, j'en suis sûr, pourrait être
facilément expliquée. »

Cette déplorable confession n'aurait pas été arrachée au témoin, sans aucun doute, si le malheureux M. Phunky s'était
assis quand M* Snubbin lui avait fait signe, ou si M* Buzfuz
avait arrêté dès le début ce contre-examen irrégulier. Mais il
s'était bien gardé de le faire; car il avait remarqué l'anxiété de
M. Winkle, et avait habilement conclu que sa cliente en tirerait quelque profit. Au moment où ces paroles maléficon-
treuses tombèrent des lèvres du témoin, M. Phunky s'assit à
la fin, et M* Snubbin s'empressa, peut-être un peu trop, de
dire au témoin de quitter la tribune. M. Winkle s'y préparait
avec grande satisfaction, quand M* Buzfuz l'arrêta.

« Attendez monsieur Winkle, attendez, lui dit-il. Puis s'a-
dressant au petit juge : Votre Seigneurie veut-elle avoir la
bonté de demander au témoin en quelle circonstance ce gentleman, qui est assez vieux pour être son père, s'est comporté
d'une manière suspecte envers des femmes?

— Monsieur, dit le juge, en se tournant vers le misérable
et désespéré témoin; vous entendez la question du savant avocat. Décrivez la circonstance à laquelle vous avez fait allusion.

— Milord, répondit M. Winkle d'une voix tremblante
d'anxiété, je.... je désirerais me taire à cet égard.

—C'est possible, rétorqua le petit juge; mais il faut parler. »

Parmi le profond silence de toute l'assemblée; M. Winkle
balbutia que la légère circonstance suspecte était que M. Pickwick avait été trouvé, à minuit, dans la chambre à coucher
d'une dame, ce qui s'était terminé, à ce que croyait M. Winkle,
par la rupture du mariage projeté de la dame en question; et
ce qui avait amené, comme il le savait fort bien, la comparu-
tion forcée des pickwickiens devant Georges Nupkins, esquire,
magistrat et juge de paix du bourg d'Ipswich.

« Vous pouvez quitter la tribune, » monsieur, dit alors
M* Snubbin. M. Winkle la quitta en effet, et se précipita, en
courant comme un fou, vers son hôtel où il fut découvert par le
garçon, au bout de quelques heures, la tête ensevelie sous les
coussins d'un sofa, et poussant des gémissements qui fendaient le cœur.

Tracy Tupman et Augustus Snodgrass furent successivement appelés à la tribune. L'un et l'autre corroborèrent la déposition de leur malheureux ami, et chacun d'eux fut presque réduit au désespoir par d'insidieuses questions.

Susannah Sanders fut ensuite appelée , examinée par M· Buzfuz, et contre-examinée par M· Subbin. Elle avait toujours dit et cru que M. Pickwick épouserait Mme Bardell. Elle savait qu'après l'évanouissement de juillet, le futur mariage de M. Pickwick et de mistress Bardell avait été le sujet ordinaire des conversations du voisinage. Elle l'avait entendu dire à mistress Mudberry, la revendeuse, et à la repasseuse, mistress Bunkin; mais elle ne voyait dans la salle ni mistress Mudberry ni mistress Bunkin. Elle avait entendu M. Pickwick demander au petit garçon s'il aimerait à avoir un autre père. Elle ne savait pas si Mme Bardell faisait société avec le boulanger, mais elle savait que le boulanger était alors garçon, et est maintenant marié. Elle ne pouvait pas jurer que Mme Bardell ne fût pas très-éprise du boulanger, mais elle imaginait que le boulanger n'était pas très-épris de Mme Bardell, car dans ce cas il n'aurait pas épousé une autre personne. Elle pensait que Mme Bardell s'était évanouie dans la matinée du mois de juillet parce que M. Pickwick lui avait demandé de fixer le jour ; elle savait qu'elle-même avait tout à fait perdu connaissance, quand M. Sanders lui avait demandé de fixer le jour, et elle pensait que toute personne qui peut s'appeler une lady en ferait autant, en semblable circonstance. Enfin elle avait entendu la question adressée par M. Pickwick au petit Bardell, relativement aux billes et aux calots, mais sur sa foi de chrétienne, elle ne savait pas quelle différence il y avait entre une bille et un calot.

Interrogée par M. le juge Stareleigh, mistress Sanders répondit que, pendant que M. Sanders lui faisait la cour, elle avait reçu de lui des lettres d'amour comme font les autres ladies; que dans le cours de leur correspondance M. Sanders l'avait appelée très-souvent mon *canard*, mais jamais *ma côtelette* ou *ma sauce aux tomates*. M. Sanders aimait passionnément le canard; peut-être que s'il avait autant aimé la côtelette et la sauce aux tomates, il en aurait employé le nom comme un terme d'affection.

Après cette déposition capitale, M· Buzfuz se leva avec plus d'importance qu'il n'en avait déjà montré, et dit d'une voix forte : « Appelez Samuel Weller. »

Il était tout à fait inutile d'appeler Samuel Weller , car

Samuel Weller monta lestement dans la tribune au moment où son nom fut prononcé. Il posa son chapeau sur le plancher, ses bras sur la balustrade, et examina la cour, à vol d'oiseau, avec un air remarquablement gracieux et jovial.

« Quel est votre nom, monsieur ? demanda le juge.

— Sam Weller, milord, répliqua ce gentleman.

— L'écrivez-vous avec un V ou un W ?

— Ça dépend du goût et de la fantaisie de celui qui écrit, milord. Je n'ai eu cette occasion qu'une fois ou deux dans ma vie, mais je l'écris avec un V. »

Ici on entendit dans la galerie une voix qui criait : « C'est bien ça, Samivel; c'est bien ça. Mettez un V, milord.

— Qui est-ce qui se permet d'apostropher la cour, s'écria le petit juge en levant les yeux. Huissier !

— Oui, milord.

— Amenez cette personne ici, sur-le-champ.

— Oui, milord. »

Mais comme l'huissier ne put trouver la personne, il ne l'amena pas, et après une grande commotion, tous les assistants, qui s'étaient levés pour regarder le coupable, se rassirent.

Aussitôt que l'indignation du petit juge lui permit de parler, il se tourna vers le témoin et lui dit :

« Savez-vous qui c'était, monsieur ?

— Je suspecte un brin que c'était mon père, milord.

— Le voyez-vous maintenant ?

— Non, je ne le vois pas, milord, répliqua Sam, en attachant ses yeux à la lanterne par laquelle la salle était éclairée.

— Si vous aviez pu me le montrer, je l'aurais fait empoigner sur-le-champ, reprit l'irascible petit juge. »

Sam fit un salut plein de reconnaissance et se retourna vers Mᵉ Buzfuz, avec son air de bonne humeur imperturbable.

« Maintenant monsieur Weller, dit Mᵉ Buzfuz.

— Voilà, monsieur, répliqua Sam.

— Vous êtes, je crois, au service de M. Pickwick, le défendeur en cette cause ? Parlez s'il vous plaît, monsieur Weller.

— Oui, monsieur, je vas parler. Je suis au service de ce gentleman ici, et c'est un très-bon service.

— Pas grand'chose à faire, et beaucoup à gagner, je suppose ? dit l'avocat, d'un air farceur.

— Ah! oui, suffisamment à gagner, monsieur, comme disait le soldat, quand on le condamna à cent cinquante coups de fouet.

— Nous n'avons pas besoin de ce qu'a dit le soldat, monsieur, ni toute autre personne, interrompit le juge.

— Très-bien, milord.

— Vous rappelez-vous, dit M⁰ Buzfuz, en reprenant la parole, vous rappelez-vous quelque chose de remarquable qui arriva dans la matinée où vous fûtes engagé par le défendeur? voyons! monsieur Weller?

— Oui, monsieur.

— Ayez la bonté de dire au jury ce que c'était.

— J'ai eu un habillement complet tout neuf, ce matin-là, messieurs du jury, et c'était une circonstance très-remarquable pour moi, dans ce temps-là. »

Ces mots excitèrent un éclat de rire général, mais le petit juge, regardant par-dessus son bureau : « Monsieur, dit-il, je vous engage à prendre garde.

— C'est ce que M. Pickwick m'a dit dans le temps, milord; et j'ai pris bien garde à conserver ces habits-là, véritablement, milord. »

Pendant deux grandes minutes, le juge regarda sévèrement le visage de Sam, mais voyant que ses traits étaient complétement calmes et sereins, il ne dit rien, et fit signe à l'avocat de continuer.

« Est-ce que vous prétendez me dire, monsieur Weller, reprit M⁰ Buzfuz en croisant ses bras emphatiquement et en se tournant à demi vers le jury, comme pour l'assurer silencieusement qu'il viendrait à bout du témoin, est-ce que vous prétendez me dire, monsieur Weller, que vous n'avez pas vu la plaignante évanouie dans les bras du défendeur, comme vous venez de l'entendre décrire par les témoins?

— Non certainement : j'étais dans le corridor jusqu'à ce qu'ils m'ont appelé, et la vieille lady était partie alors.

— Maintenant faites attention, monsieur Weller, continua M⁰ Buzfuz, en trempant une énorme plume dans son encrier, afin d'effrayer Sam, en lui faisant voir qu'il allait noter sa réponse. Vous étiez dans le corridor et vous n'avez rien vu de ce qui se passait. Avez-vous des yeux, monsieur Weller?

— Oui, j'en ai des yeux, et c'est justement pour ça. Si c'étaient des microscopes au gaz, brevetés pour grossir cent mille millions de fois, j'aurais peut-être pu voir à travers les escaliers et la porte de chêne ; mais comme je n'ai que des yeux, vous comprenez, ma vision est limitée. »

A cette réponse qui fut délivrée de la manière la plus simple et sans la plus légère apparence d'irritation, les spectateurs ricanèrent, le petit juge sourit, et Mᵉ Buzfuz eut l'air singulièrement déconfit. Après une courte consultation avec Dodson et Fogg, le savant avocat se tourna de nouveau vers Sam, et lui dit avec un pénible effort pour cacher sa vexation :

« Maintenant, monsieur Weller, je vous ferai encore une question sur un autre point, s'il vous plaît.

— Je suis à vos ordres, monsieur, répondit Sam avec une admirable bonne humeur.

— Vous rappelez-vous être allé chez Mme Bardell un soir de novembre ?

— Oh ! oui, très-bien.

— Ah ! ah ! vous vous rappelez cela, monsieur Weller ? dit l'avocat, en recouvrant son équanimité. Je pensais bien que nous arriverions à quelque chose à la fin.

— Je le pensais bien aussi, monsieur, répliqua Sam ; et les spectateurs rirent encore.

— Bien. Je suppose que vous y êtes allé pour causer un peu du procès, eh ! monsieur Weller ? reprit l'avocat, en lançant un coup d'œil malin au jury.

— J'y suis allé pour payer le terme ; mais nous avons causé un brin du procès.

— Ah ! vous en avez causé ? répéta Mᵉ Buzfuz dont le visage devint radieux, par l'anticipation de quelque importante découverte. Voulez-vous avoir la bonté de nous raconter ce qui s'est dit à ce propos, monsieur Weller ?

— Avec le plus grand plaisir du monde, monsieur. Après quelques observations guère importantes des deux respectables dames qui ont déposé ici aujourd'hui, elles se sont quasi pâmées d'admiration sur la vertueuse conduite de MM. Dodson et Fogg, ces deux gentlemen qui sont assis à côté de vous maintenant. »

Ceci, bien entendu, attira l'attention générale sur Dodson et Fogg qui prirent un air aussi vertueux que possible.

« Ah ! dit Mᵉ Buzfuz, ces dames parlèrent donc avec éloge de l'honorable conduite de MM. Dodson et Fogg, les avoués de la plaignante, hein ?

— Oui, monsieur. Elles dirent que c'était une bien généreuse chose de leur part de prendre cette affaire-là par spécu-

lation, et de ne rien demander pour les frais, s'ils ne les faisaient pas payer à M. Pickwick. »

A cette réplique inattendue, les spectateurs ricanèrent encore, et Dodson et Fogg, qui étaient devenus tout rouges, se
penchèrent vers M⁰ Buzfuz, et d'un air très-empressé lui chu-
chotèrent quelque chose dans l'oreille.

« Vous avez complétement raison, répondit tout haut l'avocat, avec une tranquillité affectée. Il est parfaitement impossible
de tirer quelque éclaircissement de l'impénétrable stupidité du
témoin. Je n'abuserai point des moments de la cour en lui
adressant d'autres questions. Vous pouvez descendre, monsieur.

— Il n'y a pas quelque autre gentleman qui désire m'adresser une question? demanda Sam, en prenant son chapeau et
en regardant autour de lui d'un air délibéré.

— Non pas moi, monsieur Weller. Je vous remercie, dit
M⁰ Snubbin, en riant.

— Vous pouvez descendre, monsieur, » répéta M⁰ Buzfuz, en
agitant la main d'un air impatient.

Sam descendit en conséquence, après avoir fait à la cause
de MM. Dodson et Fogg, autant de mal qu'il le pouvait, sans
inconvénient, et après avoir parlé le moins possible de l'affaire
de M. Pickwick, ce qui était précisément le but qu'il s'était
proposé.

« Milord, dit M⁰ Snubbin, si cela peut épargner l'interro-
gatoire d'autres témoins, je n'ai pas d'objections à admettre
que M. Pickwick s'est retiré des affaires et possède une fortune indépendante et considérable.

— Très-bien, » répliqua M⁰ Buzfuz, en passant au clerc les
deux lettres de M. Pickwick.

M⁰ Snubbin s'adressa alors au jury en faveur du défendeur,
et débita un très-long et très-emphatique discours, dans lequel il donna à la conduite et aux mœurs de M. Pickwick les
plus magnifiques éloges. Mais comme nos lecteurs doivent
s'être formé relativement au mérite de ce gentleman une opinion beaucoup plus nette que celle de M⁰ Snubbin, nous ne
croyons pas devoir rapporter longuement ses observations. Il
s'efforça de démontrer que les lettres qui avaient été produites
se rapportaient simplement au dîner de M. Pickwick et aux
préparations à faire dans son appartement, pour le recevoir
à son retour de quelque excursion. Enfin il parla le mieux
qu'il put, en faveur de notre héros, et comme tout le monde

le sait, sur la foi d'un vieil adage, il est impossible de faire plus.

M. le juge Stareleigh fit son résumé, suivant les formes et de la manière la plus approuvée. Il lut au jury autant de ses notes qu'il lui fut possible d'en déchiffrer en si peu de temps, et fit en passant des commentaires sur chaque témoignage. Si mistress Bardell avait raison, il était parfaitement évident que M. Pickwick avait tort. Si les jurés pensaient que le témoignage de mistress Cluppins était digne de croyance, c'était leur devoir de le croire : mais sinon, non. S'ils étaient convaincus qu'il y avait eu violation de promesse de mariage, ils devaient attribuer à la plaignante les dommages-intérêts qu'ils jugeraient convenables; mais d'un autre côté s'il leur paraissait qu'il n'y eût jamais eu de promesse de mariage, alors ils devaient renvoyer le défendeur sans aucun dommage. Après cette harangue, les jurés se retirèrent dans leur salle pour délibérer, et le juge se retira dans son cabinet pour se rafraîchir avec une côtelette de mouton et un verre de xérès.

Un quart d'heure plein d'anxiété s'écoula. Le jury revint; on alla querir le juge. M. Pickwick mit ses lunettes et contempla le chef du jury, avec un cœur palpitant et une contenance agitée.

« Gentlemen, dit l'individu en noir, êtes-vous tous d'accord sur votre verdict?

— Oui, nous sommes d'accord, répondit le chef du jury.

— Décidez-vous en faveur de la plaignante ou du défendeur, gentlemen ?

— En faveur de la plaignante.

— Avec quels dommages, gentlemen ?

— Sept cent cinquante livres sterling. »

M. Pickwick ôta ses lunettes, en essuya soigneusement les verres, les renferma dans leur étui, et les introduisit dans sa poche. Ensuite ayant mis ses gants avec exactitude, tout en continuant de considérer le chef du jury, il suivit machinalement hors de la salle M. Perker et le sac bleu.

M. Perker s'arrêta dans une salle voisine pour payer les honoraires de la cour. Là, M. Pickwick fut rejoint par ses amis, et là aussi il rencontra MM. Dodson et Fogg, se frottant les mains avec tous les signes extérieurs d'une vive satisfaction.

« Eh! bien? gentlemen, dit M. Pickwick.

— Eh! bien, monsieur, dit Dodson pour lui et son partenaire.

— Vous vous imaginez que vous allez empocher vos frais, n'est-ce pas, gentlemen ? »

Fogg répondit qu'il regardait cela comme assez probable, et Dodson sourit en disant qu'ils essayeraient.

« Vous pouvez essayer, et essayer, et essayer encore, messieurs Dodson et Fogg, s'écria M. Pickwick avec véhémence, mais vous ne tirerez jamais de moi un penny de dommages, ni de frais, quand je devrais passer le reste de mon existence dans une prison pour dettes.

— Ah! ah! dit Dodson, vous y repenserez avant le prochain terme, monsieur Pickwick.

— Hi! hi! hi! nous verrons cela incessamment, monsieur Pickwick, ricana M. Fogg. »

Muet d'indignation, M. Pickwick se laissa entraîner par son avoué et par ses amis qui le firent monter dans une voiture, amenée en un clin d'œil par l'attentif Sam Weller.

Sam avait relevé le marchepied, et se préparait à sauter sur le siége, quand il sentit toucher légèrement son épaule. Il se retourna et vit son père, debout devant lui. Le visage du vieux gentleman avait une expression lugubre. Il secoua gravement la tête, et dit d'un ton de remontrance :

« Je savais ce qu'arriverait de cette manière-là de conduire l'affaire. O Sammy, Sammy, pourquoi qu'i' ne se sont pas servis d'un alébi. »

CHAPITRE VI.

Dans lequel M. Pickwick pense que ce qu'il a de mieux à faire est d'aller à Bath, et y va en conséquence.

« Mais, mon cher monsieur, dit le petit Perker à M. Pickwick, qu'il était allé voir dans la matinée qui suivit le jugement, vous n'entendez pas, en réalité et sérieusement, et toute irritation à part, que vous ne payerez pas ces frais et ces dommages ?

— Pas un demi-penny, répéta M. Pickwick avec fermeté, pas un demi-penny.

— Hourra! vivent les principes! comme disait l'usurier en

refusant de renouveler le billet, s'écria Sam, qui enlevait le
couvert du déjeuner.

— Sam, dit M. Pickwick, ayez la bonté de descendre en
bas.

— Certainement, monsieur, répliqua Sam en obéissant à
l'aimable insinuation de son maître.

— Non, Perker, reprit M. Pickwick d'un air très-sérieux.
Mes amis ici présents se sont vainement efforcés de me dis-
suader de cette détermination. Je m'occuperai comme à l'ordinaire. Mes adversaires ont le pouvoir de poursuivre mon incarcération; et, s'ils sont assez vils pour s'en servir et pour arrêter
ma personne, je me soumettrai aux lois avec une parfaite
tranquillité. Quand peuvent-ils faire cela ?

— Ils peuvent lancer une exécution pour le montant des
dommages et des frais taxés, le terme prochain, juste dans
deux mois d'ici, mon cher monsieur.

— Très-bien. D'ici là, mon ami, ne me reparlez plus de cette
affaire. Et maintenant, continua M. Pickwick en regardant ses
amis avec un sourire bénévole et un regard brillant que nulles
lunettes ne pouvaient obscurcir, voici la seule question à résoudre : Où dirigerons-nous notre prochaine excursion? »

M. Tupman et M. Snodgrass étaient trop affectés par l'hé-
roïsme de leur ami pour pouvoir faire une réponse. Quant
à M. Winkle, il n'avait pas encore suffisamment perdu le souvenir de sa déposition en justice, pour oser élever la voix
sur aucun sujet. C'est donc en vain que M. Pickwick attendit.

« Eh bien ! reprit-il, si vous me permettez de choisir notre
destination, je dirai Bath. Je pense que personne parmi vous
n'y a jamais été? »

M. Perker, regardant comme très-probable que le changement de scène et la gaieté du séjour engageraient M. Pickwick à
mieux apprécier sa détermination, et à moins estimer une prison
pour dettes, appuya chaudement cette proposition. Elle fut
adoptée à l'unanimité, et Sam immédiatement dépêché au
Cheval-Blanc, pour retenir cinq places dans la voiture qui par-
tait le lendemain matin, à sept heures et demie.

Il restait justement deux places à l'intérieur et trois places à
l'extérieur. Sam les arrêta, échangea quelques compliments
avec le commis, qui lui avait glissé mal à propos une demi-
couronne en étain, en lui rendant la monnaie, retourna au
Georges et Vautour, et s'y occupa activement, jusqu'au moment
de se mettre au lit, à comprimer des habits et du linge dans

le plus petit espace possible, et à inventer d'ingénieux moyens mécaniques pour faire tenir des couvercles sur des boîtes qui n'avaient ni charnières ni serrure.

Le lendemain matin se leva fort déplaisant pour un voyage, sombre, humide et crotté. Les chevaux des diligences qui passaient fumaient si fort que les passagers de l'extérieur étaient invisibles. Les crieurs de journaux paraissaient noyés et sentaient le moisi ; la pluie dégouttait des chapeaux des marchandes d'oranges; et, lorsqu'elles fourraient leur tête par la portière des voitures, elles en arrosaient l'intérieur d'une manière très-rafraîchissante. Les juifs fermaient de désespoir leurs canifs à cinquante lames ; les vendeurs d'agendas de poche en faisaient véritablement des agendas de poche; les chaînes de montre et les fourchettes à faire des rôties se livraient à perte; les porte-crayons et les éponges étaient pour rien sur le marché.

Laissant Sam Weller disputer les bagages à sept ou huit porteurs qui s'en étaient violemment emparés aussitôt que la voiture de place s'était arrêtée, et voyant qu'il y avait encore vingt minutes à attendre avant le départ de la diligence, M. Pickwick et ses amis allèrent chercher un abri dans la salle des voyageurs, dernière ressource de l'humaine misère.

La salle des voyageurs, au *Cheval-Blanc*, est, comme on le pense bien, peu confortable ; autrement ce ne serait pas une salle de voyageurs. C'est le parloir qui se trouve à main droite, et dans lequel une ambitieuse cheminée de cuisine semble s'être impatronisée, avec l'accompagnement d'un poker rebelle, d'une pelle et de pincettes réfractaires. Le pourtour de la salle est divisé en stalles pour la séquestration des voyageurs, et la salle elle-même est garnie d'une pendule, d'un miroir et d'un garçon vivant; ce dernier article étant habituellement renfermé dans une espèce de chenil où se lavent les verres, à l'un des coins de la chambre.

Le jour en question, une des stalles était occupée par un homme d'environ quarante-cinq ans, dont le crâne chauve et luisant sur le devant de la tête, était garni sur les côtés et par derrière d'épais cheveux noirs qui se mêlaient avec ses larges favoris. Son habit brun était boutonné jusqu'au menton ; il avait une vaste casquette de veau marin et une redingote avec un manteau étaient étendus sur le siége, à côté de lui. Lorsque M. Pickwick entra, il leva les yeux de dessus son déjeûner avec un air fier et péremptoire tout à fait plein de dignité;

puis, après avoir scruté notre philosophe et ses compagnons,
il se mit à chantonner de manière à faire entendre que, s'il y
avait des gens qui se flattaient de le mettre dedans, cela ne
prendrait point.

« Garçon ! dit le gentleman aux favoris noirs.

— Monsieur ! répliqua, en sortant du chenil ci-dessus mentionné, un homme qui avait un teint malpropre et un torchon
idem.

— Encore quelques rôties !

— Oui, monsieur.

— Faites attention qu'elles soient beurrées, ajouta le gentleman d'un ton dur.

— Tout de suite, monsieur, » repartit le garçon.

Le gentleman aux favoris noirs recommença à chantonner le
même air; puis, en attendant l'arrivée des rôties, il vint se
placer le dos au feu, releva sous ses bras les pans de son habit,
et contempla ses bottes en ruminant.

« Vous ne savez pas où la voiture arrête à Bath? dit
M. Pickwick d'un ton doux en s'adressant à M. Winkle.

— Hum ! Eh ! qu'est-ce ! dit l'étranger.

— Je faisais une observation à mon ami, dit M. Pickwick,
toujours prêt à entrer en conversation. Je demandais où la
voiture arrête à Bath. Vous pouvez peut-être m'en informer,
monsieur?

— Est-ce que vous allez à Bath?

— Oui, monsieur.

— Et ces autres gentlemen?

— Ils y vont aussi.

— Pas dans l'intérieur ! Je veux être damné si vous allez
dans l'intérieur !

— Non, pas tous.

— Non certes, pas tous, reprit l'étranger avec énergie. J'ai
retenu deux places, et, s'ils veulent empiler six personnes dans
une boîte infernale qui n'en peut tenir que quatre, je louerai
une chaise de poste à leurs frais. Cela ne prendra pas. J'ai dit
au commis, en payant mes places, que cela ne prendrait pas.
Je sais que cela s'est fait; je sais que cela se fait tous les
jours; mais on ne m'a jamais mis dedans, et on ne m'y mettra
pas. Ceux qui me connaissent le savent, Dieu me damne! »

Ici le féroce gentleman tira la sonnette avec grande violence
et déclara au garçon que, si on ne lui apportait pas ses rôties
avant cinq secondes, il irait lui-même en savoir la raison.

« Mon cher monsieur, dit M. Pickwick, permettez-moi de vous faire observer que vous vous agitez bien inutilement. Je n'ai retenu de places à l'intérieur que pour deux.

— Je suis charmé de le savoir, répondit l'homme féroce. Je retire mes expressions; acceptez mes excuses. Voici ma carte; faisons connaissance.

— Avec grand plaisir, répliqua M. Pickwick. Nous devons être compagnons de voyage, et j'espère que nous trouverons mutuellement notre société agréable.

— Je l'espère. J'en suis persuadé. J'aime votre air; il me plaît. Gentlemen, vos mains et vos noms. Faisons connaissance. »

Nécessairement un échange de salutations amicales suivit ce gracieux discours. Le fier gentleman informa alors nos amis avec le même système de phrases courtes, abruptes, sautillantes, que son nom était Dowler, qu'il allait à Bath pour son plaisir, qu'il était autrefois dans l'armée, que maintenant il s'était mis dans les affaires, comme un gentleman; qu'il vivait des profits qu'il en tirait, et que la personne pour qui la seconde place avait été retenue par lui, n'était pas une personne moins illustre que Mme Dowler, son épouse.

« C'est une jolie femme, poursuivit-il. J'en suis orgueilleux. J'ai raison de l'être.

— J'espère que nous aurons le plaisir d'en juger, dit M. Pickwick avec un sourire.

— Vous en jugerez. Elle vous connaîtra. Elle vous estimera. Je lui ai fait la cour d'une singulière manière. Je l'ai gagnée par un vœu téméraire. Voilà. Je la vis; je l'aimai; je la demandai; elle me refusa. « Vous en aimez un autre ? — Épargnez ma pudeur. — Je le connais. — Vraiment ? — Certes ; s'il reste ici, je l'écorcherai vif. »

— Diable ! s'écria M. Pickwick involontairement.

— Et... l'avez-vous écorché, monsieur ? demanda M. Winkle en pâlissant.

— Je lui écrivis un mot. Je lui dis que c'était une chose pénible. C'était vrai.

— Certainement, murmura M. Winkle.

— Je dis que j'avais donné ma parole de l'écorcher vif, que mon honneur était engagé, et que, comme officier de Sa Majesté, je n'avais pas d'autre alternative. J'en regrettais la nécessité, mais il fallait que cela se fît. Il se laissa convaincre; il vit que les règles du service étaient impératives. Il s'enfuit. J'épousai la jeune personne. Voici la voiture. C'est sa tête que vous voyez à la portière. »

En achevant ces mots, M. Dowler montrait une voiture qui venait de s'arrêter. On voyait effectivement à la portière une figure assez jolie, coiffée d'un chapeau bleu, et qui, regardant parmi la foule, cherchait probablement l'homme violent lui-même. M. Dowler paya sa dépense et sortit promptement avec sa casquette, sa redingote et son manteau : M. Pickwick et ses amis le suivirent pour s'assurer de leurs places.

M. Tupman et M. Snodgrass s'étaient huchés derrière la voiture ; M. Winkle était monté dans l'intérieur et M. Pickwick se préparait à le suivre, quand Sam Weller s'approcha d'un air de profond mystère, et, chuchotant dans l'oreille de son maître, lui demanda la permission de lui parler.

« Eh bien ! Sam, dit M. Pickwick, qu'est-ce qu'il y a maintenant ?

— En voilà une de sévère, monsieur !

— Une quoi ?

— Une histoire, monsieur. J'ai bien peur que le propriétaire de cette voiture-ci ne nous fasse quelque impertinence.

— Comment cela, Sam ? Est-ce que nos noms ne sont point sur la feuille de route ?

— Certainement qu'ils y sont, monsieur ; mais ce qui est plus fort, c'est qu'il y en a un qui est sur la porte de la voiture. »

En parlant ainsi, Sam montrait à son maître cette partie de la portière où se trouve ordinairement le nom du propriétaire ; et là, en effet, se lisait en lettres dorées, d'une raisonnable grandeur, le nom magique de *Pickwick.*

« Voilà qui est curieux ! s'écria M. Pickwick, tout à fait étourdi de cette coïncidence ; quelle chose extraordinaire !

— Oui ; mais ce n'est pas tout, reprit Sam en dirigeant de nouveau l'attention de son maître vers la portière. Non contents d'écrire *Pickwick*, ils mettent *Moïse* devant. Voilà ce que j'appelle ajouter l'injure à l'insulte, comme disait le perroquet quand on lui a appris à parler anglais, après l'avoir emporté de son pays natal.

— Cela est certainement assez singulier, Sam ; mais si nous restons là, debout, nous perdrons nos places.

— Comment ! est-ce qu'il n'y a rien à faire en conséquence, monsieur ? s'écria Sam tout à fait démonté par la tranquillité avec laquelle M. Pickwick se préparait à s'enfoncer dans l'intérieur.

— A faire? dit le philosophe; qu'est-ce qu'on pourrait faire?

— Est-ce qu'il n'y aura personne de rossé pour avoir pris cette liberté, monsieur? demanda Sam, qui s'était attendu, pour le moins, à recevoir la commission de défier le cocher et le conducteur en combat singulier.

— Non, certainement, répliqua M. Pickwick avec vivacité. Sous aucun prétexte! Montez à votre place, sur-le-champ.

— Ah! murmura Sam en grimpant sur son banc, faut que le gouverneur ait quelque chose; autrement il n'aurait pas pris ça aussi tranquillement. J'espère que ce jugement-ici ne l'aura pas affecté; mais ça va mal, ça va très-mal, » continua-t-il en secouant gravement la tête.

Et, ce qui est digne de remarque, car cela fait voir combien il prit cette circonstance à cœur, il ne prononça plus une seule parole jusqu'au moment où la voiture atteignit le turnpike de Kensington. C'était pour lui un effort de taciturnité tellement extraordinaire, qu'il peut être considéré comme tout à fait sans précédent.

Il n'arriva rien durant le voyage qui mérite une mention spéciale. M. Dowler rapporta plusieurs anecdotes, toutes illustratives de ses prouesses personnelles; et, à chacune d'elles, il en appelait au témoignage de Mme Dowler. Alors cette aimable dame racontait, sous la forme d'appendice, quelques circonstances remarquables que M. Dowler avait oubliées, ou peut-être que sa modestie avait omises; car ces additions tendaient toujours à montrer que M. Dowler était un homme encore plus étonnant qu'il ne le disait lui-même. M. Pickwick et M. Winkle l'écoutaient avec la plus grande admiration : par intervalles, cependant, ils conversaient avec Mme Dowler, qui était une personne tout à fait séduisante. Ainsi, grâces aux histoires de M. Dowler et aux charmes de son autre moitié, grâces à l'amabilité de M. Pickwick et à l'attention imperturbable de M. Winkle, les habitants de l'intérieur de la diligence exécutèrent leur voyage en bonne harmonie et en parfaite humeur.

Les voyageurs de l'extérieur se conduisirent comme leurs places le comportaient. Ils étaient gais et causeurs au commencement de tous les relais, tristes et endormis au milieu, et de nouveau brillants et éveillés vers la fin. Il y avait un jeune gentleman en manteau de caoutchouc, qui fumait des cigares tout le long du chemin; et il y avait un autre jeune gentleman dont la redingote avait l'air de la parodie d'un paletot, qui en allumait un grand nombre; mais, se sentant évidemment étourdi, après la seconde bouffée, il les jetait par terre, quand il croyait que personne ne pouvait s'en apercevoir. Il y avait sur le siége un troisième jeune homme qui désirait se connaître en chevaux, et par derrière, un vieillard qui semblait très-fort en agriculture. On rencontrait sur la route une constante succession de noms de baptême, en blouses ou en redingotes grises, qui étaient invités par le garde à monter un bout de chemin, et qui connaissaient chaque cheval et chaque aubergiste de la contrée. Enfin on fit un dîner, qui aurait été bon marché à une demi-couronne par tête, si on avait eu le temps d'en manger quelque chose. Quoi qu'il en soit, à sept heures du soir, M. Pickwick et ses amis, et M. Dowler ainsi que son épouse se retirèrent respectivement dans leur salon particulier, à l'hôtel du *Blanc-Cerf*, en face de la grande salle des bains de Bath; hôtel illustre dans lequel les garçons, grâces à leur costume, pourraient être pris pour des étudiants de Westminster, s'ils ne détruisaient pas l'illusion par leur sagesse et leur bonne tenue.

Le lendemain matin, le déjeuner des pickwickiens avait à peine été enlevé, lorsqu'un garçon apporta la carte de M. Dowler, qui demandait la permission de présenter un de ses amis. M. Dowler lui-même suivit immédiatement sa carte, amenant aussi son ami.

L'ami était un charmant jeune homme d'une cinquantaine d'années tout au plus. Il avait un habit bleu très-clair, avec des boutons resplendissants; un pantalon noir et la paire de bottes la plus fine et la plus luisante qu'on puisse imaginer. Un lorgnon d'or était suspendu à son cou par un ruban noir, large et court. Une tabatière d'or tournait élégamment entre l'index et le pouce de sa main gauche; des bagues innombrables brillaient à ses doigts; un énorme solitaire, monté en or, étincelait sur son jabot. Il avait, en outre, une montre d'or et une chaîne d'or, avec de massifs cachets d'or. Sa légère canne d'ébène portait une lourde pomme d'or; son linge était le plus fin, le plus blanc, le plus roide possible; son faux toupet le mieux huilé, le plus noir, le plus bouclé des faux toupets. Son tabac était du tabac du régent, son parfum, *bouquet du roi.* Ses traits s'embellissaient d'un perpétuel sourire, et ses dents étaient si parfaitement rangées qu'à une petite distance il était difficile de distinguer les fausses des véritables.

« Monsieur Pickwick, dit Dowler, mon ami Angelo-Cyrus Bantam, esquire, *magister ceremoniarum.* —Bantam, monsieur Pickwick. Faites connaissance.

— Soyez le bienvenu à Ba-ath, monsieur. Voici en vérité une acquisition.... Très-bien venu à Ba-ath, monsieur.... Il y a longtemps, très-longtemps, monsieur Pickwick, que vous n'a-vez pris les eaux. Il y a un siècle, monsieur Pickwick. Re-mar-quable. »

En parlant ainsi, M. Angelo-Cyrus Bantam, esq., m. c. prit la main de M. Pickwick ; et, tout en disloquant ses épaules par une constante succession de saluts, il garda la main du philo-sophe dans les siennes, comme s'il n'avait pas pu prendre sur lui de la lâcher.

« Il y a certainement très-longtemps que je n'ai bu les eaux, répondit M. Pickwick, car, à ma connaissance, je ne suis ja-mais venu ici jusqu'à présent.

— Jamais venu à Ba-ath, monsieur Pickwick ! s'écria le grand maître en laissant tomber d'étonnement la main savante. Jamais venu à Ba-ath ! ha ! ha ! ha ! Monsieur Pickwick, vous aimez à plaisanter ! Pas mauvais, pas mauvais ! Joli, joli ! Hi ! hi ! hi ! re-marquable.

— Je dois dire, à ma honte, que je parle tout à fait sérieuse-ment. Je ne suis jamais venu ici.

— Oh ! je vois, s'écria le grand maître d'un air extrêmement satisfait. Oui, oui. Bon, bon. De mieux en mieux. Vous êtes le gentleman dont nous avons entendu parler. Nous vous con-naissons, monsieur Pickwick, nous vous connaissons. »

Ils ont lu, dans ces maudits journaux, les détails de mon procès, pensa M. Pickwick. Ils savent toute mon histoire.

« Oui, reprit Bantam, vous êtes le gentleman résidant à Clapham-Green, qui a perdu l'usage de ses membres pour s'être imprudemment refroidi après avoir pris du vin de Porto ; qui, à cause de ses souffrances aiguës, ne pouvait plus bouger de place, et qui fit prendre des bouteilles de la source des bains du roi à 103°, se les fit apporter par un chariot dans sa chambre à coucher à Londres, se baigna, éternua et fut rétabli le même jour. Très-remarquable. »

M. Pickwick reconnut le compliment que renfermait cette supposition, et cependant il eut l'abnégation de la repousser. Ensuite, prenant avantage d'un moment où le maître des céré-monies demeurait silencieux, il demanda la permission de pré-senter ses amis, M. Tupman, M. Winkle et M. Snodgrass ; présentation qui, comme on se l'imagine, accabla le maître des cérémonies de délices et d'honneur.

« Bantam, dit M. Dowler, M. Pickwick et ses amis sont étrangers; il faut qu'ils inscrivent leurs noms. Où est le livre?

— Le registre des visiteurs distingués de Ba-ath sera à la salle de la Pompe aujourd'hui à deux heures. Voulez-vous guider nos amis vers ce splendide bâtiment et me procurer l'avantage d'obtenir leurs autographes.

— Je le ferai, répliqua Dowler. Voilà une longue visite. Il est temps de partir. Je reviendrai dans une heure. Allons.

— Il y a bal ce soir, monsieur, dit le maître des cérémonies en prenant la main de M. Pickwick, au moment de s'en aller. Les nuits de bal, dans Ba-ath, sont des instants dérobés au paradis, des instants que rendent enchanteurs la musique, la beauté, l'élégance, la mode, l'étiquette, etc..., et par-dessus tout, l'absence des boutiquiers, gens tout à fait incompatibles avec le paradis. Ces gens-là ont, entre eux, tous les quinze jours, au Guidhall, une espèce d'amalgame qui est, pour ne rien dire de plus, re-marquable. Adieu, adieu. »

Cela dit, et ayant protesté tout le long de l'escalier qu'il était fort satisfait, entièrement charmé, complétement enchanté, immensément flatté, on ne peut pas plus honoré, Angelo-Cyrus Bantam, esq., m. c. monta dans un équipage très-élégant qui l'attendait à la porte et disparut au grand trot.

A l'heure désignée, M. Pickwick et ses amis, escortés par Dowler, se rendirent aux salles d'assemblée et écrivirent leur nom sur le livre, preuve de condescendance dont Angélo Bantam se montra encore plus confus et plus charmé qu'auparavant. Des billets d'admission devaient être préparés pour les quatre amis; mais, comme ils ne se trouvaient pas prêts, M. Pickwick s'engagea, malgré toutes les protestations d'Angelo Bantam, à envoyer Sam les chercher, à quatre heures, chez le M. C., dans Queen-Square.

Après avoir fait une courte promenade dans la ville et être arrivés à la conclusion unanime que Park-Street ressemble beaucoup aux rues perpendiculaires qu'on voit dans les rêves, et qu'on ne peut pas venir à bout de gravir, les pickwickiens retournèrent au *Blanc-Cerf* et dépêchèrent Sam pour chercher les billets.

Sam Weller posa son chapeau sur sa tête d'une manière nonchalante et gracieuse, enfonça ses mains dans les poches

de son gilet, et se dirigea, d'un pas délibéré, vers Queen-
Square, en sifflant le long du chemin plusieurs airs populaires
de l'époque, arrangés sur un mouvement entièrement nouveau
pour les instruments à vent. Arrivé dans Queen-Square, au
numéro qui lui avait été désigné, il cessa de siffler et frappa
solidement à une porte, que vint ouvrir immédiatement un laquais à la tête poudrée, à la livrée magnifique, à la stature
carrée.

« C'est-il ici M. Bantam, vieux? demanda Sam sans se laisser le moins du monde intimider par le rayon de splendeur
qui lui donna dans l'œil à l'apparition du laquais poudré, à la
livrée magnifique, etc.

— Pourquoi cela, jeune homme? répondit celui-ci d'un air
hautain.

— Parce que, si c'est ici chez lui, portez-lui ça, et dites-lui
que M. Weller attend la réponse. Voulez-vous m'obliger, six
pieds? »

Ainsi parla Sam; et, étant entré froidement dans la salle, il
s'y assit.

Le laquais poudré poussa violemment la porte et fronça les
sourcils avec dignité; mais tout cela ne fit nulle impression
sur Sam, qui s'occupait à regarder, avec un air de connaisseur
satisfait, un élégant porte-parapluie en acajou.

La manière dont M. Bantam reçut la carte disposa apparemment le laquais poudré en faveur de Sam, car, lorsqu'il revint,
il lui sourit amicalement et lui dit que la réponse allait être
prête sur-le-champ.

« Très-bien, répliqua Sam; vous pouvez dire au vieux gentleman de ne pas se mettre en transpiration. Il n'y a pas de
presse, six pieds. J'ai dîné.

— Vous dînez de bien bonne heure, monsieur.

— C'est pour mieux travailler au souper.

— Y a-t-il longtemps que vous restez à Bath, monsieur? Je
n'ai pas eu le plaisir d'entendre parler de vous.

— Je n'ai pas encore causé ici une sensation étonnamment
surprenante, répondit Sam tranquillement. Moi et les autres
personnages distingués que j'accompagne, nous ne sommes arrivés que d'hier au soir.

— Un joli endroit, monsieur.

— Ça m'en a l'air.

— Bonne société, monsieur. Des domestiques fort agréables,
monsieur.

— Ça me fait cet effet-là ; des gaillards affables, sans affec-
tation, qui ont l'air de vous dire : Allez vous promener ; je ne
vous connais pas !

— Oh ! c'est bien vrai, monsieur, répliqua le laquais poudré,
croyant évidemment que le discours de Sam renfermait un superbe compliment. En prenez-vous, monsieur ? ajouta-t-il en
produisant une petite tabatière.

— Pas sans éternuer.

— Oh ! c'est difficile, monsieur ; je le confesse ; mais cela
s'apprend par degrés. Le café est ce qu'il y a de mieux pour
cela. J'ai longtemps porté du café, monsieur ; cela ressemble
beaucoup à du tabac. »

Ici un violent coup de sonnette réduisit le laquais poudré à
l'ignominieuse nécessité de remettre la tabatière dans sa poche
et de se rendre, avec une humble contenance, dans le cabinet
de M. Bantam. Observons, par parenthèse, que tous les individus qui ne lisent et n'écrivent jamais, ont toujours quelque
petit arrière-parloir qu'ils appellent leur *cabinet.*

« Voici la réponse, monsieur, dit à Sam le laquais poudré.
J'ai peur que vous ne la trouviez incommode par sa grandeur.

— Ne vous tourmentez pas, répondit Sam en recevant la
lettre, qui était enfermée dans une petite enveloppe. Je crois
que la nature peut supporter cela sans tomber en défaillance.

— J'espère que nous nous reverrons, monsieur, dit le laquais poudré en se frottant les mains et en reconduisant Sam
jusqu'à la porte.

— Vous êtes bien obligeant, monsieur, répliqua Sam ; mais,
je vous en prie, n'éreintez pas outre mesure une personne aussi
aimable. Considérez ce que vous devez à la société, et ne vous
laissez pas écraser par l'ouvrage. Pour l'amour de vos semblables, tenez-vous aussi tranquille que vous pourrez ; songez
quelle perte ce serait pour le monde ! »

Sam s'éloigna sur ces mots pathétiques.

« Un jeune homme fort singulier, » dit en lui-même le
laquais poudré, avec une physionomie tout ébahie.

Sam ne dit rien, mais il cligna de l'œil, hocha la tête, sourit,
cligna de l'œil sur nouveaux frais, et s'en alla légèrement,
avec une physionomie qui semblait dénoter qu'il était singulièrement amusé, par une chose ou par une autre.

Le même soir, juste à huit heures moins vingt minutes,
Angelo-Cyrus Bantam esq. m. c. descendit de sa voiture à la

porte des salons d'assemblée, avec le même toupet, les mêmes
dents, le même lorgnon, la même chaîne et les mêmes cachets,
les mêmes bagues, les mêmes épingles et la même canne, que
celles ou ceux dont il était affublé le matin. Le seul changement remarquable dans son costume était qu'il portait un
habit d'un bleu plus clair, doublé de soie blanche, un pantalon
collant noir, des bas de soie noire, des escarpins et un gilet
blanc, et qu'il était, si cela est possible, encore un peu plus
parfumé.

Ainsi accoutré, le maître des cérémonies se planta dans la
première salle, pour recevoir la compagnie, et remplir les
importants devoirs de son indispensable office.

Bath était comble. La compagnie et les pièces de 6 pence,
pour le thé, arrivaient en foule. Dans la salle de bal, dans les
salles de jeu, dans les escaliers, dans les passages, le murmure
des voix et le bruit des pieds étaient absolument étourdissants.
Les vêtements de soie bruissaient, les plumes se balançaient,
les lumières brillaient, et les joyaux étincelaient. On entendait
la musique, non pas des contredanses, car elles n'étaient pas
encore commencées, mais la musique toujours agréable à
entendre, soit à Bath, soit ailleurs, des pieds mignons et dé-
licats qui glissent sur le parquet, des rires clairs et joyeux de
jeunes filles, des voix de femmes retenues et voilées. De toutes
parts scintillaient des yeux brillants, éclairés par l'attente du
plaisir ; et de quelque côté qu'on regardât, on voyait glisser
gracieusement, à travers la foule, quelque figure élégante,
qui, à peine perdue, était remplacée par une autre, aussi séduisante et aussi parée.

Dans la salle où l'on prenait le thé, et tout autour des tables
de jeu, s'entassaient une foule innombrable d'étranges vieilles
ladies et de gentlemen décrépits, discutant tous les petits
scandales du jour avec une vivacité qui montrait suffisamment
quel plaisir ils y trouvaient. Parmi ces groupes, se trouvaient
quelques mères de famille, absorbées, en apparence, par la
conversation à laquelle elles prenaient part, mais jetant de
temps à autre un regard inquiet du côté de leurs filles. Celles-
ci, se rappelant les injonctions maternelles de profiter de
l'occasion, étaient en plein exercice de coquetterie, égarant
leurs écharpes, mettant leurs gants, déposant leurs tasses à
thé, et ainsi de suite, toutes choses légères en apparence,
mais qui peuvent être fort avangeusement exploitées par d'habiles praticiennes.

Auprès des portes et dans les recoins, divers groupes de jeunes gens, étalant toutes les variétés du dandyisme et de la stupidité, amusaient les gens raisonnables par leur folie et leur prétention, tout en se croyant, heureusement, les objets de l'admiration générale. Sage et prévoyante dispensation de la Providence, qu'un esprit charitable ne saurait assez louer.

Sur les bancs de derrière, où elles avaient déjà pris leur position pour la soirée, étaient assises certaines ladies non mariées, qui avaient passé leur grande année climatérique, et qui, ne dansant pas, parce qu'elles n'avaient point de partenaires, ne jouant pas, de peur d'être regardées comme irrévocablement vieilles filles, étaient dans la situation favorable de pouvoir dire du mal de tout le monde, sans qu'il retombât sur elles-mêmes. Tout le monde, en effet, se trouvait-là. C'était une scène de gaieté, de luxe et de toilettes, de glaces magnifiques, de parquets blanchis à la craie, de girandoles, de bougies, et sur tous les plans du tableau, glissant de place en place, avec une souplesse silencieuse, saluant obséquieusement telle société, faisant un signe familier à telle autre, et souriant complaisamment à toutes, se faisait remarquer la personne tirée à quatre épingles, d'Angelo-Cyrius Bantam esquire, *le maître des cérémonies.*

« Arrêtez-vous dans la salle du thé. Prenez-en pour vos 6 pence. Ils distribuent de l'eau chaude et appellent cela du thé. Buvez, » dit tout haut M. Dowler à M. Pickwick, qui s'avançait en tête de leur société, donnant le bras à Mme Dowler. M. Pickwick tourna donc vers la salle du thé, et M. Bantam, en l'apercevant, se glissa à travers la foule, et le salua avec extase.

« Mon cher monsieur, je suis prodigieusement honoré.... Ba-ath est favorisé.... Madame Dowler, vous embellissez cette salle. Je vous félicite vos plumes re-marquables !

— Y a-t-il quelqu'un ici? demanda M. Dowler d'un air dédaigneux.

— Quelqu'un? l'élite de Ba-ath! Monsieur Pickwick, voyez-vous cette dame en turban de gaze?

— Cette grosse vieille dame? demanda M. Pickwick innocemment.

— Chut! mon cher monsieur, chut! Personne n'est gros ni vieux, dans Ba-ath. C'est la lady douairière Snuphanuph.

1. Prise assez.

— En vérité ! fit M. Pickwick.

— Ni plus ni moins. Chut ! approchez un peu par ici, monsieur Pickwick. Voyez-vous ce jeune homme, richement vêtu, qui vient de notre côté ?

— Celui qui a des cheveux longs, et le front singulièrement étroit ?

— Précisément. C'est le plus riche jeune homme de Ba-ath, en ce moment. Le jeune lord Mutanhed [1].

— Quoi, vraiment ?

— Oui. Vous entendrez sa voix dans un moment, monsieur Pickwick. Il me parlera. Le gentleman qui est avec lui et qui a un dessous de gilet rouge et des moustaches noires, est l'honorable M. Crushton, son ami intime. — Comment vous portez-vous, mylord ?

— Très-saudement, Bantam, répondit Sa Seigneurie.

— En effet, il fait très-chaud, milord, reprit le M. C.

— Diablement, » ajouta l'honorable M. Crushton.

Après une pause durant laquelle le jeune lord s'était efforcé de décontenancer M. Pickwick en le lorgnant, tandis que son acolyte réfléchissait sur quel sujet lord Mutanhed pouvait parler le plus avantageusement, M. Crushton, dit :

« Bantam, avez-vous vu la malle-poste de milord ?

— Mon Dieu non. Une malle-poste ? Quelle excellente idée ! Re-marquable !

— Vaiment, je coyais que tout le monde l'avait vue ! C'est la plus zolie, la plus lézère, la plus gacieuse chose qui ait zamais été sur des roues. Peinte en rouge, avec des gevaux café au lait.

— Et avec une véritable malle pour les lettres ; tout à fait complète, ajouta l'honorable M. Crushton.

— Et un petit siége devant, entouré d'une tringle de fer pour le cozer, continua Sa Seigneurie. Ze l'ai conduite à Bristol, l'aut'matin, avec un habit écalate et deux domestiques courant un quart de mille en arrière, et Dieu me damne si les paysans ne sortaient pas de leurs cabanes, pour m'arrêter et me demander si je n'étais pas la poste ! Glo'ieux ! Glo'ieux ! »

Le jeune lord rit de tout son cœur de cette anecdote, et les auditeurs en firent autant, bien entendu.

« Charmant jeune homme ! dit le maître des cérémonies à M. Pickwick.

_____

1. Tête de mouton.

— Il en a l'air, » répliqua sèchement le philosophe.

La danse ayant commencé, les présentations nécessaires ayant été faites, et tous les préliminaires étant arrangés, Angelo Bantam rejoignit M. Pickwick et le conduisit dans les salons de jeux.

Au moment de leur entrée, lady Snuphanuph et deux autres ladies, d'une apparence antique, et qui sentait le whist, erraient tristement autour d'une table inoccupée. Aussitôt qu'elles aperçurent M. Pickwick, sous la conduite d'Angelo Bantam, elles échangèrent entre elles des regards qui voulaient dire que c'était là justement la personne qu'il leur fallait pour faire un rob.

« Mon cher Bantam, dit la lady douairière Snuphanuph, d'un air engageant, trouvez-nous donc quelque aimable personne pour faire un whist, comme une bonne âme que vous êtes. »

Dans ce moment M. Pickwick regardait d'un autre côté, de sorte que milady fit un signe de tête expressif en l'indiquant.

Le maître des cérémonies comprit ce geste muet.

« Milady, répondit-il, mon ami M. Pickwick s'estimera, j'en suis sûr, très-heureux, re-marquablement. — M. Pickwick, lady Snuphanuph, Mme la colonel Wugsby, miss Bolo. »

M. Pickwick salua et voyant qu'il était impossible de s'échapper, se résigna. On tira les places, et M. Pickwick se trouva avec miss Bolo, contre lady Snuphanuph et Mme Wugsby.

A la seconde donne, au moment où la retourne venait d'être vue, deux jeunes ladies accoururent dans la salle et se placèrent de chaque côté de Mme Wugsby, où elles attendirent patiemment et silencieusement que le coup fût fini.

« Eh bien ! dit Mme Wugsby en se retournant vers l'une de ses filles, qu'est-ce qu'il y a?

— M'man, répondit à voix basse la plus jeune et la plus jolie des deux, je venais vous demander si je puis danser avec le plus jeune M. Crawley.

— Mais à quoi donc pensez-vous, Jane? répondit la maman avec indignation. N'avez-vous pas entendu dire cent fois, que son père n'a que huit cents livres sterling de revenu, et qui meurent avec lui encore! Vous me faites rougir de honte! Non, sous aucun prétexte.

— M'man, chuchota l'autre demoiselle qui était beaucoup plus vieille que sa sœur, et avait l'air insipide et artificiel;

lord Mutanhed m'a été présenté. J'ai dit que je croyais n'être pas engagée, m'man.

— Vous êtes une bonne fille, mon enfant, et on peut se fier à vous, répondit Mme Wugsby, en tapant de son éventail la joue de sa fille. Il est immensément riche, ma chérie. » En parlant ainsi, Mme Wugsby baisa sa fille aînée fort tendrement, admonesta la cadette par un froncement de sourcil, et mêla les cartes.

Pauvre M. Pickwick ! il n'avait jamais joué jusqu'alors avec trois vieilles femmes aussi complétement joueuses. Elles étaient d'une habileté qui l'effrayait. S'il jouait mal, miss Bolo le poignardait du regard; s'il s'arrêtait pour réfléchir, lady Snuphanuph se renversait sur sa chaise et souriait, en jetant à Mme Wugsby un coup d'œil mêlé d'impatience et de pitié. A quoi celle-ci répondait en haussant les épaules et en toussant, comme pour demander s'il se déciderait jamais à jouer. A la fin de chaque coup, miss Bolo demandait avec une contenance sombre et un soupir plein de reproche, pourquoi M. Pickwick n'avait pas rendu atout, attaqué trèfle, coupé pique, finassé la dame, fait échec à l'honneur, invité au roi ou quelque autre chose de semblable ; et M. Pickwick était tout à fait incapable de se disculper de ces graves accusations, car il avait déjà oublié le coup. Ce n'est pas tout; il y avait des gens qui venaient regarder et qui intimidaient M. Pickwick; enfin, près de la table, s'échangeait une conversation fort active et fort distrayante, entre Angelo Bantam et les deux miss Matinters, qui, étant filles et un peu mûres, faisaient une cour assidue au maître des cérémonies, dans l'espoir d'attraper, de temps en temps, un danseur de rencontre. Toutes ces choses combinées avec le bruit et les constantes interruptions des allants et des venants, firent que M. Pickwick joua véritablement assez mal; de plus, les cartes étaient contre lui, de sorte que quand il quitta la table, à onze heures dix minutes, miss Bolo se leva dans une agitation effroyable et partit dans les larmes et dans une chaise à porteurs.

M. Pickwick fut rejoint bientôt après par ses amis, qui protestèrent unanimement avoir rarement passé une soirée aussi agréable. Ils retournèrent tous ensemble au *Blanc-Cerf*, et le philosophe s'étant consolé de ses infortunes, en avalant quelque chose de chaud, se coucha et s'endormit presque simultanément.

CHAPITRE VII.

Occupé principalement par une authentique version de la légende
du prince Bladud, et par une calamité fort extraordinaire dont
M. Winkle fut la victime.

M. Pickwick, se proposant de rester au moins deux mois à
Bath, jugea convenable de prendre pour lui et pour ses amis un
appartement particulier. Il eut la bonne fortune d'obtenir, pour
un prix modéré, la partie supérieure d'une des maisons sur le
Royal-Crescent; et comme il s'y trouvait plus de logement
qu'il n'en fallait pour les pickwickiens, M. et Mme Dowler
lui offrirent de reprendre une chambre à coucher et un salon.
Cette proposition fut acceptée avec un empressement, et dès le
troisième jour les deux sociétés furent établies dans leur nouveau domicile. M. Pickwick commença alors à prendre les eaux
avec la plus grande assiduité. Il les prenait systématiquement,
buvant un quart de pinte avant le déjeuner, et montant un
coteau; un autre quart de pinte après le déjeuner, et descendant un coteau; et après chaque nouveau quart de pinte,
M. Pickwick déclarait, dans les termes les plus solennels, qu'il
se sentait infiniment mieux: ce dont ses amis se réjouissaient
vivement, quoiqu'ils ne se fussent pas doutés, jusque-là, qu'il
eût à se plaindre de la moindre chose.
La grande buvette est un salon spacieux, orné de piliers
corinthiens, d'une galerie pour la musique, d'une pendule de
Tompion, d'une statue de Nash, et d'une inscription en lettres
d'or, à laquelle tous les buveurs d'eau devraient faire attention,
car elle fait un touchant appel à leur charité. Il s'y trouve,
en outre, un vase de marbre où le garçon plonge sans cesse
de grands verres, qui ont l'air d'avoir la jaunisse, et c'est un
spectacle prodigieusement édifiant et satisfaisant, que de voir
avec quélle gravité et quelle persévérance les buveurs d'eau
engloutissent le contenu de ces verres. Tout auprès on a disposé des baignoires, dans lesquelles se lavent une partie des
malades; après quoi la musique joue des fanfares pour les
congratuler d'en être sortis. Il existe encore une seconde

buvette, où les ladies et les gentlemen infirmes sont roulés dans une quantité de chaises et de fauteuils, si étonnante et si variée, qu'un individu aventureux, qui s'y rend avec le nombre ordinaire d'orteils, doit s'estimer heureux s'il les possède encore quand il en sort.

Enfin il y a une troisième buvette où se réunissent les gens tranquilles, parce qu'elle est moins bruyante que les autres. Il se fait d'ailleurs aux environs une infinité de promenades avec béquilles ou sans béquilles, avec canne ou sans canne, et une infinité de conversations et de plaisanteries, avec esprit ou sans esprit.

Chaque matin les buveurs d'eau consciencieux, parmi lesquels se trouvait M. Pickwick, se réunissaient dans les buvettes, avalaient leur quart de pinte, et marchaient suivant l'ordonnance. A la promenade de l'après-midi, lord Mutanhed et l'honorable M. Crushton, lady Snuphanuph, mistress Wugsby, et tout le beau monde, et tous les buveurs d'eau du matin, se réunissaient en grande compagnie. Après cela, ils se promenaient à pied, ou en voiture, ou dans les chaises à porteurs, et se rencontraient sur nouveaux frais. Après cela, les gentlemen allaient au cabinet de lecture, et y rencontraient une portion de la société; après quoi, ils s'en retournaient chacun chez soi. Ensuite, si c'était jour de théâtre, on se rencontrait au théâtre; si c'était jour d'assemblée, on se rencontrait au salon, et si ce n'était ni l'un ni l'autre, on se rencontrait le jour suivant : agréable routine à laquelle on pourrait peut-être reprocher uniquement une légère teinte de monotonie.

Après une journée dépensée de cette manière, M. Pickwick, dont les amis s'étaient allés coucher, s'occupait à compléter son journal, lorsqu'il entendit frapper doucement à sa porte.

« Je vous demande pardon, monsieur, dit la maîtresse de la maison, Mme Craddock, en insinuant sa tête dans la chambre, vous n'avez plus besoin de rien?

— De rien du tout, madame, répondit M. Pickwick.

— Ma jeune fille est allée se coucher, monsieur, et M. Dowler a la bonté de rester debout pour attendre Mme Dowler, qui ne doit rentrer que fort tard. Ainsi, monsieur Pickwick, je pensais que si vous n'aviez plus besoin de rien, j'irais me coucher aussi.

— Vous ferez très-bien, madame.

— Je vous souhaite une bonne nuit, monsieur.

— Bonne nuit, madame. »

Mistress Craddock ferma la porte et M. Pickwick continua d'écrire.

En une demi-heure de temps ses notes furent mises à jour. Il appuya soigneusement la dernière page sur le papier buvard, ferma le livre, essuya sa plume au pan de son habit, et ouvrit le tiroir de l'encrier pour l'y serrer. Il y avait dans ce tiroir quelques feuilles de papier à lettres, écrites serrées et pliées de telle sorte que le titre, moulé en ronde, sautait aux yeux. Voyant par là que ce n'était point un document privé, qu'il paraissait se rapporter à Bath, et qu'il était fort court, M. Pickwich déplia le papier, et tirant sa chaise auprès du feu, lut ce qui suit :

« LA VÉRITABLE LÉGENDE DU PRINCE BLADUD.

« Il n'y a pas encore deux cents ans qu'on voyait sur l'un des bains publics de cette ville, une inscription en honneur de son puissant fondateur, le renommé prince Bladud. Cette inscription est maintenant effacée, mais une vieille légende, transmise d'âge en âge, nous apprend que plusieurs siècles auparavant cet illustre prince, affligé de la lèpre depuis son retour d'Athènes, où il était allé recueillir une ample moisson de science, évitait la cour de son royal père, et faisait tristement société avec ses bergers et ses cochons. Dans le troupeau, dit la légende, se trouvait un porc d'une contenance grave et solennelle, pour qui le prince éprouvait une certaine sympathie ; car ce porc était un sage, un personnage aux manières pensives et réservées, un animal supérieur à ses semblables, dont le grognement était terrible, dont la morsure était fatale. Le jeune prince soupirait profondément en regardant la physionomie majestueuse du quadrupède. Il songeait à son royal père, et ses yeux se noyaient de larmes.

« Ce porc intelligent aimait beaucoup à se baigner dans une fange molle et verdâtre, non pas au cœur de l'été, comme font maintenant les porcs vulgaires, pour se rafraîchir, et comme ils faisaient même dans ces temps reculés (ce qui prouve que la lumière de la civilisation avait déjà commencé à briller, quoique faiblement); mais au milieu des froids les plus piquants de l'hiver. La robe du pachyderme était toujours si lisse et sa complexion si claire, que le prince résolut d'essayer les qualités purifiantes de l'eau, qui réussissait si bien à son ami. Un beau jour il le suivit au bain. Sous la fange verdâtre, sourdissaient les sources chaudes de Bath; le prince s'y lava et fut guéri. S'étant rendu aussitôt à la cour du roi son père, il lui présenta ses respects les plus tendres, mais il s'empressa de revenir ici, pour y fonder cette ville et ces bains fameux.

« D'abord il chercha le porc avec toute l'ardeur d'une ancienne amitié; mais, hélas! ces eaux célèbres avaient été cause de sa perte. Il avait pris un bain à une température trop élevée, et le philosophe sans le savoir n'était plus. Pline qui lui succéda dans la philosophie, périt également victime de son ardeur pour la science.

« Telle était la légende : Écoutez l'histoire véritable.

« Le fameux Lud Hudibras, roi de la Grande-Bretagne, florissait il y a bien des siècles. C'était un redoutable monarque : la terre tremblait sous ses pas, tant il était gros ; ses peuples avaient peine à soutenir l'éclat de sa face, tant elle était rouge et luisante. Il était roi depuis les pieds jusqu'à la tête, et c'était beaucoup dire, car, s'il n'était pas très-haut, il était très-puissant, et son immense ampleur compensait et au delà, ce qui pouvait manquer à sa taille. Si quelque prince dégénéré de ces temps modernes pouvait lui être comparé, ce serait le vénérable roi Cole , qui seul mériterait cette gloire.

« Ce bon roi avait une reine qui, dix-huit ans auparavant, avait eu un fils, lequel avait nom Bladud. On l'avait placé dans une école préparatoire des États de son père, jusqu'à l'âge de dix ans, mais alors il avait été dépêché, sous la conduite d'un fidèle messager, pour finir ses classes à Athènes. Comme il n'y avait point de supplément à payer pour rester à l'école les jours de fête, et pas d'avertissement préalable à donner pour la sortie des élèves, il y demeura huit années, à l'expiration desquelles le roi son père envoya le lord chambellan pour solder sa dépense, et pour le ramener au logis. Le lord chambellan exécuta habilement cette mission difficile, fut reçu avec applaudissements, et pensionné sans délai.

« Quand le roi Lud vit le prince son fils, et remarqua qu'il était devenu un superbe jeune homme, il s'aperçut du premier coup d'œil que ce serait une grande chose de le marier immédiatement, afin que ses enfants pussent servir à perpétuer la glorieuse race de Lud, jusqu'aux derniers âges du monde. Dans cette vue il composa une ambassade extraordinaire de nobles seigneurs qui n'avaient pas grand'chose à faire, et qui désiraient obtenir des emplois lucratifs; puis il les envoya à un roi voisin, pour lui demander en mariage sa charmante fille, et pour lui déclarer, en même temps, que, comme roi chrétien, il souhaitait vivement conserver les relations les plus amicales avec le roi son frère et son ami ; mais que si le mariage ne s'arrangeait pas, il serait dans la pénible nécessité de lui aller rendre visite, avec une armée nombreuse, et de lui faire crever les yeux. L'autre roi qui était le plus faible, répondit à cette déclaration, qu'il était fort obligé au roi son frère, de sa bonté et de sa magnanimité, et que sa fille était toute prête à se marier, aussitôt qu'il plairait au prince Bladud de venir et de l'emmener.

« Dès que cette réponse parvint en Angleterre, toute la nation fut transportée de joie, on n'entendait plus que le bruit des réjouissances et des fêtes, comme aussi celui de l'argent qui sonnait dans la sacoche des collecteurs, chargés de lever sur le peuple l'impôt nécessaire pour défrayer la dépense de cette heureuse cérémonie.

« C'est dans cette occasion que le roi Lud, assis au sommet de son trône, en plein conseil, se leva, dans la joie de son âme, et commanda au lord chef de la justice de faire venir les ménestrels, et de faire apporter les meilleurs vins. L'ignorance des historiens légendaires attribue cet acte de gracieuseté au roi Cole, comme on le voit dans ces vers célèbres :

« Il fit venir sa pipe, et ses trois violons,
« Pour boire un pot, au doux bruit des flonflons. »

« Mais c'est une injustice évidente envers la mémoire du roi Lud, et une malhonnête exaltation des vertus du roi Cole.

« Cependant, au milieu de ces fêtes et de ces réjouissances, l y avait un individu qui ne buvait point, quand les vins généreux petillaient dans les verres, et qui ne dansait point, quand les instruments des ménestrels s'éveillaient sous leurs doigts. C'était le prince Bladud lui-même, pour le bonheur duquel tout un peuple vidait ses poches, et remplissait son gosier. Hélas! c'est que le prince, oubliant que le ministre des affaires étrangères avait le droit incontestable de devenir amoureux pour lui, était déjà devenu amoureux pour son propre compte, contrairement à tous les précédents de la diplomatie, et s'était marié, dans son cœur, avec la fille d'un noble Athénien.

« Ici nous trouvons un frappant exemple de l'un des nombreux avantages de la civilisation. Si le prince avait vécu de nos jours, il aurait épousé sans scrupule la princesse choisie par son père, et se serait immédiatement et sérieusement mis à l'ouvrage pour se débarrasser d'elle, en la faisant mourir de chagrin par un enchaînement systématique de mépris et d'in-

sultes; puis si la tranquille fierté de son sexe, et la conscience
de son innocence, lui avaient donné la force de résister à ces
mauvais traitements, il aurait pu chercher quelque autre manière de lui ôter la vie et de s'en délivrer sans scandale. Mais
ni l'un ni l'autre de ces moyens ne s'offrit à l'imagination du
prince Bladud; il se borna donc à solliciter une audience
privée de son père, et à lui tout avouer.

« C'est une ancienne prérogative des souverains de gou-
verner toutes choses, excepté leurs passions. En conséquence
le roi Lud se mit dans une colère abominable; jeta sa couronne
au plafond (car dans ce temps-là les rois gardaient leur couronne
sur leur tête et non pas dans la Tour); trépigna sur le plancher, se frappa le front; demanda au ciel pourquoi son propre
sang se révoltait contre lui, et finalement, appelant ses gardes,
leur ordonna d'enfermer son fils dans un donjon : sorte de
traitement que les rois d'autrefois employaient généralement
envers leurs enfants, quand les inclinations matrimoniales
de ceux-ci ne s'accordaient pas avec leurs propres vues.

« Après avoir été enfermé dans son donjon, pendant près
d'une année, sans que ses yeux eussent d'autre point de vue
qu'un mur de pierre, et son esprit d'autre perspective qu'un
perpétuel emprisonnement, le prince Bladud commença naturellement à ruminer un plan d'évasion, grâce auquel, au bout
de plusieurs mois de préparatifs, il parvint à s'échapper, laissant avec humanité son couteau de table dans le cœur de son
geôlier, de peur que ce pauvre diable, qui avait de la famille,
ne fût soupçonné d'avoir favorisé sa fuite, et ne fût puni en
conséquence par le roi irrité.

« Le monarque devint presque enragé quand il apprit l'es-
capade de son fils. Il ne savait sur qui faire tomber son courroux, lorsque heureusement il vint à penser au lord chambellan, qui l'avait ramené d'Athènes. Il lui fit donc retrancher en
même temps sa pension et sa tête.

« Cependant le jeune prince, habilement déguisé, errait à
pied dans les domaines de son père, soutenu et réjoui dans
toutes ses privations par le doux souvenir de la jeune Athé-
nienne, cause innocente de ses malheurs. Un jour, il s'arrêta
pour se reposer dans un bourg. On dansait gaiement sur la
place, et le plaisir brillait sur tous les visages. Le prince se
hasarda à demander quelle était la cause de ces réjouissances.

« O étranger, lui répliqua-t-on, ne connaissez-vous pas la
récente proclamation de notre gracieux souverain?

— La proclamation ? Non. Quelle proclamation ? repartit le prince, car il n'avait voyagé que par les chemins de traverse, et ne savait rien de ce qui se passait sur les grandes routes, telles qu'elles étaient alors.

— Eh bien ! dit le paysan, la demoiselle étrangère que le prince désirait épouser, s'est mariée à un noble étranger de son pays, et le roi proclame le fait et ordonne de grandes réjouissances publiques, car maintenant, sans nul doute, le prince Bladud va revenir, pour épouser la princesse que son père a choisie, et qui, dit-on, est aussi belle que le soleil de midi. A votre santé, monsieur, Dieu sauve le roi ! »

« Le prince n'en voulut pas entendre davantage. Il s'enfuit et s'enfonça dans les lieux les plus déserts d'un bois voisin. Il errait, il errait sans cesse, le jour et la nuit, sous le soleil dévorant, sous les pâles rayons de la lune, malgré la chaleur de midi, malgré les nocturnes brouillards ; à la lueur grisâtre du matin, à la rouge clarté du soir : si désolé, si peu attentif à toute la nature, que, voulant aller à Athènes, il se trouva un matin à Bath, c'est-à-dire qu'il se trouva dans l'endroit où la ville existe maintenant, car il n'y avait point alors de vestige d'habitation, pas de trace d'hommes, pas même de fontaine thermale. En revanche, c'étaient le même paysage charmant, la même richesse de cotaux et de vallées, le même ruisseau qui coulait avec un doux murmure, les mêmes montagnes orgueilleuses qui, semblables aux peines de la vie quand elles sont vues à distance et partiellement obscurcies par la brume argentée du matin, perdent leur sauvagerie et leur rudesse, et ne présentent aux yeux que de doux et gracieux contours. Ému par la beauté de cette scène, le prince se laissa tomber sur le gazon, et baigna de ses larmes ses pieds enflés par la fatigue.

« Oh ! s'écria-t-il en tordant ses mains, et en levant tristement ses yeux au ciel ; oh ! si ma course fatigante pouvait se terminer ici ! Oh ! si ces douces larmes, que m'arrache un amour mal placé, pouvaient couler en paix pour toujours ! »

« Son vœu fut entendu. C'était le temps des divinités païennes, qui prenaient parfois les gens au mot, avec un empressement fort gênant. Le sol s'ouvrit sous les pieds du prince, il tomba dans un gouffre, qui se referma immédiatement au-dessus de sa tête ; mais ses larmes brûlantes continuèrent à couler, et continueront pour toujours à sourdre abondamment de la terre.

« Il est remarquable que, depuis lors, un grand nombre de

ladies et de gentlemen, parvenus à un certain âge sans avoir
pu se procurer de partenaire, et presque tout autant de jeunes
gens, qui sont pressés d'en obtenir, se rendent annuellement à
Bath, pour boire les eaux, et prétendent en tirer beaucoup de
force et de consolation. Cela fait honneur aux larmes du prince
Bladud, et la véracité de cette légende en est singulièrement
corroborée. »

M. Pickwick bâilla plusieurs fois en arrivant à la fin de ce
petit manuscrit, puis il le replia soigneusement, et le remit
dans le tiroir de l'encrier. Ensuite, avec une contenance qui
exprimait le plus profond ennui, il alluma sa chandelle, et
monta l'escalier pour s'aller coucher.

Il s'arrêta, suivant sa coutume, à la porte de M. Dowler, et
y frappa pour lui dire bonsoir.

« Ah ! dit M. Dowler, vous allez vous coucher? je voudrais
bien en pouvoir faire autant. Quel temps affreux! Entendez-
vous le vent?

— Terrible! répondit M. Pickwick; bonne nuit!

— Bonne nuit ! »

M. Pickwick monta dans sa chambre à coucher, et M. Dowler
reprit son siége, devant le feu, pour accomplir son imprudente
promesse de rester sur pied jusqu'au retour de sa femme.

Il y a peu de choses plus contrariantes que de veiller pour
attendre quelqu'un, principalement quand ce quelqu'un est en
partie de plaisir. Vous ne pouvez vous empêcher de penser
combien le temps, qui passe si lentement pour vous, passe
vite pour la personne que vous attendez; et plus vous pensez
à cela plus vous sentez décliner votre espoir de la voir arriver
promptement. Le tic tac des horloges paraît alors plus lent et
plus lourd, et il vous semble que vous avez sur le corps comme
une tunique de toiles d'araignées. D'abord c'est quelque chose
qui démange votre genou droit, ensuite la même sensation
vient irriter votre genou gauche. Aussitôt que vous changez de
position, cela vous prend dans les bras; vous contractez vos
membres de mille manières fantastiques, mais tout à coup vous
avez une rechute dans le nez, et vous vous mettez à le gratter
comme si vous vouliez l'arracher, ce que vous feriez infailliblement, si vous pouviez le faire. Les yeux sont encore de bien
grands inconvénients, dans ce cas, et l'on voit souvent la mèche
d'une chandelle s'allonger de deux pouces tandis que l'on
mouche sa voisine. Toutes ces petites vexations nerveuses, et

beaucoup d'autres du même genre, rendent fort problématique
le plaisir de veiller, lorsque tout le monde, dans la maison, est
allé se coucher.

Telle était précisément l'opinion de M. Dowler, tandis qu'il
veillait seul au coin du feu, et il ressentait une vertueuse indignation contre les danseurs inhumains qui le forçaient à
rester debout. D'ailleurs sa bonne humeur n'était pas augmen-
tée par la réflexion que c'était lui-même qui avait imaginé d'a-
voir mal à la tête et de garder la maison. A la fin, après s'être
endormi plusieurs fois, après être tombé en avant vers la
grille, et s'être redressé juste à temps pour ne pas avoir le
visage brûlé, M. Dowler se décida à s'aller jeter un instant sur
son lit, dans la chambre de derrière, non pas pour dormir,
bien entendu, mais pour penser.

« J'ai le sommeil très-dur, se dit à lui-même M. Dowler, en
s'étendant sur le lit; il faut que je me tienne éveillé. Je suppose
que d'ici j'entendrai frapper à la porte. Oui, je le pensais bien,
j'entends le watchman; le voilà qui s'en va; je l'entends moins
fort maintenant.... Encore un peu moins fort.... il tourne le
coin.... Ah ! ah !.... »

Arrivé à cette conclusion, M. Dowler tourna le *coin* autour
duquel il avait si longtemps hésité, et s'endormit profondément.

Juste au moment où l'horloge sonnait trois heures, une chaise
à porteurs, contenant mistress Dowler, déboucha sur la demi-
lune, balancée par le vent et par deux porteurs, l'un gros et court,
l'autre long et mince. Tous les deux (pour ne pas parler de la
chaise) avaient bien de la peine à se maintenir perpendiculaires; mais sur la place, où la tempête soufflait avec une furie
capable de déraciner les pavés, ce fut bien pis, et ils s'esti-
mèrent fort heureux, lorsqu'ils eurent déposé leur fardeau, et
donné un bon double coup à la porte de la rue.

Ils attendirent quelque temps, mais personne ne vint.

« Le domestique est dans les bras de lord fée, dit le petit
porteur en se chauffant les mains à la torche du galopin qui
les éclairait.

— Il devrait bien le pincer et le réveiller, ajouta le grand
porteur.

— Frappez encore, s'il vous plaît, cria mitress Dowler de sa
chaise. Frappez deux ou trois fois, s'il vous plaît. »

Le petit homme était fort disposé à en finir, il monta donc
sur les marches, et donna huit ou dix doubles coups effrayants,

tandis que le grand homme s'éloignait de la maison et regardait aux fenêtres s'il y avait de la lumière.

Personne ne vint ; tout était sombre et silencieux.

« Ah mon Dieu ! fit mistress Dowler. Voulez-vous frapper encore, s'il vous .plaît.

— N'y a-t-il pas de sonnette, madame ? demanda le petit porteur.

— Oui, il y en a une, interrompit le gamin à la torche. Voilà je ne sais combien de temps que je la tire.

— Il n'y a que la poignée, dit mistress Dowler, le ressort est brisé.

— Je voudrais ben pouvoir en dire autant de la tête des domestiques, grommela le grand porteur.

— Je vous prierai de frapper encore, s'il vous plaît, » recommença mistress Dowler, avec la plus exquise politesse.

Le petit homme heurta sur nouveaux frais, et à plusieurs reprises, sans produire aucun effet. Le grand homme, qui s'impatientait, le releva et se mit à frapper perpétuellement des doubles coups, comme un facteur enragé.

A la fin, M. Winkle commença à rêver qu'il se trouvait dans un club, et que les membres étant fort indisciplinés, le président était obligé de cogner continuellement sur la table, pour maintenir l'ordre. Ensuite il eut l'idée confuse d'une vente à l'encan, où il n'y avait pas d'enchérisseurs, et où le crieur achetait toutes choses. Enfin, en dernier lieu, il lui vint dans l'esprit qu'il n'était pas tout à fait impossible que quelqu'un frappât à la porte de la rue. Afin de s'en assurer, en écoutant mieux, il resta tranquille dans son lit, pendant environ dix minutes, et lorsqu'il eut compté trente et quelques coups, il se trouva suffisamment convaincu, et s'applaudit beaucoup d'être si vigilant.

Panpan, panpan, panpan. Pan, pan, pan, pan, pan ; le marteau n'arrêtait plus.

M. Winkle sautant hors de son lit, se demanda ce que ce pouvait être ; puis ayant mis rapidement ses bas et ses pantoufles, il passa sa robe de chambre, alluma une chandelle à la veilleuse qui brûlait dans la cheminée, et descendit les escaliers.

« A la fin vla quéqu'sun qui vient, madame, dit le petit porteur.

— Je voudrais ben être derrière lui avec un poinçon, murmura son grand compagnon.

— Qui va là? cria M. Winkle, en défaisant la chaîne de la porte.

— Ne vous amusez pas à faire des questions, tête de buse, répondit avec dédain le grand homme, s'imaginant avoir affaire à un laquais. Ouvrez la porte.

— Allons dépêchez, l'endormi, » ajouta l'autre d'un ton encourageant.

M. Winkle, qui n'était qu'à moitié éveillé, obéit machinalement à cette invitation, ouvre la porte et regarde dans la rue. La première chose qu'il aperçoit c'est la lueur rouge du falot. Épouvanté par la crainte soudaine que le feu ne soit à la maison, il ouvre la porte toute grande, élève sa chandelle au-dessus de sa tête, et regarde d'un air effaré devant lui, ne sachant pas trop si ce qu'il voit est une chaise à porteurs, ou une pompe à incendie. Dans ce moment un tourbillon de vent arrive; la chandelle s'éteint; M. Winkle se sent poussé par derrière, d'une manière irrésistible, et la porte se ferme avec un violent craquement.

« Bien, jeune homme! c'est habile! » dit le petit porteur.

M. Winkle, apercevant un visage de femme à la portière de la chaise, se retourne rapidement et se met à frapper le marteau de toute la force de son bras, en suppliant en même temps les porteurs d'emmener la dame.

« Emportez-la! s'écriait-il, emportez-la! Dieu! voilà quelqu'un qui sort d'une autre maison! Cachez-moi, cachez-moi n'importe où, dans cette chaise. »

En prononçant ces phrases incohérentes, il frissonnait de froid, car chaque fois qu'il levait le bras et le marteau, le vent s'engouffrait sous sa robe de chambre et la soulevait d'une manière très-inquiétante.

« Voilà une société qui arrive sur la place.... il y a des dames! Couvrez-moi avec quelque chose! mettez-vous devant moi! » criait M. Winkle avec angoisses. Mais les porteurs étaient trop occupés de rire pour lui donner la moindre assistance, et cependant les dames s'approchaient de minute en minute.

M. Winkle donna un dernier coup de marteau désespéré.... les dames n'étaient plus éloignées que de quelques maisons. Il jeta au loin la chandelle éteinte, que durant tout ce temps il avait tenue au-dessus de sa tête, et s'élança vers la chaise à porteurs, dans laquelle se trouvait toujours mistress Dowler.

Or, mistress Craddock avait, à la fin, entendu les voix et les coups de marteau. Elle avait pris tout juste le temps de mettre sur sa tête quelque chose de plus élégant que son bonnet de nuit, était descendue au parloir pour s'assurer que c'était bien mistress Dowler, et venait précisément de lever le châssis de la fenêtre, lorsqu'elle aperçut M. Winkle qui s'élançait vers la chaise. A ce spectacle elle se mit à pousser des cris affreux, suppliant M. Dowler de se lever sur-le-champ, pour empêcher sa femme de s'enfuir avec un autre gentleman.

A ces cris, à ce terrible avertissèment, M. Dowler bondit hors de son lit, aussi vivement qu'une balle élastique, et, se précipitant dans la chambre de devant, arriva à une des fenêtres comme M. Pickwick ouvrait l'autre. Le premier objet qui frappa leurs regards fut M. Winkle, entrant dans la chaise à porteurs.

« Watchman, s'écria Dowler d'un ton féroce, arrêtez-le, empoignez-le, enchaînez-le, enfermez-le, jusqu'à ce que j'arrive! Je veux lui couper la gorge! donnez-moi un couteau! De l'une à l'autre oreille, mistress Craddock! Je veux lui couper la gorge! » Tout en hurlant ces menaces, l'époux indigné s'arracha des mains de l'hôtesse et de M. Pickwick, saisit un petit couteau de dessert, et s'élança dans la rue.

Mais M. Winkle ne l'attendit pas. A peine avait-il entendu l'horrible menace du valeureux Dowler, qu'il se précipita hors de la chaise, aussi vite qu'il s'y était introduit, et, jetant ses pantoufles dans la rue, pour mieux prendre ses jambes à son cou, fit le tour de la demi-lune, chaudement poursuivi par Dowler et par le watchman. Néanmoins il avait conservé son avantage quand il revint devant la maison. La porte était ouverte, il la franchit, la cingla au nez de Dowler, monta dans sa chambre à coucher, ferma la porte, empila par derrière un coffre, une table, un lavabo, et s'occupa à faire un paquet de ses effets les plus indispensables, afin de s'enfuir aux premiers rayons du jour.

Cependant Dowler tempêtait de l'autre côté de la porte du malheureux Winkle, et lui déclarait, à travers le trou de la serrure, son intention irrévocable de lui couper la gorge, le lendemain matin. A la fin, après un grand tumulte de voix, parmi lesquelles on entendait distinctement (lle de M. Pickwick qui s'efforçait de rétablir la paix, les habitants de la maison se dispersèrent dans leurs chambres à coucher respectives, et la tranquillité fut momentanément rétablie.

Et pendant tout ce temps-là, dira peut-être quelque lecteur sagace, où donc était Samuel Weller? Nous allons dire où il était, dans le chapitre suivant.

CHAPITRE VIII.

Qui explique honorablement l'absence de Sam Weller, en rendant compte d'une soirée où il fut invité et assista; et qui raconte, en outre, comment ledit Sam Weller fut chargé par M. Pickwick d'une mission particulière, pleine de délicatesse et d'importance.

« Monsieur Weller, dit mistress Craddock, dans la matinée du jour mémorable dont nous venons d'esquisser les aventures; voici une lettre pour vous.

— C'est bien drôle, répondit Sam. J'ai peur qu'il n'y ait quelque chose, car je ne me rappelle pas un seul gentleman dans mes connaissances qui soit capable d'en écrire une.

— Peut-être est-il arrivé quelque chose d'extraordinaire, fit observer mistress Craddock.

— Faut que ça soit quelque chose de bien extraordinaire pour produire une lettre d'un de mes amis, répliqua Sam, en secouant dubitativement la tête. Ni plus ni moins qu'un tremblement de terre, comme le jeune gentleman observa, quand il fut pris d'une attaque. Ça ne peut pas être de mon papa poursuivit Sam, en regardant l'adresse, il fait toujours des lettres moulées parce qu'il a appris à écrire dans les affiches. C'est bien extraordinaire! D'où cette lettre-là peut-elle me venir? »

Tout en parlant ainsi, Sam faisait ce que font beaucoup de personnes lorsqu'elles ignorent de qui leur vient une lettre : il regarda le cachet, puis l'adresse, puis les côtés, puis le dos de la lettre, et enfin, comme dernière ressource, il pensa qu'il ferait peut-être aussi bien de regarder l'intérieur, et d'essayer d'en tirer quelques éclaircissements.

« C'est écrit sur du papier doré, dit Sam en dépliant la lettre, et cacheté de cire verte, avec le bout d'une clef; faut voir! » et avec une physionomie très-grave, il commença à lire ce qui suit :

« Une compagnie choisie de domestiques de Bath présentent leurs compliments à M. Weller et réclament le plaisir de sa compagnie pour un *rat-houtte* amical, composé d'une épaule de mouton bouillie avec l'assaisonnement ordinaire. Le rat-houtte sera servi sur table à neuf heures et demie, heure militaire. »

Cette invitation était incluse dans un autre billet ainsi conçu :

« M. John Smauker, le gentleman qui a eu le plaisir de rencontrer M. Weller chez leur mutuelle connaissance M. Bantam, il y a quelques jours, a l'honneur de transmettre à M. Weller la présente invitation. Si M. Weller veut passer chez M. John Smauker à 9 heures, M. John Smauker aura le plaisir de présenter M. Weller.

« Signé : JOHN SMAUKER. »

La suscription portait : *à M. Weller esquire, chez M. Pickwick;* et, entre parenthèses, dans le coin gauche de l'adresse étaient écrits ces mots, comme une instruction au porteur : *Tiré la sonnette de la rut.*

« Eh bien! dit Sam, en voilà une drôle! Je n'avais jamais auparavant entendu appeler une épaule de mouton bouillie un rat-houtte; comment donc qu'il l'appellerait si elle était rôtie? »

Cependant, sans perdre plus de temps à débattre ce point, Sam se rendit immédiatement chez M. Pickwick, et lui demanda, pour le soir, un congé qui lui fut facilement accordé. Avec cette permission, et la clef de la porte de la rue dans sa poche, Sam sortit un peu avant l'heure désignée, et se dirigea d'un pas tranquille vers Queen-Square. Là il eut la satisfaction d'apercevoir M. John Smauker, dont la tête poudrée, appuyée contre un poteau de réverbère, fumait un cigaretto à travers un tube d'ambre.

« Comment vous portez-vous, monsieur Weller? dit M. John Smauker, en soulevant gracieusement son chapeau d'une main, tandis qu'il agitait l'autre d'un air de condescendance. Comment vous portez-vous, monsieur?

— Eh! eh! la convalescence n'est pas mauvaise, repartit Sam; et vous, mon cher, comment vous va?

— Là, là.

— Ah! vous aurez trop travaillé. J'en avais terriblement

peur, ça ne réussit pas à tout le monde, voyez-vous. Faut pas vous laisser emporter comme ça par votre ardeur.

— Ce n'est pas tant cela, monsieur Weller; c'est plutôt le mauvais vin. Je mène une vie trop dissipée, je le crains.

— Oh! c'est-il cela? c'est une mauvaise maladie, ça.

— Et pourtant, les tentations, monsieur Weller?

— Ah! bien sûr.

— Plongé dans le tourbillon de la société, comme vous savez, monsieur Weller, ajouta M. John Smauker avec un soupir.

— Ah! c'est terrible, en vérité!

— Mais c'est toujours comme cela quand la destinée vous pousse dans une carrière publique, monsieur Weller. On est soumis à des tentations dont les autres individus sont exempts.

— Précisément ce que mon oncle disait quand il ouvrit une auberge, répondit Sam; et il avait bien raison, le pauvre vieux; car il a bu sa mort en moins d'un terme. »

M. Smauker parut profondément indigné du parallèle établi entre lui et le défunt aubergista; mais comme le visage de Sam conservait le calme le plus immuable, M. Smauker y réfléchit mieux, et reprit son air affable.

« Nous ferions peut-être bien de nous mettre en route, dit-il, en consultant une montre de cuivre qui habitait au fond d'un immense gousset, et qui était élevée à la surface au moyen d'un cordon noir, garni à l'autre bout d'une clef de chrysocale.

— C'est possible, répondit Sam; autrement on pourrait laisser brûler le rat-houtte et ça le gâterait.

— Avez-vous bu les eaux, M. Weller? demanda son compagnon, tout en marchant vers High-Street.

— Une seule fois.

— Comment les trouvez-vous?

— Considérablement mauvaises.

— Ah! vous n'aimez pas le goût vérugineux, peut-être?

— Je ne connais pas beaucoup ça; j'ai trouvé qu'elles sentaient la tôle rouge.

— C'est le vérugineux, monsieur Weller; rétorqua M. John Smauker d'un ton contemptueux.

— Eh bien, c'est un mot qui ne signifie pas grand'chose, voilà tout. Au reste, je ne suis pas beaucoup chimique, ainsi peux pas dire. »

En achevant ces mots, et à la grande horreur de M. John Smauker, Sam commença à siffler.

« Je vous demande pardon, monsieur Weller, dit M. Smauker, torturé par ce bruit inélégant; voulez-vous prendre mon bras ?

— Merci, vous êtes bien bon, je ne veux pas vous en priver, j'ai l'habitude de mettre mes mains dans mes poches, si ça vous est superficiel. »

En disant ceci, Sam joignit le geste aux paroles et recommença à siffler plus fort que jamais.

« Par ici, dit son nouvel ami qui paraissait fort soulagé en entrant dans une petite rue. Nous y serons bientôt.

— Ah! ah! fit Sam, sans être le moindrement ému, en apprenant qu'il était si proche de la fleur des domestiques de Bath.

— Oui, reprit M. John Smauker, ne soyez pas intimidé, monsieur Weller.

— Oh! que non.

— Vous verrez quelques uniformes très-brillants, et peut-être trouverez-vous que les gentlemen seront un peu roides d'abord. C'est naturel, vous savez : mais ils se relâcheront bientôt.

— Ça sera trrrès-obligeant de leur part.

— Vous savez? reprit M. Smauker avec un air de sublime protection, comme vous êtes un étranger, ils se mettront peut-être un peu après vous, d'abord.

— Ils ne seront pas trop cruels, n'est-ce pas? demanda Sam.

— Non, non, repartit M. Smauker en tirant sa tabatière, qui représentait une tête de renard, et en prenant une prise distinguée. Il y a parmi nous quelques gais coquins, et ils aiment à s'amuser.... vous savez.... mais il ne faut pas y faire attention. Il ne faut pas y faire attention.

— Je tâcherai, dit Sam, de supporter le débordement des talents et de l'esprit.

— A la bonne heure, répliqua M. John Smauker en remettant dans sa poche la tête de renard et en relevant la sienne. D'ailleurs, je vous soutiendrai. »

En causant ainsi, ils étaient arrivés devant une petite boutique de fruitier. M. John Smauker y entra, et Sam, qui le suivait, laissa alors s'épanouir sur sa figure un muet ricanement et divers autres symptômes énergiques d'un état fort désirable de satisfaction intime.

Après avoir traversé la boutique du fruitier, et déposé leurs chapeaux sur les marches de l'escalier qui se trouvait derrière, ils entrèrent dans un petit parloir, et c'est alors que toute la splendeur de la scène se dévoila aux regards de Sam Weller.

Deux tables, d'inégale hauteur, accouplées au milieu de la chambre, étaient couvertes de trois ou quatre nappes de différents âges, arrangées, autant que possible, pour faire l'effet d'une seule. Sur ces nappes, on voyait des couteaux et des fourchettes pour sept ou huit personnes. Or les manches de ces couteaux étaient verts, rouges et jaunes, tandis que ceux de toutes les fourchettes étaient noirs, ce qui produisait une gamme de couleurs des plus pittoresques. Des assiettes, pour un nombre égal de convives, chauffaient derrière le garde-cendres. Les convives eux-mêmes se chauffaient devant. Parmi eux, le plus remarquable comme le plus important, était un grand et vigoureux gentleman, dont la culotte et l'habit à longs pans, resplendissaient d'une éclatante couleur d'écarlate. Il se tenait debout, le dos au feu, et venait apparemment d'entrer ; car, outre qu'il avait encore sur la tête son chapeau retroussé, il gardait à la main une très-longue canne, telle que les gentlemen de sa profession ont l'habitude d'en porter derrière les carrosses.

« Smauker, mon garçon, votre nageoire, » dit le gentleman au chapeau à cornes.

M. Smauker insinua le bout du petit doigt de sa main droite dans la main du gentleman au chapeau à cornes, en lui disant qu'il était charmé de le voir si bien portant.

« C'est vrai ; on dit que j'ai l'air assez rosé ; et c'est étonnant ! Depuis une quinzaine, je suis toujours notre vieille femme pendant deux heures, et rien que de contempler si longtemps la façon dont elle agrafe sa vieille robe de soie lilas, s'il n'y a pas de quoi vous rendre hippofondre pour le reste de votre vie, je consens à perdre mon traitement. »

A ces mots, la compagnie choisie se mit à rire de tout son cœur, et l'un des gentlemen, qui avait un gilet jaune, murmura à son voisin, qui avait une culotte verte, que Tuckle était en train ce soir-là.

« A propos, reprit M. Tuckle, Smauker mon garçon, vous.... »

Le reste de la sentence fut déposé dans le tuyau de l'oreille de M. Smauker.

« Ah ! tiens ! je l'avais oublié ! répondit celui-ci. Gentlemen, mon ami, M. Weller.

—Fâché de vous boucher le feu, Weller, dit M. Tuckle avec un signe de tête familier. J'espère que vous n'avez pas froid, Weller?

— Pas le moins du monde, Flambant, répliqua Sam, Faudrait un sujet bien glacé pour avoir froid vis-à-vis de vous. Vous économiseriez la houille si on vous mettait sur la grille, dans une salle publique; vrai! »

Comme cette réplique paraissait faire une allusion personnelle à la livrée écarlate de M. Tuckle, il prit un air majestueux durant quelques secondes. Pourtant il s'éloigna graduellement du feu, et dit avec un sourire forcé :

« Pas mauvais, pas mauvais.

— Je vous suis bien obligé pour votre bonne opinion, monsieur, reprit Sam. Nous arriverons peu à peu, j'espère. Plus tard, nous en essayerons un meilleur. »

En cet endroit la conversation fut interrompue par l'arrivée d'un gentleman vêtu de peluche orange. Il était accompagné d'un autre personnage en drap pourpre, avec un remarquable développement de bas. Les nouveaux venus ayant été congratulés par les anciens, M. Tuckle proposa de faire apporter le souper, et cette proposition fut adoptée unanimement.

Le fruitier et sa femme déposèrent alors sur la table un plat de mouton bouilli, avec une sauce chaude aux câpres, des navets et des pommes de terre. M. Tuckle prit le fauteuil, et eut pour vice-président le gentleman en peluche orange. Le fruitier mit une paire de gants de castor pour donner les assiettes et se plaça derrière la chaise de M. Tuckle.

« Harris! dit celui-ci d'un ton de commandement.

— Monsieur ?

— Avez-vous mis vos gants?

— Oui, monsieur.

— Alors ôtez le couvercle.

— Oui, monsieur. »

Le fruitier, avec de grandes démonstrations d'humilité, fit ce qui lui était ordonné, et tendit obséquieusement à M. Tuckle le couteau à découper; mais, en faisant cela, il vint par hasard à bâiller.

« Qu'est-ce que cela veut dire, monsieur? lui dit M. Tuckle avec une grande aspérité.

— Je vous demande pardon, monsieur, répondit le fruitier, décontenancé. Je ne l'ai pas fait exprès, monsieur. J'ai veillé tard la nuit dernière.

— Je vais vous dire mon opinion sur votre compte, Harris, poursuivit M Tuckle avec un air plein de grandeur. Vous êtes une brute mal élevée.

— J'espère, gentlemen, dit Harris, que vous ne serez pas trop sévères envers moi. Je vous suis certainement très-obligé, gentlemen, pour votre patronage et aussi pour vos recommandations, gentlemen, quand on a besoin quelque part de quelqu'un de plus pour servir. J'espère, gentlemen, que vous êtes satisfaits de moi.

— Non, monsieur, dit M. Tuckle. Bien loin de là, monsieur.

— Vous êtes un drôle sans soin, grommela le gentleman en peluche orange.

— Et un fichu chenapan, ajouta le gentleman en culotte verte.

— Et un mauvais gueux, continua le gentleman de couleur pourpre. »

Le pauvre fruitier saluait de plus en plus humblement, tandis qu'on le gratifiait de ces petites épithètes, selon le véritable esprit de la plus basse tyrannie. Lorsque tout le monde eut dit son mot, pour prouver sa supériorité, M. Tuckle commença à découper l'épaule de mouton et à servir la compagnie.

Cette importante affaire était à peine entamée, quand la porte s'ouvrit brusquement et laissa apparaître un autre gentleman en habit bleu clair, avec des boutons d'étain.

« Contre les règles, dit M. Tuckle. Trop tard, trop tard.

— Non, non ; impossible de faire autrement, répondit le gentleman bleu. J'en appelle à la compagnie. Une affaire de galanterie, un rendez-vous au théâtre.

— Oh ! dans ce cas-là ! s'écria le gentleman en peluche orange.

— Oui, riellement, parole d'honneur. J'avais promis de conduire notre plus jeune demoiselle à dix heures et demie, et c'est une si jolie fille, riellement, que je n'ai pas eu le cœur de la désobliger. Pas d'offense à la compagnie présente, monsieur ; mais un cottillon, monsieur, riellement, c'est irrévocable.

— Je commence à soupçonner qu'il y a quelque chose là-dessous, dit Tuckle, pendant que le nouveau venu s'asseyait à côté de Sam. J'ai remarqué, une ou deux fois, qu'elle s'appuie beaucoup sur votre épaule quand elle descend de voiture.

— Oh ! riellement, riellement, Tuckle, i' ne faut pas....
C'est pas bien.... J'ai pu dire à qué'ques amis que c'était une
divine criature et qu'elle avait refusé deux ou trois mariages
sans motif, mais.... non, non, riellement, Tuckle.... Devant
des étrangers encore ! C'est pas bien ; vous avez tort.... La délicatesse, mon cher ami, la délicatesse ! »

Ayant ainsi parlé, l'homme à la livrée bleue releva sa cravate, ajusta ses parements, grimaça et fronça les sourcils,
comme s'il avait pu en dire infiniment plus long, mais qu'il se
crût, en honneur, obligé de se taire. C'était une sorte de petit
valet de pied, à l'air libre et dégagé, aux cheveux blonds, au
cou empesé, et qui avait attiré dès l'abord, l'attention de Sam ;
mais quand il eut débuté de cette manière, M. Weller se sentit
plus que jamais disposé à cultiver sa connaissance ; aussi s'im-
misça-t-il, tout d'un coup, dans la conversation, avec l'indé-
pendance qui le caractérisait.

« A votre santé, monsieur, dit-il ; j'aime beaucoup votre
conversation ; je la trouve vraiment jolie. »

En entendant ce discours, l'homme bleu sourit comme une
personne accoutumée aux compliments, mais en même temps
il regarda Sam d'un air approbatif et répondit qu'il espérait
cultiver davantage sa connaissance, car, sans flatterie, il y
avait en lui l'étoffe d'un joli garçon, et tout à fait selon son
cœur.

« Vous êtes bien bon, monsieur, rétorqua Sam. Quel heureux
gaillard vous êtes !

— Qu'est-ce que vous voulez dire ? demanda l'homme bleu
avec une modeste confusion.

— Cette jeune demoiselle ici, elle sait ce que vous valez,
j'en suis sûr. Ah ! je comprends les choses ; et Sam ferma un
œil en roulant sa tête d'une épaule à l'autre, d'une manière
fort satisfaisante pour la vanité personnelle du gentleman
azuré.

— Vous êtes trop malin, répliqua-t-il.

— Non, non, c'est bon pour vous, reprit Sam ; ça ne me regarde pas, comme dit le gentleman qu'était en dedans du mur
à celui qu'était dans la rue, quand le taureau courait comme
un enragé.

— Eh bien ! monsieur Weller, riellement, je crois qu'elle a
remarqué mon air et mes manières.

— J'imagine que ça ne peut guère être autrement.

— Avez-vous qué'que amourette de ce genre en train, mon-

sieur ? demanda à Sam l'heureux gentleman en tirant un
cure-dents de la poche de son gilet.

— Pas exactement, répondit Sam; il n'y a pas de demoiselle
à la maison, autrement j'aurais fait la cour à l'une d'elles, nécessairement. Mais, voyez-vous, je ne voudrais pas me compromettre avec une femme au-dessous d'une marquise; je
pourrais prendre une richarde, si elle devenait folle de moi,
mais pas autrement, non ma foi !

— Certainement, non, monsieur Weller. Il ne faut pas se
laisser déprécier. Nous, qui sommes des hommes du monde,
nous savons que, tôt ou tard, un bel uniforme écorne toujours
le cœur d'une dame. Au fait, c'est la seule chose, entre nous,
qui fait qu'on peut entrer au service.

— Justement, dit Sam ; c'est ça, rien que ça. »

Après ce dialogue confidentiel, des verres furent distribués
à la ronde; et, avant que la taverne fût fermée, chaque gentleman demanda ce qu'il aimait le mieux. Le gentleman en bleu
et l'homme en orange, qui étaient les beaux fils de la société,
ordonnèrent du grog froid ; mais le breuvage favori des autres
paraissait être le genièvre et l'eau sucrée. Sam appela le fruitier : *Satané coquin !* et ordonna un bol de punch, deux circonstances qui semblèrent l'élever beaucoup dans l'opinion des
domestiques choisis.

« Gentlemen, dit l'homme bleu avec le ton du plus con-
sommé dandy, allons ! à la santé des dames !

— Écoutez ! écoutez ! s'écria Sam, aux jeunes maîtresses. »

A ce mot, de toutes parts on entendit crier : *à l'ordre !* Et
M. John Smauker, étant le gentleman qui avait introduit Sam
dans la société, l'informa que ce mot n'était pas parlemen-
taire.

« Quel mot, monsieur? demanda Sam.

— Maîtresse, monsieur, répondit M. Smauker avec un froncement de sourcils effrayant. Ici nous ne reconnaissons pas de
distinctions semblables.

— Oh ! très-bien alors; j'amenderai mon observation, et je
les appellerai les chères criatures, si Flambant veut bien le
permettre. »

Quelques doutes parurent s'élever dans l'esprit du gentleman en culotte verte, sur la question de savoir si le président
pouvait être légalement interpellé par le nom de Flambant;
toutefois, comme les assistants semblaient moins soigneux de
ses droits que des leurs, l'observation n'eut point de suite

L'homme au chapeau à cornes fit entendre une petite toux
courte et regarda longuement Sam ; mais il pensa apparemment
qu'il ferait aussi bien de ne rien dire, de peur de s'en trouver
plus mal.

Après un instant de silence, un gentleman, dont l'habit
brodé descendait jusqu'à ses talons, et dont le gilet, également
brodé, tenait au chaud la moitié de ses jambes, remua son genièvre et son eau avec une grande énergie; et, se levant tout
d'un coup sur ses pieds, par un violent effort, annonça qu'il
désirait adresser quelques observations à la compagnie.
L'homme au chapeau retroussé s'étant hâté de l'assurer que la
compagnie serait très-heureuse d'entendre toutes les observations qu'il pourrait avoir à faire, le gentleman au grand habit
commença en ces termes :

« Je sens une grande délicatesse à me mettre en avant, gentlemen, ayant l'infortune de n'être qu'un cocher et n'étant
admis que comme membre honoraire dans ces agréables soirées; mais je me sens poussé, gentlemen, l'éperon dans le
ventre, si je puis employer cette expression, à vous faire connaître une circonstance affligeante qui est venue à ma connaissance et qui est arrivée, je puis dire, à la portée de mon fouet.
Gentlemen, notre ami, M. Whiffers (tout le monde regarda
l'individu orangé); notre ami, M. Whiffers a donné sa démission. »

Un étonnement universel s'empara des auditeurs. Chaque
gentleman regardait son voisin et reportait ensuite son œil
inquiet sur le cocher, qui continuait à se tenir debout.

« Vous avez bien raison d'être surpris, gentlemen, poursuivit celui-ci. Je ne me permettrai pas de vous frelater les motifs de cette irréparable perte pour le service; mais je prierai
M. Whiffers de les énoncer lui-même, pour l'instruction et l'i-
mitation de ses amis. »

Cette suggestion ayant été hautement applaudie, M. Whiffers
s'expliqua. Il dit qu'il aurait certainement désiré de continuer
à remplir l'emploi qu'il venait de résigner. L'uniforme était
extrêmement riche et coûteux, les dames de la famille très-
agréables, et les devoirs de sa place, il était obligé d'en convenir, n'étaient pas trop lourds. Le principal service qu'on
exigeait de lui était de passer le plus de temps possible à regarder par la fenêtre, en compagnie d'un autre gentleman, qui
avait également donné sa démission. Il aurait désiré épargner
à la compagnie les pénibles et dégoûtants détails dans lesquels

il allait être obligé d'entrer ; mais, comme une explication lui avait été demandée, il n'avait pas d'autre alternative que de déclarer hardiment et distinctement qu'on avait voulu lui faire manger de la viande froide.

Impossible de concevoir le dégoût qu'éveilla cet aveu dans le sein des auditeurs. Pendant un quart d'heure, au moins, on n'entendit que de violents cris de : *Honteux! Ignoble!* mêlés de sifflets et de groguements.

M. Whiffers ajouta alors qu'il craignait qu'une partie de cet outrage ne pût être justement attribué à ses dispositions obligeantes et accommodantes. Il se souvenait parfaitement d'avoir consenti une fois à manger du beurre salé ; et, dans une occasion où il y avait eu subitement plusieurs malades dans la maison, il s'était oublié au point de monter lui-même un panier de charbon de terre jusqu'au second étage. Il espérait qu'il ne s'était pas abaissé dans la bonne opinion de ses amis par cette franche confession de sa faute ; mais s'il avait eu ce malheur, il se flattait d'y être remonté par la promptitude avec laquelle il avait repoussé le dernier et flétrissant outrage qu'on avait voulu faire subir à ses sentiments d'homme et d'Anglais.

Le discours de M. Whiffers fut accueilli par des cris d'admiration, et l'on but à la santé de l'intéressant martyr, de la manière la plus enthousiaste. Le martyr fit ses remercîments à la société et proposa la santé de leur visiteur, M. Weller, gentleman qu'il n'avait pas le plaisir de connaître intimement, mais qui était l'ami de M. John Smauker, ce qui devait être, partout et toujours, une lettre de recommandation suffisante pour toute société de gentlemen. Par ces considérations, il aurait été disposé à voter la santé de M. Weller avec tous les *honneurs*, si ses amis avaient bu du vin ; mais comme ils prenaient des spiritueux et qu'il pourrait être dangereux de vider un verre à chaque *toast*, il proposait que les honneurs fussent sous-entendus.

A la conclusion de ce discours, tous les assistants burent une partie de leur verre en l'honneur de Sam ; et celui-ci, ayant puisé dans le bol et avalé deux verres en l'honneur de lui-même, offrit ses remercîments à l'assemblée dans un élégant discours.

« Bien obligé, mes vieux, dit-il en retournant au bol avec la plus grande désinvolture. Venant d'où ce que ça vient, c'est prodigieusement flatteur. J'avais beaucoup entendu parler de

vous ; mais je n'imaginais pas, je dois le dire, que vous eussiez
été d'aussi étonnamment jolis hommes que vous êtes. J'espère
seulement que vous ferez attention à vous et que vous ne
compromettrrrez en rien votre dignité, qui est une charmante
chose à voir, quand on vous rencontre en promenade, et qui
m'a toujours fait grand plaisir depuis que je n'étais qu'un moutard, moitié si haut que la canne à pomme de cuivre de mon
très-respectable ami Flambant, ici présent. Quant à la victime
de l'oppression en habit jaune, tout ce que je puis dire de lui,
c'est que j'espère qu'il trouvera une occupation aussi bonne
qu'il le mérite, moyennant quoi il sera très-rarement affligé
avec des rat-houttes froids. »

Cela dit, Sam se rassit avec un agréable sourire, et son oraison ayant été bruyamment applaudie, la société se sépara
bientôt après.

« Par exemple, vieux, vous n'avez pas envie de vous en
aller, dit Sam à son ami M. John Smauker ?

— Il le faut, en vérité, répondit celui-ci. J'ai promis à Bantam.

— Oh ! c'est très-bien, reprit Sam, c'est une autre affaire.
Peut-être qu'il donnerait sa démission si vous le désappointiez.
Mais vous, Flambant, vous ne vous en allez pas ?

— Mon Dieu, si, répliqua l'homme au chapeau à cornes.

— Quoi ! et laisser derrière vous les trois-quarts d'un bol de
punch ? Cette bêtise ! rasseyez-vous donc ! »

M. Tuckle ne put résister à une invitation si pressante ; il
déposa son chapeau et sa canne et répondit qu'il boirait encore
un verre pour faire plaisir à M. Weller.

Comme le gentleman en bleu demeurait du même côté que
M. Tuckle, il consentit également à rester. Lorsque le punch
fut à moitié bu, Sam fit venir des huîtres de la boutique du
fruitier, et leur effet, joint à celui du punch, fut si prodigieux,
que M. Tuckle, coiffé de son chapeau à cornes et armé de sa
canne à grosse pomme, se mit à danser un pas de matelot sur
la table, au milieu des coquilles, tandis que le gentleman en
bleu l'accompagnait sur un ingénieux instrument musical,
formé d'un peigne et d'un papier à papillotes. A la fin quand le
punch fut terminé et que la nuit fut également fort avancée, ils
sortirent tous les trois pour chercher leur maison. A peine
M. Tuckle se trouva-t-il au grand air qu'il fut saisi d'un soudain désir de se coucher sur le pavé. Sam pensant que ce serait une pitié de le contredire, lui laissa prendre son plaisir

où il le trouvait; mais, de peur que le chapeau à cornes de
Flambant ne s'abîmât, dans ces conjonctures, il l'aplatit bravement sur la tête du gentleman en livrée bleue; lui mit la
grande canne à la main, l'appuya contre la porte de sa maison,
tira pour lui la sonnette et s'en alla tranquillement à son
hôtel.

Dans la matinée suivante, M. Pickwick descendit, complétement habillé, beaucoup plus tôt qu'il n'avait l'habitude de le
faire, et sonna son fidèle domestique.

Sam ayant répondu exactement à cet appel, le philosophe
commença par lui faire fermer soigneusement la porte, et dit
ensuite :

« Sam, il est arrivé ici, la nuit dernière, un malheureux accident qui a donné à M. Winkle quelques raisons de redouter
la violence de M. Dowler.

— Oui, monsieur, j'ai entendu dire cela à la vieille dame de
la maison.

— Et je suis fâché d'ajouter, continua M. Pickwick d'un air
intrigué et contrarié, je suis fâché d'ajouter que, dans la
crainte de cette violence, M. Winkle est parti.

— Parti !

— Il a quitté la maison ce matin, sans la plus légère communication avec moi, et il est allé je ne sais pas où.

— Il aurait dû rester et se battre, monsieur, dit Sam d'un
ton contempteur. Il ne faudrait pas grand'chose pour redresser
ce Dowler.

— C'est possible, Sam ; j'ai peut-être aussi quelques doutes
sur sa grande valeur, mais, quoi qu'il en soit, M. Winkle est
parti. Il faut le trouver, Sam, le trouver et me le ramener.

— Et si il ne veut pas venir, monsieur ?

— Il faudra le lui faire vouloir, Sam.

— Et qui le fera, monsieur ? demanda Sam avec un sourire.

— Vous.

— Très-bien, monsieur. »

A ces mots, Sam quitta la chambre, et bientôt après
M. Pickwick l'entendit fermer la porte de la rue. Au bout
de deux heures, il revint d'un air aussi calme que s'il avait
été dépêché pour le message le plus ordinaire, et rapporta
qu'un individu, ressemblant en tous points à M. Winkle,
était parti le matin pour Bristol, par la voiture de l'Hôtel
royal.

« Sam, dit M. Pickwick en lui serrant la main, vous êtes un garçon précieux, inestimable. Vous allez le poursuivre, Sam.

— Certainement, monsieur.

— Aussitôt que vous le découvrirez, écrivez-moi. S'il essaye de vous échapper, empoignez-le, terrassez-le, enfermez-le. Je vous délègue toute mon autorité, Sam.

— Je ne l'oublierai pas, monsieur.

— Vous lui direz que je suis fort irrité, excessivement indigné de la démarche extraordinaire qu'il lui a plu de faire.

— Oui, monsieur.

— Vous lui direz que, s'il ne revient pas dans cette maison, avec vous, il y reviendra avec moi, car j'irai le chercher.

— Je lui en glisserai deux mots, monsieur.

— Vous pensez pouvoir le trouver ? poursuivit M. Pickwick en regardant Sam d'un air inquiet.

— Je le trouverai s'il est quelque part, répliqua Sam avec confiance.

— Très-bien. Alors plus tôt vous partirez, mieux ce sera. »

M. Pickwick ayant ajouté une somme d'argent à ses instructions, Sam mit quelques objets nécessaires dans un sac de nuit et s'éloigna pour son expédition. Pourtant il s'arrêta au bout du corridor, et, revenant doucement sur ses pas, il entr'ouvrit la porte du parloir, et, ne laissant voir que sa tête :

« Monsieur ? murmura-t-il.

— Eh bien ! Sam.

— J'entends-t-il parfaitement mes instructions, monsieur?

— Je l'espère.

— C'est-il convenu pour le terrassement, monsieur ?

— Parfaitement. Faites ce que vous jugerez nécessaire. Vous aurez mon approbation. »

Sam fit un signe d'intelligence; et, retirant sa tête de la porte entre-bâillée, se mit en route pour son pèlerinage le cœur tout à fait léger.

CHAPITRE IX.

Comment M. Winkle, voulant sortir de la poêle à frire, se jeta
tranquillement et confortablement dans le feu.

L'infortuné gentleman, cause innocente du tumulte qui
avait alarmé les habitants du *Royal-Crescent*, dans les circonstances ci-devant décrites, après avoir passé une nuit
pleine de trouble et d'anxiété, quitta le toit sous lequel ses
amis dormaient encore, sans savoir où il dirigerait ses pas. On
ne saurait jamais apprécier trop hautement, ni trop chaudement louer les sentiments réfléchis et philanthropiques qui déterminèrent M. Winkle à adopter cette conduite. « Si ce
Dowler, raisonnait-il en lui-même, si ce Dowler essaye (comme
je n'en doute pas) d'exécuter ses menaces, je serai obligé de
l'appeler sur le terrain. Il a une femme; cette femme lui est
attachée et a besoin de lui. Ciel! si j'allais l'immoler à mon
aveugle rage, quels seraient ensuite mes remords! » Cette réflexion pénible affectait si puissamment l'excellent jeune homme
que ses joues pâlissaient, que ses genoux s'entre-choquaient.
Déterminé par ces motifs, il saisit son sac de nuit, et descendant l'escalier à pas de loups, ferma, avec le moins de bruit possible, la détestable porte de la rue, et s'éloigna rapidement.
Il trouva à l'Hôtel royal une voiture sur le point de partir pour
Bristol. « Autant vaut, pensa-t-il, autant vaut Bristol que
tout autre endroit! » Il monta donc sur l'impériale, et atteignit
le lieu de sa destination en aussi peu de temps qu'on pouvait
raisonnablement l'espérer de deux chevaux obligés de franchir
quatre fois par jour la distance qui sépare les deux villes.

M. Winkle établit ses quartiers à l'hôtel du *Buisson*. Il était
résolu à s'abstenir de toute communication épistolaire avec
M. Pickwick jusqu'à ce que la frénésie de M. Dowler eût eu le
temps de s'évaporer, et trouva que dans ces circonstances il
n'avait rien de mieux à faire que de visiter la ville. Il sortit
donc et fut, tout d'abord, frappé de ce fait qu'il n'avait jamais vu d'endroit aussi sale. Ayant inspecté les docks ainsi
que le port, et admiré la cathédrale, il demanda le chemin de

Clifton, et suivit la route qui lui fut indiquée ; mais, de même que les pavés de Bristol ne sont pas les plus larges ni les plus propres de tous les pavés, de même ses rues ne sont pas absolument les plus droites ni les moins entrelacées. M. Winkle se trouva bientôt complétement embrouillé dans leur labyrinthe, et chercha autour de lui une boutique décente, où il pût demander de nouvelles instructions.

Ses yeux tombèrent sur un rez-de-chaussée nouvellement peint qui avait été converti en quelque chose qui tenait le milieu entre une boutique et un appartement. Une lampe rouge qui s'avançait au-dessus de la porte l'aurait suffisamment annoncé comme la demeure d'un suppôt d'Esculape quand même le mot : *chirurgie* [1] n'aurait pas été inscrit, en lettres d'or, au-dessus de la fenêtre, qui avait autrefois été celle du parloir du devant. Pensant que c'était là un endroit convenable pour demander son chemin, M. Winkle entra dans la petite boutique garnie de tiroirs et de flacons, aux inscriptions dorées. N'y apercevant aucun être vivant, il frappa sur le comptoir avec une demi couronne, afin d'attirer l'attention des personnes qui pourraient être dans l'arrière-parloir, espèce de *sanctum sanctorum* de l'établissement, car le mot : *chirurgie* était répété sur la porte, en lettres blanches, cette fois, pour éviter la monotonie.

Au premier coup, un bruit très-sensible jusqu'alors, et semblable à celui d'un assaut exécuté avec des pelles et des pincettes, cessa soudainement. Au second coup un jeune gentleman, à l'air studieux, portant sur son nez de larges besicles vertes et dans ses mains un énorme livre, entra d'un pas grave dans la boutique, et, passant derrière le comptoir, demanda à M. Winkle ce qu'il désirait.

« Je suis fâché de vous déranger, monsieur, répondit celui-ci. Voulez-vous avoir la bonté de m'indiquer...,

— Ha! ha! ha! se mit à beugler le studieux gentleman, en jetant en l'air son énorme livre et en le rattrapant avec grande dextérité, au moment où il menaçait de réduire en atomes toutes les fioles qui garnissaient le comptoir. En voilà une bonne!»

Si l'inconnu entendit par là une bonne secousse, il n'avait pas tort, car M. Winkle avait été si étonné de la conduite

---

1. En Angleterre, surtout dans les petites villes, les gens qui vendent des médicaments donnent en même temps des consultations, et prennent le titre de *chirurgiens.*

extraordinaire du jeune docteur, qu'il avait précipitamment
battu en retraite jusqu'à la porte, et paraissait fort troublé
par cette étrange réception.

« Comment ! Est-ce que vous ne me reconnaissez pas ? »
s'écria le chirurgien-apothicaire.

M. Winkle balbutia qu'il n'avait pas ce plaisir,

« Ah ! bien alors, il y a encore de l'espoir pour moi ! Je puis
soigner la moitié des vieilles femmes de Bristol, si j'ai un peu
de chance. Maintenant, au diable, vieux bouquin moisi ! »
Cette adjuration s'adressait au gros volume, que le studieux
pharmacien lança, avec une vigueur remarquable, à l'autre
bout de la boutique ; puis, retirant ses lunettes vertes,
il découvrit aux regards stupéfaits de M. Winkle, le ricanement identique de Robert Sawyer, esquire, ci-devant étudiant
à l'hôpital de Guy, dans le *Borough*, et possesseur d'une résidence privée dans *Lant-Street*.

« Vous veniez pour me voir, n'est-ce pas ? vous ne direz pas
le contraire ? s'écria M. Bob Sawyer en secouant amicalement
la main de M. Winkle.

— Non, sur ma parole ! répliqua celui-ci en serrant la
main de M. Sawyer.

— Quoi ! vous n'avez pas remarqué mon nom ? demanda
Bob en appelant l'attention de son ami sur la porte extérieure,
au-dessus de laquelle étaient tracés ces mots: *Sawyer successeur de Nockemorf,*

— Mes yeux ne sont pas tombés dessus, dit M. Winkle.

— Ma foi ! si j'avais su que c'était vous, reprit Bob, je me
serais précipité et je vous aurais reçu dans mes bras. Mais,
sur mon honneur, je croyais que vous étiez le percepteur des
contributions [1],

— Pas possible !

— Vrai. J'allais vous dire que je n'étais pas à la maison, et
que si vous vouliez me laisser un message, je ne manquerais
pas de me le remettre ; car le collecteur des taxes ne me connaît point, pas plus que celui de l'éclairage, ni du pavé. Je
crois que le collecteur de l'église soupçonne qui je suis, et je
sais que celui des eaux ne l'ignore pas, parce que je lui ai
tiré une dent le premier jour que je suis venu ici, Mais entrez,
entrez donc ! »

---

1. Le gouvernement anglais a l'obligeance de faire toucher les taxes chez
les contribuables.

Tout en bavardant de la sorte, Bob poussait M. Winkle dans l'arrière-parloir, où était assis un personnage qui n'était pas moins que M. Benjamin Allen. Il s'amusait gravement à faire de petites cavernes circulaires dans le manteau de la cheminée, au moyen d'un fourgon rougi.

« En vérité, dit M. Winkle, voilà un plaisir que je n'avais pas espéré. Quelle jolie retraite vous avez là!

— Pas mal, pas mal, repartit Bob. J'ai été reçu peu de temps après cette fameuse soirée; et mes amis se sont saignés pour m'aider à acheter cet établissement. Ainsi j'ai endossé un habit noir et une paire de lunettes, et je suis venu ici pour avoir l'air aussi solennel que possible.

— Et vous avez sans doute une jolie clientèle? demanda M. Winkle d'un air fin.

— Oh! si mignonne, qu'à la fin de l'année vous pourriez mettre tous les profits dans un verre à liqueur, et les couvrir avec une feuille de groseille.

— Vous voulez rire. Rien que les marchandises....

— Pure charge, mon cher garçon. La moitié des tiroirs est vide, et l'autre moitié n'ouvre point.

— Vous plaisantez?

— C'est un fait, rétorqua Bob en allant dans la boutique et démontrant la véracité de son assertion par de violentes secousses données aux petits boutons dorés des tiroirs imaginaires.

— Du diable s'il y a une seule chose réelle dans la boutique, exceptés les sangsues; et encore elles ont déjà servi.

— Je n'aurais jamais cru cela! s'écria M. Winkle plein de surprise.

— Je m'en flatte un peu, reprit Bob; autrement à quoi serviraient les apparences, hein? Mais, que voulez-vous prendre? Comme nous? C'est bon. Ben, mon garçon, fourrez la main dans le buffet, et amenez-nous le digestif breveté. »

M. Benjamin Allen sourit pour indiquer son consentement, et tira du buffet une bouteille noire, à moitié pleine d'eau-de-vie.

« Vous n'y mettez pas d'eau, n'est-ce pas? dit Bob à M. Winkle.

— Pardonnez-moi, repartit celui-ci. Il est de bonne heure et j'aimerais mieux mélanger, si vous ne vous y opposez point.

— Pas le moins du monde, si votre conscience vous le permet, répliqua Bob en dégustant avec sensualité un verre du liquide bienfaisant. Ben, passe-nous l'eau. »

M. Benjamin Allen tira de la même place une petite cocote de cuivre, dont M. Bob déclara qu'il était très-fier à cause de sa physionomie médicale. Lorsqu'on eut fait bouillir l'eau contenue dans la cocote, au moyen de plusieurs pelletées de charbon de terre que Bob puisa dans une caisse qui portait pour inscription : *eau de seltz*, M. Winkle baptisa son eau-de-vie, et la conversation commençait à devenir générale, lorsqu'elle fut interrompue par l'entrée d'un jeune garçon, vêtu d'une sévère livrée grise, ayant un galon d'or à son chapeau, et tenant sur son bras un petit panier couvert.

M. Bob l'apostropha immédiatement.

« Tom, vagabond ! venez ici ! (L'enfant s'approcha en conséquence.) Vous vous êtes arrêté à toutes les bornes de Bristol, vilain fainéant !

— Non, monsieur, répondit l'enfant.

— Prenez-y garde, reprit Bob avec un visage menaçant. Pensez-vous que quelqu'un voudrait employer un chirurgien, si on voyait son garçon jouer aux billes dans tous les ruisseaux, ou enlever un cerf-volant sur la grande route ? Ayez soin, monsieur, de conserver toujours le respect de votre profession. Avez-vous porté tous les médicaments, paresseux ?

— Oui, monsieur.

— La poudre pour les enfants, dans la grande maison habitée par la famille nouvellement arrivée ? Et les pilules digestives chez le vieux gentleman grognon et goutteux ?

— Oui, monsieur.

— Alors fermez la porte et faites attention à là boutique.

— Allons ! dit M. Winkle quand le jeune garçon se fut retiré, les choses ne vont pas tout à fait aussi mal que vous voudriez me le faire croire. Vous avez toujours quelques médicaments à fournir. »

Bob Sawyer regarda dans la boutique pour s'assurer qu'il n'y avait pas d'oreilles étrangères, puis se penchant vers M. Winkle, il lui dit à voix basse : « Il se trompe toujours de maison. »

La physionomie de M. Winkle exprima qu'il n'y était plus du tout, tandis que Bob et son ami riaient à qui mieux mieux.

« Vous ne me comprenez pas? dit Bob. Il va dans une maison, tire la sonnette, fourre un paquet de médicaments sans adresse dans la main d'un domestique et s'en va. Le domestique porte le paquet dans la salle à manger ; le maître l'ouvre, et lit la suscription: *Potion à prendre le soir ; pilules selon la formule ; lotion idem; Sawyer, successeur de Nockemorf, prépare avec soin les ordonnances, etc., etc.* Le gentleman montre le paquet à sa femme ; elle lit l'inscription, elle le renvoie aux domestiques; ils lisent l'inscription. Le lendemain le garçon revient : Très-fâché. Il s'est trompé. Tant d'affaires, tant de paquets à porter. M. Sawyer, successeur de Nockemorf, offre ses compliments. Le nom reste dans la mémoire, et voilà l'affaire, mon garçon ; cela vaut mieux que toutes les annonces du monde. Nous avons une bouteille de quatre onces qui a couru dans la moitié des maisons de Bristol, et qui n'a point encore fini sa ronde.

— Tiens, tiens ! je comprends, répondit M. Winkle, un fameux plan.

— Oh! Ben et moi, nous en avons trouvé une douzaine comme cela; continua l'habile pharmacien, avec une grande satisfaction. L'allumeur de réverbères reçoit dix-huit pence par semaines pour tirer ma sonnette de nuit, pendant dix minutes, chaque fois qu'il passe devant la maison; et tous les dimanches, mon garçon court dans l'église, juste au moment des psaumes, quand personne n'a rien à faire que de regarder autour de soi, et il m'appelle avec un air effaré. « Bon ! disent les assistants, quelqu'un est tombé malade tout à coup; on envoie chercher Sawyer, successeur de Nockemorf; comme ce jeune homme est occupé ! »

Ayant ainsi divulgué les arcanes de l'art médical, M. Bob Sawyer et son ami Ben Allen se renversèrent sur leurs chaises, et éclatèrent de rire bruyamment. Quand ils s'en furent donné à cœur joie, la conversation recommença, et vint toucher un sujet qui intéressait plus immédiatement M. Winkle.

Nous pensons avoir dit ailleurs que M. Benjamin Allen devenait habituellement fort sentimental, après boire. Le cas n'est pas unique, comme nous pouvons l'attester nous-même, ayant eu affaire quelquefois à des patients affectés de la même manière. Dans cette période de son existence, M. Allen avait plus que jamais une prédisposition à la sentimentalité. Cette maladie provenait de ce qu'il demeurait depuis plus de trois semaines avec M. Sawyer; car l'amphitryon n'était pas remarquable par la tempérance, et l'invité ne pouvait nullement se vanter d'avoir la tête forte. Pendant tout cet espace de temps, Benjamin avait toujours flotté entre l'ivresse partielle et l'ivresse complète.

« Mon bon ami, dit-il à M. Winkle, en profitant de l'absence temporaire de M. Bob Sawyer, qui était allé administrer à un chaland quelques-unes de ses sangsues d'occasion : mon bon ami, je suis bien malheureux! »

M. Winkle exprima tous ses regrets, en apprenant cette nouvelle et demanda s'il ne pouvait rien faire pour alléger les chagrins de l'infortuné étudiant.

« Rien, mon cher, rien. Vous rappelez-vous Arabella? ma sœur Arabella? Une petite fille qui a des yeux noirs. Je ne sais pas si vous l'avez remarquée chez M. Wardle? Une jolie petite fille, Winkle. Peut-être que mes traits pourront vous rappeler sa physionomie. »

M. Winkle n'avait pas besoin de procédés artificiels pour se souvenir de la charmante Arabella, et c'était fort heureux, car certainement les traits du frère lui auraient difficilement rappelé ceux de la sœur. Il répondit, avec autant de calme qu'il lui fut possible d'en feindre, qu'il se rappelait parfaitement avoir vu la jeune personne en question, et qu'il se flattait qu'elle était en bonne santé.

Pour toute réponse, M. Ben Allen, lui dit : « Notre ami Bob est un charmant garçon, Winkle.

— C'est vrai, répliqua laconiquement M. Winkle, qui n'aimait pas beaucoup le rapprochement de ces deux noms.

— Je les ai toujours destinés l'un à l'autre; ils ont été créés l'un pour l'autre; ils sont venus au monde l'un pour l'autre; ils ont été élevés l'un pour l'autre, dit M. Ben Allen, en posant son verre avec emphase. Il y a un coup du sort dans cette affaire, mon cher garçon; il n'y a entre eux qu'une différence de cinq ans, et tous les deux sont nés dans le mois d'août. »

M. Winkle était trop impatient d'entendre le reste, pour exprimer beaucoup d'étonnement de cette coïncidence, toute merveilleuse qu'elle fût. Ainsi, après une larme ou deux, Ben continua à dire que malgré toute son estime et son respect, et sa vénération pour son ami, sa sœur Arabella avait toujours, ingratement et sans raison, montré la plus vive antipathie pour sa personne. « Et je pense, conclut-il, je pense qu'il y a un attachement antérieur.

— Avez-vous quelque idée sur la personne? » demanda en tremblant M. Winkle.

M. Ben Allen saisit le fourgon, le fit tourner d'une manière martiale au-dessus de sa tête, infligea un coup mortel sur un crâne imaginaire, et termina en disant, d'une façon très-expressive : « Je voudrais le connaître, voilà tout. Je lui montrerais ce que j'en pense ! » et pendant ce temps le fourgon tournoyait avec plus de férocité que jamais.

Tout cela, comme on le suppose, était fort consolant pour M. Winkle. Il resta silencieux durant quelques minutes, mais à la fin, il rassembla tout son courage, et demanda si miss Allen était dans le comté de Kent.

« Non, non, répondit Ben, en déposant le fourgon et en prenant un air fort rusé. Je n'ai pas pensé que la maison du vieux Wardle fût exactement ce qui convenait pour une jeune fille entêtée. Aussi, comme je suis son protecteur naturel et son tuteur, puisque nos parents sont défunts, je l'ai amenée dans ce pays-ci pour passer quelques mois chez une vieille tante, dans une jolie maison bien ennuyeuse et bien fermée. J'espère que cela la guérira. Si ça ne réussit pas, je l'emmènerai à l'étranger pendant quelque temps, et nous verrons alors.

— Et.... et.... la tante demeure à Bristol ? balbutia M. Winkle.

— Non, non ; pas dans Bristol, répondit Ben, en passant son pouce par-dessus son épaule droite. Par-là bas ; mais chut ! voici Bob. Pas un mot, mon cher ami, pas un mot. »

Toute courte qu'avait été cette conversation, elle produisit chez M. Winkle l'anxiété la plus vive. L'attachement antérieur, que soupçonnait Ben, agitait son cœur. Pouvait-il en être l'objet ? Était-ce pour lui que la séduisante Arabella avait dédaigné le spirituel Bob Sawyer ? ou bien avait-il un rival préféré ? Il se détermina à la voir, quoi qu'il pût en arriver. Mais ici se présentait une objection insurmontable ; car si l'explication donnée par Ben avec ces mots : *par là-bas*, voulait dire trois milles, ou trente milles, ou trois cents milles, M. Winkle ne pouvait en aucune façon le conjecturer. Au reste il n'eut pas, pour le moment, le loisir de penser à ses amours, l'arrivée de Bob ayant été immédiatement suivie par celle d'un pâté, dont M. Winkle fut instamment prié de prendre sa part. La nappe fut mise par une femme de ménage, qui officiait comme femme de charge de M. Bob Sawyer. La mère du jeune garçon en livrée grise apporta un troisième couteau et une troisième fourchette (car l'établissement domestique de M. Sawyer était monté sur une échelle assez limitée), et les trois amis commencèrent à dîner. La bière était servie, comme le fit observer M. Sawyer, dans son étain natif.

Après le dîner, Bob fit apporter le plus grand mortier de sa boutique, et y brassa un mélange fumant de punch au rhum, remuant et amalgamant les matériaux avec un pilon, d'une manière fort convenable pour un pharmacien. Comme beaucoup de célibataires, il ne possédait qu'un seul verre, qui fut assigné par honneur à M. Winkle. Ben Allen fut accommodé d'un entonnoir de verre, dont l'extrémité inférieure était garnie d'un bouchon; quant à Bob lui-même, il se contenta d'un de ces vases de cristal cylindriques, incrustés d'une quantité de caractères cabalistiques, et dans lesquels les apothicaires mesurent habituellement les drogues liquides qui doivent composer leurs potions. Ces préliminaires ajustés, le punch fut goûté et déclaré excellent. On convint que Bob Sawyer et Ben Allen seraient libres de remplir leur vase deux fois, pour chaque verre de M. Winkle, et l'on commença les libations sur ce pied d'égalité avec bonne humeur et de fort bonne amitié.

On ne chanta point, parce que Bob déclara que cela n'aurait pas l'air professionnel; mais, en revanche, on parla et l'on rit, si bien et si fort, que les passants à l'autre bout de la rue pouvaient entendre et entendirent sans aucun doute le bruit confus qui sortait de l'officine du successeur de Nockemorf. Quoi qu'il en soit, la conversation des trois amis charmait apparemment les ennuis et aiguisait l'esprit du jeune garçon pharmacien, car au lieu de dévouer sa soirée, comme il le faisait ordinairement, à écrire son nom sur le comptoir et à l'effacer ensuite, il se colla contre la porte vitrée, et de la sorte put écouter et voir en même temps ce qui se passait chez son patron.

La gaieté de M. Bob Sawyer se tournait peu à peu en fureur, M. Ben Allen retombait dans le sentimental, et le punch était presque entièrement disparu, quand le jeune garçon entra rapidement pour annoncer qu'une jeune femme venait demander M. Sawyer, successeur de Nockemorf, qu'on attendait impatiemment. Ceci termina la fête. Lorsque le garçon eut répété pour la vingtième fois son message, M. Bob Sawyer, commençant à le comprendre, attacha autour de sa tête une serviette mouillée, afin de se dégriser; et, y ayant réussi en partie, mit ses lunettes vertes et sortit. Ensuite de quoi, M. Winkle voyant qu'il était impossible d'engager M. Ben Allen dans une conversation tant soit peu intelligible sur le sujet qui l'intéressait le plus, refusa de rester jusqu'au retour du chirurgien, et s'en retourna à son hôtel.

L'inquiétude qui l'agitait et les nombreuses méditations qu'avait éveillées dans son esprit le nom d'Arabella, empêchèrent la part qu'il avait prise dans le mortier de produire sur lui l'effet qu'on en aurait pu attendre dans d'autres circonstances. Ainsi, après avoir pris à la buvette de son hôtel un verre d'eau de Seltz et d'eau-de-vie, il entra dans le café, plutôt découragé qu'animé par les aventures de la soirée.

Un grand gentleman, vêtu d'une longue redingote, se trouvait seul dans le café, assis devant le feu, et tournant le dos à M. Winkle. Comme la soirée était assez froide pour la saison, le gentleman rangea sa chaise de côté pour laisser approcher le nouvel arrivant, mais quelle fut l'émotion de M. Winkle, quand ce mouvement lui découvrit le visage du vindicatif et sanguinaire Dowler !

Sa première pensée fut de tirer violemment le cordon de sonnette le plus proche. Malheureusement, ce cordon se trouvait derrière la chaise de son adversaire. Machinalement le brave jeune homme fit un pas pour en saisir la poignée, mais M. Dowler se reculant avec promptitude : « Monsieur Winkle, dit-il, soyez calme. Ne me frappez pas, monsieur, je ne le supporterais point. Un soufflet? Jamais ! »

Tout en parlant ainsi, M Dowler avait l'air beaucoup plus doux que M. Winkle ne l'aurait attendu d'une personne aussi emportée.

« Un soufflet, monsieur? balbutia M. Winkle.

— Un soufflet, monsieur, répliqua Dowler. Maîtrisez vos premiers mouvements, asseyez-vous, écoutez-moi.

— Monsieur, dit M. Winkle, en tremblant des pieds à la tête, avant que je consente à m'asseoir auprès ou en face de vous, sans la présence d'un garçon, il me faut d'autres assurances de sécurité. Vous m'avez fait des menaces la nuit dernière, monsieur, d'affreuses menaces ! Ici M. Winkle s'arrêta et devint encore plus pâle.

— C'est la vérité, repartit M. Dowler avec un visage presque aussi blanc que celui de son antagoniste. Les circonstances étaient suspectes. Elles ont été expliquées. Je respecte votre courage. Vous avez raison. C'est l'assurance de l'innocence. Voilà ma main, serrez-la.

— Réellement, monsieur, répondit M. Winkle, hésitant à donner sa main, dans la pensée que M. Dowler pourrait bien vouloir le prendre en traître, réellement, monsieur, je.....

— Je sais ce que vous voulez dire, interrompit l'autre. Vous

vous sentez offensé. C'est naturel, j'en ferais autant à votre place. J'ai eu tort, je vous demande pardon. Soyons amis, pardonnez-moi.... » Et en même temps Dowler s'empara de la main de M. Winkle, et la secouant avec la plus grande véhémence, déclara qu'il le regardait comme un garçon plein de courage, et qu'il avait de lui meilleure opinion que jamais.

« Maintenant, poursuivit-il, asseyez-vous, racontez-moi tout. Comment m'avez-vous découvert ? Quand est-ce que vous êtes parti pour me suivre ? Soyez franc, dites tout.

— C'est entièrement par hasard, répliqua M. Winkle grandement intrigué par la tournure singulière et inattendue de leur entrevue, entièrement.

— J'en suis charmé. Je me suis éveillé ce matin. J'avais oublié mes menaces. Le souvenir de votre aventure me fit rire. Je me sentais des dispositions amicales : je le dis.

— A qui ?

— A mistress Dowler. — « Vous avez fait un vœu, me dit-elle. — C'est vrai, répondis-je. — C'était un vœu téméraire. — C'est encore vrai. J'offrirai des excuses. Où est-il ? »

— Qui ? demanda M. Winkle.

— Vous. Je descendis l'escalier, mais je ne vous trouvai pas. Pickwick avait l'air sombre. Il secoua la tête, il dit qu'il espérait qu'on ne commettrait point de violences. Je compris tout. Vous vous sentiez insulté. Vous étiez sorti pour chercher un ami, peut-être des pistolets. Un noble courage, me dis-je, je l'admire. »

M. Winkle toussa, et commençant à voir où gîtait le lièvre, prit un air d'importance.

« Je laissai une note pour vous, poursuivit Dowler. Je dis que j'étais fâché. C'était vrai. Des affaires pressantes m'appelaient ici. Vous n'avez pas été satisfait; vous m'avez suivi. Vous avez demandé une explication verbale. Vous avez eu raison. Tout est fini maintenant. Mes affaires sont terminées. Je m'en retourne demain, venez avec moi. »

A mesure que Dowler avançait dans son récit, la contenance de M. Winkle devenait de plus en plus digne. La mystérieuse nature du commencement de leur conversation était expliquée ; M. Dowler était aussi éloigné de se battre, que lui-même. En un mot, ce vantard personnage était un des plus admirables poltrons qui eussent jamais existé. Il avait interprété selon ses craintes l'absence de M. Winkle, et prenant le même parti que lui il s'était décidé à s'absenter, jusqu'à ce que toute irritation fût passée.

Quand l'état réel des affaires se fut dévoilé à l'esprit de M. Winkle, sa physionomie devint terrible. Il déclara qu'il était parfaitement satisfait, mais il le déclara d'un air capable de persuader M. Dowler que, s'il n'avait pas été satisfait, il s'en serait suivi une horrible destruction. Enfin M. Dowler parut convenablement reconnaissant de sa magnanimité, et les deux belligérants se séparèrent, pour la nuit, avec mille protestations d'amitié éternelle.

Il était minuit, et depuis vingt minutes environ M. Winkle jouissait des douceurs de son premier sommeil, lorsqu'il fut tout à coup réveillé par un coup violent frappé à sa porte, et répété immédiatement après, avec tant de véhémence, qu'il en tressaillit dans son lit, et demanda avec inquiétude qui était là, et ce qu'on lui voulait.

« S'il vous plaît, monsieur, répondit une servante, c'est un jeune homme qui désire vous voir, sur-le-champ.

— Un jeune homme ! s'écria M. Winkle.

— Il n'y a pas d'erreur, ici, monsieur, répondit une autre voix à travers le trou de la serrure ; et si ce même intéressant jeune garçon n'est pas introduit, sans délai, vous ne vous étonnerez pas que ses jambes entrent chez vous avant sa phylosomie. » En achevant ces mots, l'étranger ébranla légèrement avec son pied le panneau inférieur de la porte, comme pour donner plus de force à son insinuation.

— C'est vous, Sam ? demanda M. Winkle, en sautant à bas du lit.

— Pas possible de reconnaître un gentleman sans regarder son visage, » répondit la voix d'un ton dogmatique.

M. Winkle n'ayant plus guère de doutes sur l'identité du jeune homme, tira les verrous et ouvrit. Aussitôt Sam entra précipitamment, referma la porte à double tour, mit gravement la clef dans sa poche, et, après avoir examiné M. Winkle des pieds à la tête, lui dit : « Eh bien, vous vous conduisez gentiment, monsieur.

— Qu'est-ce que signifie cette conduite ? demanda M. Winkle avec indignation, sortez sur-le-champ, qu'est-ce que cela signifie ?

— Ce que ça signifie ! Eh bien, en voilà une sévère, comme dit la jeune lady au pâtissier qui lui avait vendu un pâté où il n'y avait que de la graisse dedans. Ce que ça signifie ! Eh bien, en voilà une bonne !

— Ouvrez cette porte, et quittez cette chambre sur-le-champ.

— Je quitterai cette chambre, monsieur, juste précisément au moment même où vous la quitterez, monsieur, répondit Sam d'une voix imposante, et en s'asseyant avec gravité. Seulement si je suis obligé de vous emporter sur mon dos, je m'en irai un brin avant vous, nécessairement. Mais permettez-moi d'espérer que vous ne me réduirez pas à des extrémités, monsieur, comme disait le gentleman au colimaçon obstiné, qui ne voulait pas sortir de sa coquille, malgré les coups d'épingle qu'on lui administrait, et qu'il avait peur d'être obligé de l'écraser entre le chambranle et la porte. »

A la fin de ce discours, singulièrement prolixe pour lui, Sam planta ses mains sur ses genoux, et regarda M. Winkle en face, avec une expression de visage où l'on pouvait lire facilement qu'il n'avait pas du tout envie de plaisanter.

« Vous êtes vraiment un jeune homme bien aimable, monsieur, poursuivit-il d'un ton de reproche, un aimable jeune homme, d'entortiller notre précieux gouverneur dans toutes sortes de fantasmagories, quand il s'est déterminé à tout faire pour les principes. Vous êtes pire que Dodson, monsieur, et pire que Fogg. Je les regarde comme des anges auprès de vous. »

Sam ayant accompagné cette dernière sentence d'une tape emphatique sur chaque genou, croisa ses bras d'un air dédaigneux, et se renversa sur sa chaise, comme pour attendre la défense du criminel.

« Mon brave Sam, dit M. Winkle, en lui tendant la main, je respecte votre attachement pour mon excellent ami, et je suis vraiment très-chagrin d'avoir augmenté ses sujets d'inquiétude. Allons, Sam, allons! Et tout en parlant, ses dents claquaient de froid, car il était resté debout, dans son costume de nuit, durant toute la leçon de M. Weller.

— C'est heureux, répondit Sam d'un ton bourru, en secouant cependant d'une manière respectueuse la main qui lui était offerte; c'est heureux, quand on s'amende à la fin. Mais si je puis, je ne le laisserai tourmenter par personne, et voilà la chose.

— Certainement, Sam, certainement. Et maintenant allez-vous coucher, nous parlerons de tout cela demain matin.

— J'en suis bien fâché, monsieur; je ne peux pas m'aller coucher.

— Vous ne pouvez pas vous aller coucher ?

— Non, répondit Sam, en secouant la tête, pas possible.

— Vous n'allez pas repartir cette nuit? s'écria M. Winkle, grandement surpris.

— Non, monsieur, à moins que vous ne le désiriez absolument, mais je ne dois pas quitter cette chambre. Les ordres du gouverneur sont péremptoires.

— Allons donc, Sam, allons donc ! il faut que je reste ici, deux ou trois jours, et qui plus est, il faudra que vous restiez aussi, pour m'aider à avoir une entrevue avec une jeune lady.... miss Allen, Sam. Vous vous en souvenez? Il faut que je la voie, et je la verrai avant de quitter Bristol. »

Mais en réplique à toutes ces instances, Sam continua à secouer la tête énergiquement, en répondant avec fermeté : « Pas possible, pas possible ! »

Cependant, après beaucoup d'arguments et de représentations de la part de M. Winkle; après une exposition complète de tout ce qui s'était passé dans l'entrevue avec Dowler, le fidèle domestique commença à hésiter. A la fin les deux parties en vinrent à un compromis, dont voici les principales clauses :

Que Sam se retirerait et laisserait à M. Winkle la libre possession de son appartement, à condition qu'il aurait la permission de fermer la porte en dehors et d'emporter la clef; pourvu toutefois qu'il ne manquât pas d'ouvrir, sur-le-champ, la porte en cas de feu ou d'autre danger contingent; que M. Winkle écrirait le lendemain à M. Picwick une lettre qui lui serait portée par Dowler, et dans laquelle il lui demanderait, pour Sam et pour lui-même, la permission de rester à Bristol, afin de poursuivre le but déjà indiqué; que si la réponse était favorable, les susdites parties contractantes demeureraient en conséquence à Bristol; que sinon, elles retourneraient à Bath immédiatement; et enfin que M. Winkle s'engageait positivement à ne pas chercher à s'échapper, en attendant, ni par les fenêtres, ni par la cheminée, ni par tout autre moyen évasif.

Ce traité ayant été dûment ratifié, Sam ferma la porte et s'en alla.

Il était arrivé au bas de l'escalier, quand il s'arrêta court.

« Tiens! dit-il, en tirant la clef de sa poche et en faisant un quart de conversion, j'avais entièrement oublié le terrassement. Le gouverneur me l'avait pourtant bien recommandé.... Bah! c'est égal, poursuivit-il en remettant la clef dans sa poche, ça peut toujours se faire demain matin, comme aujourd'hui. »

Apparemment consolé par cette réflexion, Sam descendit le reste de l'escalier, sans autre retour de conscience, et fut bientôt enseveli dans un profond sommeil, ainsi que les autres habitants de la maison.

CHAPITRE X.

Sam Weller, honoré d'une mission d'amour, s'occupe de l'exécuter. On verra plus loin avec quel succès.

Durant toute la journée subséquente, Sam tint ses yeux constamment fixés sur M.Winkle, déterminé à ne point le perdre de vue avant d'avoir reçu de nouvelles instructions. Quelque désagréable que fût pour le prisonnier cette grande vigilance, il pensa qu'il valait mieux la supporter que de s'exposer à être emporté de vive force ; car le fidèle serviteur lui avait plus d'une fois fait entendre que le strict sentiment de ses devoirs le forcerait à adopter cette ligne de conduite. Il est même probable que Sam aurait fini par assoupir tous ses scrupules, en ramenant à Bath M. Winkle, pieds et poings liés, si la prompte attention donnée par M. Pickwick au billet remis par Dowler, n'avait point rendu inutile, cette manière de procéder. En un mot, à huit heures du soir, M. Pickwick, lui-même entra dans le café de l'hôtel du Buisson, et avec un sourire dit à Sam enchanté, qu'il s'était très-bien comporté et n'avait pas besoin de monter la garde davantage.

« J'ai pensé, continua M. Pickwick, en s'adressant à M. Winkle, pendant que Sam le débarrassait de sa redingote et de son cache-nez, j'ai pensé que je ferais mieux de venir moi-même, m'assurer que vos vues sur cette jeune personne sont honorables et sérieuses, avant de consentir à ce que Sam soit employé dans cette affaire.

— Tout à fait honorables et sérieuses, répliqua M. Winkle avec grande énergie, je vous l'assure du fond de mon cœur, de toute mon âme.

— Rappelez-vous, reprit M. Pickwick, avec un regard humide, rappelez-vous que nous l'avons rencontrée chez notre excellent ami Wardle. Ce serait bien mal reconnaître son hospi-

talité, que de traiter avec légèreté les affections de sa jeune
amie. Je ne le permettrais pas, monsieur; je ne le permettrais pas.

— Je n'ai certainement pas cette idée-là, s'écria chaleureusement M. Winkle. J'ai réfléchi pendant longtemps, et je sens
que mon bonheur est tout entier en elle.

— Voilà ce que j'appelle mettre tous ses œufs dans le même
panier, » interrompit Sam avec un agréable sourire.

M. Winkle prit un air sérieux à cette observation, et M. Pickwick irrité engagea son serviteur à ne pas badiner avec un
des meilleurs sentiments de notre nature.

« Certainement, monsieur, répondit Sam, mais il y en a
tant de ces meilleurs-là, que je ne m'y reconnais jamais,
quand on m'en parle. »

Cet incident terminé, M. Winkle raconta ce qui s'était passé
entre lui et M. Ben Allen, relativement à Arabella. Il dit que
son but actuel était d'avoir une entrevue avec la jeune personne, et de lui faire un aveu formel de sa passion. Enfin il
déclara que le lieu de sa détention lui paraissait être quelque
part aux environs des Dunes, ce qui semblait résulter de certaines insinuations obscures dudit Ben Allen; mais c'était
tout ce qu'il avait pu apprendre ou soupçonner.

Malgré l'inanité de ces renseignements il ·fut décidé que
Sam partirait le lendemain, pour une expédition de découverte.
Il fut convenu aussi que M. Pickwick et M. Winkle, qui
avaient moins de confiance dans leur habileté, se promèneraient
pendant ce temps dans la ville et entreraient *par hasard*, chez
M. Job Sawyer, dans l'espérance d'apprendre quelque chose
sur la jeune lady.

En conséquence, Sam se mit en quête le lendemain matin,
sans être aucunement découragé par les difficultés qui l'attendaient. Il marcha de rue en rue, nous allions presque dire de
coteau en coteau, mais c'est toute montée jusqu'à Clifton. Durant tout ce temps il ne vit rien, il ne rencontra personne qui
pût jeter la moindre lumière sur son entreprise. Il eut de nombreux colloques avec des grooms qui faisaient prendre l'air à
des chevaux sur la route, avec des nourrices qui faisaient prendre l'air à des enfants sur le pas de la porte; mais il ne put
rien tirer ni des uns ni des autres qui eût le rapport le plus
éloigné avec l'objet de son habile enquête. Il y avait dans force
maisons, force jeunes ladies, dont le plus grand nombre étaient
violemment soupçonnées par les domestiques mâles ou femelles

d'être profondément attachées à quelqu'un, ou parfaitement
disposées à s'attacher au premier venu, si l'occasion s'en présentait; mais comme aucune de ces jeunes ladies n'était
miss Arabella Allen, ces renseignements laissaient Sam précisément aussi instruit qu'il l'était auparavant.

Il poursuivit sa route à travers les Dunes, en luttant contre
un vent violent, et, chemin faisant, il se demandait si, dans ce
pays, il était toujours nécessaire de tenir son chapeau des
deux mains. Enfin il arriva dans un endroit ombragé, où se
trouvaient répandues plusieurs petites villas, d'une apparence
tranquille et retirée. Au fond d'une longue impasse, devant
une porte d'écurie, un groom, en veste du matin, s'occupait à
flâner, en société d'une pelle et d'une brouette; moyennant
quoi, il se persuadait apparemment à lui-même qu'il faisait
quelque chose d'utile. Nous ferons remarquer, en passant, que
nous avons rarement vu un groom auprès d'une écurie, qui,
dans ses moments de laisser aller, ne fût pas plus ou moins
victime de cette singulière illusion.

Sam pensa qu'il pourrait parler avec ce groom, aussi bien
qu'avec tout autre, et cela d'autant plus, qu'il était fatigué de
marcher, et qu'il y avait une bonne grosse pierre, juste en
face de la porte. Il se dandina donc jusqu'au fond de la ruelle,
et, s'asseyant sur la pierre, ouvrit la conversation avec l'admirable aisance qui le caractérisait.

« Bonsoir, vieux, dit-il.

— Vous voulez dire bonjour ? répliqua le groom, en jetant a
Sam un regard rechigné.

— Vous avez raison, vieux, je voulais dire bonjour. Comment vous va ?

— Eh ! je ne me sens guère mieux, depuis que vous êtes
là.

— C'est drôle, vous paraissez pourtant de bien bonne humeur, vous avez la mine si guillerette que ça réjouit le cœur de
vous voir. »

A cette plaisanterie, le groom rechigné parut plus rechigné
encore, mais non pas suffisamment pour produire quelque
impression sur Sam. Celui-ci lui demanda immédiatement, et
avec un air de grand intérêt, si le nom de son maître n'était
pas un certain M. Walker.

« Non, répondit le groom.

— Ni Brown, je suppose.

— Non.

— Ni Wilson.

— Non.

— Eh ! bien alors, je me suis trompé et il n'a pas l'honneur de ma connaissance, comme je me l'étais d'abord figuré. »

Cependant le groom, ayant rentré sa brouette, s'apprêtait à fermer la porte.

« Ne restez pas à l'air pour moi, lui cria Sam. Où il y a de la gêne, il n'y a pas de plaisir. Je vous excuserai, mon vieux.

— Je vous casserais bien la tête pour un liard, dit le groom rechigné en fermant une moitié de la porte.

— Peux pas la céder pour si peu, rétorqua Sam, ça vaudrait au moins tous vos gages jusqu'à la fin de vos jours, et encore ça serait trop bon marché. Mes compliments chez vous. Dites qu'on ne m'attende pas pour dîner, et qu'on ne mette rien de côté pour moi, parce que ce serait froid avant que je revienne. »

En réponse à ces compliments, le groom dont la bile s'échauffait, grommela un désir indistinct d'endommager le crâne de quelqu'un. Néanmoins il disparut sans exécuter sa menace, poussant la porte derrière lui avec colère et sans faire attention à la tendre requête de M. Weller, qui le suppliait de lui laisser une mèche de ses cheveux.

Sam était resté assis sur la pierre et continuait de méditer sur ce qu'il avait à faire. Déjà il avait arrangé dans son esprit un plan, qui consistait à frapper à toutes les portes, dans un rayon de cinq milles autour de Bristol, les mettant l'une dans l'autre à cent cinquante ou deux cents par jour, et comptant de cette manière arriver à découvrir miss Arabella Allen dans un temps donné, lorsque tout à coup le hasard jeta entre ses mains, ce qu'il aurait pu chercher pendant toute une année, sans le rencontrer.

Dans l'impasse où s'était installé Sam, ouvraient trois ou quatre grilles appartenant à autant de maisons, qui, quoique détachées les unes des autres, n'étaient cependant séparées que par leur jardin. Comme ceux-ci étaient grands et bien plantés, non-seulement les maisons se trouvaient écartées, mais la plupart étaient cachées par les arbres. Sam était assis les yeux fixés sur la porte voisine de celle où avait disparu le groom rechigné ; il retournait profondément dans son esprit les difficultés de sa présente entreprise, lorsqu'il vit la porte qu'il regardait machinalement, s'ouvrir et laisser passer une servante qui venait secouer dans la ruelle des descentes de lit.

M. Weller était si préoccupé de ses pensées, que très-pro-

bablement il se serait contenté de lever la tête et de remarquer
que la jeune servante avait l'air très-gentille, si ses sentiments
de galanterie n'avaient pas été fortement remués, en voyant qu'il
ne se trouvait là personne ponr aider la pauvrette, et que les tapis
paraissaient bien pesants pour ses mains délicates. Sam était un
gentleman fort galant à sa manière. Aussitôt qu'il eut remarqué
cette circonstance, il quitta brusquement sa pierre, et s'avançant vers la jeune fille : « Ma chère, dit-il d'un ton respectueux, vous gâterez vos jolies proportions, si vous secouez ces
tapis là toute seule. Laissez-moi vous aider. »

La jeune bonne, qui avait modestement affecté de ne pas
savoir qu'un gentleman était si près d'elle, se retourna au
discours de Sam, dans l'intention (comme elle le dit plus tard
elle-même) de refuser l'offre d'un étranger, quand, au lieu de
répondre, elle tressaillit, recula et poussa un léger cri, qu'elle
s'efforça vainement de retenir. Sam n'était guère moins bouleversé : car dans la physionomie de la servante, à la jolie
tournure, il avait reconnu les traits de sa bien-aimée, la gentille bonne de M. Nupkins.

« Ah! Mary, ma chère !

— Seigneur ! M. Weller ! comme vous effrayez les gens ! »

Sam ne fit pas de réponse verbale à cette plainte, et nous ne
pouvons même pas dire précisément quelle réponse il fit. Seulement nous savons qu'après un court silence, Mary s'écria :
« Finissez donc, M. Weller ! » et que le chapeau de Sam était
tombé quelques instants auparavant, d'après quoi nous sommes
disposés à imaginer qu'un baiser, ou même plusieurs, avaient
été échangés entre les deux parties.

« Pourquoi donc êtes-vous venu ici ? demanda Mary quand
la conversation, ainsi interrompue, fut reprise.

— Vous voyez bien que je suis venu ici pour vous chercher
ma chère, répondit Sam, permettant pour une fois à sa passion de l'emporter sur sa véracité.

— Et comment avez-vous su que j'étais ici ? Qui peut vous
avoir dit que j'étais entrée chez d'autres maîtres à Ipswich, et
qu'ensuite ils étaient venus dans ce pays-ci ? Qui donc a pu
vous dire ça, M. Weller ?

— Ah, oui ! reprit Sam avec un regard malin, voilà la question : qui peut me l'avoir dit ?

— Ce n'est pas M. Muzzle, n'est-ce pas ?

— Oh ! non, répliqua Sam avec un branlement de tête solennel, ce n'est pas lui.

— Il faut que ce soit la cuisinière?

— Nécessairement.

— Eh bien! qui est-ce qui se serait douté de ça!

— Pas moi, toujours, dit M. Weller. Mais Mary, ma chère (ici les manières de Sam devinrent extrêmement tendres), Mary, ma chère, j'ai sur les bras une autre affaire très-pressante. Il y a un ami de mon gouverneur.... M. Winkle, vous vous en souvenez?

— Celui qui avait un habit vert? Oh, oui, je men souviens.

— Bon!. Il est dans un horrible état d'amour, absolument confusionné, et tout sens dessus dessous.

— Bah! s'écria Mary.

— Oui, poursuivit Sam; mais ça ne serait rien, si nous pouvions seulement trouver la jeune lady. »

Ici, avec beaucoup de digressions sur la beauté personnelle de Mary, et sur les indicibles tortures qu'il avait éprouvées pour son propre compte depuis qu'il ne l'avait vue, Sam fit un récit fidèle de la situation présente de M. Winkle.

« Par exemple, dit Mary, voilà qui est drôle!

— Bien sûr, reprit Sam; et moi, me voilà ici, marchant toujours comme le juif errant (un personnage bien connu autrefois sur le *turf*, et que vous connaissez peut-être, Mary, ma chère? qui avait fait la gageure de marcher aussi longtemps que le temps et qui ne dort jamais), pour chercher cette miss Arabella Allen.

— Miss qui? demanda Mary avec grand étonnement.

— Miss Arabella Allen.

— Bonté du ciel! s'écria Mary en montrant la porte que le groom rechigné avait fermée après lui. Elle est là, dans cette maison. Voilà six semaines qu'elle y reste. Leur femme de chambre m'a raconté tout cela devant la buanderie un matin que toute la famille dormait encore.

— Quoi! la porte à côté de vous?

— Précisément. »

Sam se sentit tellement étourdi en apprenant cette nouvelle, qu'il se trouva obligé de prendre la taille de la jolie bonne pour se soutenir, et que plusieurs petits témoignages d'amour s'échangèrent entre eux, avant qu'il fût suffisamment remis pour retourner au sujet de ses recherches.

« Eh bien! reprit-il à la fin, si ça n'enfonce pas les combats de coq, rien ne les enfoncera jamais, comme dit le lord maire quand le premier secrétaire d'état proposa la santé de madame la mairesse après dîner. Juste la porte après! Moi,

DE M. PICKWICK. 149

qui ai reçu un message pour elle, et qui ai déjà passé toute une journée, sans trouver moyen de le lui remettre!

—Ah! dit Mary, vous ne pouvez pas le lui donner maintenant. Elle ne se promène dans le jardin que le soir, et seulement pendant quelques minutes. Elle ne sort jamais sans la vieille lady. »

Sam rumina durant quelques instants, et à la fin s'arrêta au plan d'opérations que voici : il résolut de revenir à la brune, époque à laquelle Arabella faisait invariablement sa promenade; étant admis par Mary dans le jardin de sa maison, il trouverait moyen d'escalader le mur, au-dessous des branches pendantes d'un énorme poirier qui l'empêcherait d'être aperçu de loin, puis, une fois là, il délivrerait son message et tâcherait d'obtenir, en faveur de M. Winkle, une entrevue pour le lendemain à la même heure. Ayant conclu ces arrangements fort rapidement, il aida Mary à secouer ses tapis durant si longtemps négligés.

Ce n'est pas une chose aussi innocente qu'on se l'imagine, que de secouer ces petits tapis ; ou du moins, s'il n'y a pas grand mal à les secouer, il est fort dangereux de les plier. Tant qu'on ne fait que secouer, tant que les deux parties sont séparées par toute la longueur du tapis, c'est un amusement aussi moral qu'il soit possible d'en inventer. Mais quand on commence à plier, et quand la distance diminue d'une moitié à un quart, puis à un huitième, puis à un seizième, puis à un trente-deuxième, si le tapis est assez long, cela devient extrêmement périlleux. Nous ne savons pas au juste combien de tapis furent repliés dans cette occasion, mais nous pouvons nous permettre d'assurer qu'à chaque tapis Sam embrassa la jolie femme de chambre.

Les adieux terminés, M. Weller alla se régaler, avec modération, à la taverne la plus voisine. Il ne revint dans l'impasse qu'à la brune, fut introduit dans le jardin par Mary, et, ayant reçu d'elle plusieurs admonestations concernant la sûreté de ses membres et de son cou, il monta dans le poirier et attendit l'arrivée d'Arabella.

Il attendit si longtemps, sans la voir venir, qu'il commençait à craindre de ne rien voir du tout, lorsqu'il entendit sur le sable un léger bruit de pas, et, immédiatement après, aperçut Arabella elle-même, qui marchait d'un air pensif dans le jardin. Lorsqu'elle fut arrivée presque au-dessous du poirier, Sam, qui désirait lui indiquer doucement sa présence, commença à faire diverses rumeurs diaboliques, semblables à celles qui seraient, sans doute, naturelles à une personne attaquée à la fois, dès son enfance, d'une esquinancie, du croup et de la coqueluche.

La jeune lady jeta un regard effrayé vers le lieu d'où partaient ces horribles sons, et ses alarmes n'étant nullement diminuées en voyant un homme parmi les branches, elle se serait certainement enfuie et aurait alarmé la maison, si, fort heureusement, la peur ne l'avait pas privée de tous mouvements et ne l'avait pas forcée à s'asseoir sur un banc, qui par bonheur se trouvait là.

« La voilà qui s'en va, se disait Sam tout perplexe. Quelle vexation que ces jeunes créatures veulent toujours s'évanouir mal à propos ! Eh ! jeune lady.... miss carabin.... Mme Winkle, tranquillisez-vous ! »

Était-ce le nom magique de M. Winkle ? ou la fraîcheur de l'air ? ou quelque souvenir de la voix de Sam, qui ranima Arabella ? cela est peu important à savoir. Elle releva la tête et demanda d'une voix languissante :

« Qui est là ? que me voulez-vous ?

— Chut ! répondit Sam en se hissant sur le mur et en s'y blotissant dans le moindre espace possible ; ça n'est que moi, miss, ça n'est que moi.

— Le domestique de M. Pickwick ? s'écria Arabella avec vivacité.

— Lui-même, miss. Voilà M. Winkle qu'est tout à fait estomaqué de désespoir.

— Ah ! fit Arabella en s'approchant plus près du mur.

— Hélas ! oui, poursuivit Sam. Nous avons cru qu'il faudrait lui mettre la camisole de force la nuit dernière. Il n'a fait que rêver toute la journée, et il jure que, s'il ne vous voit pas demain soir, il veut être.... il veut qu'il lui arrive quelque chose de désagréable !

— Oh non ! non, M. Weller ! s'écria Arabella en joignant les mains.

— C'est là ce qu'il dit, miss, répliqua Sam froidement. C'est un homme d'honneur, miss, et, dans mon opinion, il le fera comme il dit. Il a tout appris du vilain magot en lunettes.

— Mon frère ! s'écria Arabella à qui la description de Sam rappelait des souvenirs de famille.

— Je ne sais pas trop lequel est votre frère, miss. Est-ce le plus malpropre des deux ?

— Oui, oui, M. Weller ! Continuez, dépêchez-vous, je vous prie.

— Eh bien! miss, il a tout appris par lui, et c'est l'opinion du gouverneur que, si vous ne le voyez pas très-promptement, le carabin dont nous venons de parler recevra assez de plomb dans la tête, pour la détériorer, si on veut jamais la conserver dans de l'esprit de vin.

— Oh! ciel! que puis-je faire pour prévenir ces épouvantables querelles?

— C'est la supposition d'un attachement antérieur qui est la cause de tout, miss. Vous feriez mieux de le voir.

— Mais où? comment? s'écria Arabella. Je ne puis quitter la maison toute seule, mon frère est si peu raisonnable, si injuste! Je sais combien il peut paraître étrange que je vous parle ainsi, M. Weller, mais je suis malheureuse, bien malheureuse!... »

Ici la pauvre Arabella se mit à pleurer amèrement, et Sam devint chevaleresque.

« C'est possible que ça ait l'air étrange, reprit-il avec une grande véhémence, mais tout ce que je puis dire, c'est que je suis disposé à faire l'impossible pour arranger les affaires, et si ça peut être utile de jeter soit l'un soit l'autre des carabins par la fenêtre, je suis votre homme. » En disant ceci, et pour intimer son empressement de se mettre à l'ouvrage, Sam releva ses parements d'habit, au hasard imminent de tomber du haut en bas du mur, pendant cette manifestation.

Quelque flatteuse que fût cette profession de dévouement, Arabella refusa obstinément d'y avoir recours, au grand étonnement de l'héroïque valet. Pendant quelque temps elle refusa, tout aussi courageusement, d'accorder à M. Winkle l'entrevue demandée par Sam d'une manière si pathétique; mais à la fin, et lorsque la conversation menaçait d'être interrompue par l'arrivée intempestive d'un tiers, elle lui donna rapidement à entendre, avec beaucoup d'expressions de gratitude, qu'il ne serait pas impossible qu'elle se trouvât dans le jardin le lendemain, une heure plus tard. Sam comprit parfaitement la chose; et Arabella, lui ayant accordé un de ses plus doux sourires, s'éloigna d'un pas leste et gracieux, laissant M. Weller dans une vive admiration de ses charmes, tant spirituels que corporels.

Descendu sans encombre de sa muraille, Sam n'oublia pas de dévouer quelques minutes à ses propres affaires, dans le même département; puis il retourna directement à l'hôtel du Buisson, où son absence prolongée avait occasionné beaucoup de suppositions et quelques alarmes.

« Il faudra que nous soyons très-prudents, dit M. Pickwick après avoir écouté attentivement le récit de Sam : non dans notre propre intérêt, mais dans celui de la jeune lady. Il faudra que nous soyons très-prudents.

— Nous ? s'écria M. Winkle avec une emphase marquée. »

Le ton de cette observation arracha à M. Pickwick un coup d'œil d'indignation momentanée, mais qui fut remplacé presque aussitôt par son expression de bienveillance accoutumée, lorsqu'il répondit: « Oui, *nous*, monsieur ! Je vous accompagnerai.

— Vous ? s'écria M. Winkle.

— Moi, reprit M. Pickwick d'un ton doux. En vous accordant cette entrevue, la jeune lady a fait une démarche naturelle, peut-être, mais très-imprudente. Si je m'y trouve présent, moi qui suis un ami commun, et assez vieux pour être le père de l'un et de l'autre, la voix de la calomnie ne pourra jamais s'élever contre elle, par la suite. »

En parlant ainsi, la contenance de M. Pickwick s'illumina d'une honnête satisfaction de sa propre prévoyance.

M. Winkle fut touché de cette preuve délicate de respect donnée par M. Pickwick à sa jeune protégée. Il saisit la main du philosophe avec un sentiment qui tenait de la vénération.

« Vous y viendrez? lui dit-il.

— Oui, répliqua M. Pickwick. Sam, vous préparerez mon paletot et mon châle, et vous aurez soin de faire venir une voiture à la porte, demain soir un peu avant l'heure nécessaire, afin que nous soyons sûrs d'arriver à temps. »

Sam toucha son chapeau en signe d'obéissance et se retira pour faire les préparatifs de l'expédition.

La voiture fut ponctuelle à l'heure désignée, et après avoir installé M. Pickwick et M. Winkle dans l'intérieur, Sam se plaça sur le siége à côté du cocher. Ils descendirent comme ils étaient convenus, à environ un quart de mille du lieu du rendez-vous, et, ordonnant au cocher d'attendre leur retour, firent le reste du chemin à pied.

C'est dans cette période de leur entreprise que M. Pickwick, avec plusieurs sourires et divers autres signes d'un grand contentement intérieur, tira d'une de ses poches une lanterne sourde dont il s'était pourvu spécialement pour cette occasion. Tout en marchant, il en expliquait à M. Winkle la grande beauté mécanique, à l'immense surprise du peu de passants qu'ils rencontraient.

« Je m'en serais mieux trouvé si j'avais eu quelque chose

de la sorte dans ma dernière expédition nocturne, au jardin de la pension, eh! eh! Sam? dit-il en se tournant avec bonne humeur vers son domestique qui marchait derrière lui.

— Très-jolies choses quand on connaît la manière de s'en servir, monsieur. Mais si on ne veut pas être vu, je crois qu'elles sont plus utiles quand la chandelle est éteinte. »

M. Pickwick fut apparemment frappé de la remarque de Sam, car il mit la lanterne dans sa poche, et ils continuèrent à marcher en silence.

« Par ici, monsieur, murmura Sam. Laissez-moi vous conduire. Voici la ruelle, monsieur. »

Ils entrèrent dans la ruelle, et comme elle était passablement noire, M. Pickwick, pour voir le chemin, tira deux ou trois fois sa lanterne, et jeta devant eux une petite échappée de lumière fort brillante d'environ un pied de diamètre. C'était extrêmement joli à regarder; mais cela ne semblait avoir d'autre effet que de rendre plus obscures les ténèbres environnantes.

A la fin, ils arrivèrent à la grosse pierre, sur laquelle Sam fit asseoir son maître et M. Winkle, tandis qu'il allait faire une reconnaissance, et s'assurer que Mary les attendait.

Après une absence de huit ou dix minutes, Sam revint dire que la porte était ouverte et que tout paraissait tranquille. M. Pickwick et M. Winkle, le suivant d'un pas léger, se trouvèrent bientôt dans le jardin, et là tout le monde se prit à dire : Chut! chut! un assez grand nombre de fois; mais cela étant fait, personne ne sembla plus avoir une idée distincte de ce qu'il fallait faire ensuite.

« Miss Allen est-elle déjà dans le jardin, Mary? demanda M. Winkle fort agité.

— Je n'en sais rien, monsieur, répondit la jolie bonne. La meilleure chose à faire, c'est que M. Weller vous donne un coup d'épaule dans l'arbre, et peut-être que monsieur Pickwick aura la bonté de voir si personne ne vient dans la ruelle pendant que je monterai la garde à l'autre bout du jardin. Seigneur! qu'est-ce que cela?

— Cette satanée lanterne causera notre malheur à tous! s'écria Sam aigrement. Prenez garde à ce que vous faites, monsieur; vous envoyez un tremblement de lumière, droit dans la fenêtre du parloir.

— Pas possible!... dit M. Pickwick, en détournant brusquement sa lanterne. Je ne l'ai pas fait exprès.

— Maintenant, vous illuminez la maison voisine, monsieur.

— Bonté divine!... s'écria M. Pickwick en se détournant encore.

— Voilà que vous éclairez l'écurie, et l'on croira que le feu y est. Fermez la cloison, monsieur; est-ce que vous ne pouvez pas?

— C'est la lanterne la plus extraordinaire que j'aie jamais rencontrée dans toute ma vie! s'écria M. Pickwick, grandement abasourdi par les effets pyrotechniques qu'il avait produits sans le vouloir. Je n'ai jamais vu de réflecteur si puissant.

— Il sera trop puissant pour nous, si vous le tenez flambant de cette manière ici, monsieur, répliqua Sam, comme M. Pickwick, après d'autres efforts inutiles, parvenait à fermer la coulisse. J'entends les pas de la jeune lady, monsieur Winkle, monsieur, oup là!

— Arrêtez, arrêtez!... dit M. Pickwick. Je veux lui parler d'abord; aidez-moi, Sam.

— Doucement, monsieur, répondit Sam en plantant sa tête contre le mur et faisant une plate-forme de son dos. Montez sur ce pot de fleur ici, monsieur. Allons maintenant, oup!

— J'ai peur de vous blesser, Sam.

— Ne vous inquiétez pas, monsieur. Aidez-le à monter, monsieur Winkle. Allons, monsieur, allons! voilà le moment. »

Sam parlait encore, et déjà M. Pikcwick était parvenu à lui grimper sur le dos, par des efforts presque surnaturels chez un gentleman de son âge et de son poids. Ensuite Sam se redressa doucement, et M. Pickwick, s'accrochant au sommet du mur, tandis que M. Winkle le poussait par les jambes, ils parvinrent de cette façon à amener ses lunettes juste au niveau du chaperon.

« Ma chère, dit M. Pickwick, en regardant par-dessus le mur et en apercevant de l'autre côté Arabella, n'ayez pas peur, ma chère, c'est seulement moi.

— Oh! je vous en supplie, monsieur Pickwick, allez-vous-en! Dites-leur de s'en aller; je suis si effrayée! Cher monsieur Pickwick, ne restez pas là; vous allez tomber et vous tuer, j'en suis sûre.

— Allons, ma chère enfant, ne vous alarmez pas, reprit M. Pickwick d'un ton encourageant. Il n'y a pas le plus petit

danger, je vous assure. Tenez-vous ferme, Sam, continua-t-il
en regardant en bas.

— Tout va bien, monsieur, répliqua Sam. Cependant ne
soyez pas plus long qu'il ne faut, si ça vous est égal; vous êtes
un brin pesant, monsieur.

— Encore un seul instant, Sam. Je désirais seulement vous
apprendre, ma chère, que je n'aurais pas permis à mon jeune
ami de vous voir de cette manière clandestine, si la situation
dans laquelle vous êtes placée lui avait laissé une autre alternative. Mais, de peur que l'inconvenance de cette démarche ne
vous causât quelque déplaisir, j'ai voulu vous faire savoir que
je suis présent. Voilà tout, ma chère.

— En vérité, monsieur Pickwick, je vous suis très-obligée
pour votre bonté et votre prévoyance, répondit Arabella en essuyant ses larmes avec son mouchoir. »

Elle en aurait dit bien davantage, sans doute, si la tête de
M. Pickwick n'avait pas soudainement disparu, en conséquence d'un faux pas qu'il avait fait sur l'épaule de Sam, et
grâce auquel il se trouva tout à coup sur la terre. Cependant
il fut remis sur ses pieds en un moment, et, disant à M. Winkle
de se hâter de terminer son entrevue, il courut au bout de la
ruelle pour monter la garde avec tout le courage et l'ardeur
d'un jeune homme. M. Winkle, inspiré par l'occasion, fut sur
le mur en un clin d'œil; il s'y arrêta néanmoins pour engager
Sam à prendre soin de son maître.

« Soyez tranquille, monsieur, je m'en charge.

— Où est-il, que fait-il, Sam?

— Dieu bénisse ses vieilles guêtres! répliqua Sam en regardant vers la porte du jardin. Il monte la garde dans la
ruelle avec sa lanterne sourde, comme un aimable Mandrin.
Je n'ai jamais vu une si charmante créature de mes jours.
Dieu me sauve! si je n'imagine pas que son cœur doit être
venu au monde vingt-cinq ans après son corps, pour le
moins. »

M. Winkle n'était pas resté pour entendre l'éloge de son
ami; il s'était précipité à bas du mur, il s'était jeté aux pieds
d'Arabella, et plaidait la sincérité de sa passion avec une éloquence digne de M. Pickwick lui-même.

Pendant que ces choses se passaient en plein air, un gentleman d'un certain âge, et fort distingué dans les sciences,
était assis dans sa bibliothèque, deux ou trois maisons plus
loin, et s'occupait à écrire un traité philosophique, adoucis-

sant de temps en temps son gosier et son travail avec un
verre de Bordeaux, qui résidait à côté de lui dans une bouteille vénérable. Pendant les agonies de la composition, le savant gentleman regardait quelquefois le tapis, quelquefois le
plafond, quelquefois la muraille; et quand ni le tapis, ni le
plafond, ni la muraille ne lui donnaient le degré nécessaire
d'inspiration, il regardait par la fenêtre.

Dans une de ces défaillances de l'invention, notre savant observait avec abstraction les ténèbres extérieures, lorsqu'il fut
étrangement surpris en remarquant une lumière très-brill-
lante qui glissait dans les airs, à une petite distance du sol,
et qui s'évanouit presque instantanément. Au bout de quelques secondes, le phénomène s'était répété, non pas une fois,
ni deux, mais plusieurs.

A la fin, le savant déposa sa plume, et commença à chercher quelle pouvait être la cause naturelle de ces apparences.

Ce n'étaient point des météores, elles luisaient trop bas; ce
n'étaient pas des vers luisants, elles brillaient trop haut. Ce
n'étaient point des feux follets, ce n'étaient point des mouches
phosphoriques, ce n'étaient point des feux d'artifice; que pou-
vait-ce donc être? Quelque jeu de la nature, étonnant, extraordinaire, qu'aucun philosophe n'avait jamais vu auparavant; quelque chose que lui seul était destiné à découvrir, et
qui, recueilli par lui pour le bénéfice de la postérité, devait
immortaliser son nom. Plein de ces idées, le savant saisit de
nouveau sa plume, et confia au papier la description exacte et
minutieuse de ces apparitions sans exemple, avec la date, le
jour, l'heure, la minute, la seconde précise où elles avaient
été visibles. C'étaient les premiers matériaux d'un volumineux
traité, plein de grandes recherches et de science profonde, qui
devait étonner toutes les sociétés météorologiques des contrées
civilisées.

Enivré par la contemplation de sa future grandeur, le savant se renversa dans son fauteuil. La mystérieuse lumière
reparut, plus brillante que jamais, dansant, en apparence, du
haut en bas de la ruelle, passant d'un côté à l'autre, et se
mouvant dans une orbite aussi excentrique que celle des co-
mètes elles-mêmes.

Le savant était garçon : ne pouvant appeler sa femme pour
l'étonner, il tira la sonnette et fit venir son domestique.

« Pruffle, lui dit-il, il y a cette nuit dans l'air quelque

chose de bien extraordinaire. Avez-vous vu cela? Et il montrait, par la fenêtre, les rayons lumineux qui venaient de reparaître.

— Oui, monsieur.

— Et qu'en pensez-vous, Pruffle?

— Ce que j'en pense, monsieur?

— Oui. Vous avez été élevé à la campagne; savez-vous quelle est la cause de ces lumières? »

Le savant attendait en souriant une réponse négative.

« Monsieur, dit-il à la fin, j'imagine que ce sont des voleurs.

— Vous êtes un sot! Vous pouvez retourner en bas.

— Merci, monsieur, répondit Pruffle; et il s'en alla. »

Cependant le savant était cruellement tourmenté par l'idée que son profond traité serait infailliblement perdu pour le monde, si l'hypothèse de l'ingénieux M. Pruffle n'était pas étouffée dès sa naissance. Il mit donc son chapeau et descendit doucement dans son jardin, déterminé à étudier à fond le météore.

Or, quelque temps avant que le savant fût descendu dans son jardin, M. Pickwick, croyant entendre venir quelqu'un, avait couru jusqu'au fond de la ruelle, le plus vite qu'il avait pu, pour communiquer une fausse alerte, et, dans sa course rapide, avait de temps en temps tiré la coulisse de sa lanterne sourde pour éviter de tomber dans le fossé. Aussitôt que cette alerte eut été donnée, M. Winkle regrimpa sur son mur, Arabella courut dans sa maison, la porte du jardin fut fermée, et nos trois aventuriers s'en revenaient, de leur mieux, le long de la ruelle, quand ils furent effrayés par le bruit que faisait le savant en ouvrant la porte de son jardin.

« Halte! murmura Sam, qui marchait en avant, bien entendu. Montrez la lumière juste une seconde, monsieur. »

M. Pickwick fit ce qui lui était demandé, et Sam voyant une tête d'homme qui s'avançait avec précaution, à environ deux pieds de la sienne, lui donna de son poing fermé une légère tape qui lui fit sonner le creux contre la grille; puis, ayant accompli cet exploit avec grande promptitude et dextérité, il prit M. Pickwick sur son dos et suivit M. Winkle le long de la ruelle, avec une rapidité véritablement étonnante, vu le poids dont il était chargé.

« Monsieur, demanda-t-il à son maître, quand il fut arrivé au bout, avez-vous repris votre respire? »

— Tout à fait.... tout à fait maintenant, répliqua M. Pickwick.

— Allons ! pour lors, reprit Sam en remettant le philosophe
sur ses pieds, venez entre nous, monsieur ; pas plus d'un
demi-mille à courir. Imaginez que vous gagnez un prix, et en
route ! »

Ainsi encouragé, M. Pickwick fit le meilleur usage possible
de ses jambes, et l'on peut assurer avec confiance que jamais
une paire de guêtres noires n'arpenta le terrain plus lestement que ne le firent les guêtres de M. Pickwick dans cette
occasion mémorable.

La voiture attendait, les chevaux étaient frais, la route
bonne et le cocher bien disposé. Toute la troupe arriva saine
et sauve à l'hôtel avant que M. Pickwick eût eu le temps de
reprendre haleine.

« Entrez tout de suite, monsieur, dit Sam en aidant son
maître à descendre. Ne restez pas une seconde dans la rue
après cet exercice ici. Je vous demande pardon, monsieur,
continua-t-il, en touchant son chapeau, à M. Winkle qui descendait de la voiture. J'espère qu'il n'y a pas d'attachement
antérieur ? »

M. Winkle serra la main de son humble ami, et lui dit à
l'oreille ; « Tout va bien, Sam ; parfaitement bien ! »

A cette annonce, M. Weller, en signe d'intelligence, frappa
trois coups distincts sur son nez, sourit, cligna de l'œil, et monta
l'escalier, avec une physionomie qui exprimait la satisfaction
la plus vive.

Quant au savant gentleman de la ruelle, il démontra, dans
un admirable traité, que ces étonnantes lumières étaient des
effets de l'électricité, et il le prouva clairement, en détaillant
comment un éclair éblouissant avait dansé devant ses yeux,
lorsqu'il avait mis la tête hors de sa porte, et comment il avait
reçu un choc qui l'avait étourdi pendant un grand quart
d'heure. Grâce à cette démonstration, qui charma toutes les
sociétés savantes de l'univers, il fut toujours considéré, depuis
lors, comme une des lumières de la science.

CHAPITRE XI.

Où l'on voit M. Pickwick sur une nouvelle scène du grand drame
de la vie.

Le reste du temps que M. Pickwick avait destiné à son séjour à Bath s'écoula sans rien amener de remarquable. Le
terme de la Trinité commençait, et avant que sa première semaine fût achevée, M. Pickwick, revenu à Londres, avec ses
amis, était allé s'établir dans ses anciens quartiers, à l'hôtel
de *George-et-Vautour*.

Trois jours après leur arrivée, juste au moment où les horloges de la cité sonnaient individuellement neuf heures du
matin, et collectivement environ neuf cents heures, Sam était
en train de prendre l'air dans la cour, lorsqu'il vit s'arrêter
devant la porte de l'hôtel une étrange sorte de véhicule, fraîchement peint, hors duquel sauta légèrement une étrange
sorte de gentleman, qui semblait fait pour le véhicule, comme
le véhicule semblait fait pour lui, et qui donna les rênes à un
gros homme assis auprès de lui.

Ce véhicule n'était pas exactement un tilbury, et n'était pas
non plus un phaéton. Ce n'était pas ce qu'on appelle vulgairement un dog-cart, ni une carriole, ni un cabriolet; et cependant il participait du caractère de chacune de ces machines.
La caisse était peinte en jaune clair, sur lequel se détachaient,
en noir, les rayons et les jantes des roues. Le conducteur était
assis, suivant le style classique, sur des coussins empilés
environ deux pieds au-dessus du dossier. Le cheval était
un animal bai, d'assez bonne tournure, mais ayant néanmoins un air de mauvais ton et de mauvais sujet à la fois,
qui s'accordait admirablement avec le véhicule et avec son
maître.

Le maître lui-même était un homme d'une quarantaine d'années, ayant des cheveux et des favoris noirs, soigneusement
peignés. Il était vêtu d'une manière singulièrement recherchée,
et couvert d'une quantité de bijoux, tous environ trois fois
plus grands que ceux qui sont portés ordinairement par un

gentleman. Pour couronner le tout, il était enveloppé d'une grosse redingote à long poils.

Aussitôt qu'il fut descendu, il fourra sa main gauche dans l'une des poches de sa redingote, tandis qu'avec sa main droite, il tirait d'une autre poche un foulard très-brillant, dont il se servit pour épousseter trois grains de poussière sur ses bottes, et qu'il garda ensuite, en le froissant dans sa main, pour traverser la cour d'un air fendant.

Pendant que ce personnage descendait de voiture, Sam remarqua qu'un autre homme, vêtu d'une vieille redingote brune, veuve de plusieurs boutons, et qui, jusque là, était resté à flâner de l'autre côté de la rue, la traversa et se tint immobile non loin de la porte. Ayant plus d'un soupçon sur le but de la visite du premier gentleman, Sam le précéda à l'entrée de l'hôtel, et, se retournant brusquement, se planta au centre de la porte.

« Allons! mon garçon, » dit le gentleman d'un ton impérieux, en essayant en même temps de pousser Sam.

« Allons! monsieur. Qu'est-ce que c'est? » répliqua Sam, en lui rendant sa bousculade avec les intérêts composés.

« Allons, allons! mon garçon, ça ne prend pas avec moi, rétorqua l'étranger, en élevant la voix et en devenant tout blanc. Ici, Smouch.

— Ben! quoi qui gnia, » grommela l'homme à la redingote brune, qui pendant ce court dialogue s'était graduellement avancé dans la cour.

« C'est ce jeune homme qui fait l'insolent, » dit le principal, en poussant Sam de nouveau.

« Ohé, pas de bêtises! » gronda Smouch, en bourrant Sam beaucoup plus fort.

Ce compliment eut le résultat qu'en attendait l'habile M. Smouch : car tandis que Sam, empressé d'y répondre, le froissait contre la porte, le principal se faufilait, et pénétrait jusqu'au bureau. Sam l'y suivit immédiatement, après avoir échangé avec M. Smouch quelques arguments, composés principalement d'épithètes.

« Bonjour, ma chère, dit le principal, en s'adressant à la jeune personne du bureau, avec une aisance de détenu libéré. Où est la chambre de M. Pickwick, ma chère?

— Conduisez-le, » dit la jeune lady au garçon, sans daigner jeter un second coup d'œil au fashionable.

Le garçon se mit en route, suivi du personnage; Sam venait

derrière, et tout le long de l'escalier se soulageait par d'innombrables gestes de défi et de mépris suprême, à la grande satisfaction des domestiques et des autres spectateurs de cette scène. M. Smouch, qui était troublé par une grosse toux, resta en bas, et expectora dans le passage.

M. Pickwick était profondément endormi dans son lit, quand ce visiteur matinal entra dans sa chambre, toujours suivi par Sam. Le bruit de cette intrusion le réveilla.

« De l'eau pour ma barbe, Sam, » dit-il sans ouvrir les yeux.

« Oui, oui, nous allons vous faire la barbe, M. Pickwick, dit l'étranger, en tirant un des rideaux du lit. J'ai un mandat d'arrêt contre vous, à la requête de Bardell. Voici le *warrant*, lancé par la cour des *common pleas;* et voilà ma carte. Je suppose que vous viendrez chez moi? »

En parlant ainsi, l'officier du shériff, car tel était son titre, donna une tape amicale sur l'épaule de M. Pickwick, puis il jeta sa carte sur la courte-pointe, et tira de la poche de son gilet un cure-dents, en or.

« Namby est mon nom, poursuivit-il, pendant que M. Pickwick aveignait ses lunettes de dessous son traversin, et les mettait sur son nez pour lire la carte. Namby, Bell Aley, Coleman Street. »

En cet endroit, Sam qui avait eu jusque-là les yeux fixés sur le chapeau luisant de M. Namby, l'interrompit :

« Êtes-vous quaker¹? » lui demanda-t-il.

« Je vous ferai connaître ce que je suis, avant de vous quitter, répondit l'officier indigné. Je vous apprendrai la politesse, mon garçon, un de ces beaux matins.

— Merci, répliqua Sam. J'en ferai autant pour vous, tout de suite. Otez vot' chapeau. » En parlant ainsi, Sam envoyait, d'un revers de main, le chapeau de M. Namby à l'autre bout de la chambre, et cela avec tant de violence, que peu s'en fallut qu'il n'y fît voler le cure-dents d'or par-dessus le marché.

« Observez cela, M. Pickwick, s'écria l'officier déconcerté, en reprenant haleine. J'ai été attaqué dans votre chambre, par votre domestique, dans l'exercice de mes fonctions. J'ai des craintes personnelles, je vous prends à témoin.

— Ne soyez témoin de rien, monsieur, interrompit Sam,

---

¹. Les *quakers* gardent leur chapeau en certaines occasions où d'autres se croient tenus de l'ôter.

fermez vos yeux solidement, monsieur! Je le jetterais volontiers par la fenêtre; seulement il ne tomberait pas assez loin, à
cause du plomb.

— Sam! s'écria M. Pickwick d'une voix mécontente, pendant que son domestique faisait diverses démonstrations d'hostilités : si vous dites une autre parole, si vous causez le moindre trouble à cette personne, je vous renvoie sur-le-champ.

— Mais, monsieur....

— Taisez-vous et ramassez ce chapeau. »

Malgré la sévère réprimande de son maître, Sam refusa positivement de relever le chapeau ; et comme l'officier du *shérif*
était pressé, il condescendit à le ramasser lui-même. Ce ne fut
pas, toutefois, sans lancer contre Sam un déluge de menaces,
que celui-ci recevait avec la plus grande tranquillité, se contentant de faire observer que si M. Namby voulait avoir la
bonté de remettre son chapeau sur sa tête, il le lui enverrait
aux grandes Indes. M. Namby, pensant qu'une telle opération
produirait peut-être quelques inconvénients pour lui-même, ne
voulut pas exposer son adversaire à une trop forte tentation,
et bientôt après appela Smouch. L'ayant informé que la cap-
ture était faite, et qu'il n'avait plus qu'à attendre jusqu'à ce
que le prisonnier eût fini de s'habiller, Namby s'en fut en se
pavanant et remonta dans son véhicule. Smouch ayant prié
M. Pickwick *de ne pas s'endormir*, tira une chaise auprès de la
porte et y resta assis jusqu'à ce que notre héros eût fini de
s'habiller. Sam fut alors dépêché pour amener une voiture de
place, dans laquelle le triumvirat se rendit à Coleman-Street.
Le trajet n'était pas long, heureusement : car, outre que
M. Smouch n'était pas doué d'une conversation fort enchante-
resse, sa société était rendue décidément désagréable, dans un
espace limité, par la faiblesse physique à laquelle nous avons
fait allusion plus haut.

La voiture ayant tourné dans une rue très-sombre et très-
étroite, s'arrêta devant une maison dont toutes les fenêtres
étaient grillées. La muraille en était décorée du nom et du
titre de *Namby, officier des shérifs de Londres.* La porte intérieure ayant été ouverte, au moyen d'une énorme clef, par un
gentleman qui pouvait passer pour un frère jumeau négligé de
M. Smouch, M. Pickwick fut introduit dans la salle du café.

Cette salle du café était principalement remarquable par du
sable frais, qui jonchait le plancher, et par une odeur de tabac qui parfumait l'air. M. Pickwick salua en entrant, trois

personnes qui s'y trouvaient, et ayant envoyé Sam pour chercher M. Perker, se retira dans un coin obscur, et de là regarda avec quelque curiosité ses nouveaux compagnons.

Un de ceux-ci était un jeune garçon de dix-neuf ou vingt ans, qui, quoiqu'il fût à peine dix heures du matin, buvait de l'eau et du genièvre, et fumait un cigare, amusements auxquels il devait avoir dévoué presque constamment les deux ou trois dernières années de sa vie, à en juger par sa contenance enflammée. En face de lui, et s'occupant à attiser le feu avec le bout de sa botte droite, se trouvait un jeune homme, d'environ trente ans, épais, vulgaire, au visage jaune, à la voix dure, et possédant évidemment cette connaissance du monde et cette séduisante liberté de manières qui s'acquiert dans les salles de billards et les estaminets de bas étage. Le troisième prisonnier était un homme d'un certain âge, vêtu d'un très-vieil habit noir. Son visage était pâle et hagard, et il parcourait incessamment la chambre, s'arrêtant de temps en temps pour regarder par la fenêtre avec beaucoup d'inquiétude, comme s'il eût attendu quelqu'un. Après quoi il recommençait à marcher.

« Vous feriez mieux d'accepter mon rasoir ce matin, M. Ayresleigh, » dit l'homme qui attisait le feu, en clignant de l'œil à son ami, le jeune garçon.

— Non, je vous remercie, je n'en aurai pas besoin. Je compte bien être dehors avant une heure ou deux, » répliqua l'autre avec précipitation; puis allant, une fois de plus, à la fenêtre, et revenant encore désappointé, il soupira profondément et quitta la chambre. Les deux autres poussèrent des éclats de rire bruyants.

« Eh bien, je n'ai jamais vu une farce comme cela! dit le gentleman qui avait offert le rasoir, et dont le nom paraissait être Price. Jamais! » Il confirma cette assertion par un juron, et recommença à rire; en quoi il fut imité par le jeune garçon qui le regardait évidemment comme un modèle accompli.

« Croiriez-vous, continua Price en se tournant vers M. Pickwick, que ce bonhomme-là, qui est ici depuis huit jours, ne s'est point encore rasé une fois? Il se croit si sûr de sortir avant une demi-heure, qu'il aime autant attendre qu'il soit rentré chez lui.

— Pauvre homme! dit M. Pickwick. A-t-il réellement quelques chances de se tirer d'affaire?

— Des chances? il n'en a pas la queue d'une. Je ne donne-

rais pas ça pour la chance qu'il a de marcher dans la rue d'ici
à dix ans. » En parlant ainsi, M. Price secouait contemptueu-
sement ses doigts. Un instant après il tira la sonnette :

« Apportez-moi une feuille de papier, Crookey, dit-il au domestique, qui, par sa mise et par sa tournure, avait l'air de
tenir le milieu entre un nourrisseur banqueroutier et un bouvier en état d'insolvabilité. Un verre de grog avec, Crookey,
entendez-vous? Je vais écrire à mon père, et il me faut du
stimulant, autrement je ne serais pas capable d'entortiller le
vieux. »

Il est inutile de dire que le jeune homme se pâma, en entendant ce discours facétieux.

« Voilà la chose, continua M. Price. Faut pas se laisser
abattre; c'est amusant, -hein?

— Fameux! dit le jeune gentleman.

— Vous avez de l'aplomb, reprit M. Price, approbativement.
Vous avez vu le monde?

— Un peu! » répliqua le jeune homme. Il l'avait regardé à
travers les vitres malpropres d'un estaminet.

M. Pickwick n'était pas médiocrement dégoûté par ce dialogue, aussi bien que par l'air et les manières des deux êtres
qui l'échangeaient. Il allait demander s'il n'était pas possible
d'avoir une chambre particulière, lorsqu'il vit entrer deux ou
trois étrangers, d'une apparence assez respectable. En les apercevant, le jeune homme jeta son cigare dans le feu, et dit tout
bas à M. Price qu'ils étaient venus pour le tirer d'affaire, puis
il se retira avec eux, auprès d'une table, à l'autre bout de la
chambre.

Il paraîtrait cependant qu'on ne tirait pas le jeune homme
d'affaire aussi promptement qu'il l'avait imaginé; car il s'en
suivit une très-longue conversation, dont M. Pickwick ne put
s'empêcher d'entendre certains passages, concernant une conduite dissolue et des pardons répétés. A la fin, le plus vieux
des trois étrangers fit des allusions fort distinctes à une certaine rue Whitecross [1], au nom de laquelle le jeune gentleman,
malgré son aplomb et sa connaissance du monde, appuya sa
tête sur la table, et se mit à sangloter cruellement.

Très-satisfait d'avoir vu si soudainement rabaisser le ton et
abattre la valeur du jeune homme, M. Pickwick tira la sonnette, et fut conduit, sur sa requête, dans une chambre parti-

---

1. Rue où se trouve la prison pour dettes.

culière, garnie d'un tapis, d'une table, de plusieurs chaises,
d'un buffet, d'un sofa, et ornée d'une glace et de plusieurs
vieilles gravures. Là, tandis que son déjeuner s'apprêtait, il
eut l'avantage d'entendre Mme Namby toucher du piano, au-
dessus de sa tête, et quand le déjeuner arriva, M. Perker
arriva aussi.

« Ah! ah! mon cher monsieur, dit le petit avoué; coffré à la
fin, eh? Allons, allons! je n'en suis pas très-fâché, parce que
vous allez voir l'absurdité de cette conduite. J'ai noté le montant des frais taxés et des dommages, et nous ferons bien de
régler cela, sans perdre de temps. Namby doit-être revenu à
l'heure qu'il est. Qu'en dites-vous, mon cher monsieur? Voulez-
vous écrire un mandat, ou bien aimez-vous mieux m'en char-
ger? » En disant ceci, Perker se frottait les mains, avec une
gaieté affectée; mais, ayant observé la contenance de M. Pickwick, il ne put s'empêcher de jeter vers Sam un regard découragé.

« Perker, dit M. Pickwick, je vous prie de ne plus me parler
de cela. Je ne vois aucun avantage à rester ici; ainsi j'irai à la
prison ce soir.

— Vous ne pouvez pas aller à Whitecross, mon cher monsieur, s'écria le petit homme; impossible! Il y a soixante lits
par dortoir, et les grilles sont fermées seize heures sur vingt-
quatre.

— J'aimerais mieux aller dans quelque autre prison, si je
le puis, répondit M. Pickwick. Si non, je m'arrangerai le
mieux que je pourrai de celle-là.

— Vous pouvez aller à la prison de Fleet-Street, mon cher
monsieur; si vous êtes déterminé à aller quelque part.

— C'est cela. J'irai aussitôt que j'aurai fini mon déjeuner.

— Doucement, doucement, mon cher monsieur, dit le brave
homme de petit avoué. Il n'est pas besoin d'aller si vite dans
un endroit dont tous les autres hommes sont si empressés de
sortir. Il faut d'abord que nous ayons un *habeas corpus*. Il n'y
aura pas de juges aux chambres avant quatre heures de l'a-
près-midi; il faudra que vous attendiez jusque-là.

— Très-bien, dit M. Pickwick, avec une patience inébranlable. Alors nous mangerons une côtelette ici, à deux heures.
Occupez-vous-en, Sam, et dites qu'on soit ponctuel. »

M. Pickwick demeurant immuable, malgré les remontrances
et les arguments de Perker, les côtelettes parurent, et dispa-

rurent en temps utile. Ensuite on attendit pendant une heure
ou deux M. Namby, qui avait des personnes distinguées à
dîner, et ne pouvait se déranger, sous aucun prétexte. Enfin
notre philosophe monta avec lui et M. Perker dans une voiture qui les transporta à *Chancery-lane.*

Il y avait deux juges de service à *Serjeants' Inn,* l'un du
banc du roi, l'autre des *common pleas;* et s'il fallait en croire
la foule de clercs qui allaient et venaient avec des paquets de
papiers, il devait passer par leurs mains une immense quantité
d'affaires. Lorsque M. Pickwick et ses acolytes eurent atteint
la basse arcade qui forme l'entrée de *Serjeants' Inn,* Perker fut
retenu, pendant quelques moments, pour parlementer avec le
cocher, concernant le prix de la course et la monnaie, et
M. Pickwick, se mettant de côté pour être hors du courant
d'individus qui entraient, regarda autour de lui avec curiosité.

Les personnages qui attiraient le plus son attention, étaient
trois ou quatre hommes d'une tournure à la fois prétentieuse
et misérable. Ils touchaient leur chapeau devant la plupart des
avoués qui passaient, et semblaient être là pour quelque affaire,
dont M. Pickwick ne pouvait deviner la nature. C'étaient des
individus fort curieux à observer. L'un était grand et boiteux,
avec un habit noir râpé et une cravate blanche; un autre était
un gros courtaud, également vêtu de noir, mais dont la cravate, jadis noire, avait une teinte rougeâtre; un troisième était
un drôle de corps, à la tournure avinée, à la face bourgeonnée.
Ils se promenaient aux alentours, les mains derrière le dos, et
quelquefois, d'un air empressé, ils murmuraient deux ou
trois mots à l'oreille des personnes qui passaient auprès d'eux
avec des paquets de papiers. M. Pickwick se souvint de les
avoir souvent remarqués sous l'arcade, lorsqu'il se promenait
par-là, et il éprouva une vive curiosité de savoir à quelle
branche de la chicane appartenaient ces flâneurs peu distingués.

Il allait le demander à Namby, qui était resté auprès de lui,
et qui s'occupait à sucer un large anneau d'or, dont son petit
doigt était décoré, lorsque Perker revint avec empressement
leur dire qu'il n'y avait pas de temps à perdre, et se dirigea
vers l'intérieur de la maison. M. Pickwick se disposait à le
suivre, lorsque le boiteux s'approcha de lui, toucha poliment
son chapeau, et lui tendit une carte écrite à la main. Notre
excellent ami, ne voulant pas contrister cet inconnu par un
refus, accepta gracieusement sa carte, et la déposa dans la
poche de son gilet.

« Nous y voilà, dit Perker, en se retournant, pour voir si ses compagnons étaient auprès de lui, avant d'entrer dans les bureaux. Par ici, mon cher monsieur. Eh! qu'est-ce que vous voulez? »

Cette dernière question était adressée au boiteux, qui s'était joint à leur société, sans que M. Pickwick l'eût remarqué. Pour toute réponse le boiteux toucha de nouveau son chapeau, avec la plus grande politesse, et montra le philosophe.

« Non, non, dit Perker avec un sourire; nous n'avons pas besoin de vous, mon cher ami.

— Je vous demande pardon, monsieur, dit le boiteux. Le gentleman a pris ma carte. J'espère que vous m'emploierez, monsieur. Le gentleman m'a fait un signe. Je consens à être jugé par le gentleman lui-même. Vous m'avez fait un signe, monsieur.

— Bah, bah! folie. Vous n'avez fait de signe à personne, Pickwick? C'est une erreur, c'est une erreur.

— Ce monsieur m'a tendu sa carte, répliqua M. Pickwick, en la sortant de la poche de son gilet. Je l'ai acceptée, comme il paraissait le désirer. Au fait j'avais quelque curiosité de la regarder quand j'en aurais le loisir. Je.... »

Le petit avoué éclata de rire, et rendant la carte au boiteux l'informa que c'était une erreur. Ensuite, pendant que cet homme s'en allait, de mauvaise humeur, il dit à demi-voix à M. Pickwick que c'était simplement une caution.

« Une quoi? s'écria M. Pickwick.

— Une caution.

— Une caution!

— Oui, mon cher monsieur, il y en a une demi-douzaine ici. Ils vous servent de caution, n'importe pour quelle somme, et ne prennent pour cela qu'une demi-couronne. Un curieux métier, hein? dit Perker, en se régalant d'une prise de tabac.

— Quoi! s'écria M. Pickwick, renversé par cette découverte, dois-je entendre que ces hommes se font un revenu en se parjurant devant les juges du pays, au taux d'une demi-couronne par crime!

— Hé! hé! Quant au parjure, je n'en sais trop rien, mon cher monsieur; c'est un mot sévère, mon cher monsieur; très-sévère. Il y a là une fiction légale, rien de plus. »

Ayant dit ceci, l'avoué sourit, haussa les épaules, prit une seconde pincée de tabac, et entra dans le bureau du clerc du juge.

C'était une chambre d'une apparence essentiellement mal-

propre, dont le plafond était bas et les murs couverts de vieilles
boiseries. Elle était si mal éclairée que, quoiqu'il fît grand
jour au dehors, des chandelles de suif brûlaient sur les bureaux. A l'une des extrémités ouvrait une porte qui conduisait dans le cabinet du juge, et autour de laquelle se trouvaient réunis une nuée d'avoués et de clercs, qui y étaient
introduits par ordre. Chaque fois que cette porte s'ouvrait
pour laisser sortir un groupe, un autre groupe se précipitait
pour entrer. Et comme ceux qui avaient vu le juge mêlaient
des discussions assez intimes aux bruyants dialogues de ceux
qui ne l'avaient point encore vu, il en résultait un tapage
aussi immense qu'il est possible de l'imaginer dans un espace
aussi rétréci.

Cependant ces conversations n'étaient point le seul bruit qui
fatiguât les oreilles. Debout sur une boîte, derrière une barre
de bois, à l'autre bout de la chambre, était un clerc armé de
lunettes, qui recevait les attestations; et de temps en temps
un autre clerc en emportait de gros paquets dans le cabinet
du juge, pour les lui faire signer. Il y avait un très-grand
nombre de clercs d'avoués qui devaient prêter serment; et,
comme il était moralement impossible de le leur faire prêter à
tous en même temps, les efforts de ces gentlemen pour se
rapprocher du clerc aux lunettes étaient semblables à ceux de
la foule qui assiége la porte du parterre d'un théâtre, lorsque
sa très-gracieuse Majesté l'honore de sa présence. Un autre
fonctionnaire exerçait de temps en temps la force de ses poumons à appeler le nom de ceux qui avaient prêté serment,
afin de leur rendre leurs attestations lorsque celles-ci avaient
été signées par le juge, ce qui occasionnait de nouvelles luttes;
et, toutes ces choses, se passant en même temps, donnaient
naissance à autant de hourvari qu'en puisse désirer la personne la plus active. Il y avait encore une autre classe d'individus qui n'étaient pas moins bruyants, c'étaient ceux qui venaient pour assister à des conférences demandées par leurs
patrons. L'avoué de la partie adverse pouvait ou non s'y rendre, à son choix; et les clercs en question n'avaient pas d'autre
affaire que de crier de temps en temps le nom de l'avoué adverse, afin de s'assurer qu'il ne se trouvait pas là.

Par exemple, tout auprès du siége où s'était assis M. Pickwick, se tenaient appuyés contre la muraille deux clercs, dont
l'un avait une voix de basse-taille, tandis que l'autre en avait
une de ténor.

Un clerc entra avec un paquet de papiers et se mit à regarder tout autour de lui.

« Sniggle et Blink, miaula le ténor.

— Porkin et Snob, mugit la basse.

— Stumpy et Deacon, hurla le nouveau venu. »

Personne ne répondit, et le premier individu qui entra après cela fut salué par tous les trois à la fois, et à son tour cria d'autres noms. Puis un nouveau personnage en vociféra d'autres encore, et ainsi de suite.

Pendant tout ce temps, l'homme aux lunettes travaillait sans répit à faire jurer les clercs. Leur serment était toujours administré sans aucune espèce de ponctuation, et ordinairement dans les termes suivants :

« Prenez le livre dans votre main droite ceci est votre nom et votre écriture au nom de Dieu vous jurez que le contenu de votre présente attestation est véritable un shilling il faut vous procurer de la monnaie je n'en ai pas. »

« Eh bien! Sam, dit M. Pickwick, je suppose qu'on prépare l'*Habeas corpus?*

— Oui, répondit Sam, je voudrais bien qu'ils l'amènent leur *ayez sa carcasse.* C'est pas délicat de nous faire attendre comme ça. Dans ce temps-là moi j'aurais arrangé une douzaine d'*ayez sa carcasse* tout emballés et tout ficelés. »

Sam paraissait s'imaginer qu'un *habeas corpus* est une espèce de machine encombrante; mais nous ne saurions dire au juste de quelle sorte, car en ce moment M. Perker revint et emmena M. Pickwick.

Les formalités ordinaires ayant été accomplies, le corpus de Samuel Pickwick fut confié à la garde d'un huissier, pour être, par lui, conduit au gouverneur de la prison de la Flotte, et pour être là détenu jusqu'à ce que le montant des dommages et des frais résultant de l'action de Bardell contre Pickwick fût entièrement payé et soldé.

« Et ce ne sera pas de sitôt, dit M. Pickwick en riant. Sam, appelez une autre voiture. Perker, mon cher ami, adieu.

— Je vais aller avec vous pour vous voir établi en sûreté.

— En vérité, je préférerais être seul avec Sam. Aussitôt que je serai organisé, je vous écrirai pour vous le dire, et je vous attendrai immédiatement. Jusque-là, adieu. »

Cela dit, M. Pickwick monta dans la voiture qui venait d'arriver; l'huissier le suivit et Sam se plaça sur le siége.

« Voilà un homme comme il n'y en a guère ! dit Perker en s'arrêtant pour mettre ses gants.

— Quel banqueroutier il aurait fait, monsieur! suggéra Lowten, qui se trouvait auprès de lui. Comme il aurait fait aller les commissaires ! S'ils avaient parlé de le coffrer, il les aurait mis au défi, monsieur. »

L'avoué ne fut apparemment pas fort touché de la manière toute professionelle dont son clerc estimait le caractère de M. Pickwick, car il s'éloigna sans daigner lui répondre.

La voiture de M. Pickwick se traîna en cahotant le long de *Fleet-Street*, comme les voitures de place ont coutume de le faire. Les chevaux allaient mieux, dit le cocher, quand ils avaient une autre voiture devant eux (il fallait qu'ils allassent à un pas bien extraordinaire quand ils n'en avaient pas); en conséquence, il les avait mis derrière une charrette. Quand la charrette s'arrêtait, la voiture s'arrêtait, et quand la charrette repartait, la voiture repartait aussi. M. Pickwick était assis en face de l'huissier, et l'huissier était assis avec son chapeau entre ses genoux, sifflant un air et regardant par la portière.

Le temps fait des miracles, et avec l'aide de ce puissant vieillard, une voiture de place elle-même peut accomplir un mille de distance. Celle-ci arriva enfin, et M. Pickwick descendit à la porte de la prison.

L'huissier, regardant par-dessus son épaule pour voir si M. Pickwick le suivait, précéda le philosophe dans le bâtiment. Tournant immédiatement à gauche, ils entrèrent par une porte ouverte sous un vestibule, de l'autre côté duquel était une autre porte qui conduisait dans l'intérieur de la prison : celle-ci était gardée par un vigoureux guichetier tenant des clefs dans sa main.

Le trio s'arrêta sous ce vestibule pendant que l'huissier délivrait ses papiers, et M. Pickwick apprit qu'il devait y rester jusqu'à ce qu'il eût subi la cérémonie connue des initiés sous le nom de *poser pour son portrait*.

« Poser pour mon portrait ! s'écria M. Pickwick.

— Pour prendre votre ressemblance, monsieur, dit le vigoureux guichetier. Nous sommes très-forts sur les ressemblances ici. Nous les prenons en un rien de temps et toujours exactes. Entrez, monsieur, et mettez-vous à votre aise. »

M. Pickwick se rendit à l'invitation du guichetier; et, lorsqu'il se fut assis, Sam s'appuya sur le dos de sa chaise et lui dit tout bas que, *poser pour son portrait*, voulait tout bonnement dire subir une inspection des différents geôliers, afin qu'ils pussent distinguer les prisonniers de ceux qui venaient les visiter.

« Eh bien! alors, Sam, dit M. Pickwick, je désire que les artistes arrivent promptement. Ceci est un endroit un peu trop public pour mon goût.

— Ils ne seront pas longs, monsieur, soyez tranquille. Voilà une horloge à poids, monsieur.

— Je la vois.

— Et une cage d'oiseaux, une prison dans une prison, monsieur. C'est-il pas vrai? »

Pendant que Sam donnait cours à ces réflexions philosophiques, M. Pickwick s'apercevait que la séance était commencée. Le vigoureux guichetier s'était assis non loin de notre héros et le regardait négligemment de temps en temps, tandis qu'un grand homme mince, planté vis-à-vis de lui, avec ses mains sous les pans de son habit, l'examinait longuement. Un troisième gentleman, qui avait l'air de mauvaise humeur et qui venait sans doute d'être dérangé de son thé, car il mangeait encore un reste de tartine de beurre, s'était placé près du philosophe, et, appuyant ses mains sur ses hanches, l'inspectait minutieusement; enfin deux autres individus groupés ensemble étudiaient ses traits avec des visages pensifs et pleins d'attention. M. Pickwick tressaillit plusieurs fois pendant cette opération, durant laquelle il semblait fort mal à l'aise sur son siége; mais il ne fit de remarque à personne, pas même à Sam, qui, incliné sur le dos de sa chaise, réfléchissait partie sur la situation de son maître et partie sur la satisfaction qu'il aurait éprouvée à attaquer, l'un après l'autre, tous les geôliers présents, si cela avait été légal et conforme à la paix publique.

Quand le portrait fut terminé, on informa M. Pickwick qu'il pouvait entrer dans la prison.

« Où coucherai-je cette nuit? demanda-t-il.

— Ma foi, répondit le vigoureux guichetier, je ne sais pas trop, pour cette nuit. Demain matin, vous serez accouplé avec quelqu'un, et alors vous serez tout à l'aise et confortable. La première nuit, on est ordinairement un peu en l'air; mais tout s'arrange le lendemain. »

Après quelques discussions, on découvrit qu'un des geôliers avait un lit à louer pour la nuit, et M. Pickwick s'en accommoda avec empressement.

« Si vous voulez venir avec moi, je vais vous le montrer sur-le-champ, dit l'homme. Il n'est pas bien grand, mais on y dort comme une douzaine de marmottes. Par ici, monsieur. ».

Ils traversèrent la porte intérieure et descendirent un court escalier; la serrure fut refermée derrière eux, et M. Pickwick se trouva, pour la première fois de sa vie, dans une prison pour dettes.

CHAPITRE XII.

Ce qui arriva à M. Pickwick dans la prison pour dettes; quelle espèce de débiteurs il y vit, et comment il passa la nuit.

Le gentleman qui accompagnait notre philosophe et qui avait nom Tom Roker, tourna à droite au bas de l'escalier, traversa une grille qui était ouverte, et, remontant quelques marches, entra dans une galerie longue et étroite, basse et malpropre, pavée de pierres et très-mal éclairée par deux fenêtres placées à ses deux extrémités.

« Ceci, dit le gentleman en fourrant ses mains dans ses poches et en regardant négligemment M. Pickwick par-dessus son épaule, ceci est l'escalier de la salle.

— Oh! répliqua M. Pickwick en abaissant les yeux pour regarder un escalier sombre et humide, qui semblait mener à une rangée de voûtes de pierres au-dessous du niveau de la terre. Là, je suppose, sont les caveaux où les prisonniers tiennent leur petite provision de charbon de terre? Ce sont de vilains endroits quand il faut y descendre, mais je parie qu'ils sont fort commodes.

— Oui, je crois bien qu'ils sont commodes, vu qu'il y a quelques personnes qui s'arrangent pour y vivre et joliment bien!

— Mon ami, reprit M. Pickwick, vous ne voulez pas dire que des êtres humains vivent réellement dans ces misérables cachots?

— Je ne veux pas dire! s'écria M. Roker avec un étonnement plein d'indignation, et pourquoi pas?

— Qui vivent! qui vivent là?

— Qui vivent là, oui, et qui meurent là aussi fort souvent.

Et pourquoi pas? Qu'est-ce qui a quelque chose à dire là
contre? Qui vivent là! oui, certainement. Est-ce que ce n'est
pas une très-bonne place pour y vivre?»

Comme M. Roker, en disant cela, se tourna vers M. Pickwick d'une manière assez farouche, et murmura en outre,
d'un air excité, certaines expressions mal sonnantes, notre
philosophe jugea convenable de ne point poursuivre davantage
ce discours. M. Roker commença alors à monter un autre escalier aussi malpropre que le précédent, et fut suivi, dans cette
ascension, par M. Pickwick et par Sam.

Quand ils eurent atteint une autre galerie de la même di-
mension que celle du bas, M. Roker s'arrêta pour respirer, et
dit à M. Pickwick : « Vóici l'étage du café; celui d'au-dessus
est le troisième, et celui d'au-dessus est le grenier : la chambre
où vous allez coucher cette nuit s'appelle la salle du gardien,
et voilà le chemin, venez. »

Lorsqu'il eut débité tout cela d'une haleine, M. Roker
monta un autre escalier, M. Pickwick et Sam le suivant toujours sur ses talons.

Cet escalier recevait la lumière par plusieurs petites fenêtres, placées à peu de distance du plancher et ouvrant sur une
cour sablée, bornée par un grand mur de briques, au sommet
duquel régnaient dans toute la longueur des chevaux de frise
en fer. Cette cour, d'après le témoignage de M. Roker, était
le jeu de paume ; et il paraissait, en outre, toujours d'après la
même autorité, qu'il y avait une autre cour plus petite, du
côté de *Farringdon-Street*, laquelle était appelée la cour *peinte*,
parce que ses murs avaient été autrefois décorés de certaines
représentations de vaisseaux de guerre, voguant à toutes
voiles, et de divers autres sujets artistiques, exécutés jadis
aux heures de loisir de quelque dessinateur emprisonné.

Ayant communiqué cette information, plus en apparence
pour décharger sa conscience d'un fait important que dans le
dessein particulier d'instruire M. Pickwick, le guide entra
dans une autre galerie, pénétra dans un petit corridor
qui se trouvait à l'extrémité, ouvrit une porte, et découvrit
aux yeux des nouveaux venus une chambre d'un aspect fort
peu engageant, qui contenait huit ou neuf lits en fer.

« Voilà, dit M. Roker en tenant la porte ouverte et en regardant M. Pickwick d'un air triomphant, voilà une chambre. »

Cependant la physionomie de M. Pickwick exprimait une

si légère dose de satisfaction à l'apparence de son logement, que
M. Roker reporta ses regards vers Samuel Weller, qui jusqu'alors avait gardé un silence plein de dignité, espérant apparemment trouver plus de sympathie sur son visage. .

« Voilà une chambre ! jeune homme, répéta-t-il.

— Oui, je la vois, répondit Sam, avec un signe de tête pacifique.

— Vous ne vous attendiez pas à trouver une chambre comme
ça dans l'hôtel de Farringdon, hein ? » dit M. Roker avec un
sourire plein de complaisance.

Sam répondit à ceci en fermant d'une manière aisée et naturelle un de ses yeux, ce qui pouvait signifier ou qu'il l'aurait pensé, ou qu'il n'y avait jamais pensé du tout, au gré de
l'imagination de l'observateur. Ayant exécuté ce tour de force,
Sam rouvrit son œil et demanda à M. Roker quel était le lit
particulier qu'il avait désigné d'une façon si flatteuse en disant qu'on y dormait comme une douzaine de marmottes.

« Le voilà, dit M. Roker en montrant dans un coin un
vieux lit de fer rouillé. Ça ferait dormir quelqu'un, qu'il le
veuille ou non.

— Ça me fait c't effet-là, répondit Sam en examinant le
meuble en question avec un air de dégoût excessif. J'imagine
que l'eau d'ânon n'est rien auprès.

— Rien du tout, fit M. Roker.

— Et je suppose, poursuivit Sam, en regardant son maître
du coin de l'œil, dans l'espérance de découvrir sur son visage
quelque symptôme que sa résolution était ébranlée par tout ce
qui s'était passé, je suppose que les autres gentlemen qui
dorment ici sont de vrais *gentlemen* ?

— Rien que de ça. I'y en a un qui pompe ses douze pintes
d'ale par jour, et qui n'arrête pas de fumer, même à ses repas.

— Ce doit être un fier homme, fit observer Sam.

— Numéro 1 ! » répliqua M. Roker.

Nullement dompté par cet éloge, M. Pickwick annonça, en
souriant, qu'il était déterminé à essayer pour cette nuit le pouvoir du lit narcotique. M. Roker l'informa qu'il pouvait se
retirer pour dormir à l'heure qui lui conviendrait, sans autre
formalité, et le laissa ensuite avec Sam dans la galerie.

Il commençait à faire sombre ; c'est-à-dire que, dans cet endroit où il ne faisait jamais clair, on venait d'allumer quelques becs de gaz en manière de compliment pour la nuit qui

s'avançait au dehors. Comme il faisait assez chaud, quelques-uns des habitants des nombreuses petites chambres qui ouvraient à droite et à gauche sur la galerie avaient entre-baillé leurs portes. M. Pickwick y jetait un coup d'œil, en passant, avec beaucoup d'intérêt et de curiosité. Ici, quatre ou cinq grands lourdauds, qu'on apercevait à peine à travers un nuage de fumée de tabac, criaient et se disputaient, au milieu de verres de bière à moitié vides, ou jouaient à l'impériale avec des cartes remarquablement grasses. Là, un pauvre vieillard solitaire, courbé sur des papiers jaunis et déchirés, écrivait à la lueur d'une faible chandelle, et pour la cinquième fois, peut-être, le long récit de ses griefs, dans l'espoir de le faire parvenir à quelque grand personnage dont ces papiers ne devaient jamais arrêter les yeux, ni toucher le cœur. Dans une troisième chambre, on pouvait voir un homme occupé avec sa femme à arranger par terre un mauvais grabat, pour y coucher le plus jeune de ses nombreux enfants. Enfin, dans une quatrième et dans une cinquième, et dans une sixième et dans une septième, le bruit et la bière et les cartes et la fumée de tabac reparaissaient de plus en plus fort.

Dans la galerie même, et principalement dans les escaliers, flânaient un grand nombre de gens qui venaient là, les uns parce que leur chambre était vide et solitaire, les autres parce que la leur était pleine et étouffante; le plus grand nombre parce qu'ils étaient inquiets, mal à leur aise, et ne savaient que faire d'eux-mêmes.

Il y avait là toutes sortes de gens, depuis l'ouvrier avec sa veste de gros drap jusqu'à l'élégant prodigue, en robe de chambre de cachemire fort convenablement percée au coude. Mais ils se ressemblaient tous en un point, ils avaient tous un certain air négligent, inquiet, effaré, de gibier de prison; une physionomie impudente et fanfaronne, qu'il est impossible de décrire par des paroles, mais que chacun peut connaître quand il le désirera, car il suffit pour cela de mettre le pied dans la prison pour dettes la plus voisine, et de contempler le premier groupe de prisonniers qui se présentera, avec le même intérêt que révélait la figure intelligente de M. Pickwick.

« Ce qui me frappe, Sam, dit le philosophe, en s'appuyant sur la rampe de fer de l'escalier, ce qui me frappe, c'est que l'emprisonnement pour dettes est à peine une punition.

— Vous croyez, monsieur ?

— Vous voyez comme ces gaillards là boivent, fument et

braillent. Il n'est pas possible que la prison les affecte beaucoup.

—Ah! voilà justement la chose, monsieur. Ils ne s'affectent pas, ceux-là. C'est tous les jours fête pour eux, tout *porter* et jeux de quilles. C'est les autres qui s'affectent de ça : les pauvres diables qui ont le cœur tendre, et qui ne peuvent pas pomper la bière, ni jouer aux quilles; ceux qui prieraient, s'ils pouvaient, et qui se rongent le cœur quand ils sont enfermés. Je vas vous dire ce qui en est, monsieur ; ceux qui sont toujours à flâner dans les tavernes, ça ne les punit pas du tout; et ceux qui sont toujours à travailler quand ils peuvent, ça les abîme trop. C'est inégal, comme disait mon père quand il n'y avait pas une bonne moitié d'eau-de-vie dans son grog; c'est inégal, et voilà pourquoi ça ne vaut rien.

— Je crois que vous avez raison, Sam, dit M. Pickwick, après quelques moments de réflexion; tout à fait raison.

—Peut-être qu'il y a par-ci par-là quelques honnêtes gens qui s'y plaisent, poursuivit Sam, en ruminant; mais je ne peux pas m'en rappeler beaucoup, excepté le petit homme crasseux, en habit brun, et c'était la force de l'habitude.

— Qui était-ce donc ?

— Voilà précisément ce que personne n'a jamais su.

— Mais qu'est-ce qu'il faisait?

— Ah! il avait fait comme beaucoup d'autres qui sont bien plus connus. Il avait trop de crédit sur la place et il s'en était servi.

— En d'autres termes, il avait des dettes, je suppose.

— Juste la chose, monsieur; et, au bout d'un certain temps, il est venu ici, en conséquence. Ce n'était pas pour beaucoup: exécution pour neuf livres sterling, multipliées par cinq, pour les frais. Mais c'est égal, il est resté ici, sans en bouger, pendant dix-sept ans. S'il avait gagné quelques rides sur la face, elles étaient effacées par la crasse, car son visage malpropre et son habit brun étaient juste les mêmes à la fin du temps qu'ils étaient au commencement. C'était une petite créature paisible et inoffensive, courant toujours pour celui-ci ou celui-là, ou jouant à la paume et ne gagnant jamais ; si bien qu'à la fin les geôliers étaient devenus tout à fait amoureux de lui, et il était dans la loge tous les soirs à bavarder avec eux, et à leur compter des histoires et tout ça. Un soir qu'il était, comme d'habitude, tout seul avec un de ses vieux amis, qui était de garde, il dit tout d'un coup : « Je n'ai pourtant pas

« vu le marché, Bill, qu'il dit (le marché de Fleet-Street était
« encore là à cette'époque); je n'ai pourtant pas vu le marché
« depuis dix-sept ans. — Je sais ça, dit le geôlier en fumant
« sa pipe. — J'aimerais bien à le voir une minute, Bill, qu'il
« dit. — Je n'en doute pas, dit le geôlier en fumant sa pipe
« fort et ferme, pour ne pas avoir l'air d'entendre ce que par-
« ler voulait dire. — Bill, dit le petit homme brun brusque-
« ment, c'est une fantaisie que j'ai mis dans ma tête. Laissez-
« moi voir la rue encore une fois avant que je meure, et, si
« je ne suis pas frappé d'apoplexie, je serai revenu dans cinq
« minutes, à l'horloge. — Et qu'est-ce que je deviendrais,
« moi, si vous êtes frappé d'apoplexie, dit le geôlier. — Eh
« bien ! dit la petite créature, ceux-là qui me trouveront me
« ramèneront à la maison, car j'ai ma carte dans ma poche :
« n° 20, *escalier du café*, dit-il. — Et c'était vrai, car, quand il
« avait envie de faire connaissance avec quelque nouveau voi-
« sin, il avait l'habitude de tirer de sa poche un petit morceau
« de carte chiffonnée avec ces mots-là dessus, et pas autre
« chose: en considération de quoi on l'appelait toujours Nu-
« méro Vingt. Le geôlier le regarda fisquement, puis à la
« fin, il dit d'un air solennel : Numéro Vingt, qu'il dit, je me
« fie à vous. Vous ne voudriez pas mettre un vieil ami dans
« l'embarras ? — Non, mon garçon; j'espère que j'ai quelque
« chose de meilleur là-dessous, » dit le petit homme en co-
gnant de toutes ses forces sur son gilet, et en laissant dégrin-
goler une larme de chaque œil, ce qui était fort extraordinaire,
car jamais auparavant une goutte d'eau n'avait touché son
visage. Il secoua la main du geôlier et le voilà parti.

— Et il n'est jamais revenu, dit M. Pickwick.

— Enfoncé pour cette fois-ci, monsieur ! car il revint deux
minutes avant le temps, tout bouillant de rage, et disant qu'il
avait manqué d'être écrasé par une voiture de place, qu'il n'y
était plus habitué, et qu'il voulait être pendu, s'il n'en écrivait
pas au lord maire. A la fin, on finit par le pacifier, et pendant
cinq ans après ça, il ne mit pas seulement le nez à la
grille.

— A l'expiration de ce temps, il mourut, je suppose, dit
M. Pickwick.

— Non, monsieur; il lui vint la fantaisie de goûter la bière,
dans une nouvelle taverne, tout à côté de la prison, et il y
avait un si joli parloir, qu'il se mit dans la tête d'y aller tous
les soirs, et il n'y manqua pas, monsieur, pendant longtemps,

revenant toujours régulièrement, un quart d'heure avant la
fermeture des grilles. Ça allait bien et confortablement; mais
fin finale, il commença à se mettre si joliment en train, qu'il
oubliait que le temps marchait, ou qu'il ne s'en souciait pas,
et il arrivait de plus en plus tard, jusqu'à ce qu'une nuit son
vieil ami allait justement fermer la porte. Il avait déjà tourné
la clef quand l'autre rentra. « Un moment, Bill, qu'il dit. —
« Comment, Numéro Vingt, dit le guichetier, vous n'étiez pas
« encore rentré? — Non, fit le petit homme avec un sourire.
« — Eh bien! alors, je vous dirai ce qui en est, mon ami, dit le
« guichetier en ouvrant la porte lentement et d'un air bourru.
« C'est mon opinion que vous avez fait de mauvaises connais-
« sances dernièrement, et que vous vous dérangez; j'en suis
« très-fâché. Voyez-vous, je ne veux pas vous désobliger, qu'il
« dit; mais si vous ne vous bornez pas à voir des gens comme
« il faut, et si vous ne revenez pas à des heures régulières, aussi
« sûr comme vous êtes là, je vous laisserai à la porte tout à
« fait. » Le petit homme fut saisi d'un tremblement, et jamais il n'a mis le pied hors de la prison depuis. »

Pendant ce discours, M. Pickwick avait lentement redes-
cendu les escaliers. Après avoir fait quelques tours dans la
cour peinte, qui était presque déserte, à cause de l'obscurité,
il engagea Sam à se retirer pour la nuit et à chercher un lit
dans quelque auberge voisine, afin de revenir le lendemain de
bonne heure pour faire apporter ses effets du George et Vautour.
Sam se prépara à obéir à cette requête d'aussi bonne grâce
qu'il lui fut possible, mais néanmoins avec une expression de
mécontentement fort notable. Il alla même jusqu'à essayer
diverses insinuations sur la convenance de se coucher dans
une des cours de la prison pour cette nuit; mais, trouvant que
M. Pickwick était obstinément sourd à de telles suggestions, il
se retira définitivement.

On ne saurait dissimuler que M. Pickwick se trouvait fort peu
confortable et fort mélancolique. En effet, quoique la prison
fût pleine de monde et qu'une bouteille de vin lui eût immédiatement procuré la société de quelques esprits choisis, sans
aucun embarras de présentation formelle, il se sentait absolument seul dans cette foule grossière. Il ne pouvait donc résister à l'abattement inspiré par la perspective d'une prison perpétuelle; car, pour ce qui est de se libérer en satisfaisant la
friponnerie et la rapacité de Dodson et Fogg, sa pensée ne s'y
arrêta pas un seul instant.

Dans cette disposition d'esprit, il rentra dans la galerie du café et s'y promena lentement. L'endroit était intolérablement malpropre, et l'odeur du tabac y devenait absolument suffocante; on y entendait un perpétuel tapage de portes ouvertes et fermées, et le bruit des voix et des pas y retentissait constamment. Une jeune femme, qui tenait dans ses bras un enfant, et qui semblait à peine capable de se traîner, tant elle était maigre et avait l'air misérable, marchait le long du corridor en causant avec son mari, qui n'avait pas d'autre asile pour la recevoir. Lorsque cette femme passait auprès de M. Pickwick, il l'entendait sangloter amèrement, et, une fois, elle se laissa aller à un tel transport de douleur, qu'elle fut obligée de s'appuyer contre le mur pour se soutenir, tandis que le mari prenait l'enfant dans ses bras, et s'efforçait vainement de la consoler.

Le cœur de notre excellent ami était trop plein pour pouvoir supporter ce spectacle; il monta les escaliers et rentra dans sa chambre.

Or, quoique la salle des gardiens fût extrêmement incommode, étant, pour le bien-être aussi bien que pour la décoration, à plusieurs centaines de degrés au-dessous de la plus mauvaise infirmerie d'une prison de province; elle avait, pour le présent, le mérite d'être tout à fait déserte. M. Pickwick s'assit donc au pied de son petit lit de fer, et entreprit de calculer combien d'argent on pouvait tirer de cette pièce dégoûtante. S'étant convaincu, par une opération mathématique, qu'elle rapportait autant de revenu qu'une petite rue des faubourgs de Londres, il en vint à se demander, avec étonnement, quelle tentation pouvait avoir une petite mouche noirâtre, qui rampait sur son pantalon, à venir dans une prison mal aérée, quand elle avait le choix de tant d'endroits agréables. Ses réflexions sur ce sujet l'amenèrent, par une suite de déductions rigoureuses, à cette conclusion, que l'insecte était fou. Après avoir décidé cela, il commença à s'apercevoir qu'il s'assoupissait; il tira donc de sa poche son bonnet de nuit, qu'il avait eu la précaution d'y insérer le matin, et s'étant déshabillé tout doucement, il se glissa dans son lit et s'endormit profondément.

« Bravo, zéphyre! Bien détaché! En voilà un d'entrechat! Je veux être damné si l'opéra n'est pas votre sphère! Allons, hurrah!... »

Ces exclamations, plusieurs fois répétées du ton le plus

bruyant, et accompagnées d'éclats de rire retentissants, ti-
rèrent M. Pickwick d'un de ces sommeils léthargiques qui,
ne durant en réalité qu'une demi-heure, semblent au dormeur
avoir été prolongés pendant trois semaines ou un mois.

Le bruit des voix avait à peine cessé, quand le plancher de
la chambre fut ébranlé avec tant de violence que les vitres en
vibrèrent dans leurs châssis, et que tout le lit en trembla.
M. Pickwick tressaillit, se leva sur son séant et resta abruti
pendant quelques minutes par la scène qui se passait devant
lui.

Au milieu de la chambre, un homme en habit vert, avec une
culotte de velours et des bas de coton gris, exécutait le pas
le plus populaire d'une cornemuse, avec une exagération
burlesque de grâce et de légèreté, qui, jointe à la nature de
son costume, en faisait la chose la plus absurde du monde.
Un autre individu, évidemment fort gris, et qui probablement avait été apporté dans son lit par ses compagnons, était
assis, enveloppé dans ses draps, et fredonnait d'une manière prodigieusement lugubre tous les passages qu'il pouvait
se rappeler d'une chanson comique. Un troisième enfin, assis
sur un autre lit, applaudissait les exécutants de l'air d'un
profond connaisseur, et les encourageait par des transports
d'enthousiasme tels que celui qui avait réveillé M. Pickwick.

Ce dernier personnage était un magnifique spécimen d'une
classe de gens qui ne peuvent jamais être vus dans toute
leur perfection, excepté dans de semblables endroits. On les
rencontre parfois, dans un état imparfait, autour des écuries
et des tavernes; mais ils n'atteignent leur entier développement que dans ces admirables serres chaudes, qui semblent
sagement établies par le législateur dans le dessein de les
propager.

C'était un grand gaillard au teint olivâtre, aux cheveux longs
et noirs, aux favoris épais et réunis sous le menton. Le collet
de sa chemise était ouvert, et il n'avait pas de cravate, car il
avait joué à la paume toute la journée. Il portait sur la tête une
calotte grecque, qui avait bien coûté hix-huit pence et dont le
gland de soie éclatant se balançait sur un habit de gros drap.
Ses jambes, qui étaient fort longues et grêles, embellissaient
un pantalon collant, destiné à en faire ressortir la symétrie,
mais qui, étant mis négligemment, et n'étant qu'imparfaitement boutonné, tombait par une succession de plis peu gracieux
sur une paire de souliers assez éculés pour laisser voir des

bas blancs extrêmement sales. Enfin il y avait dans tout ce personnage une sorte de recherche grossière et de friponnerie impudente, qui valaient un monceau d'or.

Ce fut lui qui le premier aperçut M. Pickwick. Il cligna de l'œil au zéphyre, et l'engagea avec une gravité moqueuse, à ne point réveiller le gentleman.

« Comment, dit le zéphyre en se retournant, et en affectant la plus grande surprise; est-ce que le gentleman est réveillé? *Mais oui,, il est réveillé!*... Heim!... Cette citation est de Shakspeare!.... Comment vous portez-vous, monsieur? Comment vont Mary et Sarah, monsieur? Et la chère vieille dame qu'est à la maison, monsieur? Eh! monsieur, Voudriez-vous avoir la bonté de leur transmettre mes compliments dans le premier petit paquet que vous enverrez par là, monsieur, en ajoutant que je les aurais envoyés auparavant si je n'avais pas eu peur qu'ils soient cassés dans la charrette, monsieur.

— N'ennuyez donc pas le gentleman de civilités banales, quand vous voyez qu'il meurt d'envie de boire quelque chose, reprit d'un air jovial le gentleman aux favoris. Pourquoi ne lui demandez-vous pas ce qu'il veut prendre?

— Nom d'un tonnerre! je l'avais oublié, s'écria l'autre. Qu'est-ce que vous voulez prendre, monsieur? Voulez-vous prendre du vin de Porto, monsieur? ou du Xérès? Je puis vous recommander l'ale, monsieur. Ou peut-être que vous voudriez tâter du Porter? Permettez-moi d'avoir le plaisir d'accrocher votre casque à mèche, monsieur. »

En disant ceci, l'orateur enleva la coiffure de M. Pickwick, et la fixa en un clin d'œil sur celle de l'homme ivre, qui continuait à bourdonner ses chansons comiques, de la manière la plus lugubre qu'on puisse imaginer, mais avec la ferme persuasion qu'il enchantait une société nombreuse et choisie.

Malgré tout le sel qu'il y a à enlever violemment le bonnet de nuit d'un homme, et à l'ajuster sur la tête d'un gentleman inconnu, dont l'extérieur est notoirement malpropre, c'est là certainement une plaisanterie assez hasardée. Considérant la chose précisément à ce point de vue, M. Pickwick, sans avoir donné le moindre avertissement préalable de son dessein, s'élança vigoureusement hors de son lit, donna au zéphyre dans l'estomac, un coup de poing assez vigoureux pour le priver d'une portion considérable du souffle que la nature a jugé nécessaire aux organes respiratoires, puis, ayant récupéré son bonnet, se plaça hardiment dans une posture de défense.

« Maintenant, s'écria-t-il en haletant, non moins par excita·
tion que par la dépense de tant d'énergie, maintenant, avancez tous les deux, tous les deux ensemble!» et, tout en faisant
cette libérale invitation, le digne gentleman imprimait à ses
poings fermés un mouvement de rotation, afin d'épouvanter ses
antagonistes par cette démonstration scientifique.

Était-ce la manière compliquée dont M. Pickwick était sorti
de son lit pour tomber tout d'une masse sur le danseur? était-
ce la preuve inattendue de courage donnée par lui, qui avait
touché ses adversaires? Il est certain qu'ils étaient touchés :
car au lieu d'essayer de commettre un meurtre, comme le philosophe s'y attendait fermement, ils s'arrêtèrent, se regardèrent
l'un l'autre pendant quelque temps, et finalement éclatèrent
de rire.

« Allons, vous êtes un bon zig, dit le zéphyre. Rentrez dans
votre lit, ou bien vous attraperez des rhumatismes. Pas de
rancune, j'espère? continua-t-il en tendant vers M. Pickwick
une main capable de remplir ces gants d'étain rouge qui se
balancent habituellement au-dessus de la porte des gantiers.

— Non certainement, répondit M. Pickwick avec empressement ; car maintenant que l'excitation du moment était passée,
il commençait à sentir le froid sur ses jambes.

— Permettez-moi, monsieur, d'avoir le même honneur, dit
le gentleman aux favoris en présentant sa main droite, et en
aspirant le h.

— Avec beaucoup de plaisir, monsieur, répliqua M. Pickwick qui remonta dans son lit, après avoir échangé une poignée de main très-longue et très-solennelle.

— Je m'appelle Smangle, monsieur, dit l'homme aux favoris.

— Oh! fit M. Pickwick.

— Et moi, Mivins, dit l'homme aux bas gris.

— Je suis charmé de le savoir, monsieur, » répondit M. Pickwick.

M. Smangle toussa : hem !

« Vous me parliez, monsieur? demanda M. Pickwick.

— Non, monsieur, répliqua M. Smangle.

— Je l'avais cru, monsieur, dit M. Pickwick. »

Tout ceci était fort poli et fort agréable, et pour augmenter
encore la bonne harmonie, M. Smangle assura nombre de fois
M. Pickwick qu'il entretenait le plus grand respect, pour les
sentiments d'un gentleman. Or, on devait assurément lui en

savoir un gré infini, car il était impossible de supposer qu'il pût les comprendre.

« Vous allez vous faire déclarer insolvable, monsieur ? demanda M. Smangle.

— Me faire quoi ? dit M. Pickwick.

— Déclarer insolvable par la cour de la rue de Portugal[1]. La cour pour le soulagement des banqueroutiers, vous savez ?

— Oh ! non , du tout.

— Vous allez sortir peut-être ? suggéra M. Mivins.

— J'ai peur que non. Je refuse de payer quelques dommages-intérêts, et je suis ici en conséquence.

— Ah ! fit observer M. Smangle, le papier a été ma ruine.

— Vous étiez papetier, monsieur ? dit M. Pickwick innocemment.

— Non, non, Dieu me damne, je ne suis jamais tombé si bas que cela : pas de boutique. Quand je dis le papier, je veux dire les lettres de change.

— Ah ! vous employiez le mot dans ce sens ?

— Par le diable ! un gentleman doit s'attendre à des revers. Mais quoi ? je suis ici dans la prison de Fleet Street ? Bon ! est-ce que j'en suis plus pauvre pour cela ?

— Au contraire, répliqua M. Mivins ; » et il avait raison : bien loin que M. Smangle fût plus pauvre pour cela, le fait est qu'il était plus riche ; car ce qui l'avait amené dans la prison, c'est qu'au moyen de son papier, il avait acquis gratuitement la possession de certains articles de joaillerie qui, depuis lors, avaient été placés par lui chez un prêteur sur gages.

« Allons ! allons ! reprit M. Smangle. Tout cela c'est bien sec. Il faut nous rincer la bouche avec une goutte de Xérès brûlé. Le dernier venu le payera ; Mivins l'ira chercher, et moi j'aiderai à le boire. C'est ce que j'appelle une impartiale division du travail, Dieu me damne ! »

Ne voulant pas risquer une autre querelle, M. Pickwick consentit à cette proposition. Il donna de l'argent à M. Mivins, qui ne perdit pas un instant pour se rendre au café, car il était près de onze heures.

« Dites-donc, demanda tout bas M. Smangle, aussitôt que son ami eut quitté la chambre.

— Combien lui avez-vous donné ?

— Un demi-souverain.

1. Tribunal.

— C'est un gentleman des plus aimables ; spirituel en diable.... je ne connais personne qui le soit plus, mais.... » Ici
M. Smangle s'arrêta court en hochant la tête d'un air dubitatif.

« Vous ne regardez pas comme probable qu'il approprie
cet argent à ses besoins personnels ? demanda M. Pickwick.

— Oh ! non ! je ne dis pas cela. J'ai dit en toutes lettres que
c'était un gentleman des plus aimables. Mais je pense qu'il
n'y aurait pas de mal à ce que quelqu'un descendît par hasard
pour voir s'il ne trempe pas son bec dans le bol, ou s'il ne perd
pas la monnaie le long du chemin. « Ici, hé ! monsieur ! dé-
« gringolez en bas, s'il vous plaît, et voyez un peu ce que fait
« le gentleman qui vient de descendre. »

Cette requête était adressée à un petit homme à l'air timide,
modeste, dont l'extérieur annonçait une grande pauvreté,
et qui, pendant tout ce temps, était resté aplati sur son
lit, pétrifié, en apparence, par la nouveauté de sa situation.

« Vous savez où est le café, n'est-ce pas ? Descendez seulement et dites au gentleman que vous êtes venu l'aider à monter le bol.... ou bien.... attendez.... je vais vous dire ce que....
e vais vous dire comment nous l'attraperons, dit Smangle
d'un air malin.

— Comment cela ? demanda M. Pickwick.

— Faites-lui dire qu'il emploie le reste en cigares. Fameuse
idée ! Courez vite lui dire cela, entendez-vous ? Ils ne seront
pas perdus, continua Smangle, en se tournant vers M. Pickwick,
je les fumerai au besoin. »

Cette manœuvre était si ingénieuse, et elle avait été accomplie avec un aplomb si admirable, que M. Pickwick n'aurait
pas voulu y mettre d'obstacle, quand même il l'aurait pu. Au
bout de peu de temps, M. Mivins revint apportant le Xérès,
que M. Smangle distribua dans deux petites tasses fêlées, faisant observer judicieusement par rapport à lui-même, qu'un
gentleman ne doit pas être difficile, dans de semblables circonstances, et que, quant à lui, il n'était pas trop fier pour
boire à même dans le bol. En même temps pour montrer sa
sincérité, il porta un toast à la compagnie, et vida le vase
presque en entier.

Une touchante harmonie ayant été établie de cette manière,
M. Smangle commença à raconter diverses anecdotes roma-
nesques de sa vie privée, concernant, entre autres choses, un
cheval pur sang, et une magnifique juive, l'un et l'autre d'une

beauté surprenante, et singulièrement convoités par la no-
blesse des trois royaumes.

Long-temps avant la conclusion de ces élégants extraits de
la biographie d'un gentleman, M. Mivins s'était mis au lit et
avait commencé à ronfler, laissant M. Pickwick et le timide
étranger profiter seuls de l'expérience de M. Smangle.

Cependant ces deux auditeurs eux-mêmes ne furent pas
apparemment aussi édifiés qu'ils auraient dû l'être par les
récits touchants qui leur furent faits. Depuis quelque temps,
M. Pickwick se trouvait dans un état de somnolence, lorsqu'il
eut une indistincte perception que l'homme ivre avait recom-
mencé à psalmodier ses chansons comiques, et que M. Smangle
lui avait fait doucement comprendre que son auditoire n'était
pas disposé musicalement, en lui versant le pot à l'eau sur la
tête. Notre héros retomba alors dans le sommeil avec le sentiment confus que M. Smangle était encore occupé à raconter
une longue histoire, dont le point principal paraissait être que
dans une certaine occasion spécifiée avec détails, il avait *fait*
une lettre de change et *refait* un gentleman.

CHAPITRE XIII.

Démontrant, comme le précédent, la vérité de ce vieux proverbe, que
   l'adversité vous fait faire connaissance avec d'étranges camarades de
   lit; et contenant, en outre, l'incroyable déclaration que M. Pickwick
   fit à Sam.

Quand M. Pickwick ouvrit les yeux, le lendemain matin, le
premier objet qu'il aperçut fut Samuel Weller assis sur un
petit porte-manteau noir, et regardant d'un air de profonde
abstraction la majestueuse figure de l'éblouissant M. Smangle,
tandis que celui-ci, à moitié habillé et assis sur son lit, s'occupait de l'entreprise tout à fait désespérée de faire baisser les
yeux dudit Sam. Nous disons tout à fait désespérée, parce que
Sam, d'un regard qui embrassait tout à la fois la culotte, les
pieds, la tête, le visage, les jambes et les favoris de M. Smangle,
continuait de l'examiner avec un air de vive satisfaction et
sans plus s'inquiéter des sentiments du sujet, que s'il avait

inspecté une statue ou le corps empaillé d'une effigie de Guy Faux.

« Eh bien ! me reconnaîtrez-vous ? dit M. Smangle en fronçant le sourcil.

— Je prêterai serment de le faire, n'importe où, monsieur, répondit Sam d'un air de bonne humeur.

— Ne dites pas d'impertinences à un gentleman, monsieur.

— Non, assurément; si vous voulez me dire quand il s'éveillera, je lui ferai des politesses extra-superfines. »

Cette observation ayant une tendance indirecte à impliquer que M. Smangle n'était pas un gentleman, excita quelque peu son courroux.

« Mivins, dit-il d'un air colérique.

— Qu'y a-t-il ? répliqua M. Mivins de sa couche.

— Qui diable est donc ce gaillard-là ?

— Ma foi, dit M. Mivins en regardant languissamment de dessous ses draps, je devrais plutôt vous le demander. A-t-il quelque chose à faire ici ?

— Non, répliqua Smangle.

— Alors jetez-le en bas des escaliers, et dites-lui de ne pas se permettre de se relever jusqu'à ce que j'aille le trouver, » répondit M. Mivins. Puis ayant donné cet avis, l'excellent gentleman se remit à dormir.

La conversation montrant ces symptômes peu équivoques de devenir personnelle, M. Pickwick jugea qu'il était temps d'intervenir.

« Sam, dit-il.

— Monsieur ?

— Il n'y a rien de nouveau depuis hier ?

— Rien d'important, monsieur, répliqua Sam, en lorgnant les favoris de M. Smangle. L'humidité et la chaleur de l'atmosphère paraît favorable à la croissance de certaines mauvaises herbes terribles et rougeâtres ; mais à ça près, tout boulotte assez raisonnablement.

— Je vais me lever, interrompit M. Pickwick. Donnez-moi du linge blanc. »

Quelque hostiles qu'eussent pu être les intentions de M. Smangle, elles furent immédiatement radoucies par le porte-manteau dont le contenu parut lui donner tout à coup la plus favorable opinion, non-seulement de M. Pickwick, mais aussi de Sam. En conséquence, il saisit promptement une occasion de déclarer d'un ton assez élevé pour que cet excentrique personnage pût l'entendre, qu'il le reconnaissait pour un original pur sang et partant pour l'homme suivant son cœur. Quant à M. Pickwick, l'affection qu'il conçut pour lui en ce moment ne connut plus de bornes.

« Y a-t-il quelque chose que je puisse faire pour vous, mon cher monsieur? lui dit-il.

— Rien que je sache; je vous suis obligé, répondit le philosophe.

— Vous n'avez pas de linge à envoyer à la blanchisseuse? Je connais une admirable blanchisseuse dans le voisinage. Elle vient pour moi deux fois par semaine.... Par Jupiter! comme c'est heureux! c'est justement son jour! Mettrai-je quelques-unes de vos petites affaires avec les miennes? Ne parlez pas de l'embarras : au diable l'embarras! A quoi servirait l'humanité, si un gentleman dans le malheur ne se dérangeait pas un peu pour assister un autre gentleman qui se trouve dans le même cas? »

Ainsi parlait M. Smangle en s'approchant en même temps du porte-manteau aussi près que possible, et laissant voir dans ses regards toute la ferveur de l'amitié la plus désintéressée.

« Est-ce que vous n'avez rien à faire brosser au garçon, mon cher ami? continua-t-il.

— Rien du tout mon fiston, dit Sam en se chargeant de la réplique. Peut-être que si l'un de nous avait la bonne idée de décamper sans attendre le garçon, ce serait plus agréable pour tout le monde, comme disait le maître d'école au jeune gentleman qui refusait de se laisser fouetter par le domestique.

— Et il n'y a rien que je puisse envoyer dans ma petite boîte à la blanchisseuse? ajouta M. Smangle en se tournant de nouveau vers M. Pickwick avec un air quelque peu déconfit.

— Pas l'ombre d'une camisole, monsieur, rétorqua Sam. J'ai peur que la petite boîte ne soit déjà comble de vos effets. »

Ce discours fut accompagné d'un coup d'œil expressif jeté sur cette partie du costume de M. Smangle qui atteste ordinairement la science de la blanchisseuse; aussi ce gentleman se crut-il obligé de tourner sur ses talons et d'abandonner, pour le présent du moins, toutes prétentions sur la bourse et sur la garde-robe de M. Pickwick. Il se retira donc d'assez mauvaise humeur au jeu de paume, où il déjeuna légèrement et sainement d'une couple des cigares qui avaient été achetés le soir précédent.

M. Mivins qui n'était pas fumeur, dont le compte en petits articles d'épicerie avait déjà atteint le bas de l'ardoise, et pour lequel on refusait de retourner ce grand livre primitif, demeura dans son lit, et suivant sa propre expression demanda à déjeuner à Morphée.

M. Pickwick déjeuna dans un petit cabinet, décoré du nom de boudoir, dont les habitants temporaires avaient l'inexprimable avantage d'entendre tout ce qui se disait dans le café voisin ; ensuite il dépêcha Sam pour faire quelques commissions nécessaires ; puis il se rendit à la loge, afin d'interroger M. Roker concernant son établissement futur.

« Ah! ah ! M. Pickwick, dit ce gentleman en consultant un énorme livre, Nous ne manquons pas de place. Votre billet de copin sera pour le 27, au troisième.

— Mon quoi ? demanda M. Pickwick.

— Votre billet de copin. Vous n'y êtes pas ?

— Pas tout à fait, dit M. Pickwick en souriant.

— Vraiment, c'est aussi clair que le jour. Vous aurez un billet de copin pour le 27, au troisième, et ceux qui habitent la même chambre seront vos copins.

— Sont-ils nombreux? demanda M. Pickwick d'un air intrigué.

— Trois..,. »

M. Pickwick toussa.

« L'un deux est un ministre, continua M. Roker en écrivant sur un petit morceau de papier ; l'autre est un boucher.

— Hein! fit M. Pickwick.

— Un boucher, répéta M. Roker en appuyant le bec de sa plume sur son bureau pour la décider à marquer. Neddy, vous rappelez-vous Tom Martin, quel noceur ça faisait? dit M. Roker à un autre habitant de la loge, lequel s'amusait à ôter la boue de ses souliers, avec un canif à vingt-cinq lames.

— Je crois bien, répondit l'individu interrogé.

— Dieu nous bénisse! continua M. Roker en branlant doucement la tête, et en regardant d'un air distrait par les barreaux de la fenêtre comme quelqu'un qui prend plaisir à se rappeler les scènes paisibles de son enfance ; il me semble que c'est hier qu'il donnait une roulée aux charretiers, là bas à *Fox-under-the-Hill*, près de l'endroit où on débarque le charbon. Je le vois encore le long du *Strand*, entre deux Watchmen, un peu dégrisé par ses meurtrissures, avec un emplâtre de vinaigre et de papier gris sur l'œil droit; et sur ses talons, son joli boule-dogue, qui a dévoré le petit garçon ensuite. Quelle drôle de chose que le temps, hein, Neddy ? »

Le gentleman à qui ces observations étaient adressées et qui paraissait d'une disposition pensive et taciturne, se contenta de répéter la même phrase, et M. Roker secouant les idées sombres et poétiques qui s'étaient emparées de lui, redescendit aux affaires communes de la vie, et reprit sa plume.

« Savez-vous quel est le troisième gentleman ? demanda M. Pickwick, fort peu enchanté par cette description de ses futurs associés.

— Neddy, qu'est-ce que c'est que Simpson ? dit M. Roker, en se tournant vers son compagnon.

— Quel Simpson ?

— Celui qui est au 27, au troisième, avec qui ce gentleman va être copin.

— Oh ! lui ? répliqua Neddy, il n'est rien du tout ; autrefois c'était le compère d'un maquignon ; aujourd'hui il est floueur.

— C'est ce que je pensais, répliqua M. Roker en fermant son livre, et en plaçant le petit morceau de papier dans la main de M. Pickwick. Voilà le billet, monsieur. »

Très-embarrassé par cette manière sommaire de disposer de sa personne, M. Pickwick rentra dans la prison, en réfléchissant à ce qu'il avait de mieux à faire.

Convaincu toutefois qu'avant de tenter une autre démarche, il était utile de voir les trois gentlemen avec qui on voulait le colloquer, il se dirigea le mieux qu'il put vers le troisième étage.

Après avoir erré quelque temps dans la galerie en essayant de déchiffrer, malgré l'obscurité, les numéros qui se trouvaient sur les différentes portes, il s'adressa à la fin à un garçon de taverne qui poursuivait son occupation matinale de glaner les pots d'étain.

« Où est le n° 27, mon ami ? demanda M. Pickwick.

— Cinq portes plus loin, répliqua le garçon. Il y a sur la porte en dehors le portrait à la craie d'un gentleman pendu qui fume sa pipe »

Guidé par ces instructions, M. Pickwick s'avança lentement le long de la galerie jusqu'au moment où il rencontra le portrait du gentleman ci-dessus décrit. Il frappa à la porte avec le revers de son index, doucement d'abord, puis ensuite plus fortement. Après avoir inutilement répété cette opération, il se hasarda à ouvrir et à regarder dans l'intérieur.

Il y avait dans la chambre un seul homme qui se penchait par la fenêtre aussi loin qu'il le pouvait sans perdre l'équilibre, et qui s'efforçait avec grande persévérance de cracher sur le chapeau d'un de ses amis intimes qui se trouvait en bas dans la cour. M. Pickwick n'ayant pu lui indiquer sa présence ni en parlant, ni en toussant, ni en éternuant, ni en frappant, ni par aucun autre moyen d'attirer l'attention, se détermina enfin à s'approcher de la fenêtre et à tirer doucement la basque de l'habit de cet individu. Celui-ci rentra vivement la tête et les épaules, et demanda à M. Pickwick, d'un ton bourru, ce qu'il lui voulait.

« Je crois, dit M. Pickwick en consultant son billet, je crois que c'est ici le n° 27, au troisième ?

— Eh bien ?

— C'est en vertu de ce morceau de papier que je· suis venu ici.

— Voyons un peu ça. »

M. Pickwick obéit.

« M. Roker aurait bien pu vous fourrer ailleurs, » dit d'un air mécontent M. Simpson (car c'était ce chevalier d'industrie).

M. Pickwick le pensait aussi, mais, dans de telles circonstances, il jugea prudent de garder le silence.

M. Simpson réfléchit pendant quelques instants, puis mettant la tête à la fenêtre, il donna un coup de sifflet aigu et prononça à haute voix certaines paroles. M. Pickwick ne put pas les distinguer, mais il imagina que c'était quelque sobriquet qui distinguait M. Martin, car immédiatement après, un grand nombre de gentlemen qui se trouvaient en bas se mirent à crier : « Le boucher ! le boucher ! » en imitant le cri par lequel les membres de cette utile classe de la société ont coutume de faire connaître quotidiennement leur présence, aux grilles des sous-sols des maisons de Londres.

Les événements subséquents confirmèrent l'exactitude de cette hypothèse, car au bout de quelques secondes un gentleman prématurément gros pour son âge, habillé du bourgeron bleu professionnel et avec des bottes à revers, et à bouts ronds, entra presque hors d'haleine dans la chambre: il fut suivi de près par un autre gentleman en habit noir très-râpé, et en bonnet de peau de loutre. Celui-ci s'occupait tout le long du chemin à rattacher son habit jusqu'au menton, au moyen de boutons et d'épingles. Il avait un visage très-rouge et très-commun, et faisait l'effet d'un chapelain ivre, ce qu'il était effectivement.

Ces deux gentlemen ayant à leur tour parcouru le billet de M. Pickwick, l'un exprima son opinion que c'était embêtant, et l'autre, sa conviction que c'était une scie. Ayant manifesté leurs sentiments en ces termes intelligibles, ils se regardèrent entre eux et regardèrent M. Pickwick, au milieu d'un silence fort embarrassant.

« Quel ennui! Et il faut que çà arrive au moment où nous formons une petite société si agréable, » reprit le chapelain en regardant trois matelas malpropres, roulés chacun dans une couverture, et qui occupaient durant le jour un coin de la chambre, formant une toilette d'un nouveau genre, sur laquelle étaient placés une vieille cuvette fêlée, une boîte et un pot à eau de faïence à fleurs bleues. « Quel ennui! »

M. Martin exprima la même opinion en termes plus énergiques, et M. Simpson, après avoir lancé dans le monde une quantité d'adjectifs sans aucun substantif pour les accompagner, releva le bas de ses manches et commença à laver des choux pour le dîner.

Pendant que cela se passait, M. Pickwick s'occupait à considérer la chambre, qui était outrageusement sale et sentait le renfermé d'une manière intolérable. Il n'y avait point de vestige de tapis, de rideaux, ni de jalousies; il n'y avait pas même un cabinet. A la vérité, s'il y en avait eu un, il ne se trouvait pas grand'chose à y mettre; mais, quoique peu nombreux et peu considérables, individuellement, cependant des morceaux de fromage, des croûtons de pain, des torchons mouillés, des restes de viande, des objets de vêtements, de la vaisselle mutilée, des soufflets sans bout, des fourchettes sans manche, présentent quelque chose d'assez peu confortable, en apparence, quand ils sont répandus sur le carreau d'une petite salle qui représente à la fois le salon et la chambre à coucher de trois individus désœuvrés.

« Je suppose pourtant que cela peut s'arranger, dit le boucher, après un assez long silence. Que prendriez-vous pour vous en aller?

— Je vous demande pardon, répliqua M. Pickwick : qu'est-ce que vous disiez? je n'ai pas bien entendu.

— Combien demandez-vous pour vous en aller? D'ordinaire c'est trois francs, mais on vous en donnera quatre; ça vous va-t-il?

— Au besoin, nous nous fendrons d'une roue de cabriolet, suggéra M. Simpson.

— Va pour la roue de cabriolet ; ça ne nous fait que quelques sous de plus par personne, ajouta M. Martin. Qu'en dites-vous. Nous vous offrons quatre shillings par semaine pour vous en aller. Eh bien?

— On fera monter un *gallon* de bière par-dessus le marché, intercala M. Simpson. Là !

— Et nous le boirons sur-le-champ, ajouta le chapelain. Allons !

— Je suis réellement si ignorant des règles de cet endroit, répondit M. Pickwick, que je ne vous comprends pas encore parfaitement. Est-ce que je puis loger ailleurs ? Je ne le croyais pas. »

En entendant cette question, M. Martin regarda ses deux amis avec une excessive surprise, et alors chacun des trois gentlemen étendit son pouce droit par-dessus son épaule gauche. Ce geste, que les paroles : *as-tu fini !* ne sauraient rendre que d'une façon fort imparfaite, produit un effet fort gracieux et fort aérien quand il est exécuté par un certain nombre de ladies et de gentlemen, habitués à agir de concert. Il exprime un léger sarcasme plein d'atticisme et de bonne humeur.

« Vous ne le croyiez pas? répéta M. Martin avec un sourire de pitié.

— Eh bien ! dit l'ecclésiastique, si je connaissais la vie aussi peu que cela, je mangerais mon chapeau et sa boucle avec !

— Et moi, *item*, ajouta le boucher solennellement. »

Après cette courte préface, les trois copins informèrent M. Pickwick, tout d'une haleine, que l'argent avait dans la prison la même vertu que dehors; qu'il lui procurerait instantanément presque tout ce qu'on peut désirer, et que, si M. Pickwick en possédait et voulait bien le dépenser, il n'avait qu'à signifier son désir d'avoir une chambre à lui seul, et qu'il la trouverait toute meublée et garnie en moins d'une demi-heure de temps.

Nos gens se séparèrent alors avec une satisfaction mutuelle : M. Pickwick retournant sur nouveaux frais à la loge, et les trois copins se rendant au café pour y dépenser les cinq shillings que le ministre, avec une admirable prévoyance, avait empruntés dans ce dessein au candide philosophe.

Lorsque M. Pickwick eut déclaré à M. Roker pourquoi il revenait :

« Je le savais bien, s'écria celui-ci avec un gros rire, ne l'ai-je pas dit, Neddy? »

Le sage possesseur du couteau universel fit entendre un grognement affirmatif.

« Parbleu! je savais qu'il vous fallait une chambre à vous seul. Voyons! Il vous faudra des meubles; c'est moi qui vous les louerai, je suppose, suivant l'usage.

— Avec grand plaisir, répliqua M. Pickwick.

— Il y a dans l'escalier du café une chambre magnifique qui appartient à un prisonnier de la chancellerie : elle vous coûtera une livre sterling par semaine. Je suppose que vous ne regardez pas à cela?

— Pas le moins du monde.

— Venez avec moi, cria M. Roker en prenant son chapeau avec une grande vivacité. L'affaire sera faite en cinq minutes. Que diable! pourquoi n'avez-vous pas commencé par dire que vous consentiez à bien faire les choses? »

Comme le guichetier l'avait prédit, l'affaire fut promptement arrangée. Le prisonnier de la Chancellerie était là depuis assez longtemps pour avoir perdu amis, fortune, habitudes, bonheur, et pour avoir acquis en échange le droit d'avoir une chambre à lui tout seul. Cependant, comme il éprouvait le léger inconvénient de manquer souvent d'un morceau de pain, il consentit avec empressement à céder cette chambre à M. Pickwick, moyennant la somme hebdomadaire de vingt shillings, sur laquelle il s'engageait, en outre, à payer l'expulsion de toute personne qui pourrait être envoyée comme copin dans cet appartement.

Pendant que ce marché se concluait, M. Pickwick examinait le prisonnier avec un intérêt pénible. C'était un grand homme décharné, cadavéreux, enveloppé d'une vieille redingote, et dont les pieds sortaient à moitié de ses pantoufles éculées. Son regard était inquiet, ses joues pendantes, ses lèvres pâles, ses os minces et aigus. Le malheureux! on voyait que la dent de fer de l'isolement et du besoin l'avait lentement rongé depuis vingt années!

« Et vous, monsieur, où allez-vous demeurer maintenant? lui demanda M. Pickwick en déposant d'avance, sur la table chancelante, la première semaine de son loyer. »

L'homme ramassa l'argent d'une main agitée et répliqua qu'il n'en savait rien encore, mais qu'il allait voir où il pourrait transporter son lit.

« J'ai peur, monsieur, reprit M. Pickwick en posant doucement sa main sur le bras du prisonnier; j'ai peur que vous ne
soyez obligé de loger dans quelque endroit bruyant et encombré
de monde. Mais, je vous en prie, continuez à considérer cette
chambre comme la vôtre, quand vous aurez besoin d'un peu de
tranquillité, ou lorsque vos amis viendront vous voir.

— Mes amis! interrompit le prisonnier d'une voix qui râlait
dans son gosier. Si j'étais cloué dans mon cercueil, enfoncé
dans la bourbe du fossé infect qui croupit sous les fondations
de cette prison, je ne pourrais pas être plus oublié, plus abandonné que je ne le suis ici. Je suis un homme mort, mort à la
société, sans avoir obtenu la pitié qu'on accorde à ceux dont
les âmes sont allées comparaître devant leur juge. Des amis
pour me voir, mon Dieu! Ma jeunesse s'est consumée dans ce
donjon, et il n'y aura personne pour lever sa main au-dessus
de mon lit, quand je serai mort, et pour dire : Dieu soit loué,
il ne souffre plus! »

Le feu inaccoutumé que l'excitation du vieillard avait jeté
sur ses traits s'éteignit aussitôt qu'il eut fini de parler; il
pressa l'une contre l'autre ses mains décharnées et sortit brusquement de la chambre.

« Eh! eh! il se cabre encore quelquefois! dit M. Roker avec
un sourire. C'est comme les éléphants; ils sentent la pointe de
temps en temps, et ça les rend furieux. »

Ayant fait cette remarque, pleine de sympathie, M. Roker
s'occupa avec tant d'activité des arrangements nécessaires au
confort de M. Pickwick, qu'en peu de temps la chambre fut
garnie d'un tapis, de six chaises, d'une table, d'un lit sofa, des
ustensiles nécessaires pour le thé, et de divers autres, etc. Le
tout ne devait coûter à M. Pickwick que le prix fort raisonnable
de vingt-sept shillings et six pence par semaine.

« Y a-t-il encore quelque chose que nous puissions faire
pour vous? demanda M. Roker en regardant autour de lui avec
grande satisfaction et en faisant sonner dans sa main la première semaine de son loyer.

— Mais, oui, répondit M. Pickwick, qui, depuis quelques
minutes, réfléchissait profondément. Trouve-t-on ici des gens
qui font des commissions?

— Vous voulez dire au dehors?

— Oui, des gens qui puissent aller au dehors, pas des prisonniers.

— Nous avons votre affaire. Il y a un pauvre diable qui a

un ami dans le quartier des pauvres et qui est bien content
quand on l'emploie. Voilà deux mois qu'il fait des courses et
des commissions pour gagner sa vie. Faut-il que je vous l'envoie ?

— S'il vous plaît.... attendez.... non.... Le quartier des pauvres, dites-vous ? Je suis curieux de voir cela ; je vais y aller
moi-même. »

Le quartier des pauvres, dans une prison pour dettes, est,
comme son nom l'indique, la demeure des débiteurs les plus
misérables. Un prisonnier qui se déclare pour le quartier des
pauvres ne paye ni rente, ni taxe de copin. Le droit qu'il doit
acquitter, en entrant dans la prison et en en sortant, est extrêmement réduit, et il reçoit une petite quantité de nourriture,
achetée sur le revenu des faibles legs laissés de temps en
temps pour cet objet par des personnes charitables. Il y a
quelques années seulement, on voyait encore extérieurement,
dans le mur de la prison de la Flotte, une espèce de cage de fer
où se postait un homme à la physionomie affamée, qui secouait
de temps en temps une tirelire en s'écriant d'une voix lugubre : « N'oubliez pas les pauvres débiteurs, s'il vous plaît ! »
La recette de cette quête, lorsqu'il y avait recette, était partagée
entre les pauvres prisonniers, qui se relevaient tour à tour
dans cet emploi dégradant.

Quoique cette coutume ait été abolie et que la cage ait disparu maintenant, la condition misérable de ces pauvres gens
est encore la même. On ne souffre plus qu'ils fassent appel à
la compassion des passants, mais, pour l'admiration des âges
futurs, on a laissé subsister les lois justes et bienfaisantes qui
déclarent que le criminel vigoureux sera nourri et habillé,
tandis que le débiteur sans'argent se verra condamné à mourir
de faim et de nudité. Et ceci n'est pas une fiction : il ne se
passe pas une semaine dans laquelle quelques-uns des prisonniers pour dette ne dussent inévitablement périr dans les
lentes agonies de la faim, s'ils n'étaient pas secourus par leurs
camarades de prison.

Repassant ces choses dans son esprit, tout en montant l'é-
troit escalier, au pied duquel il avait été laissé par le guichetier,
M. Pickwick s'échauffa graduellement jusqu'au plus haut degré
d'indignation ; et il avait été tellement excité par ses réflexions
sur ce sujet, qu'il était entré dans la chambre qu'on lui avait
indiquée dans le quartier des pauvres, sans avoir aucun sentiment distinct ni de l'endroit où il était, ni de l'objet de sa visite.

L'aspect de la chambre le rappela tout à coup à lui-même; mais lorsque ses regards se portèrent sur un homme languissamment assis près d'un mauvais feu, il laissa tomber son chapeau de surprise et resta immobile et comme pétrifié.

Oui, cet homme sans habit, sans gilet, dont le pantalon était déchiré, dont la chemise de calicot était jaunie et déchirée, dont les grands cheveux pendaient en désordre, dont les traits étaient creusés par la souffrance et par la famine, c'était M. Alfred Jingle! Il se tenait la tête appuyée sur la main : ses yeux étaient fixés sur le feu et tout son extérieur dénotait la misère et l'abattement.

Auprès de lui, négligemment accoté contre le mur, se trouvait un vigoureux campagnard, caressant avec un vieux fouet de chasse la botte qui ornait son pied droit, le pied gauche étant fourré dans une pantoufle. Les chevaux, les chiens, la boisson avaient causé sa ruine. Il y avait encore à cette botte solitaire un éperon rouillé, qu'il enfonçait quelquefois dans l'air en faisant vigoureusement claquer son fouet et en murmurant quelques-unes de ces interjections par lesquelles un cavalier encourage son cheval : il exécutait, évidemment, en imagination, quelque furieuse course au clocher. Pauvre diable! le meilleur cheval de son écurie ne lui avait jamais fait faire une course aussi rapide que celle qui s'était terminée à la Flotte.

De l'autre côté de la chambre, un vieillard, assis sur une caisse de bois, tenait ses yeux attachés au plancher. Un profond désespoir immobilisait son visage. Un enfant, son arrière-petite-fille, se pendait après lui et s'efforçait d'attirer son attention par mille inventions enfantines; mais le vieillard ne la voyait ni ne l'entendait. La voix qui lui avait paru si musicale, les yeux qui avaient été sa lumière, ne produisaient plus d'impression sur ses sens; la maladie faisait trembler ses genoux et la paralysie avait glacé son esprit.

Dans un autre coin de la salle, deux ou trois individus formaient un petit groupe et parlaient bruyamment entre eux. Plus loin, une femme au visage maigre et hagard, la femme d'un prisonnier, s'occupait à arroser les misérables restes d'une plante desséchée, qui ne devait jamais reverdir : emblème trop vrai, peut-être, du devoir qu'elle venait remplir dans la prison.

Tels étaient les misérables prisonniers qui se présentèrent aux yeux de M. Pickwick, tandis qu'il regardait autour de lui avec étonnement. Entendant le pas précipité de quelqu'un qui entrait dans la chambre, il tourna les yeux vers la porte, et, dans le nouveau venu, à travers ses haillons, sa malpropreté, sa misère, il reconnut les traits familiers de M. Job Trotter.

« Monsieur Pickwick! s'écria Job à haute voix.

— Eh! fit Jingle en tressaillant et en se levant de son siége, monsieur.... C'est vrai; drôle d'endroit, étrange chose! Je le méritais; c'est bien fait. »

En disant ces mots, M. Jingle fourra ses mains à la place où les poches de son pantalon avaient coutume d'être; et, laissant tomber son menton sur sa poitrine, s'affaissa de nouveau sur sa chaise.

M. Pickwick fut affecté; ces deux hommes avaient l'air si misérable! Le coup d'œil affamé, involontaire que Jingle avait jeté sur un petit morceau de mouton cru, apporté par Job, expliquait plus clairement que ne l'aurait pu faire un récit de deux heures l'état de dénûment auquel il avait été réduit. M. Pickwick regarda Jingle d'un air doux et lui dit :

« Je désirerais vous parler en particulier. Voulez-vous sortir avec moi pour un instant.

— Certainement, répondit Jingle en se levant avec empressement. Ne peux pas aller bien loin. Pas de danger de trop marcher ici. Parc clos d'un mur à chevaux de frise. Joli terrain, pittoresque, mais peu étendu. L'entrée ouverte au public. La famille toujours en ville. La femme de charge terriblement soigneuse.

— Vous avez oublié votre habit, dit M. Pickwick en descendant l'escalier.

— Ah! oui.... il est au clou.... accroché chez une de mes bonnes parentes, ma tante du côté maternel. Pouvais pas faire autrement. Faut manger, vous savez; besoins de nature, et tout cela.

— Qu'est ce que vous voulez dire?

— Mon vêtement a signé un engagement volontaire, mon cher monsieur, dernier habit. Bah! ce qui est fait est fait. J'ai vécu d'une paire de bottes toute une quinzaine; d'un parapluie de soie, poignée d'ivoire, toute une semaine; c'est vrai, ma parole d'honneur. Demandez à Job; il le sait bien.

— Vous avez vécu pendant trois semaines d'une paire de bottes et d'un parapluie de soie avec une poignée d'ivoire! s'écria M. Pickwick, frappé d'horreur, et qui n'avait entendu

parler de choses semblables que dans l'histoire des nau-
frages.

— Vrai, rétorqua Jingle en secouant la tête. Les reconnais-
sances sont là. Prêteurs sur gages, tous voleurs : ne donnent
presque rien....

— Oh ! dit M. Pickwick grandement soulagé par cette explication. Je comprends ; vous avez mis vos effets en gage ?

— Tout. Job aussi ; toutes ses chemises en plan. Bah ! ça éco-
nomise le blanchissage. Plus rien bientôt. On reste couché ; on
meurt de faim. L'enquête se fait. Pauvre prisonnier. Misère !
Étouffer cela ! Les gentlemen du jury, fournisseurs de la prison ; pas d'éclat, mort naturelle. Convoi des pauvres, bien
mérité. Tout est fini ; tirez le rideau. »

Jingle débita ce singulier sommaire de son avenir avec sa
volubilité accoutumée et en s'efforçant par différentes grimaces
de contrefaire un sourire. Cependant M. Pickwick s'aperçut
aisément que cette insouciance était jouée ; et, le regardant en
face, mais non pas sévèrement, il vit que ses yeux étaient
mouillés de larmes.

« Bon enfant, reprit Jingle en pressant la main du philosophe et en détournant la tête. Chien d'ingrat ! Bête de pleurer ;
impossible de faire autrement. Mauvaise fièvre ; faible, malade, affamé ; mérité tout cela, mais souffert beaucoup ! ah !
beaucoup ! »

Incapable de se contenir, et peut-être plus énervé par les
efforts qu'il avait déjà faits pour y parvenir, l'histrion abattu
s'assit sur l'escalier ; et, couvrant son visage de ses mains, se
prit à sangloter comme un enfant.

« Allons ! allons ! dit M. Pickwick avec beaucoup d'émotion.
Je verrai ce qu'on peut faire quand je connaîtrai mieux votre
histoire. Ici Job ; où est-il donc ?

— Voilà, monsieur, » répondit Job en se montrant sur l'escalier.

Nous l'avons représenté quelque part comme ayant, dans
son bon temps, des yeux fort creux. Dans son état présent de
besoin et de détresse, il avait l'air de n'en plus avoir du tout.

« Voilà, monsieur, dit Job.

— Venez ici, monsieur, reprit M. Pickwick en essayant d'a-
voir l'air sévère, avec quatre grosses larmes qui coulaient sur
son gilet. Prenez cela. »

Prenez quoi ? Suivant les habitudes du monde, ce devait
être un coup de poing solidement appliqué, car M. Pickwick

avait été dupé, bafoué par le pauvre diable qui se trouvait maintenant en son pouvoir. Faut-il dire la vérité? C'était quelque chose qui sortait du gousset de M. Pickwick et qui sonna dans la main de Job; et, lorsque notre excellent ami s'éloigna précipitamment, une étincelle humide brillait dans son œil et son cœur était gonflé.

En rentrant dans sa chambre, M. Pickwick y trouva Sam, qui contemplait ces nouveaux arrangements avec une sombre satisfaction, fort curieuse à voir. Décidément opposé à ce que son maître demeurât là, en aucune manière, il considérait comme un devoir moral de ne paraître content d'aucune chose qui y serait faite, dite, suggérée ou proposée.

« Eh bien ! Sam?

— Eh bien ! monsieur?

— Assez confortable, maintenant, n'est-ce pas?

— Oui, pas mal, monsieur, répondit Sam en regardant autour de lui d'une manière méprisante.

— Avez-vous vu M. Tupman et nos autres amis?

— Oui, monsieur. Ils viendront demain; et ils ont été bien surpris d'apprendre qu'ils ne devaient pas venir aujourd'hui.

— Vous m'avez apporté les choses dont j'avais besoin? »

Pour toute réponse, Sam montra du doigt différents paquets qui étaient arrangés aussi proprement que possible dans un coin de la chambre.

« Très-bien, dit M. Pickwick; et, après un peu d'hésitation, il ajouta : Écoutez ce que j'ai à vous dire, Sam.

— Certainement, monsieur; faites feu, monsieur.

— Sam, poursuivit M. Pickwick avec beaucoup de solennité, j'ai senti, dès le commencement, que ce n'est pas ici un endroit convenable pour un jeune homme.

— Ni pour un vieux, non plus, monsieur.

— Vous avez tout à fait raison, Sam. Mais les vieillards peuvent venir ici à cause de leur imprudente confiance, et les jeunes gens peuvent y être amenés par l'égoïsme de ceux qu'ils servent. Il vaut mieux, pour ces jeunes gens, sous tous les rapports, qu'ils ne restent point ici. Me comprenez-vous, Sam?

— Ma foi! non, monsieur; non, répondit Sam d'un ton obstiné.

— Essayez, Sam.

— Eh bien! monsieur, répliqua Sam après une courte pause, je crois voir où vous voulez en venir; et, si je vois où vous voulez en venir, c'est mon opinion que c'est un peu trop fort, comme disait le cocher de la malle lorsqu'il fut pris dans un tourbillon de neige.

— Je vois que vous me comprenez, Sam. Comme je vous l'ai dit, je désire d'abord que vous ne demeuriez pas à perdre votre temps dans un endroit comme celui-ci; mais, en outre, je sens que c'est une monstreuse absurdité qu'un prisonnier pour dettes ait un domestique avec lui. Il faut que vous me quittiez pour quelque temps, Sam.

— Oh! pour quelque temps, monsieur? répéta Sam, avec un léger accent de sarcasme.

— Oui, pour le temps que je demeurerai ici. Je continuerai à payer vos gages, et l'un de mes trois amis sera heureux de vous prendre avec lui, ne fût-ce que par respect pour moi. Si jamais je quitte cet endroit, Sam, poursuivit M. Pickwick avec une gaieté affectée, je vous donne ma parole que vous reviendrez aussitôt avec moi.

— Maintenant, je vas vous dire ce qui en est, monsieur; répliqua Sam d'une voix grave et solennelle. Ça ne peut pas aller comme ça : ainsi, n'en parlons plus.

— Sam, je vous parle sérieusement : j'y suis résolu.

— Vous êtes résolu, monsieur? Très-bien, monsieur. Eh bien! moi aussi alors. »

En prononçant ces mots d'une voix ferme, Sam fixa son chapeau sur sa tête avec une grande précision, et quitta brusquement la chambre.

« Sam! lui cria M. Pickwick, Sam, venez ici! »

Mais la longue galerie avait déjà cessé de répéter l'écho de ses pas. Sam était parti.

CHAPITRE XIV.

Comment M. Samuel Weller se mit mal dans ses affaires.

Dans une grande salle mal éclairée et plus mal aérée, située dans *Portugal Street, Lincoln's Inn fields*, siégent durant presque toute l'année un, deux, trois ou quatre gentlemen en perruque, qui ont devant eux de petits pupitres mal vernis. Des stalles d'avocats sont à leur main droite; à leur main

gauche, une enceinte pour les débiteurs insolvables ; et en
face, un plan incliné de figures spécialement malpropres. Ces
gentlemen en perruque sont les commissaires de la Cour des
insolvables, et l'endroit où ils siégent est la Cour des insolvables elle-même.

Depuis un temps immémorial, c'est le remarquable destin
de cette cour d'être regardée, par le consentement universel
de tous les gens râpés de Londres, comme leur lieu de refuge
habituel pendant le jour. La salle est toujours pleine ; les vapeurs de la bière et des spiritueux montent constamment vers
le plafond, s'y condensent par le froid et redescendent comme
une pluie le long des murs. Là se trouvent à la fois plus de
vieux habits que n'en mettent en vente durant tout un an
les juifs du quartier de *Houndsditch*, et plus de peaux cras-
seuses, plus de barbes longues, que toutes les pompes et les
boutiques de barbiers situées entre *Tyburn* et *Whitechapel* n'en
pourraient nettoyer entre le lever et le coucher du soleil.

Il ne faut pas supposer que quelques-uns de ces individus
aient l'ombre d'une affaire dans l'endroit où ils se rendent si
assidûment ; s'ils en avaient, leur présence ne serait plus
surprenante, et la singularité de la chose cesserait immédiatement. Quelques-uns dorment pendant la plus grande partie de
la séance ; d'autres apportent leur dîner dans leur mouchoir,
ou dans leur poche déchirée, et mangent tout en écoutant,
avec un double délice : mais jamais un seul d'entre eux ne fut
connu pour avoir le plus léger intérêt personnel dans aucune
des affaires traitées par la cour. Quelle que soit la manière
dont ils occupent leur temps, ils restent là, tous, depuis le
commencement jusqu'à la fin de la séance. Quand il pleut, ils
arrivent tout trempés, et alors, les vapeurs qui s'élèvent de
l'audience ressemblent à celles d'un marais.

Un observateur qui se trouverait là par hasard pourrait
imaginer que c'est un temple élevé au génie de la pauvreté
râpée. Il n'y a pas un seul messager, pas un huissier qui
porte un habit fait pour lui ; il n'y a pas dans tout l'établissement un seul homme passablement frais et bien portant, si ce
n'est un petit huissier aux cheveux blancs, à la figure rougeaude ; et encore, comme une cerise à l'eau-de-vie mal con-
servée, il semble avoir été desséché par un procédé artificiel
dont il n'a pas le droit de tirer vanité. Enfin les perruques des
avocats eux-mêmes sont mal poudrées et mal frisées.

Mais, après tout, les avoués qui siégent derrière une vaste

table toute nue, au-dessous des commissaires, sont encore la plus grande curiosité de cet endroit. L'établissement professionnel du plus opulent de ces gentlemen consiste en un sac bleu, [1] et un jeune clerc ordinairement juif. Ils n'ont point de cabinet, mais ils traitent leurs affaires légales dans les tavernes, ou dans la cour des prisons où ils se rendent en foule et se disputent les chalands, à la manière des conducteurs d'omnibus. Ils ont une physionomie bouffie et moisie, et si l'on peut les soupçonner de quelques vices, c'est principalement d'ivrognerie et de friponnerie. Leur résidence se trouve ordinairement dans un rayon d'un mille, autour de l'obélisque de *Saint George's Fields*. Leur tournure n'est pas engageante, et leurs manières sont *sui generis*.

M. Salomon Pell, l'un des membres de cet illustre corps, était un homme gras, flasque et pâle. Son habit semblait tantôt vert, tantôt brun, suivant les reflets du jour, et était orné d'un collet de velours, qui offrait la même particularité. Son front était étroit, sa face large, sa tête grosse, et son nez tourné tout d'un côté, comme si la nature, indignée des mauvais penchants qu'elle découvrait en lui à sa naissance, lui avait donné, de colère, une secousse dont il ne s'était jamais relevé. Au reste, comme M. Pell était replet et asthmatique, il respirait principalement par cet organe qui, de la sorte, rachetait peut-être en utilité ce qui lui manquait en beauté.

« Je suis sûr de le tirer d'affaire, disait M. Pell.

— Bien sûr? demanda la personne à qui cette assurance était donnée.

— Sûr et certain, répliqua M. Pell. Mais, voyez-vous, s'il avait rencontré quelque praticien irrégulier je n'aurais pas répondu des conséquences.

— Ah! fit l'autre avec une bouche toute grande ouverte.

— Non, je n'en aurais pas répondu, » répéta M. Pell; et il pinça ses lèvres, fronça ses sourcils, et secoua sa tête mystérieusement.

Or, l'endroit où se tenait ce discours était la taverne qui se trouve juste en face de la Cour des insolvables; et la personne à qui il était adressé n'était autre que M. Weller, *senior*. Il était venu là pour réconforter un de ses amis dont la pétition, pour être renvoyé en qualité de débiteur honnêtement insolvable, devait être présentée ce jour-là même; et c'était à

[1]. Les avocats anglais portent leurs dossiers dans un sac de serge bleue.

ce sujet que l'avoué exposait son opinion de la manière sus-énoncée.

« Et George, où est-il ? « demanda M. Weller.

M. Pell ayant incliné la tête dans la direction d'un arrière-parloir, M. Weller s'y rendit immédiatement, et fut salué de la manière la plus chaleureuse et la plus flatteuse par une demi douzaine de ses confrères. Le gentleman insolvable, qui avait contracté une passion spéculative, mais imprudente, pour établir des relais de poste, avait l'air fort bien portant, et s'efforçait de calmer l'excitation de ses esprits avec des crevettes et du *porter*.

Le salut échangé entre M. Weller et ses amis se borna strictement à la franc-maçonnerie du métier, c'est-à-dire au renversement du poignet droit, en agitant en même temps le petit doigt en l'air. Nous avons connu autrefois deux fameux cochers (pauvres garçons, ils sont morts maintenant!) qui étaient jumeaux, et entre lesquels existait l'attachement le plus sincère, le plus dévoué. Ils se croisaient, chaque jour, sur la route de Douvres, sans échanger jamais d'autre salut que celui que nous venons de décrire ; et cependant, quand l'un des deux mourut, l'autre tomba en langueur, et le suivit bientôt après.

« Eh ben ! George? dit M. Weller, en ôtant sa redingote et en s'asseyant avec sa gravité accoutumée. « Comment ça mar-che-t-i'. Tout va-t-i' ben sur l'impériale; tout est-i' plein dans le coupé?

— Tout va bien, vieux camarade, repartit le gentleman qui avait fait de mauvaises affaires.

— La jument grise est-elle passée à quelqu'un? » demanda M. Weller avec anxiété.

Georges fit un signe affirmatif.

« Bon ! c'est bien. On a eu soin des voitures aussi?

— Consignées dans un endroit sûr, répliqua Georges, en arrachant la tête d'une demi-douzaine de' crevettes, et en les avalant sans plus de cérémonie.

— Très-bien , très-bien ; dit M. Weller. Faites toujours attention à la mécanique quand vous descendez un coteau. La feuille de route est-elle bien dressée? »

M. Pell devinant la pensée de M. Weller, prit la parole et dit : « L'inventaire de l'actif et du passif est aussi clair et aussi satisfaisant que la plume et l'encre peuvent le rendre. »

M. Weller fit un signe de tête qui impliquait son approba-

tion de ces arrangements, et ensuite se tournant vers M. Pell,
il lui dit, en montrant son ami Georges :

« Quand est-ce que vous-y ôtez sa couverture?

— Eh?... Il est le troisième sur la liste des débiteurs dont
les créanciers refusent de reconnaître l'insolvabilité, et je
pense que son tour arrivera dans une demi-heure. J'ai dit à
mon clerc de venir me prévenir quand il y aurait une
chance. »

M. Weller considéra l'avoué des pieds à la tête avec grande
admiration, et dit emphatiquement :

« Qu'est-ce que vous voulez prendre, mossieu?

— Mais, en vérité, vous êtes bien.... Ma parole d'honneur,
je n'ai pas l'habitude de.... Il est réellement de si bonne
heure que.... Eh bien! vous pouvez m'apporter pour trois
pence de rhum, ma chère. »

La demoiselle servante, qui avait anticipé la conclusion de
ce discours, posa un verre devant Pell et se retira.

« Gentlemen, dit M. Pell en regardant toute la compagnie,
bonne chance à votre ami! Je n'aime pas à me vanter, gentlemen, ce n'est pas dans mes habitudes; pourtant je ne puis pas
m'empêcher de dire que, si votre ami n'avait pas été assez
heureux pour tomber dans des mains qui.... Mais je ne veux
pas dire ce que j'allais dire.... Gentlemen, à vos santés! »

Ayant vidé son verre en un clin d'œil, M. Pell fit claquer
ses lèvres et regarda avec complaisance le cercle des cochers,
aux yeux desquels il passait évidemment pour une espèce
d'oracle.

« Voyons, reprit-il, qu'est-ce que je disais, gentlemen?

— Vous observiez que vous n'en refuseriez pas un second
verre, dit M. Weller avec une gravité facétieuse.

— Ha! ha! Pas mauvais, pas mauvais.... Un bon....
bon.... A cette époque-ci de la matinée, ce serait un peu....
Eh bien! vous attendez, ma chère.... Vous pouvez m'apporter
la seconde édition, s'il vous plaît.... Hem! »

Ce dernier mot représente une toux solennelle et pleine de
dignité, que M. Pell avait cru se devoir à lui-même, en remarquant parmi ses auditeurs une indécente disposition à la
gaieté.

« Gentlemen, reprit M. Pell, le défunt lord chancelier m'aimait beaucoup.

— Et c'était fort honorable pour lui, interrompit M Weller.

— Écoutez! écoutez! cria le client de l'homme d'affaires. Et pourquoi pas?

— Ah! oui; pourquoi pas, en vérité? répéta un homme au visage très-rouge, qui n'avait encore rien dit jusqu'alors, et qui avait tout à fait l'air de n'avoir rien à dire de plus. Pourquoi pas? »

Un murmure d'assentiment circula dans la compagnie.

« Je me rappelle, gentlemen, que, dînant avec lui un certain jour.... nous n'étions que nous deux, mais tout était aussi splendide que si l'on avait attendu vingt personnes.... Le grand sceau était sur une étagère, à sa droite, et à sa gauche un homme en grande perruque et couvert d'une armure gardait la masse, avec un sabre nu et des bas de soie.... Ce qui se fait perpétuellement, gentlemen, la nuit et le jour. Il me dit tout à coup : « Pell, dit-il, pas de fausse délicatesse. Pell, « vous êtes un homme de talent; vous pouvez faire passer qui « vous voulez à la Cour des insolvables. Votre pays doit être « fier de vous, Pell. » Ce sont là ses propres paroles. « Mylord, « lui dis-je, vous me flattez.—Pell, dit-il, si je vous flatte, je « veux être damné!... »

— A-t-il dit ça? interrompit M. Weller.

— Il l'a dit.

— Eh bien! alors je dis que le parlement aurait dû le mettre à l'amende pour avoir juré, et si le chancelier avait été un pauv' diable, on l'y aurait mis.

— Mais, mon cher monsieur, il connaissait ma discrétion.... Il me disait cela en toute confiance.

— Et quoi?

— En toute confiance.

— Ah! très-bien, répartit M. Weller après un petit moment de réflexion. S'il se damnait en toute confiance, ça change la question.

— Nécessairement la distinction est évidente.

— Ça change la question entièrement. Continuez, monsieur.

— Non, je ne continuerai pas, reprit M. Pell d'une voix basse et sérieuse. Vous m'avez rappelé, monsieur, que c'était une conversation privée.... privée et confidentielle, gentlemen. Gentlemen, je suis un homme de loi.... Il est possible que je sois fort estimé dans ma profession; il est possible que je ne le sois pas. Chacun peut le savoir; je n'en dis rien. On a déjà fait dans cette chambre des observations injurieuses à la

mémoire de mon noble ami. Vous m'excuserez, gentlemen,
j'avais été imprudent.... Je sens que je n'ai pas le droit de
parler de cette matière sans son consentement. Je vous remercie, monsieur, de m'en avoir fait souvenir. »

M. Pell, ainsi dégagé, fourra ses mains dans ses poches,
fit résonner avec une détermination terrible trois demi-pence
qui s'y trouvaient, et fronça le sourcil en regardant autour
de lui.

Il venait à peine d'exprimer sa vertueuse résolution, lorsque
le galopin et le sac bleu, deux inséparables compagnons, se
précipitèrent dans la chambre et dirent (ou du moins le galopin *dit*, car le sac bleu ne prit aucune part à cette annonce)
que la cause allait passer à l'instant. Toute la compagnie se
hâta aussitôt de traverser la rue et de faire le coup de poing
pour pénétrer dans la salle, cérémonie préparatoire qui, dans
les cas ordinaires, a été calculée durer de vingt-cinq à trente
minutes.

M. Weller, qui était puissant, se jeta tout d'abord au milieu
de la foule dans l'espérance d'arriver, à la fin, dans quelque
endroit qui lui conviendrait; mais le succès ne répondit pas
entièrement à son attente, et son chapeau, qu'il avait négligé
d'ôter, fut tout à coup enfoncé sur ses yeux par une personne
invisible, dont il avait pesamment froissé les orteils. Cet individu regretta apparemment son impétuosité, car l'instant
d'après, murmurant une indistincte exclamation de surprise, il
entraîna le gros homme dans la salle, et, avec de violents efforts, le débarrassa de son chapeau.

« Samivel! » s'écria M. Weller, quand il lui fut possible de
voir la lumière.

Sam fit un signe de tête.

« Tu es un fils bien affectionné, bien soumis! Coiffer com'
ça ton père dans sa vieillesse!

— Comment pouvais-je savoir que c'était vous? Est-ce que
vous croyez que je peux vous reconnaître au poids de votre pied?

— Ha! c'est vrai, Samivel, répartit M. Weller immédiatement amolli. Mais qu'est-ce que tu fais ici? Ton gouverneur
ne peut rien gagner ici, Sammy. I' ne passeront pas le verdict,
Sammy; i' ne l' passeront pas. Et M. Weller secouait la tête
avec une gravité toute judiciaire.

— Quelle vieille caboche obstinée! s'écria Sam. Toujours
avec les verdicts et les allébis, et tout ça. Qu'est-ce qui vous
parle de verdicts? »

M. Weller ne fit point de réponse, mais il secoua encore la tête avec une solennité officielle.

« Ne dandinez pas votre coloquinte comme ça, si vous ne voulez pas la démancher tout à fait, poursuivit Sam avec impatience. Comportez-vous raisonnablement. J'ai été vous chercher hier soir au marquis de Granby.

— As-tu vu la marquise de Granby? dit M. Weller avec un soupir.

— Oui.

— Quelle mine avait la pauvre femme?

— Fort drôle. J'imagine qu'elle se détériore graduellement avec le rhum et les autres médecines de même nature qu'elle s'administre.

— Tu crois, Sammy? s'écria M. Weller avec un vif intérêt.

— Oui, bien sûr. »

M. Weller saisit la main de son fils, la serra, puis la laissa retomber; et durant cette action, sa contenance ne révélait pas la crainte ni la douleur, mais reflétait plutôt la douce expression de l'espérance. Un rayon de résignation et même de contentement passa sur son visage, pendant qu'il disait :

« Je ne suis pas tout à fait sûr et certain de la chose, Sammy; je ne veux pas trop y compter de peur d'un désappointement subséquent; mais il me semble, mon garçon, il me semble que le berger a gagné une maladie de foie.

— A-t-il mauvaise mine?

— Étonnamment pâle, excepté son nez qu'est plus rouge que jamais. Son appétit est médiocre; mais il imbibe prodigieusement. »

Pendant que M. Weller prononçait ces dernières paroles, quelques idées associées avec le rhum passaient probablement dans son esprit, car son air devint triste et pensif; mais il se remit presque aussitôt, ce qui fut attesté par tout un alphabet de clignements d'yeux, auxquels il n'avait coutume de se livrer que quand il était particulièrement satisfait.

« Allons, maintenant, arrivons à mon affaire, reprit Sam. Ouvrez-moi vos oreilles, et ne soufflez mot jusqu'à ce que j'aie fini. »

Après ce court exorde, Sam rapporta aussi succinctement qu'il le put la dernière et mémorable conversation qu'il avait eue avec M. Pickwick.

« Pauvre créature! s'écria M. Weller. Rester là tout seul

sans personne pour prendre son parti ! Ça ne se peut pas, Samivel ; ça ne se peut pas.

— Parbleu ! je savais ça avant que de venir.

— Ils le mangeraient tout cru, Sammy. » Sam témoigna par
un signe qu'il était de la même opinion.

« Et s'ils ne le dévorent pas, il en sortira si bien plumé que
ses propres amis ne le connaîtront pas. Un pigeon bardé n'est
rien auprès, Sammy. »

Sam répéta le même signe.

« Ça ne se doit pas, Samivel, continua M. Weller gravement.

— Ça ne sera pas, dit Sam.

— Certainement non, poursuivit M. Weller.

— Eh bien ! reprit Sam, vous prophétisez comme un véritable Bât-l'âne, qui a un visage si rougeaud dans le livre à six
pence.

— Qu'est-ce qu'il était, Sammy ?

— Ça ne vous fait rien ; c'était pas un cocher ; ça doit vous
suffire.

— J'ai connu un palefrenier de ce nom là, dit M. Weller en
réfléchissant.

— C'est pas lui ; le mien était un prophète.

— Qu'est-ce que c'est qu'un prophète ? demanda M. Weller
en regardant son fils d'un air sévère.

— Eh bien ! c'est un homme qui dit ce qui doit arriver.

— Je voudrais bien le connaître, Sammy. Peut-être qui
pourrait me jeter un petit brin de lumière sur cette maladie de
foie dont je te parlais tout à l'heure. Quoiqu'i' n'en soit, s'il
est mort, et s'il n'a laissé sa boutique à personne, voilà qu'est
fini. Continue, Sammy, dit M. Weller avec un soupir.

— Eh bien ! reprit Sam, vous avez prophétisé ce qui arrivera au gouverneur s'il reste tout seul. Voyez-vous quelques
moyens d'avoir soin de lui ?

— Non, Sammy, non, répondit M. Weller d'un air pensif.

— Pas de moyens du tout ?

— Non, pas un seul. A moins.... Un rayon d'intelligence
éclaira la contenance de M. Weller. Il réduisit sa voix au plus
faible chuchottement, et, appliquant la bouche à l'oreille de
sa progéniture : A moins de le faire sortir dans un matelas
roulé, à l'insu du guichetier, ou de le déguiser en vieille femme
avec un voile vert. »

Sam reçut ces deux suggestions avec un dédain inattendu,
et répéta sur nouveaux frais sa question.

« Non, dit le vieux gentleman. S'il ne veut pas que vous y restiez, je ne vois pas de moyens du tout. C'est pas une grand' route, Sammy; c'est pas une grand' route.

— Eh bien! alors, je vas vous dire ce qui en est. Je vous prierai de me prêter vingt-cinq livres sterling.

— Quel bien ça fera-t-i ça?

— Vous inquiétez pas. Peut-être que vous me les redemanderez cinq minutes après; peut-être que je dirai que je ne veux pas les rendre, et que je ferai l'insolent. Et vous, vous êtes capable de faire arrêter votre propre fils pour un peu d'argent. Vous êtes capable de l'envoyer en prison, père dénaturé! »

A ces mots, le père et le fils échangèrent un code complet de signes et de gestes télégraphiques, après quoi M. Weller s'assit sur une pierre et se mit à rire si violemment qu'il en devint pourpre.

« Quelle vieille face d'image! s'écria Sam, indigné de cette perte de temps. Qu'est-ce que vous avez besoin de vous asseoir là et de faire des grimaces comme le marteau d'une porte cochère. Est-ce que nous n'avons pas autre chose à faire? Où est la monnaie?

— Dans le coffre, Sam, dans le coffre, dit M. Weller, en rendant à ses traits leur expression accoutumée. Tiens mon chapeau, Sam. »

Débarrassé de cet ornement, M. Weller tordit son corps tout d'un côté, et, par un mouvement habile, parvint à insinuer sa main droite dans une poche immense, d'où il vint à bout d'extraire, après bien des efforts et des soupirs, un portefeuille grand in-octavo, fermé par une énorme courroie de cuir. Il tira de ce portefeuille une couple de mèches de fouet, trois ou quatre boucles, un petit sac d'échantillon d'avoine, et enfin un rouleau de bank-notes fort malpropres, parmi lesquelles il choisit la somme requise, qu'il tendit à Sam.

« Et maintenant, Sammy, dit-il après avoir réintégré dans le portefeuille les mèches, les boucles et le sac d'avoine, et après avoir de nouveau déposé le portefeuille dans le fond de sa grande poche; maintenant, Sammy, je connais un gentleman qui va faire pour nous le reste de la besogne en moins de rien. C'est un suppôt de la loi, Sammy, qu'a de la cervelle jusqu'au bout des doigts comme les grenouilles; un ami du lord chancelier, celui qui n'aurait qu'un signe à faire pour te faire enfermer toute ta vie si i' voulait.

— Halte-là, interrompit Sam, pas de ça.

— Pas de quoi ?

— Pas de ces moyens inconstitutionnels. Après le mouvement perpétuel, les *ayez sa carcasse* est une des plus excellentes choses qu'on ait jamais inventées. J'ai lu ça dans les journaux très-souvent.

— Eh bien ! qu'est-ce que ça a affaire ici ?

— Voilà : c'est que je veux favoriser l'invention et me faire mettre dedans de cette manière là. Pas de manigances avec le chancelier ; je n'aime pas ça. Ce n'est peut-être pas bien sain, pour ce qui est d'en ressortir. »

Déférant sur ce point au sentiment de son fils, M. Weller alla retrouver M. Salomon Pell et lui communiqua son désir d'obtenir sur-le-champ une prise de corps pour la somme de vingt-cinq livres sterling et les frais, contre un certain Samuel Weller ; la dépense à ce nécessaire devant être payée d'avance à Salomon.

L'homme d'affaires était de fort bonne humeur, car son client venait de recevoir sa décharge. Il approuva hautement l'attachement de Sam pour son maître, déclara que cela lui rappelait fortement ses propres sentiments de dévouement pour son ami, le chancelier, et mena sans délai M. Weller au Temple, pour y prêter serment au sujet de la dette dont l'attestation venait d'être dressée sur place, par le petit clerc, assisté du sac bleu.

Pendant ce temps Sam ayant été formellement présenté au gentleman, qui venait d'être libéré du poids de ses dettes, et à ses amis, comme le rejeton de M. Weller, de la Belle Sauvage, fut traité avec une distinction marquée, et invité à se régaler avec eux en l'honneur de la circonstance, invitation qu'il accepta sans aucune espèce de difficulté.

La gaieté des gentlemen de cette classe est ordinairement d'un caractère grave et tranquille ; mais il s'agissait là d'une réjouissance toute particulière, et ils se relâchèrent, en proportion, de leur gravité accoutumée. Après quelques toasts assez tumultueux, en l'honneur du chef des commissaires et de M. Salomon Pell, qui venait de déployer une habileté si transcendante, un gentleman, au teint marbré de rouge, qui avait pour cravate un châle bleu, proposa de chanter. La réplique naturelle était que le gentleman au teint marbré, qui désirait une chanson, la chantât lui-même ; mais il s'y refusa fermement, et même d'un air légèrement offensé : il s'ensuivit, comme cela arrive assez souvent en pareil cas, un colloque aigre doux.

« Gentlemen, dit le client de M. Pell, plutôt que de détruire l'harmonie de cette délicieuse réunion, peut-être que M. Samuel Weller voudra bien obliger la société.

— Réellement, gentlemen, dit Sam, je ne suis pas trop dans l'habitude de chanter sans instrument; mais faut tout faire pour une vie tranquille, comme dit le marin, quand il accepta la place de gardien du phare. »

Après ce léger prélude, M. Samuel Weller se lança tout à coup dans l'admirable légende que nous prenons la liberté d'imprimer ci-dessous, car nous pensons qu'elle n'est pas généralement connue. Nous prions les lecteurs de vouloir bien remarquer les dyssyllabes qui terminent le premier et le quatrième vers, et qui, non-seulement permettent au chanteur de reprendre haleine en cet endroit, mais en outre favorisent singulièrement le mètre.

ROMANCE.

1ᵉʳ *Couplet.*

Un beau jour le hardi Turpin, ohé!
Galoppait grand train sur sa jument noire.
V'là qu'un bel évêque, en robe de moire,
Se prom'nait sur le grand chemin, ohé!
V'là Turpin qui court après le carosse,
Et qui met sa têt' tout entièr' dedans ;
Et l'évêqu' qui dit : « L' diable emport' ma crosse,
Si c' n'est pas Turpin qui m' fait voir ses dents! »

Le chœur.

Et l'évêqu' qui dit : « L' diable emport' ma crosse,
Si c' n'est pas Turpin qui m' fait voir ses dents! »

2ᵉ *Couplet.*

Turpin dit : « Vous mang'rez c' mot là, ohé!
Avec un' sauce, mon cher, d' balles d' plomb. »
Alors i' tire un pistolet d'arçon
Et lui fait entrer dans la gorge, ohé!
Le cocher, qui n'aimait pas cett' rasade,
Fouett' ses ch'vaux et part au triple galop;
Mais Turpin lui met quatre ball' dans l' dos,
Et de s'arrêter ainsi le persuade.

Le chœur, d'un ton sarcastique.

Mais Turpin lui met quatre ball' dans l' dos,
Et de s'arrêter ainsi le persuade.

« Je maintiens que cette chanson est personnelle à la profession, dit le gentleman au teint marbré, en l'interrompant en cet endroit. Je demande le nom de ce cocher.

— On n'a jamais pu le savoir, répliqua Sam; vu qu'il n'avait pas sa carte dans sa poche.

— Je m'oppose à l'introduction de la politique, reprit le cocher au teint marbré. Je remarque que dans la présente compagnie cette chanson est politique, et, ce qu'est à peu près la même chose, qu'elle n'est pas vraie. Je dis que ce cocher ne s'est pas sauvé, mais qu'il est mort bravement comme un des plus grands z'héros, et je ne veux pas entendre dire le contraire. »

Comme l'orateur parlait avec beaucoup d'énergie et de décision, et comme les opinions de la compagnie paraissaient divisées à ce sujet, on était menacé de nouvelles altercations, lorsque M. Weller et M. Pell arrivèrent, fort à propos.

« Tout va bien, Sammy, dit M. Weller.

— L'officier sera ici à quatre heures, ajouta M. Pell. Je suppose que vous ne vous enfuirez pas en attendant : ha! ha! ha!

— Peut-être que mon cruel papa se repentira d'ici là? balbutia Sam, avec une grimace comique.

— Non, ma foi, dit M. Weller.

— Je vous en prie, continua Sam.

— Pour rien au monde, rétorqua l'inexorable créancier.

— Je vous ferai des billets pour vous payer six pence par mois.

— Je n'en veux pas.

— Ha! ha! ha! très-bon, très-bon! s'écria M. Salomon Pell, qui s'occupait de faire sa petite note des frais. C'est un incident fort amusant, en vérité. — Benjamin, copiez cela; et M. Pell recommença à sourire, en faisant remarquer le total à M. Weller.

— Merci, merci, dit l'homme de loi en prenant les grasses banck-notes que le vieux cocher tirait de son portefeuille. Trois livres dix shillings et une livre dix shillings font cinq livres sterling. Bien obligé, monsieur Weller.... Votre fils est un jeune homme fort intéressant. Tout à fait, monsieur, c'est un trait fort honorable de la part d'un jeune homme, tout à fait, ajouta M. Pell, en souriant fort gracieusement à la ronde, et en empochant son argent.

— Une fameuse farce, dit M. Weller, avec un gros rire, un véritable enfant prodige.

— Prodigue, monsieur, enfant prodigue, suggéra doucement M. Pell.

— Ne vous tourmentez pas, monsieur, répliqua M. Weller, avec dignité. Je sais l'heure qu'il est, monsieur. Quand je ne la saurai pas, je vous la demanderai, monsieur. »

Lorsque l'officier arriva, Sam s'était rendu si populaire, que les gentlemen réunis à la taverne se déterminèrent à le conduire, en corps, à la prison. Ils se mirent donc en route ; le demandeur et le défendeur marchaient bras dessus bras dessous : l'officier en tête et huit puissants cochers formaient l'arrière-garde. Après s'être arrêtés au café de *Sergeant's Inn* pour se rafraîchir et pour terminer tous les arrangements légaux, la procession se remit en marche.

Une légère commotion fut excitée dans Fleet-Street par l'humeur plaisante des huit gentlemen de l'arrière-garde, qui persistaient à marcher quatre de front. On décida qu'il était nécessaire de laisser en arrière le gentleman grêlé pour boxer avec un commissionnaire, et il fut convenu que ses amis le prendraient au retour. Au reste ces légers incidents furent les seuls qui arrivèrent pendant la route. Quand on fut parvenu devant la prison, la cavalcade sous la direction du demandeur, poussa trois effroyables acclamations pour le défendeur, et ne le quitta que lorsqu'il eut plusieurs fois secoué la main de chacun de ses membres.

Sam ayant été formellement remis entre les mains du gouverneur de la flotte, à l'immense surprise de Roker et du flegmatique Neddy lui-même, entra sur-le-champ dans la prison, marcha droit à la chambre de son maître, et frappa à la porte.

« Entrez, dit M. Pickwick. »

Sam parut, ôta son chapeau, et sourit.

« Ah ! Sam, mon bon garçon ! dit M. Pickwick, évidemment charmé de revoir son humble ami ; je n'avais pas l'intention de vous blesser hier par ce que je vous ai dit, mon fidèle serviteur. Posez votre chapeau, Sam, et laissez-moi vous expliquer un peu plus longuement mes idées.

— Ça ne peut-il pas attendre à tout à l'heure, monsieur ?

— Oui, certainement. Mais pourquoi pas maintenant ?

— J'aimerais mieux tout à l'heure, monsieur.

— Pourquoi donc ?

— Parce que..., dit Sam en hésitant.

— Parce que quoi ? reprit M. Pickwick, alarmé par les manières de son domestique. Parlez clairement, Sam.

— Parce que.... j'ai une petite affaire qu'il faut que je fasse.

— Quelle affaire ? demanda M. Pickwick, supris de l'air confus de Sam.

— Rien de bien conséquent, monsieur.

— Ah! dans ce cas, dit M. Pickwick en souriant, vous pouvez m'entendre d'abord.

—J'imagine que je terminerai d'abord mon affaire, » répliqua Sam, en hésitant encore.

M. Pickwick eut l'air surpris, mais ne répondit pas.

« Le fait est, dit Sam, en s'arrêtant court.

— Eh bien? reprit M. Pickwick, parlez donc.

— Eh bien! le fait est, répliqua Sam avec un effort désespéré, le fait est que je ferais peut-être mieux de voir après mon lit.

— Votre lit! s'écria M. Pickwick, plein d'étonnement.

— Oui, mon lit, monsieur; je suis prisonnier; j'ai été arrêté cette après-midi, pour dettes.

— Arrêté pour dettes! s'écria M. Pickwick, en se laissant tomber sur une chaise.

— Oui, monsieur, pour dettes, et l'homme qui m'a mis ici ne m'en laissera jamais sortir, tant que vous y serez vous-même.

— Que me dites vous donc là?

— Ce que je dis, monsieur, je suis prisonnier, quand ça devrait durer quarante ans ! et j'en suis fort content encore; et si vous aviez été dans Newgate, ç'aurait été la même chose! maintenant le gros mot est lâché, sapristi ! c'est une affaire finie! »

En prononçant ces mots, qu'il répéta plusieurs fois avec grande violence, Sam aplatit son chapeau sur la terre, dans un état d'excitation fort extraordinaire chez lui ; puis ensuite, croisant ses bras, il regarda son maître en face et avec fermeté.

CHAPITRE XV.

Où l'on apprend diverses petites aventures arrivées dans la prison,
ainsi que la conduite mystérieuse de M. Winkle; et où l'on voit
comment le pauvre prisonnier de la chancellerie fut enfin re-
lâché.

M. Pickwick était trop vivement touché par l'inébranlable attachement de son domestique, pour pouvoir lui témoigner quelque mécontentement de la précipitation avec laquelle il s'était
fait incarcérer, pour une période indéfinie. La seule chose sur
laquelle il persista à demander une explication, c'était le nom
du créancier de Sam; mais celui-ci persévéra également à ne
point le dire.

« Ça ne servirait de rien, monsieur, répétait-il constamment.
C'est une créature malicieuse, rancunière, avaricieuse, vindicative, avec un cœur qu'il n'y a pas moyen de toucher, comme
observait le vertueux vicaire au gentleman hydorpique, qui
aimait mieux laisser son bien à sa femme, que de bâtir une
chapelle avec.

— En vérité, Sam, la somme est si petite qu'il serait fort
aisé de la payer; et puisque je me suis décidé à vous garder
avec moi, vous devriez faire attention que vous me seriez
beaucoup plus utile si vous pouviez aller au dehors.

— Je vous suis bien obligé, monsieur, mais je ne voudrais
pas.

— Qu'est-ce que vous ne voudriez pas, Sam?

— Je ne voudrais pas m'abaisser à demander une faveur à
cet ennemi sans pitié.

— Mais ce n'est pas lui demander une faveur que de lui
offrir son argent.

— Je vous demande pardon, monsieur, ce serait une grande
faveur de le payer, et il n'en mérite pas. Voilà l'histoire,
monsieur. »

En cet endroit M. Pickwick frottant son nez avec un air de
vexation, Sam jugea qu'il était prudent de changer de thème.
« Monsieur, dit-il, je prends ma détermination par principe,
comme vous prenez la vôtre, ce qui me rappelle l'histoire de

l'homme qui s'es⸱ tué par principe. Vous la savez nécessairement, monsieur ! » Ici Sam cessa de parler, et du coin de l'œil
gauche jeta à son maître un regard comique.

« Il n'y a pas de nécessité là-dedans, Sam, dit M. Pickwick,
en se laissant aller graduellement à sourire, malgré le déplaisir que lui avait causé l'obstination de Sam. La renommée du
gentleman en question n'est jamais venue à mes oreilles.

— Jamais, monsieur ? Vous m'étonnez, monsieur ; il était
employé dans les bureaux du gouvernement.

— Ah ! vraiment ?

— Oui, monsieur ; et c'était un gentleman fort agréable encore ; un de l'espèce soigneuse et méthodique, qui fourrent
leurs pieds dans leurs claques, quand il fait humide, et qui
n'ont jamais d'autre ami près de leur cœur qu'une peau de
lièvre. Il faisait des économies par principe ; mettait une chemise blanche tous les jours, par principe ; ne parlait jamais
à aucun de ses parents, par principe, de peur qu'ils ne lui
empruntassent de l'argent ; enfin c'était réellement un caractère tout à fait agréable. Il faisait couper ses cheveux tous les
quinze jours, par principe, et s'abonnait chez son tailleur, suivant le principe économique : trois vêtements par an, et renvoyer les anciens. Comme c'était un gentleman très-régulier,
il dînait tous les jours au même endroit, à trente-trois pence
par tête, et il en prenait joliment pour ses trente-trois pence.
L'hôte le disait bien ensuite, en versant de grosses larmes,
sans parler de la manière dont il attisait le feu dans l'hiver,
ce qui était une perte sèche de quatre pence et demi par jour,
outre la vexation de le voir faire. Avec ça il était si long à
lire les journaux : « Le *Morning-Post* après le gentleman, » disait-il tous les jours en arrivant. « Voyez pour le *Times*, Tho-
« mas. Apportez-moi le *Morning-Herald*, quand il sera libre.
« N'oubliez pas de demander le *Chronicle*, et donnez-moi l'*Ad-*
« *vertiser.* » Alors il appliquait ses yeux sur l'horloge, et il sortait
un quart de minute, juste avant le temps, pour enlever le papier du soir au gamin qui l'apportait, et puis il se mettait à le
lire avec tant d'intérêt et de persévérance, qu'il réduisait les
autres habitués au désespoir et à la rage, surtout un petit
vieux très-colère, que le garçon était toujours obligé de surveiller de près, dans ces moments-là, de peur qu'il ne se portât
à quelque excès avec le couteau à découper. Eh bien ! monsieur, il restait là, occupant la meilleure place, pendant trois
heures, et ne prenant jamais rien après son dîner qu'un petit

somme ; et ensuite, il s'en allait au café à côté, et il avalait une petite tasse de café et quatre *crumpets*[1] ; après quoi il rentrait à Kensington et se mettait au lit. Une nuit il se trouve mal. Le docteur vient dans un coupé vert, avec une espèce de marchepied à la Robinson Crusoé, qu'il pouvait baisser et relever après lui quand il voulait, pour que le cocher ne soit pas obligé de descendre, et ne laisse pas voir au public qu'il n'a qu'un habit de livrée et pas de culottes pareilles. Bien. « Qu'est-ce que vous avez? dit le docteur. — Ça va très-mal, dit « le patient. — Qu'est-ce que vous avez mangé? dit le docteur. « — Du veau rôti, dit le patient. — Quelle est la dernière chose « que vous avez dévoré? dit le docteur. — Des *crumpets*, dit le « patient. — C'est ça, dit le docteur. Je vas vous envoyer une « boîte de pilules sur-le-champ, et n'en prenez plus, dit-il. — « Plus de quoi, dit le patient? des pilules? —Non pas, des *crum-* « *pets*, dit le docteur. — Pourquoi? dit le patient en se levant « sur son séant. J'en mange quatre tous les soirs depuis quinze « ans, par principe. — Vous ferez bien d'y renoncer, par prin- « cipe, dit le docteur. — C'est un gâteau très-sain, monsieur « dit le patient.—C'est un gâteau très-malsain, dit le docteur « avec colère. — Mais ça revient si bon marché, dit le patient « en baissant un peu la voix, et ça remplit si bien l'esto- « mac pour le prix. — C'est trop cher pour vous, n'importe « à quel prix. dit le docteur. Trop cher, quand on vous « payerait pour en manger. Quatre crumpets par soirée! « dit-il : ça ferait votre affaire en six mois. » Le patient le regarda en face, pendant quelque temps, et à la fin, il lui dit, après avoir bien ruminé : « Êtes-vous sûr de ça, monsieur? « — J'en mettrais ma réputation au feu, dit le docteur. — Com- « bien pensez-vous qu'il en faudrait pour me tuer, en une fois? « dit le patient. — Je ne sais pas, dit le docteur. — Pensez- « vous que si j'en mangeais pour trois francs, ça me tuerait? « dit le patient. — C'est possible, dit le docteur. — Pour trois « francs soixante-quinze, ça ne me manquerait pas, je sup- « pose? dit le patient. — Certainement, dit le docteur. — « Très-bien, dit le patient. Bonsoir. » Le lendemain il se lève, « fait allumer son feu, envoie chercher pour trois francs « soixante-quinze de *crumpets*, les fait rôtir toutes, les mange « et se brûle la cervelle.

— Eh pourquoi fit-il cela? demanda brusquement M. Pick-

1. Gâteau anglais.

wick, affecté au plus haut point, par le dénoûment tragique de la narration.

— Pourquoi, monsieur? pour prouver son grand principe, que les crumpets sont une nourriture saine, et pour faire voir qu'il ne voulait se laisser mener par personne. »

C'est par de tels artifices oratoires que Sam éluda les questions de son maître, pendant le premier soir de sa résidence à la flotte. A la fin, voyant que toute remontrance était inutile, M. Pickwick consentit, quoiqu'avec regret, à ce qu'il se logeât, à tant la semaine, chez un savetier chauve qui occupait une petite chambre dans l'une des galeries supérieures. Sam porta dans cet humble appartement, un matelas, une couverture et des draps loués à M. Roker, et lorsqu'il s'étendit sur ce lit improvisé, il y était aussi à son aise que s'il avait été élevé dans la prison, et que toute sa famille y eût végété depuis trois générations.

« Fumez-vous toujours après que vous êtes couché, vieux coq? demanda Sam à son hôte, lorsque l'un et l'autre se furent placés horizontalement pour la nuit.

— Oui, toujours, jeune cochinchinois, répondit le savetier.

— Voulez-vous me permettre de vous demander pourquoi vous faites votre lit sous la table?

— Parce que j'ai toujours été z'habitué à un baldaquin, avant de venir ici, et je trouve que la table fait juste le même effet.

— Vous avez un fameux caractère, monsieur [1], dit Sam.

— Je n'en sais rien, répondit le savetier, en secouant la tête; mais si vous voulez en trouver un bon, je crains que vous n'ayez de la peine dans cet établissement ici. »

Pendant ce dialogue, Sam était étendu sur son matelas, à une extrémité de la chambre, et le savetier sur le sien, à l'autre extrémité. L'appartement était illuminé par la lumière d'une chandelle, et par la pipe du savetier qui luisait sous la table comme un charbon ardent. Toute courte qu'eût été cette conversation, elle avait singulièrement prédisposé Sam en faveur de son hôte. En conséquence il se souleva sur son coude, et se mit à l'examiner plus soigneusement qu'il n'avait eu jusqu'alors le temps, ou l'envie de le faire.

C'était un homme blême, tous les savetiers le sont. Il avait une barbe rude et hérissée, tous les savetiers l'ont ainsi; son

---

1. Jeu de mots : caractère, en anglais, veut dire à la fois un original, et un certificat de bonne conduite. (Note du traducteur.)

visage était un drôle de chef-d'œuvre, tout contourné, tout raboteux, mais où régnait un air de bonne humeur, et dont les yeux devaient avoir eu une fort joyeuse expression, car ils jetaient encore des étincelles. Le savetier avait soixante ans d'âge, et Dieu sait combien de prison, de sorte qu'il était assez singulier de découvrir encore en lui quelque chose qui approchât de la gaieté. C'était un petit homme; et comme il était replié dans son lit, il paraissait à peu près aussi long qu'il aurait dû l'être, s'il n'avait point eu de jambes. Il tenait dans sa bouche une grosse pipe rouge, et, tout en fumant, il envisageait la chandelle avec une béatitude véritablement digne d'envie.

« Y a-t-il longtemps que vous êtes ici? lui demanda Sam, après un silence de quelques minutes.

— Douze ans, répondit le savetier en mordant, pour parler, le bout de sa pipe.

— Pour mépris envers la cour de chancellerie? » demanda Sam.

Le savetier fit un signe affirmatif.

« Eh bien! alors, reprit Sam avec mécontentement, pourquoi vous embourbez-vous dans votre obstination, à user votre précieuse vie ici, dans cette grande fondrière? Pourquoi ne cédez-vous pas, et ne dites-vous pas au chancelier que vous êtes fâché d'avoir manqué de respect à la cour, et que vous ne le ferez plus? »

Le savetier mit sa pipe dans le coin de sa bouche, pour sourire, et la ramena ensuite à sa place, mais ne répondit rien.

« Pourquoi? reprit Sam avec plus de force.

— Ah! dit le savetier, vous n'entendez pas bien ces affaires-là. Voyons, qu'est-ce que vous supposez qui m'a ruiné?

— Eh !... fit Sam, en mouchant la chandelle, je suppose que vous avez fait des dettes pour commencer?

— Je n'ai jamais dû un liard; devinez encore.

— Eh bien! peut-être que vous avez acheté des maisons, ce qui veut dire devenir fou en langage poli; ou bien que vous vous êtes mis à bâtir, ce qu'on appelle être incurable, en langage médical. »

Le savetier secoua la tête et dit : « Essayez encore.

— J'espère que vous ne vous êtes pas amusé à plaider? poursuivit Sam, d'un air soupçonneux.

— C'est pas dans mes mœurs. Le fait est que j'ai été ruiné pour avoir fait un héritage.

— Allons! allons! ça ne prendra pas. Je voudrais bien avoir un riche ennemi qui tramerait ma destruction de cette manière-là. Je me laisserais faire.

— Ah! j'étais sûr que vous ne me croiriez pas, dit le savetier, en fumant sa pipe avec une résignation philosophique. J'en ferais autant à votre place. C'est pourtant vrai malgré ça.

— Comment ça se peut-il? demanda Sam, déjà à moitié convaincu par l'air tranquille du savetier.

— Voilà comment. Un vieux gentleman, pour qui je travaillais dans la province, et dont j'avais épousé une parente (elle est morte, grâce à Dieu! puisse-t-il la bénir!) eut une attaque et s'en alla.

— Où? demanda Sam qui, après les nombreux événements de la soirée, était un peu endormi.

— Est-ce que je puis savoir ça? répondit le savetier, en parlant à travers son nez, pour mieux jouir de sa pipe. Il mourut.

— Ah! bien! Et ensuite?

— Ensuite, il laissa cinq mille livres sterling.

— C'était bien distingué de sa part.

— Il me laissa mille livres à moi, parce que j'avais épousé une de ses parentes, voyez-vous.

— Très-bien, murmura Sam.

— Et étant entouré d'un grand nombre de nièces et de neveux, qui étaient toujours à se disputer, il me fit son exécuteur et me chargea de diviser le reste entre eux, comme fidéi-commissaire.

— Qu'est-ce que vous entendez par-là, demanda Sam, en se réveillant un peu. Si ce n'est pas de l'argent comptant, à quoi ça sert-il?

— C'est un terme de loi qui veut dire qu'il avait confiance en moi.

— Je ne crois pas ça, répartit Sam en hochant la tête; il n'y a guère de confiance dans cette boutique-là. Mais c'est égal; marchez.

—Pour lors, dit le savetier; comme j'allais faire enregistrer le testament, les nièces et les neveux, qui étaient furieux de ne pas avoir tout l'argent, s'y opposent par un *caveat*.

— Qu'est-ce que c'est que ça?

— Un instrument légal. Comme qui dirait: halte-là!

— Je vois; un parent du *ayez sa carcasse*. Ensuite?

— Ensuite, voyant qu'ils ne pouvaient pas s'entendre entre eux sur l'exécution du testament, ils retirent le *caveat* et je paye tous les legs. A peine si j'avais fait tout cela, quand voilà un neveu qui demande l'annulation du testament. L'affaire se plaide quelques mois après devant un vieux gentleman sourd, dans une petite chambre à côté du cimetière de Saint-Paul; et après que quatre avocats ont passé chacun une journée à embrouiller l'affaire, il passe une semaine ou deux à réfléchir sur les pièces qui faisaient six gros volumes, et il donne son jugement comme quoi le testateur n'avait pas le cerveau bien solide, et comme quoi je dois payer de nouveau tout l'argent, avec tous les frais. J'en appelle. L'affaire vient devant trois ou quatre gentlemen très-endormis, qui l'avaient déjà entendue dans l'autre cour, où ils sont des avocats sans cause. La seule différence, c'est que dans l'autre cour on les appelait les délégués, et que dans cette cour-ci, on les appelle docteurs : tâchez de comprendre ça. Bien : ils confirment très-respectueusement la décision du vieux gentleman sourd. Mon homme de loi avait eu depuis longtemps tout mon argent, tellement qu'entre le principal, comme ils appellent ça, et les frais, je suis ici pour dix mille livres sterling, et j'y resterai à raccommoder des souliers jusqu'à ce que je meure. Quelques gentlemen ont parlé de porter la question devant le parlement, et je crois bien qu'ils l'auraient fait; seulement ils n'avaient pas le temps de venir me voir, et je ne pouvais pas aller leur parler, et ils se sont ennuyés de mes longues lettres, et ils ont abandonné l'affaire, et tout ceci, c'est la vérité devant Dieu, sans un mot de suppression ni d'exagération, comme le savent très-bien cinquante personnes tant ici que dehors. »

Le savetier s'arrêta pour voir quel effet son histoire avait produit sur Sam. Il s'était endormi. Le savetier secoua la cendre de sa pipe, la posa par terre à côté de lui, soupira, tira sa couverture sur sa tête, et s'endormit aussi.

Le lendemain matin, Sam étant activement engagé à polir les souliers de son maître et à brosser ses guêtres noires, dans la chambre du savetier, M. Pickwick se trouvait seul, à déjeuner, lorsqu'un léger coup fut frappé à sa porte. Avant qu'il eût eu le temps de crier *entrez!* il vit apparaître une tête chevelue et une calotte de velours de coton, articles d'habillement qu'il n'eut pas de peine à reconnaître comme la propriété personnelle de M. Smangle.

« Comment ça va-t-il? demanda ce vertueux personnage, en accompagnant cette question de deux ou trois signes de tête. Attendez-vous quelqu'un ce matin? Il y a trois gentlemen, des gaillards diablement élégants, qui demandent après vous, en bas, et qui frappent à toutes les portes. Aussi ils sont joliment rembarrés par les pensionnaires qui prennent la peine de leur ouvrir.

— Mais à quoi pensent-ils donc! dit M. Pickwick, en se levant. Oui, ce sont sans doute quelques amis que j'attendais plutôt hier.

— Des amis à vous! s'écria Smangle, en saisissant M. Pickwick par la main. En voilà assez, Dieu me damne! dès ce moment ils sont mes amis, et ceux de Mivins aussi : « Diable-« ment agréable et distingué, cet animal de Mivins, hein? » dit M. Smangle avec grande sensibilité.

— Véritablement, répondit M. Pickwick avec hésitation, je connais si peu ce gentleman que....

— Je le sais, interrompit Smangle, en lui frappant sur l'é-paule. Vous le connaîtrez mieux quelque jour; vous en serez charmé. Cet homme-là, monsieur, poursuivit Smangle, avec une contenance solennelle, a des talents comiques qui feraient honneur au théâtre de Drury-Lane.

— En vérité?

— Oui, de par Jupiter! Si vous l'entendiez quand il fait les quatre chats dans un tonneau! Ce sont bien quatre chats distincts, je vous en donne ma parole d'honneur. Vous voyez comme c'est spirituel? Dieu me damne! on ne peut pas s'empêcher d'aimer un homme qui a un talent pareil. Il n'a qu'un seul défaut, cette petite faiblesse dont je vous ai prévenu, vous savez? »

Comme, en cet endroit, M. Smangle dandina sa tête d'une manière confidentielle et sympathisante, M. Pickwick sentit qu'il devait dire quelque chose : « Ah! fit-il, en conséquence, et il regarda avec impatience vers la porte.

— Ah! répéta M. Smangle, avec un profond soupir; cet homme-là, monsieur, c'est une délicieuse compagnie; je ne connais pas de meilleure compagnie. Il n'a que ce petit défaut : si l'ombre de son grand-père lui apparaissait, il ferait une lettre de change sur papier timbré, et le prierait de l'endosser.

— Pas possible! s'écria M. Pickwick.

— Oui, ajouta M. Smangle; et s'il avait le pouvoir de l'évoquer une seconde fois, il l'évoquerait au bout de deux mois et trois jours, pour renouveler son billet.

— Ce sont-là des traits fort remarquables, dit M. Pickwick; mais pendant que nous causons ici, j'ai peur que mes amis ne soient fort embarrassés pour me trouver.

— Je vais les amener, répondit Smangle en se dirigeant vers la porte. Adieu, je ne vous dérangerai point pendant qu'ils seront ici.... A propos.... »

En prononçant ces deux derniers mots, Smangle s'arrêta tout à coup, referma la porte, qu'il avait à moitié ouverte, et et retournant sur la pointe du pied près de M. Pickwick, lui dit tout bas à l'oreille :

« Vous ne pourriez pas, sans vous gêner, me prêter une demi-couronne jusqu'à la fin de la semaine prochaine? »

M. Pickwick put à peine s'empêcher de sourire ; cependant il parvint à conserver sa gravité, tira une demi-couronne, et la plaça dans la main de M. Smangle. Celui-ci, après un grand nombre de clignements d'œil, qui impliquaient un profond mystère, disparut pour chercher les trois étrangers, avec lesquels il revint bientôt après. Alors ayant toussé trois fois, et fait à M. Pickwick autant de signes de tête, comme une assurance qu'il n'oublierait pas sa dette, il donna des poignées de main à toute la compagnie, d'une manière fort engageante, et se retira.

« Mes chers amis, dit M. Pickwick en pressant alternativement les mains de M. Tupman, de M. Winkle et de M. Snodgrass, qui étaient les trois visiteurs en question; je suis enchanté de vous voir. »

Le triumvirat était fort affecté. M. Tupman branla la tête d'un air éploré; M. Snodgrass tira son mouchoir, avec une émotion visible; M. Winkle se retira à la fenêtre, et renifla tout haut.

« Bonjour gentlemen, dit Sam, qui entrait en ce moment avec les souliers et les guêtres. Plus de mérancolie, comme disait l'écolier quand la maîtresse de pension mourut. Soyez les bienvenus à la prison, gentlemen.

— Ce fou de Sam, dit M. Pickwick en lui tapant sur la tête, pendant qu'il s'agenouillait pour boutonner les guêtres de son maître, ce fou de Sam, qui s'est fait arrêter pour rester avec moi !

— Quoi! s'écrièrent les trois amis.

— Oui, gentlemen, dit Sam, je suis.... Tenez-vous tran-

quille, monsieur, s'il vous plaît.... Je suis prisonnier, gentlemen. Me voilà confiné[1], comme disait la petite dame.

— Prisonnier, s'écria M. Winkle avec une véhémence inconcevable.

— Ohé, monsieur? reprit Sam, en levant la tête; qu'est-ce
qu'il y a, monsieur?

— J'avais espéré Sam, que.... C'est-à-dire.... Rien, rien, »
répondit M. Winkle précipitamment.

Il y avait quelque chose de si brusque et de si égaré dans
les manières de M. Winkle, que M. Pickwick regarda involontairement ses deux amis, comme pour leur demander une explication.

« Nous n'en savons rien, dit M. Tupman, en réponse à ce
muet appel. Il a été fort agité ces deux jours-ci, et tout à fait
différent de ce qu'il est ordinairement. Nous craignions qu'il
n'eût quelque chose, mais il le nie résolûment

— Non, non, dit M. Winkle en rougissant sous le regard de
M. Pickwick, je n'ai vraiment rien, je vous assure que je n'ai
rien, mon cher monsieur; seulement je serai obligé de quitter
la ville, pendant quelque temps, pour une affaire privée, et
j'avais espéré que vous me permettriez d'emmener Sam. »

La physionomie de M. Pickwick exprima encore plus d'é-
tonnement.

« Je pense, balbutia M. Winkle, que Sam ne s'y serait pas
refusé; mais évidemment cela devient impossible, puisqu'il
est prisonnier ici. Je serai donc obligé d'aller tout seul. »

Pendant que M. Winkle disait ceci, M. Pickwick sentit, avec
quelque étonnement, que les doigts de Sam tremblaient en
attachant ses guêtres, comme s'il avait été surpris ou ému.
Quand M. Winkle eut cessé de parler, Sam leva la tête pour le
regarder, et quoique le coup d'œil qu'ils échangèrent ne durât
qu'un instant, ils eurent l'air de s'entendre.

« Sam, dit vivement M. Pickwick, savez-vous quelque chose
de ceci?

— Non monsieur, répliqua Sam, en recommençant à boutonner avec une assiduité extraordinaire.

— En êtes-vous sûr, Sam?

— Eh! mais, monsieur, je suis bien sûr que je n'ai jamais
rien entendu sur ce sujet, jusqu'à présent. Si je fais quelques
conjectures là-dessus, ajouta Sam, en regardant M. Winkle,

1. Jeu de mots : *to be confined* signifie être en couches et être prisonnier.

je n'ai pas le droit de dire ce que c'est, de peur de me tromper.

— Et moi je n'ai pas le droit de m'ingérer davantage dans les affaires d'un ami, quelque intime qu'il soit, reprit M. Pickwick, après un court silence. A présent je dirai seulement que je n'y comprends rien du tout. Mais en voilà assez là-dessus. »

M. Pickwick s'étant ainsi exprimé, amena la conversation sur un autre sujet, et M. Winkle parut graduellement plus à son aise, quoiqu'il fût encore loin de l'être tout à fait. Cependant nos amis avaient tant de choses à se dire, que la matinée s'écoula rapidement. Vers trois heures, Sam posa sur une petite table un gigot de mouton et un énorme pâté, sans parler de plusieurs plats de légumes et de force pots de *porter*, qui se promenaient sur les chaises et sur les canapés. Quoique ce repas eût été acheté et dressé dans une cuisine voisine de la prison, chacun se montra disposé à y faire honneur.

Au *porter* succédèrent une bouteille ou deux d'excellent vin, pour lequel M. Pickwick avait dépêché un exprès au café de la *Corne*, dans *Doctors' Common*. Pour dire la vérité, *la bouteille ou deux* pourraient être plus convenablement énoncées comme une bouteille ou *six*, car avant qu'elles fussent bues et le thé achevé, la cloche commença à sonner pour le départ des étrangers.

Si la conduite de M. Winkle avait été inexplicable dans la matinée, elle devint tout à fait surnaturelle, lorsqu'il se prépara à prendre congé de son ami, sous l'influence des bouteilles vidées. Il resta en arrière jusqu'à ce que MM. Tupman et Snodgrass eussent disparu, et alors, saisissant la main de M. Pickwick, avec une physionomie où le calme d'une résolution désespérée se mêlait effroyablement avec la quintessence de la tristesse :

« Bonsoir, mon cher monsieur, lui dit-il entre ses dents jointes.

— Dieu vous bénisse, mon cher garçon ! répliqua M. Pickwick, en serrant avec chaleur la main de son jeune ami.

— Allons donc ! cria M. Tupman de la galerie.

— Oui, oui, sur-le-champ, répondit M. Winkle. Bonsoir !

— Bonsoir, » dit M. Pickwick.

Un autre bonsoir fut échangé, puis un autre, puis une demi-douzaine d'autres, et cependant M. Winkle tenait encore solidement la main du philosophe, et considérait son visage avec la même expression extraordinaire.

« Vous serait-il arrivé quelque chose? lui demanda à la fin M. Pickwick, lorsqu'il eut le bras fatigué de secoussés.

— Non, non.

— Eh bien! alors, bonsoir, reprit-il en essayant de dégager sa main.

— Mon ami, mon bienfaiteur, mon respectable mentor, murmura M. Winkle en le saisissant par le poignet; ne me jugez pas sévèrement, et lorsque vous apprendrez à quelles extrémités des obstacles insurmontables....

— Allons donc! dit M. Tupman, en reparaissant à la porte. Si vous ne venez pas, nous allons être enfermés ici!

— Oui, oui; je suis prêt, » répliqua M. Winkle, et par un violent effort il s'arracha de la chambre de M. Pickwick.

Notre philosophe le suivait des yeux le long du corridor, dans un muet étonnement, lorsque Sam parut au haut de l'escalier, et chuchota un instant à l'oreille de M. Winkle.

« Oh! certainement, comptez sur moi, répondit tout haut celui-ci.

— Merci, monsieur. Vous ne l'oublierez pas, monsieur?

— Non, assurément.

— Bonne chance, monsieur, dit Sam, en touchant son chapeau. J'aurais beaucoup aimé aller avec vous, monsieur; mais naturellement le gouverneur avant tout.

— Vous avez raison, cela vous fait honneur, dit M. Winkle;» et en parlant ainsi, les interlocuteurs descendaient l'escalier et disparaissaient.

« C'est très-extraordinaire! pensa M. Pickwick, en rentrant dans sa chambre et en s'asseyant près de sa table dans une attitude réfléchie. Qu'est-ce que ce jeune homme peut aller faire? »

Il y avait quelque temps qu'il ruminait sur cette idée, lorsque la voix de Roker, le guichetier, demanda s'il pouvait entrer.

« Certainement, dit M. Pickwick.

— Je vous ai apporté un traversin plus doux, monsieur, en place du provisoire que vous aviez la nuit dernière.

— Je vous remercie. Voulez-vous prendre un verre de vin?

— Vous êtes bien bon, monsieur, répliqua M. Roker, en acceptant le verre. A la vôtre, monsieur.

— Bien obligé.

— Je suis fâché de vous apprendre que votre propriétaire n'est pas très-bien portant ce soir, monsieur, dit le guichetier,

en inspectant la bordure de son chapeau, avant de le remettre
sur sa tête.

— Quoi! le prisonnier de la chancellerie? s'écria M. Pickwick.

— Il ne sera pas longtemps prisonnier de la chancellerie,
monsieur, répliqua Roker, en tournant son chapeau, de manière à pouvoir lire le nom du chapelier.

— Vous me faites frissonner, reprit M. Pickwick. Qu'est-ce
que vous voulez dire!

— Il y a longtemps qu'il est poitrinaire, et il avait bien de
la peine à respirer cette nuit. Depuis plus de six mois, le docteur nous dit que le changement d'air pourrait seul le sauver.

— Grand Dieu! s'écria M. Pickwick, cet homme a-t-il été
lentement assassiné par la loi, durant six mois?

— Je ne sais pas ça, monsieur, repartit Roker, en pesant
son chapeau par les bords dans ses deux mains; je suppose
qu'il serait mort de même partout ailleurs. Il est allé à l'infirmerie ce matin. Le docteur dit qu'il faut soutenir ses forces
autant que possible, et le gouverneur lui envoie du vin et du
bouillon de sa maison. Ce n'est pas la faute du gouverneur,
monsieur.

— Non, sans doute, répliqua promptement M. Pickwick.

— Malgré cela, reprit Roker en hochant la tête, j'ai peur que
tout ne soit fini pour lui. J'ai offert à Neddy, tout à l'heure,
de lui parier une pièce de vingt sous contre une de dix, qu'il
n'en reviendrait pas, mais il n'a pas voulu tenir le pari, et il a
bien fait. Je vous remercie, monsieur. Bonne nuit, monsieur.

— Attendez, dit M. Pickwick avec chaleur, où est l'infirmerie?

— Juste au-dessous de votre chambre, monsieur, je vais
vous la montrer si vous voulez. »

M. Pickwick saisit son chapeau sans parler et suivit immédiatement le guichetier.

Celui-ci le conduisit en silence, et levant doucement le loquet
de la porte de l'infirmerie, lui fit signe d'entrer. C'était une
grande chambre nue, désolée, où il y avait plusieurs lits de
fer; l'un d'eux contenait l'ombre d'un homme maigre, pâle,
cadavéreux. Sa respiration était courte et oppressée : à chaque
minute il gémissait péniblement. Au chevet du lit était assis
un petit vieux, portant un tablier de savetier, et qui, à l'aide
d'une paire de lunettes à monture de corne, lisait tout haut
un passage de la bible. C'était l'heureux légataire.

Le malade posa sa main sur le bras du vieillard et lui fit signe de s'arrêter. Celui-ci ferma le livre et le plaça sur le lit. « Ouvrez la fenêtre, » dit le malade.

Elle fut ouverte, et le roulement des charrettes et des carrosses, les cris des hommes et des enfants, tous les bruits affairés d'une puissante multitude, pleine de vie et d'occupations, pénétrèrent aussitôt dans la chambre, confondus en un profond murmure. Par-dessus, s'élevaient de temps en temps quelques éclats de rire joyeux ou quelques lambeaux de chansons comiques, qui se perdaient ensuite parmi le tumulte des voix et des pas, sourds mugissements des flots agités de la vie, qui roulaient pesamment au dehors.

Dans toutes les situations, ces sons confus et lointains paraissent mélancoliques à celui qui les écoute de sang-froid, mais combien plus à celui qui veille auprès d'un lit de mort!

« Il n'y a pas d'air ici, dit le malade d'une voix faible. Ces murs le corrompent. Il était frais à l'entour quand je m'y promenais, il y a bien des années, mais en entrant dans la prison il devient chaud et brûlant.... Je ne puis plus le respirer.

— Nous l'avons respiré ensemble pendant longtemps, dit le savetier. Allons, allons, patience ! »

Il se fit un court silence pendant lequel les deux spectateurs s'approchèrent du lit. Le malade attira sur son lit la main de son vieux camarade de prison et la retint serrée avec affection, dans les siennes.

« J'espère, bégaya-t-il ensuite d'une voix entrecoupée et si faible que ses auditeurs se penchèrent sur son lit pour recueillir les sons à demi formés qui s'échappaient de ses lèvres livides ; j'espère que mon juge plein de clémence n'oubliera pas la punition que j'ai soufferte sur terre. Vingt années, mon ami, vingt années dans cette hideuse tombe ! Mon cœur s'est brisé, quand mon enfant est morte, et je n'ai pas même pu l'embrasser dans sa petite bière ! Depuis lors, au milieu de tous ces bruits et de ces débauches, ma solitude a été terrible. Que Dieu me pardonne ! il a vu mon agonie solitaire et prolongée ! »

Après ces mots, le vieillard joignit les mains et murmura encore quelque chose, mais si bas qu'on ne pouvait l'entendre ; puis il s'endormit. Il ne fit que s'endormir d'abord, car les assistants le virent sourire.

Pendant quelques minutes ils parlèrent entre eux, à voix basse, mais le guichetier s'étant courbé sur le traversin se releva précipitamment. « Ma foi! dit-il, le voilà libéré à la fin. »

Cela était vrai. Mais durant sa vie il était devenu si semblable à un mort, qu'on ne sut point dans quel instant il avait expiré.

CHAPITRE XVI.

Où l'on décrit une entrevue touchante entre M. Samuel Weller et sa famille. M. Pickwick fait le tour du petit monde qu'il habite, et prend la résolution de ne s'y mêler, à l'avenir, que le moins possible.

Quelques matinées après son incarcération, Sam ayant arrangé la chambre de son maître avec tout le soin possible, et ayant laissé le philosophe confortablement assis près de ses livres et de ses papiers, se retira pour employer une heure ou deux le mieux qu'il pourrait. Comme la journée était belle, il pensa qu'une pinte de *porter*, en plein air, pourrait embellir son existence, aussi bien qu'aucun autre petit amusement dont il lui serait possible de se régaler.

Étant arrivé à cette conclusion, il se dirigea vers la buvette, acheta sa bière, obtint en outre un journal de l'avant-veille, se rendit à la cour du jeu de quilles, et, s'asseyant sur un banc, commença à s'amuser d'une manière très-méthodique.

D'abord il but un bon coup de bière, et levant les yeux vers une croisée, lança un coup d'œil platonique à une jeune lady qui y était occupée à peler des pommes de terre ; ensuite il ouvrit le journal et le plia de manière à mettre au-dessus le compte rendu des tribunaux ; mais comme ceci est une œuvre difficile, surtout quand il fait du vent, il prit un autre coup de bière aussitôt qu'il en fut venu à bout. Alors il lut deux lignes du journal, et s'arrêta pour contempler deux individus qui finissaient une partie de paume. Lorsqu'elle fut terminée, il leur cria: *Très-bien*, d'une manière encourageante, puis regarda tout autour de lui pour savoir si le sentiment des spectateurs coïncidait avec le sien. Ceci entraînait la nécessité de regarder aussi aux fenêtres ; et comme la jeune lady était

encore à la sienne, ce n'était qu'un acte de pure politesse de
cligner de l'œil de nouveau et de boire à sa santé, en pantomime,
un autre coup de bière. Sam n'y manqua pas ; puis ayant hideu-
sément froncé ses sourcils à un petit garçon qui l'avait regardé
faire avec des yeux tout grands ouverts, il se croisa les jambes,
et, tenant le journal à deux mains, commença à lire sérieusement.

A peine s'était-il recueilli dans l'état d'abstraction nécessaire,
quand il crut entendre qu'on l'appelait dans le lointain. Il ne
s'était pas trompé, car son nom passait rapidement de bouche
en bouche, et peu de secondes après l'air retentissait des cris
de : *Weller! Weller!*

« Ici, beugla Sam, d'une voix-de Stentor. Qu'est-ce qu'il y a ?
Qu'est-ce qu'a besoin de lui ? Est-ce qu'il est venu un exprès
pour lui dire que sa maison de campagne est brûlée ?

— On vous demande au parloir, dit un homme en s'approchant.

— Merci, mon vieux, répondit Sam. Faites un brin attention à mon journal et à mon pot ici, s'il vous plaît. Je reviens
tout de suite. Dieu me pardonne ! si on m'appelait à la barre
du tribunal, on ne pourrait pas faire plus de bruit que
cela. »

Sam accompagna ces mots d'une légère tape sur la tête du
jeune gentleman ci-devant cité, lequel, ne croyant pas être si
près de la personne demandée, criait *Weller!* de tous ses poumons ; puis il traversa la cour, et, montant les marches quatre à quatre, se dirigea vers le parloir. Comme il y arrivait, la
première personne qui frappa ses regards fut son cher père,
assis au bout de l'escalier, tenant son chapeau dans sa main
et vociférant *Weller!* de toutes ses forces, de demi-minute en
demi-minute.

« Qu'est-ce que vous avez à rugir ? demanda Sam impétueu-
sement, quand le vieux gentleman se fut déchargé d'un autre
cri. Vous voilà d'un si beau rouge que vous avez l'air d'un
souffleur de bouteilles en colère ; qu'est-ce qu'il y a ?

— Ah ! répliqua M. Weller. Je commençais à craindre que
tu n'aies été faire un tour au parc, Sammy.

— Allons ! reprit Sam, n'insultez pas comme cela la victime
de votre avarice. Otez-vous de cette marche. Pourquoi êtes-
vous assis là ? Ce n'est pas mon appartement.

— Tu vas voir une fameuse farce, Sammy, dit M. Weller en
se levant.

— Attendez une minute, dit Sam. Vous êtes tout blanc par derrière.

— Tu as raison, Sammy : ôte cela, répliqua M. Weller pendant que son fils l'époussetait. Ça pourrait passer pour une personnalité de se montrer ici avec un habit blanchi à la chaux[1].»

Comme M. Weller montrait, en parlant ainsi, des symptômes non équivoques d'un prochain accès de rire, Sam se hâta de l'arrêter.

« Tenez-vous tranquille, lui dit-il. Je n'ai jamais vu un grimacier comme ça. Qu'est-ce que vous avez à vous crever maintenant?

— Sammy, dit M. Weller en essuyant son front, j'ai peur qu'un de ces jours, à force de rire, je ne gagne une attaque d'apoplexie, mon garçon.

— Eh bien! alors, pourquoi riez-vous, demanda Sam. Voyons, qu'est-ce que vous avez à me dire maintenant?

— Devine qui est venu ici avec moi, Samivel? dit M. Weller en se reculant d'un pas ou deux, en pinçant ses lèvres et en relevant ses sourcils.

— M. Pell? »

M. Weller secoua la tête, et ses joues roses se gonflèrent de tous les rires qu'il s'efforçait de comprimer.

« L'homme au teint marbré peut-être? »

M. Weller secoua la tête de nouveau.

« Et qui donc, alors?

— Ta belle-mère, Sammy, s'écria le gros cocher, fort heureusement pour lui, car autrement ses joues auraient nécessairement crevé, tant elles étaient distendues. Ta belle-mère, Sammy, et l'homme au nez rouge, mon garçon; et l'homme au nez rouge. Ho! ho! ho! »

En disant cela, M. Weller se laissa aller à de joyeuses convulsions, tandis que Sam le regardait avec un plaisant sourire, qui se répandait graduellement sur toute sa physionomie.

« Ils sont venus pour avoir une petite conversation sérieuse avec toi, Samivel, reprit M. Weller en essuyant ses yeux. Ne leur laisse rien suspecter sur ce créancier dénaturé.

— Comment, ils ne savent pas qui c'est?

— Pas un brin.

---

1. En argot, *être blanchi à la chaux*, veut dire avoir obtenu un certificat d'insolvabilité.

— Où sont-ils? reprit Sam, dont le visage répétait toutes les grimaces du vieux gentleman.

— Dans le divan, près du café. Attrape l'homme au nez rouge où ce qu'il n'y a pas de liqueurs, et tu seras malin, Samivel. Nous avons eu une agréable promenade en voiture ce matin pour venir du marché ici, poursuivit M. Weller quand il se sentit capable de parler d'une manière plus distincte. Je conduisais la vieille pie dans le petit char à bancs qu'a appartenu au premier essai de ta belle-mère. On y avait mis un fauteuil pour le berger, et je veux être pendu, Samivel, continua M. Weller avec un air de profond mépris, si on n'a pas apporté sur la route, devant not' porte, un marchepied pour le faire monter!

— Bah!... C'est pas possible?

— C'est la vérité, Sammy; et je voudrais que tu l'aies vu se tenir aux côtés en montant, comme s'il avait eu peur de tomber de six pieds de haut et d'être broyé en un million de morceaux. Malgré ça, il est monté à la fin, et nous voilà partis; mais j'ai peur.... j'ai bien peur, Sam, qu'il a été un peu cahoté quand nous tournions les coins.

— Ah! je suppose que vous aurez accroché une borne ou deux?

— Je le crains, Sammy; je crains d'en avoir accroché quelques-unes, repartit M. Weller en multipliant les clins d'œil. J'en ai peur, Sammy. Il s'envolait hors du fauteuil tout le long de la route. »

Ici M. Weller roula sa tête d'une épaule à l'autre en faisant entendre une sorte de râlement enroué, accompagné d'un gonflement soudain de tous ses traits, symptômes qui n'alarmèrent pas légèrement son fils.

« Ne t'effraye pas, Sammy; ne t'effraye pas, dit-il quand, à force de se tortiller et de frapper du pied, il eut recouvré la voix. C'est seulement une espèce de rire tranquille que j'essaye.

— Eh bien! si ce n'est que ça, vous ferez bien de ne pas essayer trop souvent; vous trouveriez que c'est une invention un peu dangereuse.

— Tu ne l'admires pas, Sammy?

— Pas du tout.

— Ah! dit M. Weller avec des larmes qui coulaient encore le long de ses joues, ç'aurait été un bien grand avantage pour moi, si j'avais pu m'y habituer; ça m'aurait sauvé bien des mauvaises paroles avec ta belle-mère. Mais tu as raison : c'est trop dans le genre de l'apoplexie; beaucoup trop, Samivel. »

Cette conversation amena nos deux personnages à la porte du divan. Sam s'y arrêta un instant, jeta par-dessus son épaule un coup d'œil malin à son respectable auteur, qui ricanait derrière lui, puis il tourna le bouton et entra.

« Belle-mère, dit-il en embrassant poliment la dame, je vous suis très-obligé pour cette visite ici. Berger, comment ça vous va-t-il?

— Ah! Samuel, dit Mme Weller, ceci est épouvantable.

— Pas du tout, madame. N'est-ce pas, Berger? » répondit Sam.

M. Stiggins leva ses mains et tourna les yeux vers le ciel, de manière à n'en plus laisser voir que le blanc, ou plutôt que le jaune; mais il ne fit point de réponse vocale.

« Est-ce que ce gentilhomme se trouve mal? demanda Sam à sa belle-mère.

— L'excellent homme est peiné de vous voir ici, répliqua Mme Weller.

— Oh! c'est-il tout? En le voyant j'avais peur qu'il n'eût oublié de prendre du poivre avec les dernières concombres qu'il a mangées. Asseyez-vous, monsieur, les chaises ne se payent point, comme le roi remarqua à ses ministres, le jour où il voulait leur flanquer une semonce.

— Jeune homme, dit M. Stiggins avec ostentation, j'ai peur que vous ne soyez pas amendé par l'emprisonnement.

— Pardon, monsieur, qu'est-ce que vous aviez la bonté d'observer?

— Je crains, jeune homme, que ce châtiment ne vous ait pas adouci, répéta M. Stiggins d'une voix sonore.

— Ah! monsieur, vous êtes bien bon; j'espère bien que je ne suis pas trop doux[1]; je vous suis bien obligé, monsieur, pour vot' bonne opinion. »

A cet endroit de la conversation, un son, qui approchait indécemment d'un éclat de rire, se fit entendre du côté où était assis M. Weller, et sa moitié, ayant rapidement considéré le cas, crut devoir se payer graduellement une attaque de nerfs.

« Weller, s'écria-t-elle, venez ici ! (Le vieux gentleman était assis dans un coin.)

[1]. *Soft*, veut dire *doux* ou *sot*.

— Bien obligé, ma chère; je suis tout à fait bien où je suis. »

A cette réponse Mme Weller fondit en larmes.

« Qu'est-ce qu'il y a, maman? lui demanda Sam.

— Oh! Samuel, répliqua-t-elle, votre père me rend bien malheureuse! Il n'est donc sensible à rien?

— Entendez-vous cela? dit Sam. Madame demande si vous n'êtes sensible à rien.

— Bien obligé de sa politesse, Sammy. Je pense que je serais très-sensible au don d'une pipe de sa part. Puis-je en avoir une, mon garçon? »

En entendant ces mots, Mme Weller redoubla ses pleurs, et M. Stiggins poussa un gémissement.

« Ohé! voilà l'infortuné gentleman qui est retombé, dit Sam en se retournant. Où ça vous fait-il mal, monsieur?

— Au même endroit, jeune homme, au même endroit.

— Où cela peut-il être, monsieur? demanda Sam, avec une grande simplicité extérieure.

— Dans mon sein, jeune homme, » répondit M. Stiggins, en appuyant son parapluie sur son gilet.

A cette réponse touchante, Mme Weller incapable de contenir son émotion, sanglota encore plus bruyamment, en affirmant que l'homme au nez rouge était un saint.

« Maman, dit Sam, j'ai peur que ce gentleman, avec le tic dans sa physolomie, ne soit un peu altéré par le mélancolique spectacle qu'il a sous les yeux. C'est-il le cas, maman? »

La digne lady regarda M. Stiggins pour avoir une réponse, et celui-ci, avec de nombreux roulements d'yeux, serra son gosier de sa main droite, et imita l'acte d'avaler, pour exprimer qu'il avait soif.

« Samuel, dit Mme Weller d'une voix dolente, je crains en vérité que ces émotions ne l'aient altéré.

— Qu'est-ce que vous buvez ordinairement, monsieur? demanda Sam.

— Oh! mon cher jeune ami, toutes les boissons ne sont que vanités!

— Ce n'est que trop vrai, ce n'est que trop vrai! murmura Mme Weller, avec un gémissement et un signe de tête approbatif.

— Eh bien! je le crois, dit Sam; mais quelle est votre vanité particulière, monsieur? Quelle vanité aimez-vous le mieux?

— Oh, mon cher jeune ami, je les méprise toutes. Pourtant, s'il en est une moins odieuse que les autres, c'est la liqueur que l'on appelle rhum; chaude, mon cher jeune ami, avec trois morceaux de sucre par verre.

— J'en suis très-fâché, monsieur; mais on ne permet pas de vendre cette vanité-là dans l'établissement.

— Oh! les cœurs endurcis, les cœurs endurcis! s'écria M. Stiggins. Oh! la cruauté maudite de ces persécuteurs inhumains! »

Ayant dit ces mots, l'homme de Dieu recommença à tourner ses yeux, en frappant sa poitrine de son parapluie; et pour lui rendre justice, nous devons dire que son indignation ne paraissait ni feinte, ni légère.

Lorsque Mme Weller et le révérend gentleman eurent vigoureusement déblatéré contre cette règle barbare, et lancé contre ses auteurs un grand nombre de pieuses exécrations, M. Stiggins recommanda une bouteille de vin de Porto, mêlée avec un peu d'eau chaude, d'épices et de sucre, comme étant un mélange agréable à l'estomac et moins rempli de vanité que beaucoup d'autres compositions.

Pendant qu'on préparait cette célèbre mixture, l'homme au nez rouge et Mme Weller s'occupaient à contempler M. Weller, tout en poussant des gémissements.

« Eh bien! Sammy, dit celui-ci; j'espère que tu te trouveras ragaillardi par cette aimable visite? Une conversation très-gaie et très-instructive, n'est-ce pas?

— Vous êtes un réprouvé, dit Sam; et je vous prie de ne plus m'adresser vos observations impies. »

Bien loin d'être édifié par cette réplique, pleine de convenance, M. Weller retomba sur nouveaux frais dans ses ricanements, et cette conduite impénitente ayant induit la vertueuse dame et M. Stiggins à fermer les yeux et à se balancer sur leur chaise comme s'ils avaient eu la colique, le jovial cocher se permit, en outre, divers actes de pantomime, indiquant le désir de ramollir la tête et de tirer le nez du révérend personnage. Mais il s'en fallut de peu qu'il ne fût découvert, car M. Stiggins ayant tressailli à l'arrivée du vin chaud, amena sa tête en violent contact avec le poing fermé de M. Weller, qui depuis quelques minutes décrivait autour des oreilles du révérend homme un feu d'artifice imaginaire.

« Vous aviez bien besoin d'avancer la main, comme un sauvage, pour prendre le verre? s'écria Sam, avec une grande présence d'esprit. Ne voyez-vous pas que vous avez attrapé le gentleman ?

— Je ne l'ai pas fait exprès, Sammy, répondit M. Weller, un peu démonté par cet incident inattendu.

— Monsieur, dit Sam au révérend Stiggins, qui frottait sa tête d'un air dolent, essayez une application intérieure. Comment trouvez-vous cela pour une vanité, monsieur ? »

M. Stiggins ne fit pas de réponse verbale, mais ses manières étaient expressives : il goûta le contenu du verre que Sam avait placé devant lui, posa son parapluie par terre, sirota de nouveau un peu de liqueur, en passant doucement la main sur son estomac ; puis enfin, avala tout le reste, d'un seul trait, et faisant claquer ses lèvres, tendit son verre pour en avoir une nouvelle dose.

Mme Weller ne tarda pas non plus à rendre justice au vin chaud. La bonne dame avait commencé par protester qu'elle ne pouvait pas en prendre une goutte ; ensuite elle avait accepté une petite goutte ; puis une grosse goutte ; puis un grand nombre de gouttes ; et comme sa sensibilité était, apparemment, de la nature de ces substances qui se dissolvent dans l'esprit de vin, à chaque goutte de liqueur elle versait une larme ; si bien qu'à la fin elle arriva à un degré de misère tout à fait pathétique.

M. Weller manifestait un profond dégoût, en observant ces symptômes, et quand, après un second bol, M. Stiggins commença à soupirer d'une terrible manière, l'illustre cocher ne put s'empêcher d'exprimer sa désapprobation, en murmurant des phrases incohérentes, parmi lesquelles une colérique répétition du mot *blague* était seule perceptible à l'oreille.

« Samivel, mon garçon, chuchota-t-il enfin à son fils, après une longue contemplation de sa femme, et de l'homme au nez rouge, je vas te dire ce qui en est : faut qu'il y ait quelque chose de décroché dans l'intérieur de ta belle-mère et dans celui de M. Stiggins.

— Qu'est-ce que vous voulez dire ?

— Je veux dire que tout ce qu'ils boivent, n'a pas l'air de les nourrir. Ça se change en eau chaude tout de suite, et ça vient couler par les yeux. Crois-moi, Sammy, c'est une infirmité constitutionnaire. »

M. Weller confirma cette opinion scientifique par un grand nombre de clins d'œil, et de signes de tête qui furent malheureusement remarqués par Mme Weller. Cette aimable dame,

concluant qu'ils devaient renfermer quelque signification ou-
trageante, soit pour M. Stiggins, soit pour elle-même, soit
pour tous les deux, allait se trouver infiniment plus mal,
lorsque le révérend, se mettant sur ses pieds aussi bien qu'il
put, commença à débiter un touchant discours pour le bénéfice de la compagnie, et principalement de Samuel Weller. Il
l'adjura, en termes édifiants, de se tenir sur ses gardes, dans
ce puits d'iniquités où il était tombé. Il le conjura de s'abstenir de toute hypocrisie et de tout orgueil, et, pour cela, de
prendre exactement modèle sur lui-même (M. Stiggins).
Bientôt alors, il arriverait à l'agréable conclusion qu'il serait,
comme lui, essentiellement estimable et vertueux, tandis que
toutes ses connaissances et amis ne seraient que de misérables débauchés, abandonnés de Dieu, et sans nulle espérance de
salut; ce qui, ajouta M. Stiggins, est une grande consolation.

Il le supplia en outre d'éviter par-dessus toutes choses le
vice d'ivrognerie, qu'il comparait aux dégoûtantes habitudes
des pourceaux, ou bien à ces drogues malfaisantes qui détrui-
sent la mémoire de celui qui les mâche. Malheureusement, à
cet endroit de son discours, le révérend gentleman devint singulièrement incohérent; et comme il était près de perdre l'é-
quilibre à cause des grands mouvements de son éloquence, il
fut obligé de se rattraper au dos d'une chaise, afin de maintenir sa perpendiculaire.

M. Stiggins n'engagea pas ses auditeurs à se défier de ces
faux prophètes, de ces hypocrites marchands de religion, qui
n'ayant pas le sens nécessaire pour en exposer les plus simples
doctrines, ni le cœur assez bien fait pour en sentir les premiers
principes, sont, pour la société, bien plus dangereux que les
criminels ordinaires : car ils entraînent dans l'erreur ses membres les plus ignorants et les plus faibles, appellent le mépris
sur tout ce qui devrait être le plus sacré, et font rejaillir, jusqu'à un certain point, la défiance et le dédain sur plus d'une
secte vertueuse et honorable. Cependant comme M. Stiggins
resta pendant fort longtemps appuyé sur le dos de sa chaise,
tenant un de ses yeux fermé et clignant perpétuellement de
l'autre, il est présumable qu'il pensa tout cela, mais qu'il le
garda pour lui.

Mme Weller pleurait à chaudes larmes, pendant le débit de
cette oraison, et sanglotait à la fin de chaque paragraphe.
Sam s'étant mis à cheval sur une chaise, les bras appuyés sur

le dossier, regardait le prédicateur avec une physionomie pleine
de douceur et de componction, se contentant de jeter de temps
en temps vers son père un regard d'intelligence. Enfin le vieux
gentleman, qui avait paru enchanté au commencement, se mit
à dormir vers le milieu.

« Bravo! Bravo! très-joli! dit Sam lorsque M. Stiggins,
ayant cessé de méditer, commença à mettre ses gants percés
par le bout, et à les tirer si bien qu'ils laissaient passer à peu
près la moitié de chaque doigt.

— J'espère que cela vous fera du bien, Samuel, dit mistress Weller solennellement.

— Je l'espère, maman, répondit Sam.

— Je désirerais bien que cela en fît aussi à votre père.

— Merci, ma chère, dit M. Weller. Comment vous trouvez-
vous à présent, mon amour?

— Impie!

— Homme égaré, dit le révérend.

— Ma digne créature, répondit M. Weller; si je ne trouve
pas de meilleure lumière que votre petit clair de lune, il est
probable que je continuerai à voyager dans la nuit, jusqu'à
ce que je sois mis à pied tout à fait. Mais voyez-vous, madame Weller, si la pie, ma chère jument, demeure plus longtemps à l'écurie, elle ne restera pas tranquille quand nous
retournerons, et elle pourrait bien envoyer le fauteuil dans
quelque haie avec le berger dedans. »

En entendant cette supposition, le révérend M. Stiggins,
avec une consternation évidente, ramassa son chapeau et son
parapluie, et proposa de partir sur-le-champ. Mme Weller y
consentit, et Sam les ayant accompagnés jusqu'à la porte, prit
un congé respectueux.

« Adiou, Sam, dit le vieux cocher.

— Qu'est-ce que c'est ça, adiou? demanda Sam.

— Bonsoir, alors.

— Ah! très-bien, j'y suis, répliqua Sam. Bonsoir, vieux réprouvé.

— Sammy, reprit tout bas M. Weller, en regardant soigneusement autour de lui, mes devoirs à ton gouverneur, et dis-y
que s'il fait des réflexions sur cette affaire ici, qu'il me le fasse
savoir. Moi, et un ébéniste, j'ai fait un plan pour le tirer de là.
Un piano, Sammy, un piano, dit M. Weller, en frappant de sa
main la poitrine de son fils, et en se reculant d'un pas ou deux,
pour mieux juger l'effet de sa communication.

— Qu'est-ce que vous voulez dire?

— Un piano forcé, Samivel, répliqua M. Weller d'une manière encore plus mystérieuse. Un qu'il peut louer, mais qui ne jouera pas.

— Et à quoi servira-t-il, alors?

— Il fera dire à mon ami, l'ébéniste, de le remporter; y es-tu?

— Non.

— Y n'y a pas de machine dedans; il y tiendra aisément avec son chapeau et ses souliers, et il respirera par les pieds, qui sont creux. Vous avez un passage tout prêt pour la Mérique.... Le gouvernement des Méricains ne le livrera jamais, tant qu'il aura de l'argent à dépenser. Le gouverneur n'a qu'à rester là jusqu'à ce que Mme Bardell soit morte, ou que MM. Dodson et Fog soient pendus, ce qu'est le plus probable des deux événements, et ensuite il revient et écrit un livre sur les Méricains, qui payera toutes ses dépenses, et plus, s'il les mécanise suffisamment. »

M. Weller débita ce rapide sommaire de son complot, avec une grande véhémence de chuchotements, et ensuite, comme s'il avait peur d'affaiblir par d'autres discours l'effet de cette prodigieuse annonce, il fit le salut du cocher et s'enfuit.

Sam avait à peine recouvré sa gravité ordinaire, grandement troublée par la communication secrète de son respectable parent, lorsque M. Pickwick l'accosta.

« Sam, lui dit-il,

— Monsieur?

— Je vais faire le tour de la prison, et je désire que vous me suiviez. Sam, ajouta l'excellent homme en souriant, voilà un prisonnier de votre connaissance qui vient par là.

— Lequel, monsieur? Le gentleman velu, ou bien l'intéressant captif avec les bas bleus?

— Ni l'un ni l'autre. C'est un de vos plus anciens amis.

— De mes amis!

— Je suis sûr que vous vous le rappelez très-bien; ou vous auriez moins de mémoire pour vos vieilles connaissances que je ne vous en croyais. Chut! pas un mot, pas une syllabe, Sam! Le voici. »

Pendant ce colloque M. Jingle s'approchait. Il n'avait plus l'air aussi misérable, et portait des vêtements à demi usés, retirés, grâce à M. Pickwick, des griffes du prêteur sur gages. Ses cheveux avaient été coupés, il portait du linge blanc; mais il était encore très-pâle et très-maigre. Il se traînait lentement, en s'appuyant sur un bâton, et l'on voyait sans peine qu'il avait été rudement éprouvé par la maladie et par le besoin. Il ôta son chapeau lorsque M. Pickwick le salua, et parut fort troublé et tout honteux en apercevant Sam.

Derrière lui, presque sur ses talons, venait M. Job Trotter, qui, du moins, ne comptait pas dans le catalogue de ses vices le manque d'attachement à son compagnon. Il était encore déguenillé et malpropre, mais son visage n'était plus tout à fait aussi creux que lors de sa première rencontre avec M. Pickwick. En ôtant son chapeau à notre bienveillant ami, il murmura quelques expressions entrecoupées de reconnaissance, ajoutant que sans M. Pickwick ils seraient morts de faim.

« Bien, bien ! dit M. Pickwick en l'interrompant avec impatience. Restez derrière avec Sam. Je veux vous parler, monsieur Jingle. Pouvez-vous marcher sans son bras ?

— Certainement, monsieur, à vos ordres. Pas trop vite, jambes vacillantes, tête ahurie, sorte de tremblement de terre.

— Allons, donnez-moi votre bras, dit M. Pickwick.

— Non, non, je ne veux pas, j'aime mieux marcher seul.

— Folie ! Appuyez-vous sur moi, je le veux. »

Voyant que Jingle était confus, agité, et ne savait que faire, M. Pickwick coupa court à ses incertitudes, en tirant sous son bras celui de l'ex-comédien, et en l'emmenant avec lui, sans ajouter une autre parole.

Durant tout ce temps la contenance de M. Samuel Weller exprimait l'étonnement le plus monstrueux, le plus stupéfiant qu'il soit possible d'imaginer. Après avoir promené ses yeux de Job à Jingle, et de Jingle à Job, dans un profond silence, il murmura entre ses dents : Pas possible ! pas possible ! et répéta ces mots une douzaine de fois; après quoi il parut complétement privé de la parole, et recommença à contempler tantôt l'un, tantôt l'autre, dans une muette perplexité.

« Allons, Sam, dit M. Pickwick en regardant derrière lui.

— Voilà, monsieur, » répliqua Sam en suivant machinalement son maître, mais sans ôter ses yeux de dessus M. Job Trotter, qui trottait à côté de lui.

Pendant quelque temps Job tint ses regards fixés sur la terre, tandis que Sam, les yeux rivés sur lui, se heurtait contre les passants, tombait sur les petits enfants, s'accrochait aux marches et aux barrières sans paraître s'en apercevoir, lorsque Job, le regardant à la dérobée, lui dit :

« Comment vous portez-vous, monsieur Weller?

— C'est lui! s'écria Sam, et ayant établi avec certitude l'identité de Job, il frappa ses mains sur ses cuisses, et exhala son émotion en une sorte de sifflement long et aigu.

— Les choses ont bien changé pour moi, monsieur Weller.

— Ça m'en a l'air, répondit Sam en examinant avec une évidente surprise les haillons de son compagnon. Mais c'est un changement en mal, comme dit le gentleman, quand il reçut de la mauvaise monnaie pour une bonne demi-couronne.

— Vous avez bien raison, répliqua Job en secouant la tête; il n'y a pas de déception maintenant, monsieur Weller. Les larmes, ajouta-t-il avec une expression de malice momentanée, les larmes ne sont pas les seules preuves de l'infortune, ni les meilleures.

— C'est vrai, répliqua Sam, d'un ton expressif.

— Elles peuvent être commandées, monsieur Weller.

— Je le sais. Il y a des personnes qui les ont toujours toutes prêtes, et qui lâchent la bonde quand elles veulent.

— Oui, mais voici des choses qui ne sont pas aisément contrefaites, monsieur Weller; et pour y arriver, le procédé est long et pénible. »

En parlant ainsi, Job montrait ses joues creuses, et, relevant la manche de son habit, découvrait son bras si frêle et si décharné, qu'il semblait pouvoir être brisé par le moindre choc.

« Qu'est-ce que vous avez donc fait? s'écria Sam en reculant.

— Rien.

— Rien?

— Il y a plusieurs semaines que je ne fais rien, et que je ne mange guère davantage. »

Sam embrassa d'un coup d'œil la figure maigre de M. Trotter et son costume misérable, puis, le saisissant par le bras, il commença à l'entraîner de vive force.

« Où allez-vous, monsieur Weller? s'écria Job en se débattant vainement sous la main puissante de son ancien ennemi.

— Venez, venez! répondit Sam sans daigner lui donner d'autre explication, jusqu'au moment où ils atteignirent la buvette, et où il demanda un pot de *porter*, qui fut promptement apporté.

— Maintenant, dit Sam, buvez-moi ça jusqu'à la dernière goutte, et ensuite retournez le pot sens dessus dessous, pour me faire voir que vous avez pris la médecine tout entière.

— Mais, mon cher monsieur Weller....

— Avalez-moi ça, » reprit Sam d'un ton péremptoire.

Ainsi admonesté, M. Trotter porta le pot à ses lèvres et en éleva le fond lentement, et d'une manière presque imperceptible. Une fois, seulement, il s'arrêta pour respirer longuement, mais sans retirer son visage du vase; et quelques moments après, lorsqu'il le tint à bras tendus, avec le fond en haut, rien ne tomba à terre, si ce n'est trois ou quatre flocons de mousse, qui se détachèrent lentement du bord.

« Bien opéré, dit Sam. Comment vous trouvez-vous, après ça?

— Mieux, monsieur, beaucoup mieux, je pense.

— Nécessairement; c'est comme quand on met du gaz dans un ballon. Vous devenez plus gros à vue d'œil. Qu'est-ce que vous dites d'un autre verre de la même tisane?

— J'en ai suffisamment, monsieur; je vous remercie bien, mais j'en ai assez.

— Eh bien! alors, qu'est-ce que vous dites, de quelque chose de plus solide?

— Grâce à votre digne gouverneur, nous avons, à trois heures, un demi-gigot cuit au four, et garni de pommes à terre.

— Quoi! c'est lui qui vous donne des provisions? s'écria Sam avec un accent emphatique.

— Oui, monsieur. Et plus que cela, monsieur Weller, comme mon maître était fort malade, il a loué une chambre pour nous. Nous étions dans un chenil auparavant. Il est venu nous voir la nuit, quand personne ne pouvait s'en douter. Monsieur Weller, continua Job, avec des larmes réelles cette fois, je serais capable de servir cet homme-là, jusqu'à ce que je tombe mort à ses pieds.

— Dites donc, mon ami, pas de ça, s'il vous plaît! » s'écria Sam.

Job Trotter le regarda d'un air étonné.

« Je vous dis que je n'entends pas cela, mon garçon, poursuivit Sam, avec fermeté. Personne ne le servira, excepté moi; et puisque nous en sommes là-dessus, continua-t-il, en payant sa bière, je vais vous apprendre un autre secret. Je n'ai jamais entendu dire, ni lu dans aucun livre d'histoire, ni vu dans au-

:un tableau, un ange avec une culotte et des guêtres; non,
pas même au spectacle, quoique ça ait pu se faire; mais voyez-
vous, Job, malgré ça, je vous dis que c'est un véritable ange,
pur sang; et montrez-moi l'homme qui osera me soutenir le
contraire! »

Ayant proféré cette provocation, qu'il confirma par de nombreux gestes et signes de tête, Sam empocha sa monnaie et se
mit en quête de l'objet de son panégyrique.

M. Pickwick était encore avec Jingle, et lui parlait vivement,
sans jeter un coup d'œil sur les groupes variés et curieux qui
l'entouraient.

« Bien, disait-il, lorsque Sam et son compagnon s'approchèrent : vous verrez comment vous irez, et en attendant,
vous réfléchirez à cela. Quand vous vous trouverez assez fort,
vous me le direz, et nous en causerons. Maintenant, retournez
dans votre chambre, vous avez l'air fatigué, et vous n'êtes pas
assez vigoureux pour demeurer longtemps dehors. »

M. Alfred Jingle, à qui il ne restait plus une étincelle de son
ancienne vivacité, ni même de la sombre gaieté qu'il avait
feinte, le premier jour où M. Pickwick l'avait rencontré dans
sa misère, salua fort bas, sans parler, et s'éloigna avec lenteur, après avoir fait signe à Job de ne pas le suivre immédiatement.

« Sam, dit M. Pickwick en regardant autour de lui avec
bonne humeur. Ne voilà-t-il pas une curieuse scène?

— Tout à fait, monsieur, répondit Sam; et il ajouta, en se
parlant à lui-même : « Les miracles ne sont pas finis. Voilà-
t-il pas ce Jingle qui se met aussi à faire jouer les pompes! »

Dans la partie de la prison où se trouvait alors M. Pickwick,
l'espace circonscrit par les murs, était assez étendu pour former un bon jeu de paume; un des côtés de la cour était fermé,
cela va sans dire, par le mur même, et l'autre par cette partie
de la prison qui avait vue sur Saint-Paul; ou, plutôt, qui
urait eu vue sur cette cathédrale si on avait pu voir à travers
la muraille. Là se montraient un grand nombre de débiteurs, en
mouvement ou en repos dans toutes les attitudes possibles
d'une inquiète fainéantise. La plupart attendaient le moment
de comparaître devant la cour des insolvables; les autres
étaient renvoyés en prison pour un certain temps, qu'ils s'ef-
forçaient de passer de leur mieux. Quelques-uns avaient l'air
misérable, d'autres ne manquaient point de recherche; le plus
grand nombre étaient crasseux; le petit nombre moins mal-

propres. Mais tous en flânant, en se traînant, en baguenau-
dant, semblaient y mettre aussi peu d'intérêt, aussi peu d'a-
nimation, que les animaux qui vont et viennent derrière les
barreaux d'une ménagerie.

D'autres prisonniers passaient leur temps aux fenêtres qui
donnaient sur les promenades; et, parmi ceux-ci, les uns conversaient bruyamment avec les individus de leur connaissance
qui se trouvaient en bas; les autres jouaient à la balle avec
quelques aventureux personnages, qui les *servaient* du dehors;
d'autres enfin regardaient les joueurs de paume, ou écoutaient
les garçons qui criaient le jeu.

Des femmes malpropres passaient et repassaient avec des
savates pour se rendre à la cuisine, qui était dans un coin de
la cour. Dans un autre coin, des enfants criaient, jouaient,
et se battaient. Le fracas des quilles et les cris des joueurs se
mêlaient perpétuellement à ces mille bruits divers; tout était
mouvement et tumulte, excepté à quelques pas de là, dans un
misérable petit hangar où gisait, pâle et immobile, le corps du
prisonnier de la chancellerie, décédé la nuit précédente, et
attendant la comédie d'une enquête. Le corps! c'est le terme
légal pour exprimer cette masse turbulente de soins, d'anxié-
tés, d'affections, d'espérances, de douleurs, qui composent
l'homme vivant. La loi possédait le corps du prisonnier; il
était là, témoin effrayant des tendres soins de cette bonne mère.

« Voulez-vous voir une boutique sifflante¹, monsieur? demanda Job à M. Pickwick.

— Qu'est-ce que vous voulez dire? répondit celui-ci.

— Une boutique chifflante, monsieur, fit observer Sam.

— Qu'est-ce que c'est que cela, Sam? Une boutique d'oise-
leur?

— Du tout! monsieur, reprit Job; c'est où l'on vend des
liqueurs. Il expliqua alors brièvement, qu'il était défendu d'in-
troduire dans la prison des débiteurs des boissons spiri-
tueuses; mais que cet article y étant singulièrement apprécié,
quelques geôliers spéculateurs, déterminés par certaines considérations lucratives, s'étaient avisés de permettre à deux ou
trois prisonniers de débiter, dans leurs chambres, le régal favori des ladies et des gentlemen confinés dans la prison. Cet
usage, continua Job, a été introduit graduellement dans toutes
les prisons pour dettes.

1. Étymologie : *s'humecter le sifflet* (boire).

— Et il est fort avantageux, interrompit Sam ; car les guichetiers ont bien soin de faire saisir tous ceux qui font la
fraude, et qui ne les payent point ; et quand ça arrive, ils sont
loués dans les journaux pour leur vigilance ; de manière que
ça fait d'une pierre deux coups ; ça empêche les autres de faire
le commerce, et ça relève leur réputation.

— Voilà la chose, ajouta Job.

— Mais, dit M. Pickwick, est-ce qu'on ne visite jamais ces
chambres pour savoir si elles contiennent des spiritueux ?

— Si, certainement, monsieur ; mais les guichetiers le
savent d'avance ; ils préviennent les siffleurs, et alors va-t'en
voir s'ils viennent, Jean ! L'inspecteur ne trouve rien. »

Tandis que Sam achevait ces explications, Job frappait à une
porte qui fut immédiatement ouverte par un gentleman mal
peigné, puis soigneusement refermée au verrou, quand la
compagnie fut entrée : après quoi le gentleman siffleur regarda
les nouveaux venus en riant ; là-dessus Job se mit aussi à
rire, autant en fit Sam ; et M. Pickwick, pensant qu'on en attendait sans doute autant de lui, prit un visage souriant, jusqu'à la fin de l'entrevue.

Le gentleman mal peigné parut comprendre parfaitement
cette silencieuse manière d'entrer en affaires. Il aveignit de
dessous son lit une bouteille de grès plate, qui pouvait contenir environ une couple de pintes, et remplit de genièvre trois
verres, que Job et Sam dépêchèrent habilement.

« En voulez-vous encore, dit le gentleman siffleur.

— Non, merci, dit Job Trotter. »

M. Pickwick paya, la porte fut déverrouillée, et comme
M. Roker passait en ce moment, le gentleman mal peigné lui
fit un signe de tête amical.

En sortant de là, M. Pickwick erra dans les escaliers et le
long des galeries, puis il fit encore une fois le tour de la
maison.

A chaque pas, dans chaque personne, il lui semblait voir
Mivins et Smangle, et le vicaire, et le boucher, car toute la
population paraissait composée d'individus d'une seule espèce.
C'était la même malpropreté, le même tumulte, le même remue-
ménage, les mêmes symptômes caractéristiques dans tous les
coins, dans les meilleurs comme dans les pires. Il y avait partout quelque chose de turbulent et d'inquiet, et l'on voyait
toutes sortes de gens se rassembler et se séparer, comme
on voit passer des ombres dans les rêves d'une nuit agitée.

« J'en ai vu assez, dit M. Pickwick en se jetant sur une chaise dans sa petite chambre. Ma tête est fatiguée de ces scènes bruyantes, et mon cœur aussi. Dorénavant je serai prisonnier dans ma propre chambre. »

M. Pickwick se tint parole. Durant trois longs mois il resta enfermé tout le jour, ne sortant qu'à la nuit pour respirer l'air, quand la plus grande partie des autres prisonniers étaient dans leur lit, ou se régalaient dans leur chambre. Sa santé commençait évidemment à souffrir de la rigueur de cette réclusion, mais ni les fréquentes supplications de ses amis et de M. Perker, ni les avertissements encore plus fréquents de Sam, ne pouvaient le décider à changer un *iota* à son inflexible réso-. lution.

CHAPITRE XVII.

Où l'on rapporte un acte touchant de délicatesse accompli par MM. Dodson et Fogg, non sans une certaine dose de plaisanterie.

Vers la fin du mois de juillet, un cabriolet de place dont le numéro n'est point spécifié, s'avançait d'un pas rapide vers *Goswell-Street*. Trois personnes y étaient entassées, outre le conducteur, placé, comme à l'ordinaire, dans son petit siége de côté. Sur le tablier pendaient deux châles, appartenant, selon toute apparence, à deux dames à l'air revêche, assises sous ledit tablier. Enfin un gentleman, d'une tournure épaisse et soumise, était soigneusement comprimé entre les deux ladies, par l'une ou par l'autre desquelles il était immédiatement rabroué lorsqu'il s'aventurait à faire quelque légère observation. Ces trois personnages donnaient en même temps au cocher des instructions contradictoires, tendant toutes au même but, qui était d'arrêter à la porte de Mme Bardell; mais tandis que l'épais gentleman prétendait que cette porte était verte, les deux ladies revêches soutenaient qu'elle était jaune.

« Cocher, disait le gentleman, arrêtez à la porte verte.

— Quel être insupportable ! s'écria l'une des dames. Cocher, arrêtez à la maison qui a la porte jaune. »

Pour arrêter à la porte verte, le cocher avait retenu son cheval si brusquement qu'il l'avait presque fait reculer dans le cabriolet ; mais à cette nouvelle indication, il le laissa retomber sur ses jambes de devant, en disant : « Arrangez ça entre vous. Moi ça m'est égal. »

La dispute recommença alors avec une nouvelle violence ; et comme le cheval était tourmenté par une mouche qui lui piquait le nez, le cocher employa humainement son loisir à lui donner des coups de fouet sur les oreilles, suivant le système médical des révulsions.

« C'est la majorité qui l'emporte, dit à la fin l'une des dames revêches. Cocher, la porte jaune. » Mais lorsque le cabriolet fut arrivé d'une manière brillante devant la porte jaune, faisant réellement plus de bruit qu'un carrosse bourgeois (comme le fit remarquer l'une des ladies), et lorsque le cocher fut descendu pour assister les dames, la petite tête ronde de Master Bardell se fit voir à la fenêtre d'une maison qui avait une porte rouge, quelques numéros plus loin.

« Être assommant ! s'écria la dame ci-dessus mentionnée, en lançant à l'épais gentleman un regard capable de le réduire en poudre.

— Mais ma chère, ce n'est pas ma faute.

— Taisez-vous imbécile ! La maison à la porte rouge, cocher. Oh ! si jamais pauvre femme a été z'unie avec une créature qui prend plaisir à la tourner en ridicule devant les étrangers, je puis me vanter d'être cette femme !

— Vous devriez mourir de honte, Raddle, dit la seconde petite femme qui n'était autre que Mme Cluppins.

— Dites-moi donc au moins ce que j'ai fait ?

— Taisez-vous, brute, de peur de me faire oublier de quelle secte je suis, et que je ne m'abaisse à vous giffler ! »

Pendant ce petit dialogue matrimonial, le cocher conduisait ignominieusement le cheval par la bride, et s'arrêtait devant la porte rouge que Master Bardell avait déjà ouverte. Quelle manière plate et commune de se présenter devant la porte d'une amie ! au lieu d'arriver avec tout le feu, toute la furie du noble coursier ; au lieu de faire frapper à la porte par le cocher ; au lieu d'ouvrir le tablier avec bruit, et juste au dernier moment, de peur de rester dans un courant d'air, au lieu de se faire tendre son châle comme si on avait un domestique à soi ! Tout le zeste de la chose était perdu : c'était plus vulgaire que de venir à pied.

« Eh ben! Tommy, dit Mme Cluppins; comment va c'te
pauv' chère femme de mère?

— Oh! elle va très-bien. Elle est dans le parloir de devant,
toute prête. Je suis tout prêt aussi, moi. En parlant ainsi,
Master Bardell fourrait ses mains dans ses poches et s'amusait à sauter de la première marche du perron sur le trottoir,
et *vice versa*.

— Y a-t-il encore quelqu'un qui vient avec nous? reprit
Mme Cluppins, en arrangeant sa pèlerine.

— Mme Sanders y va aussi; et moi aussi, j'y vas aussi,
moi.

— Peste soit du moutard, il ne pense qu'à lui seul.- Dites
donc, Tommy, mon petit homme?

— Hein?

— Qu'est-ce qui vient encore, mon amour? continua
Mme Cluppins d'une manière insinuante.

— Oh! Mme Rogers, elle vient aussi, elle, répondit Master
Bardell, en ouvrant ses yeux de toutes ses forces.

— Quoi! la dame qui a loué le logement? » s'écria Mme Cluppins.

Master Bardell enfonça ses mains plus profondément dans
ses poches, et baissa la tête trente-cinq fois, ni plus ni moins,
pour exprimer qu'il s'agissait bien de la dame du logement.

« Ah çà! continua Mme Cluppins; c'est une vraie noce.

— Qu'est-ce que vous diriez donc, si vous saviez ce qu'il y a
dans le buffet? ajouta Master Bardell.

— Qu'est-ce qu'il y a donc, Tommy? reprit Mme Cluppins
d'un air séduisant. Je suis sûre que vous allez me le dire.

— Non, je ne veux pas; rétorqua l'intéressant héritier, en
secouant sa tête un nombre indéterminé de fois, et en recommençant à sauter sur l'escalier.

— Quel petit mâtin embêtant! murmura Mme Cluppins.
Allons, Tommy, contez la chose à votre chère Cluppy.

— Maman ne veut pas. Si je ne dis rien, j'en aurai, moi,
j'en aurai, moi » Réjoui par cette agréable perspective, le jeune
prodige s'appliqua avec une nouvelle vigueur à son manége
enfantin.

Cette espèce d'interrogatoire avait lieu tandis que M. Raddle,
Mme Raddle et le cocher se disputaient sur le prix de la
course. L'altercation s'étant terminée à l'avantage de l'auto-
médon, Mme Raddle entra dans la maison, affreusement
agitée.

« Ciel qu'avez-vous donc, Mary-Ann? demanda Mme Cluppins.

— Ah! Betsy! j'en suis encore toute tremblante! Raddle n'est pas un homme; il me laisse tout sur le dos. »

Cette attaque contre la virilité du pauvre Raddle, était à peine loyale : car, dès le commencement de la dispute, il avait été mis de côté par son aimable épouse, et avait reçu l'ordre péremptoire de tenir son bec. Quoi qu'il en soit, il n'eut pas le loisir de se défendre, car il devenait évident que Mme Raddle allait s'évanouir. Dès qu'on s'en aperçut, de la fenêtre du parloir, Mme Bardell, mistress Sanders, la locataire et la servante de la locataire, sortirent précipitamment, et portèrent l'intéressante lady dans l'appartement, parlant toutes à la fois, et l'accablant d'expressions de condoléances et de pitié, comme si elle était la personne la plus malheureuse de la terre. Elle fut déposée sur un sofa du parloir, et la dame du premier étage ayant couru chercher un flacon de sel volatil, prit Mme Raddle par le cou, et le lui appliqua sous le nez, avec toute la sollicitude compatissante du beau sexe. Après de nombreux plongeons, après s'être bien débattue, la dame évanouie fut enfin obligée de déclarer qu'elle se trouvait mieux.

« Ah! pauvre créature! s'écria Mme Rogers; je conçois ce qu'elle éprouve, hélas! je le sais trop bien.

— Ah! pauvre créature! Et moi aussi je le sais, répéta Mme Sanders, et alors toutes les dames commencèrent à gémir à l'unisson, en disant qu'elles aussi savaient ce qu'il en était, et la plaignaient de tout leur cœur. La petite servante elle-même, haute de trois pieds, et âgée de treize ans, manifestait sa profonde sympathie.

— Mais qu'est-ce qui est arrivé? demanda Mme Bardell.

— Oui, ajouta Mme Rogers, qu'est-ce qui vous a mis dans cet état, madame?

— J'ai été contrariée, répondit Mme Raddle d'un ton de reproche. Toutes les dames jetèrent aussitôt à M. Raddle des regards pleins d'indignation.

— Le fait est, dit ce malheureux gentleman, en s'avançant, le fait est que, quand nous sommes descendus à la porte, nous avons eu une dispute avec le conducteur du cabriolet. » Un cri aigu de sa femme, à la mention de ce nom, rendit toute autre explication impossible.

« Raddle, dit Mme Cluppins, vous feriez bien de nous

laisser seules avec elle, pour la faire revenir. Elle ne se re-
mettra jamais tant que vous serez là. »

Toutes les dames étant de la même opinion, M. Raddle fut
poussé hors de la chambre, et engagé à prendre l'air dans la
cour. Il s'y promenait depuis environ un quart d'heure, lorsque Mme Bardell vint lui annoncer, avec un visage solennel,
qu'il pouvait rentrer maintenant ; mais qu'il devait faire bien
attention à la manière dont il se conduirait avec sa femme.
Mme Bardell savait bien qu'il n'avait pas de mauvaises intentions, mais Mary-Ann n'était pas forte, et s'il n'y prenait pas
garde, il pourrait la perdre au moment où il s'y attendrait le
moins ; ce qui serait pour lui un terrible sujet de remords,
dans la suite.

M. Raddle entendit tout cela et bien d'autres choses encore,
avec grande soumission, et rentra enfin dans le parloir, doux
comme un agneau.

« Mon Dieu, madame Rogers, dit Mme Bardell, personne
ne vous a été présenté ! — M. Raddle, madame ; Mme Cluppins,
madame ; Mme Raddle, madame....

— Sœur de Mme Cluppins, fit observer Mme Sanders.

— Ah ! vraiment ? dit mistress Rogers gracieusement ; car
elle était locataire, et c'est sa servante qui devait servir, et,
en vertu de sa position, elle devait être plus gracieuse qu'intime. Ah ! vraiment ! »

Mme Raddle sourit agréablement, M. Raddle salua, et
Mme Cluppins déclara qu'elle se trouvait bien heureuse d'a-
voir l'honneur de faire la connaissance d'une personne dont
elle avait entendu dire autant de choses avantageuses. Ce
compliment bien tourné fut reçu par lady du premier étage
avec une condescendance parfaite.

« Savez-vous, monsieur Raddle, dit Mme Bardell, que vous
devez vous trouver fort honoré de ce que vous et Tommy,
vous êtes les seuls gentlemen chargés d'escorter tant de dames au Jardin Espagnol à Hampstead. N'est-ce pas votre avis,
madame Rogers ?

— Oh ! certainement, madame, répondit Mme Rogers ; après
quoi les autres dames répétèrent : Oh certainement !

— Sans aucun doute, madame, je sens cela, dit M. Raddle
en se frottant les mains, et en laissant apercevoir une légère
tendance à la gaieté. Et même, je disais à Mme Raddle, pendant que nous venions dans le cabriolet.... »

En entendant ce mot, qui réveillait tant de souvenirs pénibles, Mme Raddle appliqua de nouveau son mouchoir à ses yeux, et ne put s'empêcher de pousser un cri étouffé; Mme Bardell fronça le sourcil, en regardant M. Raddle, pour lui faire comprendre qu'il ferait beaucoup mieux de se taire; puis, avec un air de dignité, elle pria la domestique de Mme Rogers de mettre le vin sur la table.

A ce signal, les trésors cachés du buffet furent apportés, en l'honneur de la locataire, et donnèrent à tous les assistants une satisfaction sans limite. C'étaient plusieurs plats d'oranges et de biscuits, une bouteille de vieux porto, à trente-quatre pence, puis une autre bouteille du célèbre xérès des Indes orientales, à quatorze pence. Mais alors, à la grande consternation de Mme Cluppins, Tommy parut sur le point de raconter comment il avait été interrogé par elle, concernant le contenu du buffet. Heureusement que, tout en parlant, il avala de travers un verre de porto, ce qui mit sa vie en danger pendant quelques minutes, et étouffa son récit dans son germe.

Après ce petit incident, la compagnie alla chercher la voiture de Hampstead, et au bout de deux heures elle était arrivée, saine et sauve, au Jardin Espagnol. Mais là le premier acte du malheureux M. Raddle faillit occasionner une rechute de sa tendre épouse; car n'alla-t-il pas s'aviser de demander du thé pour sept, tandis que, comme toutes les dames le firent remarquer à la fois, rien n'était plus facile que de faire boire Tommy dans la tasse de quelqu'un, ou dans celle de tout le monde, quand le garçon aurait eu le dos tourné, ce qui aurait épargné du thé pour un, sans qu'il en fût moins bon pour cela?

Quoi qu'il en soit, il n'y avait plus de ressources, et le thé arriva avec sept tasses, sept soucoupes, et du pain et du beurre sur la même échelle. Mme Bardell fut élevée au fauteuil à l'unanimité; Mme Rogers se plaça à sa droite, Mme Raddle à sa gauche, et la collation chemina avec beaucoup de gaieté et de succès.

« Que la campagne est jolie, soupira mistress Rogers; je souhaiterais vraiment y vivre toujours!

— Oh! vous ne l'aimeriez pas longtemps, madame, répliqua Mme Bardell avec précipitation; car il n'était pas à propos d'encourager de semblables idées chez sa locataire.

— Je suis sûre, madame, reprit la petite Mme Cluppins, que vous ne vous en contenteriez pas quinze jours; vous êtes trop gaie et trop recherchée à la ville.

— Cela se peut, madame.... cela se peut, murmura doucement la locataire du premier étage.

— La campagne, fit observer M. Raddle, en retrouvant un
peu d'assurance et de gaieté, la campagne est très-bonne pour
les personnes seules, qui n'ont personne qui se soucisse d'elles,
ou pour les personnes qui ont eu des peines de cœur, et toutes
ces sortes de choses. La campagne pour une âme blessée, dit
le poëte.... »

Or, de toutes les paroles que pouvait proférer le malheureux gentleman, celles-ci étaient indubitablement les plus mal
trouvées. En effet, à cette citation, Mme Bardell ne manqua
pas de fondre en larmes, et voulut quitter la table sur-le-champ;
ce que voyant, son tendre fils se mit à pousser des cris affreux.

« Est-il possible, s'écria Mme Raddle, en se tournant avec
fureur vers la locataire du premier étage, est-il possible qu'une
femme soit mariée à un être aussi insupportable, qui se fait
un jeu de blesser sa sensibilité à chaque instant de la journée.

— Ma chère, dit M. Raddle d'une voix plaintive, je n'avais
pas la moindre pensée....

— Vous n'aviez pas la moindre pensée, répéta Mme Raddle
avec un noble dédain. Allez-vous-en; je ne puis plus vous
voir; vous êtes une brute.

— Ne vous tourmentez pas, Mary-Ann, interrompit mistress
Cluppins. Il faut vraiment faire attention à votre santé ma
chère, vous n'y songez pas assez. Allez-vous-en, Raddle, comme
une bonne âme. Elle est toujours plus mal quand elle vous voit.

— Oui, oui, dit Mme Rogers, en appliquant sur nouveaux
frais son flacon, vous ferez bien de prendre votre thé tout
seul, monsieur. »

Mme Sanders qui, suivant sa coutume, était fort occupée du
pain et du beurre, exprima la même opinion, et Raddle se
retira sans souffler mot.

Après cela, les dames s'empressèrent d'élever Master Bardell
dans les bras de sa mère, mais comme il était un peu grand
pour cette manœuvre enfantine, ses bottines s'embarrassèrent
dans la table à thé, et occasionnèrent quelque confusion parmi
les tasses et les soucoupes. Heureusement que cette espèce
d'attaque, qui est contagieuse chez les dames, dure rarement
longtemps : aussi, après avoir bien embrassé son bambin,
après avoir pleuré sur ses cheveux, Mme Bardell revint à elle,
le remit par terre, s'étonna d'avoir été si peu raisonnable, et
se versa une autre tasse de thé.

En ce moment, on entendit le rqulement d'un carrosse qui
s'approchait, et les dames, en levant les yeux, virent une voiture de place s'arrêter à la porte du jardin.

« Encore du monde, dit Mme Sanders.

— C'est un gentleman, reprit Mme Raddle.

— Eh mais! s'écria Mme Bardell, c'est M. Jackson, le
jeune homme de chez Dodson et Fogg. Est-ce que M. Pickwick aurait payé les dommages?

— Ou offert le mariage, suggéra Mme Cluppins.

— Comme le gentleman est long à venir! dit Mme Rogers.
Pourquoi donc ne se dépêche-t-il pas? »

Cependant, M. Jackson, après avoir adressé quelques observations à un homme en habit noir râpé, qui venait de descendre du fiacre, et qui tenait un gros bâton de frêne, se dirigea
vers l'endroit où les dames étaient assises, tout en tortillant
ses cheveux autour du bord de son chapeau.

« Qu'est-ce qu'il y a de nouveau, monsieur Jackson? demanda Mme Bardell avec anxiété.

— Rien du tout, madame, répondit Jackson. Comment ça
va-t-il, madame? Je vous demande pardon, madame, de vous
déranger, mais la loi, madame, la loi.... » En proférant cette
apologie, M. Jackson sourit, fit un salut commun à toutes les
dames, et donna à ses cheveux un autre tour. Mme Rogers
chuchota à Mme Raddle que c'était réellement un jeune homme
bien élégant.

« Je suis allé chez vous, reprit Jakson, et en apprenant
que vous étiez ici, j'ai pris une voiture et je suis venu. Nous
avons besoin de vous sur-le-champ, madame Bardell.

— Besoin de moi! s'écria la dame, que la soudaineté de cette
communication avait fait tressaillir.

— Oui, dit Jackson en se mordant les lèvres, c'est une affaire
très-importante, très-pressante, et qui ne peut pas être remise.
Dodson me l'a dit expressément et Fogg aussi. Tellement que
j'ai gardé la voiture pour vous remmener.

— Quelle drôle de chose! » s'écria Mme Bardell.

Toutes les dames convinrent que c'était fort drôle, mais elles
furent unanimement d'avis que ce devait être fort important;
sans quoi Dodson et Fogg n'auraient pas envoyé à Hampstead.
Enfin elles ajoutèrent que, puisque l'affaire était importante,
Mme Bardell ferait bien de se rendre sur-le-champ à l'étude.

Lorsqu'on est demandé avec une hâte si monstrueuse par
son homme d'affaires, cela donne un certain degré de relief, qui

n'était nullement désagréable à Mme Bardell. En effet, elle
pouvait raisonnablement espérer que cela la rehausserait
dans l'opinion de sa locataire. Elle fit quelques minauderies,
affecta beaucoup de vexation et d'hésitation, mais elle conclut,
à la fin, qu'elle ferait bien de s'en aller. Ensuite elle ajouta
d'une voix persuasive : « Vous vous rafraîchirez bien un peu
après votre course, monsieur Jackson ?

— Réellement, il n'y a pas beaucoup de temps à perdre ; et
puis j'ai là un ami, répondit Jackson en montrant l'homme au
bâton de frêne.

— Oh ! mais, monsieur, faites entrer votre ami.

— Mais.... je vous remercie, répliqua Jackson avec quelque
embarras. Il n'est pas habitué à la société des dames, et cela
le rend tout timide. Si vous voulez ordonner au garçon de lui
porter quelque chose, je ne suis pas bien sûr qu'il le boive,
mais vous pouvez essayer. » Vers la fin de ce discours, les
doigts de M. Jackson se jouaient plaisamment autour de son
nez, pour avertir ses auditeurs qu'il parlait ironiquement.

Le garçon fut immédiatement dépêché vers le gentleman
timide, qui consentit à prendre quelque chose. M. Jackson
prit aussi quelque chose, et les dames en firent autant, par pur
esprit d'hospitalité. M. Jackson ayant alors déclaré qu'il était
temps de partir, Mme Sanders, Mme Cluppins et Tommy grimpèrent dans la voiture, laissant les autres dames sous la protection de M. Raddle. Mme Bardell monta la dernière.

« Isaac, dit alors Jackson, en regardant son ami qui était
assis sur le siége, et fumait un cigare.

— Eh bien ?

— Voilà madame Bardell.

— Oh ! il y a longtemps que je le savais. »

Mme Bardell étant entrée dans le carrosse, M. Jackson s'y
plaça après elle, et les chevaux partirent. Chemin faisant,
Mme Bardell admirait la perspicacité de l'ami de M. Jackson.
« Que ces hommes de loi sont malins ! pensait-elle ; comme
ils reconnaissent les gens ! »

Au bout de peu de temps Mme Cluppins et Mme Sanders
s'étant endormies, M. Jackson dit à la veuve du douanier :
« Savez vous que les frais de votre affaire sont bien lourds ?

— Je suis fâchée que vous ne puissiez pas les faire payer,
répondit celle-ci. Mais dame ! puisque vous entreprenez les
choses par spéculation, il faut bien que vous buviez un
bouillon de temps en temps.

— On m'a dit qu'après le procès, vous aviez donné à Dodson et Fogg un *cognovit* pour le montant des frais.

— Oui, simple affaire de forme.

— Sans doute, répliqua Jackson d'un ton sec. Simple affaire de forme, comme vous dites. »

On continuait à rouler, et Mme Bardell s'endormit. Elle se réveilla au bout de quelque temps, lorsque la voiture s'arrêta.

« Comment! s'écria-t-elle. Sommes-nous déjà à *Freeman's-Court?*

— Nous n'allons pas tout à fait jusque-là, repartit Jackson. Voulez-vous avoir la bonté de descendre? »

Mme Bardell obéit machinalement, car elle n'était pas encore complétement réveillée. Elle se trouvait dans un drôle d'endroit : un grand mur avec une grille au milieu; et, à l'intérieur d'un vestibule, un bec de gaz qui brûlait.

— Allons, mesdames! dit l'homme au bâton de frêne en regardant dans la voiture et en secouant Mme Sanders pour la réveiller, descendons. »

Mme Sanders ayant poussé son amie, elles descendirent, et Mme Bardell, appuyée sur le bras de M. Jackson et conduisant Tommy par la main, était déjà entrée sous le porche.

La chambre où les trois dames pénétrèrent ensuite était encore plus singulière que l'entrée du bâtiment. Il s'y trouvait tant d'hommes debout, et ils regardaient si fixement les ladies!

« Qu'est-ce que c'est donc que cet endroit? demanda Mme Bardell, en s'arrêtant.

— C'est une de nos administrations publiques, répondit Jackson, en lui faisant passer une porte. Puis se retournant pour voir si les autres femmes le suivaient : Attention, Isaac! s'écria-t-il.

— N'ayez pas peur, répondit l'homme au bâton de frêne. La porte se referma pesamment sur eux, et ils descendirent un escalier de quelques marches.

— Enfin, nous y voilà! s'écria Jackson en regardant d'un air triomphant autour de lui, sains et saufs, hein! madame Bardell?

— Qu'est-ce que vous voulez dire? demanda la dame dont le cœur palpitait sans qu'elle sût pourquoi.

— Voilà, répondit Jackson en la tirant un peu de côté. Ne vous effrayez pas, madame Bardell. Il n'y a jamais eu d'homme plus délicat que Dodson, madame, ni plus humain que Fogg. C'était leur devoir, comme hommes d'affaires, de vous faire mettre à l'ombre pour ces frais; mais ils tenaient beaucoup à

ménager votre sensibilité, autant que possible. Quelle consolation pour vous de penser comment cela s'est fait ! Vous êtes
dans la prison pour dettes, madame. Je vous souhaite une
bonne nuit, madame Bardell. Bonsoir, Tommy. »

Ayant dit ces mots, Jackson s'éloigna rapidement avec
l'homme au bâton de frêne. Un autre individu, qui se trouvait
là avec des clefs à la main, emmena Mme Bardell, tout éperdue,
à un corridor du second étage. La malheureuse veuve poussa
un cri de désespoir, Tommy l'accompagna d'un grognement,
Mme Cluppin resta pétrifiée ; quant à Mme Sanders, elle s'enfuit,
sans plus de façon, car M. Pickwick, l'homme innocent et op-
primé, était là, prenant sa pitance d'air quotidienne, et près de
lui se tenait Sam Weller qui, en apercevant Mme Bardell, ôta
son chapeau avec une politesse moqueuse, tandis que son
maître indigné faisait une pirouette sur le talon.

« Ne la tracassez pas, cette pauvre femme, dit le guichetier
à Sam Weller, elle ne fait que d'arriver.

— Prisonnière ! s'écria Sam en remettant son chapeau avec
vivacité. A la requête de qui ? Pourquoi ? Parlez donc, vieux !

— Dodson et Fogg, répondit l'homme. En vertu d'un *cognovit*
pour des frais.

— Ici, Job ! Job ! vociféra Sam en se précipitant le long du
corridor, courez chez M. Perker, Job ; j'ai besoin de lui sur-
le-champ. Voilà une bonne affaire pour nous, j'espère. Ah ! la
bonne farce ! Hourra ! Où est le gouverneur ? »

Mais personne ne répondit à ces questions, car aussitôt que
Job avait appris de quoi il s'agissait, il était parti comme un
furieux, et Mme Bardell s'était évanouie pour tout de bon.

CHAPITRE XVIII.

Principalement dévoué à des affaires d'intérêt et à l'avantage temporel
de Dodson et Fogg. Réapparition de M. Winkle dans des circonstances extraordinaires. La bienveillance de M. Pickwick se montre
plus forte que son obstination.

Job Trotter, sans rien diminuer de sa rapidité, courut tout
le long d'*Holborn*. Il s'ouvrait un passage tantôt au milieu de

la rue, tantôt sur le trottoir, tantôt dans le ruisseau, suivant
l'endroit où il voyait le plus de chances d'avancer à travers la
foule de voitures, d'hommes, de femmes et d'enfants qui en-
combraient cette longue rue, et sans se soucier d'aucune espèce d'obstacle. Il ne s'arrêta pas une seule seconde, tant qu'il
n'eut pas atteint la porte de *Gray's Inn*. Cependant, malgré
toute sa diligence, il y avait une bonne demi-heure qu'elle était
fermée; lorsqu'il y arriva, et avant qu'il eût découvert la
femme de ménage de M. Perker, laquelle vivait avec une de
ses filles, mariée à un garçon de bureau, non résident, qui
demeurait à un certain numéro, dans une certaine rue, tout
auprès d'une certaine brasserie, quelque part derrière *Gray's
Inn Lane*, il ne s'en fallait plus que de quinze minutes que la
prison fût fermée pour la nuit. Il était encore nécessaire de dé-
terrer M. Lowten dans l'arrière-parloir de la *Pie et la Souche*,
et Job lui avait à peine communiqué le message de Sam, lorsque l'horloge sonna dix heures.

« Ah! ah! dit Lowten; vous ne pourrez pas rentrer cette
nuit, il est trop tard. Vous avez pris la clef des champs, mon
ami.

— Ne vous occupez pas de moi, répliqua Job. Je puis dormir
n'importe où; mais ne serait-il pas bon de voir M. Perker ce
soir pour qu'il puisse faire notre affaire demain, dès le matin.

— Voyez-vous, répondit Lowten après avoir réfléchi pendant
quelques instants; si c'était pour tout autre personne, Perker
ne serait pas bien charmé que j'allasse le relancer chez lui;
mais comme c'est pour M. Pickwick, je pense que je puis me
permettre le cabriolet aux frais de l'étude, pour l'aller trouver. »

S'étant décidé à suivre cette marche, M. Lowten prit son
chapeau, pria la compagnie de faire occuper le fauteuil par un
vice-président, durant son absence temporaire, conduisit Job
à la place de voitures la plus voisine, et choisissant la plus rapide en apparence, donna au cocher cette adresse : *Montague-
Place, Russell-Square.*

M. Perker avait eu du monde à dîner, comme le témoignaient
les lumières qu'on apercevait aux fenêtres, le son d'un piano
carré *perfectionné* et d'une voix de salon *perfectionnable,* qui
s'échappaient des mêmes fenêtres, et l'odeur, un peu trop
forte de victuaille, qui remplissait les escaliers. Le fait est
qu'une couple d'excellents agents d'affaires de province, étant
venus à Londres, en même temps, M. Perker avait réuni, pour
les recevoir, une agréable société. C'étaient M. Snicks, le secré-

taire du bureau d'assurances sur la vie ; M. Prosant, le célèbre
avocat; trois avoués, un commissaire des banqueroutes, un
avocat spécial du Temple, et son élève, petit jeune homme à
l'air décidé, qui avait écrit sur les lois mortuaires un livre fort
amusant, embelli d'un grand nombre de notes marginales;
enfin, divers autres personnages aussi aimables et aussi distingués. Telle était la réunion que quitta le petit Perker, lorsqu'on lui eut annoncé à voix basse que son clerc demandait à
lui parler. Arrivé dans la salle à manger, il y trouva M. Lowten
avec Job. Une chandelle de cuisine, posée sur la table, éclairait médiocrement les deux visiteurs, car le gentleman qui,
pour un salaire trimestriel, consentait à porter une culotte de
peluche, entretenait pour le clerc et pour toute la boutique un
mépris bien naturel, et n'avait pas daigné leur donner d'autres
luminaires.

« Eh bien! Lowten, dit le petit Perker en fermant la porte,
qu'est-ce qu'il y a de nouveau? Quelque lettre importante arrivée dans un paquet?

— Non, monsieur ; mais voilà un messager de M. Pickwick.

— De Pickwick, eh? dit le petit homme, et se tournant vivement vers Job. Eh bien! qu'est-ce qu'il y a?

— Dodson et Fogg ont fait coffrer Mme Bardell pour les frais
de son affaire, monsieur.

— Pas possible! s'écria Perker, en mettant ses mains dans
ses poches et en s'appuyant sur le buffet.

— Il paraît qu'ils se sont fait donner par elle un cognovit
aussitôt après le jugement.

— Par Jupiter! s'écria Perker en retirant ses mains de ses
poches et en frappant emphatiquement le dos de la droite dans
la paume de la gauche : Par Jupiter! ce sont les gaillards les
plus habiles que j'aie jamais rencontrés.

— Et les plus rusés que j'aie jamais connus, monsieur, ajouta
Lowten.

— Je le crois bien, fit Perker ; on ne sait par où les prendre.

— C'est très-vrai, monsieur, répondit Lowten. Et tous les
deux, alors, clerc et avoué, demeurèrent silencieux, pendant
quelques minutes, avec une physionomie animée, comme s'ils
avaient été occupés à réfléchir sur l'une des plus belles découvertes qui aient jamais enorgueilli l'esprit humain. Lorsqu'ils
furent revenus de ce transport d'admiration, Job Trotter se
déchargea du reste de sa commission. Perker hocha la tête d'un
air pensif, et tirant sa montre :

« Demain, à dix heures précises, j'y serai, dit-il. Sam a tout à fait raison : dites-le-lui de ma part. Voulez-vous prendre un verre de vin, Lowten ?

—Non, monsieur, je vous remercie.

— Vous voulez dire oui, je pense ? » reprit le petit homme en prenant une bouteille et des verres.

Comme effectivement Lowten voulait dire oui, il n'ajouta rien sur le même sujet, mais, s'adressant à Job, il lui demanda à voix basse, assez haut cependant pour être entendu de Perker, si son portrait, qui était pendu à côté de la cheminée, n'était pas étonnant de ressemblance ? Nécessairement Job répondit que oui ; puis, le vin étant versé, Lowten but à la santé de mistress Perker et des enfants, et Job à celle de M. Perker. Cependant le gentleman aux culottes de peluche, ne regardant pas comme une partie de son devoir de reconduire les gens de l'étude, et ne daignant pas répondre à la sonnette, nos deux messagers se réconduisirent eux-mêmes. L'avoué rentra dans son salon, le clerc dans sa taverne et Job dans le marché de *Covent-Garden*, pour y passer la nuit, dans un panier à légumes.

Le lendemain matin, ponctuel à l'heure dite, le brave petit avoué frappa à la porte de M. Pickwick. Sam l'ouvrit avec empressement. « Monsieur Perker, dit-il à M. Pickwick, qui était assis près de la fenêtre, dans une attitude pensive ; puis il ajouta : Je suis bien content, monsieur, que vous soyez venu par hasard. J'imagine que le gouverneur a quelque chose à vous dire. »

Perker fit comprendre à Sam, par un coup d'œil d'intelligence, qu'il ne parlerait pas de son message, et lui ayant fait signe de s'approcher, il lui chuchota quelques mots à l'oreille.

« Vraiment, monsieur ? c'est-il possible ! » s'écria Sam en reculant de surprise.

Perker sourit et fit un geste affirmatif. Sam regarda le petit avoué, puis M. Pickwick, puis le plafond, puis le petit avoué sur nouveaux frais ; il sourit, il éclata de rire tout à fait, et finalement, ramassant son chapeau, il disparut sans autre explication.

« Qu'est-ce que tout cela signifie ? demanda M. Pickwick en regardant Perker avec étonnement. Qu'est-ce qui a mis Sam dans un état aussi extraordinaire ?

— Oh ! rien, rien, répliqua le petit homme ; mais, mon cher monsieur, approchez votre chaise de la table, je vous prie, car j'ai beaucoup de choses à vous dire.

— Quels sont ces papiers? demanda M. Picwick en voyant l'avoué déposer sur la table une liasse attachée avec de la ficelle rouge.

— Les papiers de Bardell et Pickwick, » répliqua Perker en dénouant la ficelle avec ses dents.

Le philosophe fit grincer les pieds de sa chaise sur le carreau, se renversa sur le dossier, croisa ses bras et regarda son avoué avec un air sévère, si tant est que M. Pickwick pût prendre un air sévère.

« Vous n'aimez pas à entendre parler de cette affaire? poursuivit le petit homme, toujours occupé de son nœud.

— Non, en vérité.

— J'en suis fâché, car ce sera le sujet de notre conversation, et....

— Perker, interrompit précipitamment M. Pickwick, j'aimerais beaucoup mieux que ce sujet ne fût jamais mentionné entre nous.

— Bah! bah! mon cher monsieur, répliqua l'avoué en défaisant sa liasse et en regardant son client du coin de l'œil; il est nécessaire que nous en parlions. Je suis venu ici exprès pour cela. Êtes-vous prêt à entendre ce que j'ai à vous dire, mon cher monsieur? Ne vous pressez pas : si vous n'êtes pas encore disposé, je puis attendre. J'ai apporté un journal, je serai à vos ordres quand vous voudrez. Voilà. En parlant ainsi, le petit homme croisa ses jambes, et parut commencer à lire *le Times* avec beaucoup de tranquillité et d'application.

— Allons, dit M. Pickwick avec un soupir, qui pourtant se termina en un sourire; dites tout ce que vous voudrez. C'est encore la vieille rengaine, je suppose?

— Avec une différence, mon cher monsieur, répliqua Perker en fermant soigneusement le journal et en le remettant dans sa poche. Mme Bardell, la demanderesse, est dans ces murs, monsieur.

— Je le sais.

— Très-bien, et vous savez comment elle est venue, je suppose? Je veux dire pour quelle cause, et à la requête de qui?

— Oui!... c'est-à-dire que j'ai entendu la version de Sam à ce sujet, répondit M. Pickwick avec une indifférence affectée.

— Je suis persuadé que la version de Sam était parfaitement correcte. Eh bien! maintenant, mon cher monsieur, voici la première question que j'aie à vous adresser. Cette femme doit-elle rester ici?

— Rester ici! répéta M. Pickwick.

— Rester ici, mon cher monsieur, répliqua Perker en s'appuyant sur le dos de la chaise et en regardant fixement son client.

— Pourquoi me demander cela à moi? Cela dépend de Dodson et Fogg, vous le savez très-bien.

— Je ne le sais pas du tout, rétorqua M. Perker avec fermeté. Cela ne dépend pas de Dodson ni de Fogg; vous connaissez les personnages aussi bien que moi, mon cher monsieur. Cela dépend entièrement et uniquement de vous.

— De moi! s'écria M. Pickwick en se levant par un mouvement nerveux, et en se rasseyant à l'instant même.

Le petit homme frappa deux fois sur le couvercle de sa tabatière, l'ouvrit, prit une grosse pincée de tabac, referma la boîte et articula ces paroles : « de vous seul. »

« Je dis, mon cher monsieur, poursuivit l'avoué, à qui sa prise semblait donner plus de confiance, je dis que sa libération prochaine, ou son éternelle réclusion, dépendent de vous, et de vous seul. Écoutez-moi jusqu'au bout, s'il vous plaît, mon cher monsieur; et ne dépensez pas tant d'énergie, car cela n'est bon à rien du tout, qu'à vous mettre en transpiration. Je dis, continua le petit homme, en établissant chaque proposition sur chacun de ses doigts; je dis qu'il n'y a que vous qui puissiez la retirer de cet abîme de misère, et que vous ne pouvez faire cela qu'en payant les frais du procès, ceux de la demanderesse et ceux du défendeur, entre les mains de ces requins de *Freeman's Court*. Allons, mon cher monsieur, soyez calme, je vous en prie. »

Pendant ce discours, le visage de M. Pickwick avait subi les changements les plus extraordinaires, et il était évidemment sur le point de laisser éclater sa foudroyante indignation. Cependant il calma sa rage comme il put, et Perker, renforçant son argumentation par une autre prise de tabac, poursuivit ainsi qu'il suit :

« J'ai vu cette femme ce matin. En payant les frais, vous pouvez obtenir une décharge pleine et entière des dommages; et ce qui sera pour vous, j'en suis sûr, un motif beaucoup plus puissant, une confession volontaire écrite par elle, sous la forme d'une lettre à moi adressée, et déclarant que, dès le commencement, cette affaire a été imaginée, fomentée, et poursuivie par ces individus, Dodson et Fogg; qu'elle regrette profondément d'avoir servi d'instrument pour vous tourmenter, et qu'elle me prie d'intercéder auprès de vous pour obtenir que vous lui pardonniez.

—.... Si je paye les frais pour elle, s'écria M. Pickwick avec indignation. Un merveilleux document, en vérité !

— Il n'y a point de *si* dans l'affaire, mon cher monsieur, reprit Perker d'un air triomphant. Voici la lettre même dont je parle. Elle a été apportée à mon étude ce matin, à neuf heures, par une autre femme, avant que j'eusse mis le pied dans la prison ; avant que j'eusse eu aucune communication avec Mme Bardell ; sur mon honneur ! Le petit avoué choisit alors dans ses papiers la lettre en question, la posa devant M. Pickwick, et se bourra le nez de tabac, durant deux minutes consécutives.

— Est-ce là tout ce que vous avez à me dire, demanda doucement M. Pickwick.

— Pas tout à fait. Je ne puis pas dire encore si la contexture du *cognovit*, et les preuves que nous pourrons réunir sur la conduite de toute l'affaire, seront suffisantes pour justifier une accusation de captation contre les deux avoués. Je ne l'espère pas, mon cher monsieur ; ils sont sans doute trop habiles pour cela ; mais je dirai du moins que ces faits, pris ensemble, seront suffisants pour vous justifier aux yeux de tout homme raisonnable. Et maintenant, mon cher monsieur, voilà mon raisonnement : ces cent cinquante livres sterling en nombre rond, ne sont rien pour vous. Les jurés ont décidé contre vous.... Oui, leur verdict est erroné, je le sais ; mais cependant ils ont décidé, selon leur conscience et contre vous. Or, il se présente une occasion de vous placer dans une position bien plus avantageuse que vous ne le pourriez faire en restant ici. Car, croyez-moi, mon cher monsieur, pour les gens qui ne vous connaissent pas, votre fermeté ne serait qu'une obstination brutale, qu'un entêtement criminel. Pouvez-vous donc hésiter à profiter d'une circonstance qui vous rend votre liberté, votre santé, vos amis, vos occupations, vos amusements ; qui délivre votre fidèle serviteur d'une réclusion égale à la durée de votre vie, et par-dessus tout qui vous permet de vous venger d'une manière magnanime, et tout à fait selon votre cœur, en faisant sortir cette femme d'un réceptacle de misère et de débauche, où jamais aucun homme ne serait renfermé, si j'en avais le pouvoir, mais où l'on ne peut confiner une femme sans une effroyable barbarie. Eh bien ! mon cher monsieur, je vous le demande non pas comme votre homme d'affaires, mais comme votre véritable ami, laisserez-vous échapper l'occasion de faire tant de bien, pour cette misérable considération que quelques livres sterling passeront dans la poche d'une couple de fripons, pour qui cela ne fait aucune sorte de différence, si ce n'est que plus ils en auront gagné de cette manière, plus ils chercheront à en gagner encore, et par conséquent plus tôt ils seront entraînés dans quelque coquinerie, qui finira par une culbute. Je vous ai soumis ces observations, mon cher monsieur, très-faiblement, très-imparfaitement, mais je vous prie d'y réfléchir. Retournez-les dans votre esprit aussi longtemps qu'il vous plaira, j'attendrai patiemment votre réponse. »

Avant que M. Pickwick eût pu répliquer, avant que Perker eût pris la vingtième partie du tabac qu'exigeait impérativement un si long discours, ils entendirent dans le corridor un léger chuchotement, suivi d'un coup frappé avec hésitation à la porte.

« Quel ennui! quel tourment! s'écria M. Pickwick, qui avait été évidemment ému par le discours de son ami. Qui est là?...

— Moi, monsieur, répondit Sam, en faisant voir sa tête.

— Je ne puis pas vous parler dans ce moment, Sam; je suis en affaire.

— Je vous demande pardon, monsieur, mais il y a ici une dame qui prétend qu'elle a quelque chose de très-urgent à vous dire.

— Je ne puis pas la voir, répliqua M. Pickwick, dont l'esprit était rempli de visions de Mme Bardell.

— Je ne crois pas ça, reprit Sam en secouant la tête. Si vous saviez qu'est-ce qu'est là, j'imagine que vous changeriez de note, comme disait le milan en entendant le rouge-gorge chanter dans la haie.

— Qui est-ce donc? demanda M. Pickwick.

— Voulez-vous la voir, monsieur? rétorqua Sam, en tenant la porte entr'ouverte, comme s'il avait amené de l'autre côté quelque animal curieux.

— Il le faut bien, je suppose, dit le philosophe en regardant Perker.

— Eh bien! alors, ça va commencer! s'écria Sam. En avant la grosse caisse, tirez le rideau. Entrez les deux conspirateurs. »

En parlant ainsi, Sam ouvrit entièrement la porte, et l'on vit apparaître M. Nathaniel Winkle conduisant par la main la jeune lady qui, à Dingley-Dell, avait porté les brodequins fourrés, et qui maintenant formait un séduisant composé de confusion, de dentelles, de rougeur, et de soie lilas.

« Miss Arabelle Allen ! s'écria M. Pickwick en se levant de sa chaise.

— Non , mon cher ami, madame Winkle, répondit le jeune homme, en tombant sur ses genoux. Pardonnez-nous, mon respectable ami, pardonnez-nous. »

M. Pickwick pouvait à peine en croire l'évidence de ses sens, et peut-être ne s'en serait-il pas contenté, si leur témoignage n'avait pas été corroboré par la physionomie souriante de M. Perker et par la présence corporelle de Sam et de la jolie femme de chambre qui, dans le fond du tableau, paraissaient contempler avec la plus vive satisfaction la scène du premier plan.

« O monsieur Pickwick, dit Arabelle d'une voix tremblante, et comme alarmée de son silence. Pouvez-vous me pardonner mon imprudence ? »

M. Pickwick ne fit pas de réponse verbale à cette demande, mais il ôta précipitamment ses lunettes, et saisissant les deux mains de la jeune lady dans les siennes, il l'embrassa un grand nombre de fois (un plus grand nombre de fois peut-être qu'il n'était absolument nécessaire) ; ensuite, retenant toujours ses deux mains, il dit à M. Winkle qu'il était un coquin bien audacieux, et lui ordonna de se lever. M. Winkle, qui depuis quelques minutes grattait son nez avec le bord de son chapeau, d'une manière très-repentante, se remit alors sur les pieds ; et M. Pickwick, après lui avoir tapé plusieurs fois sur le dos, donna une poignée de main pleine de chaleur au petit avoué. De son côté, pour ne pas rester en arrière dans les compliments qu'exigeait la circonstance, le petit homme embrassa de fort bon cœur la mariée et la jolie femme de chambre, puis après avoir secoué cordialement la main de M. Winkle, compléta sa démonstration de joie en prenant une quantité de tabac suffisante pour faire éternuer, durant le reste de leur vie, une demi-douzaine de nez ordinaires.

« Eh bien, ma chère enfant, dit M. Pickwick, comment tout cela s'est-il passé? Allons, asseyez-vous et racontez-moi votre histoire. Comme elle est jolie, Perker! continua l'excellent homme, en examinant le visage d'Arabelle, avec autant de plaisir et d'orgueil que si elle avait été sa propre fille.

— Délicieuse, mon cher monsieur! Si je n'étais pas marié moi-même, je vous porterais envie, heureux coquin, dit Perker en bourrant dans les côtes de M. Winkle un coup de poing, que ce gentleman lui rendit immédiatement, Après quoi l'un et l'autre se mirent à rire aux éclats, mais non pas aussi fort que Sam Weller, car il venait de calmer son émotion en embrassant la jolie femme de chambre, derrière la porte d'une armoire.

— Sam, dit Arabelle avec le plus doux sourire imaginable, je ne pourrai jamais assez vous témoigner ma reconnaissance. Je me souviendrai toujours de vos bons services dans le jardin de Clifton.

— Faut pas parler de ça, madame, répondit Sam ; je n'ai fait qu'aider la nature, comme dit le docteur à la mère de l'enfant qui était mort d'une saignée.

— Mary, ma chère, asseyez-vous, dit M. Pickwick en coupant court à ces compliments. Et maintenant, combien y a-t-il de temps que vous êtes mariés, hein ? »

Arabelle regarda d'un air confus son seigneur et maître qui répondit : « Seulement trois jours.

— Seulement trois jours ! Et qu'est-ce que vous avez donc fait pendant ces trois mois-ci ?

— Ah, oui ! voilà la question ! interrompit M. Perker. Comment pouvez-vous excuser tant de lenteur ? Vous voyez bien que le seul étonnement de Pickwick c'est que cela ne se soit pas fait plus tôt.

. — Le fait est, répliqua M. Winkle en regardant la jeune femme qui rougissait ; le fait est que j'ai été longtemps avant de pouvoir persuader à Bella de s'enfuir avec moi ; et lorsque je suis parvenu à la persuader, il s'est passé longtemps avant que nous pussions trouver une occasion. D'ailleurs, Mary était obligée de prévenir un mois d'avance, avant de quitter sa place, et nous ne pouvions guère nous passer de son assistance.

— Sur ma parole, s'écria M. Pickwick, qui avait remis ses lunettes et qui contemplait tour à tour Arabelle et M. Winkle, avec l'air le plus épanoui que puissent donner à une physionomie humaine la bienveillance et le contentement ; sur ma parole, vous avez agi d'une manière très-systématique. Et votre frère est-il instruit de tout ceci, ma chère ?

— Oh ! non, non ! répondit Arabelle en changeant de couleur. Cher monsieur Pickwick, c'est de vous seul qu'il doit l'apprendre. Il est si violent, si prévenu, et il a été si.... si partial pour son ami M. Sawyer, que je redoute affreusement les conséquences.

— Ah! sans aucun doute, ajouta Perker gravement. Il faut
que vous vous chargiez de cette affaire-là, mon cher monsieur.
Ces jeunes gens vous respecteront, mais ils n'écouteraient
nulle autre personne. Vous seul pouvez prévenir un malheur.
Des têtes chaudes! des têtes chaudes! » Et le petit homme prit
une prise de tabac menaçante, en faisant une grimace pleine
de doute et d'anxiété.

« Mais, mon ange, dit M. Pickwick d'une voix douce, vous
oubliez que je suis prisonnier ?

— Oh! non, en vérité, je ne l'oublie pas! je ne l'ai jamais
oublié; je n'ai jamais cessé de penser combien vos souffrances
devaient être grandes, en cet horrible séjour. Mais j'espérais
que vous consentiriez à faire, pour notre bonheur, ce que vous
ne vouliez pas faire pour vous-même. Si mon frère apprend
cette nouvelle de votre bouche, je suis sûre que nous serons
réconciliés. C'est le seul parent que j'aie au monde, monsieur
Pickwick, et si vous ne plaidez pas ma cause, je crains bien
de perdre même ce dernier parent. J'ai eu tort, très-grand
tort, je le sais.... » Ici la pauvre Arabelle cacha son visage
dans son mouchoir, et se prit à pleurer amèrement.

Le bon naturel de M. Pickwick avait bien de la peine à résister à ces larmes; mais quand Mme Winkle, séchant ses yeux,
se mit à le câliner, à le supplier, avec les accents les plus doux
de sa douce voix, il devint tout à fait indécis et mal à son aise,
comme il le laissait voir suffisamment en frottant avec un mouvement nerveux les verres de ses lunettes, son nez, ses guêtres, sa tête et sa culotte.

Prenant avantage de ces symptômes d'indécision, M. Perker,
chez qui le jeune couple était débarqué dans la matinée, rappela, avec l'habileté d'un homme d'affaires, que M. Winkle senior n'avait pas encore appris l'importante démarche que son
fils avait faite; que le bien-être futur dudit fils dépendait
entièrement de l'affection que continuerait à lui porter ledit
M. Winkle senior; et que cette affection serait fort probablement endommagée si on lui cachait davantage ce grand événement; que M. Pickwick, en se rendant à Bristol pour voir
M. Allen, pourrait également aller à Birmingham pour voir
M. Winkle senior; enfin que M. Winkle senior pouvant à juste
titre regarder M. Pickwick comme le mentor et pour ainsi dire
le tuteur de son fils, M. Pickwick se devait à lui-même de l'informer personnellement de toutes les circonstances de l'affaire,
et de la part qu'il y avait prise.

M. Tupman et M. Snodgrass arrivèrent fort à propos dans
cet endroit de la plaidoirie; car comme il fallait bien leur apprendre ce qui était arrivé, avec les diverses raisons, pour et
contre, la totalité des arguments fut passée en revue sur nouveaux frais; après quoi chaque personne présente répéta à
son tour, à sa manière et à son aise, tous les raisonnements
qu'elle put imaginer. A la fin M. Pickwick supplié, raisonné, de
manière à renverser ses résolutions, et presque à troubler sa raison, prit Arabelle dans ses bras, déclara qu'elle était une charmante créature, que dès qu'il l'avait vue il avait eu de l'affection pour elle, et ajouta enfin qu'il n'avait pas le courage de
s'opposer au bonheur de deux jeunes gens, et qu'ils pouvaient
faire de lui tout ce qu'ils voudraient.

Aussitôt que Sam eut entendu cette concession, il s'empressa
de dépêcher Job Trotter à l'illustre M. Pell, pour lui demander
la décharge dont M. Weller avait eu soin de le munir dans la
prévision que quelque circonstance inattendue pourrait la rendre immédiatement nécessaire. Sam échangea ensuite tout ce
qu'il avait d'argent comptant contre vingt-cinq gallons de
porter, qu'il distribua lui-même dans le jeu de paume, à tous
ceux qui en voulurent tâter; puis enfin il parcourut la prison
en poussant des hourras, jusqu'à ce qu'il en eût perdu la voix,
après quoi il retomba dans ses habitudes calmes et philosophiques.

A trois heures de l'après-midi, M. Pickwick quitta pour toujours sa petite chambre, et traversa avec quelque peine la foule
des débiteurs qui se pressaient autour de lui, pour lui donner des
poignées de main. Quand il fut arrivé aux marches de la loge,
il se retourna et ses yeux brillèrent d'un éclat céleste, car dans
cette foule de visages hâves et amaigris, il n'en voyait pas un
seul qui n'eût été plus malheureux encore, sans sa sympathie
et sa charité.

« Perker, dit-il au petit avoué, en faisant signe à un jeune
homme de s'approcher: voici M. Jingle dont je vous ai parlé.

— Très-bien, mon cher monsieur, répondit l'homme d'affaires en regardant Jingle d'un œil scrutateur. Vous me re-
verrez demain, jeune homme, et j'espère que vous vous rappel-
lerez, durant toute votre vie, ce que je vous communiquerai. »

L'ex-comédien salua respectueusement, prit d'une main tremblante la main que lui offrait M. Pickwick, et se retira.

« Vous connaissez Job? je pense, reprit notre philosophe en
le présentant à M. Perker.

— Oui, je connais le coquin, répondit celui-ci d'un ton de bonne humeur. Allez voir votre ami, et trouvez-vous ici demain à une heure, entendez-vous. Vous n'avez plus rien à me dire, Pickwick ?

— Rien du tout. Sam, vous avez donné à votre hôte le petit paquet que je vous ai remis pour lui ?

— Oui, monsieur, il s'est mis à pleurer, et il a dit que vous étiez bien bon et bien généreux, mais qu'il souhaiterait plutôt que vous puissiez lui faire inoculer une bonne apoplexie, vu que son vieil ami, avec qui il avait vécu si longtemps, est mort, et qu'il n'en trouvera plus jamais d'autre.

— Pauvre homme ! dit M. Pickwick : pauvre homme ! Que Dieu vous bénisse, mes amis ! »

Lorsque l'excellent homme eut ainsi fait ses adieux, la foule poussa une acclamation bruyante, et beaucoup d'individus se précipitaient vers lui pour serrer de nouveau ses mains ; mais il passa son bras sous celui de Perker et s'empressa de sortir de la maison, infiniment plus triste en cet instant que lorsqu'il y était entré. Hélas ! combien d'êtres infortunés restaient là après lui ; et combien y sont encore enchaînés !

Ce fut une heureuse soirée, du moins pour la compagnie qui s'était rassemblée à l'hôtel de *George et Vautour;* et le lendemain matin il sortit de cette demeure hospitalière deux cœurs légers et joyeux, dont les propriétaires étaient M. Pickwick et Sam Weller. Le premier fut bientôt après déposé dans l'intérieur d'une bonne chaise de poste, et le second monta legèrement sur le petit siége de derrière.

« Monsieur, cria le valet à son maître.

— Eh ! bien, Sam ? répondit M. Pickwick en mettant la tête à la portière.

— Je voudrais bien que ces chevaux-là soient restés trois mois en prison, monsieur.

— Et pourquoi cela, Sam ?

— Ma foi, monsieur, s'écria Sam en se frottant les mains, c'est qu'ils détaleraient d'un fameux train ! »

CHAPITRE XIX.

Où l'on raconte comment M. Pickwick, avec l'assistance de Sam, essaya d'amollir le cœur de M. Benjamin Allen, et d'adoucir la rage de M. Robert Sawyer.

M. Ben Allen et M. Bob Sawyer, assis en tête à tête dans leur arrière-boutique, s'occupaient activement à dévorer un hachis de veau et à faire des projets d'avenir, lorsque le discours tomba, assez naturellement, sur la clientèle acquise par le susdit Bob, et sur ses chances actuelles d'obtenir un revenu suffisant au moyen de l'honorable profession à laquelle il s'était dévoué.

« Je les crois légèrement douteuses, dit l'estimable jeune homme, en suivant le fil de la conversation.

— Légèrement douteuses ? répéta M. Ben Allen; et, après avoir aiguisé son intelligence au moyen d'un verre de bière, il ajouta : Qu'est-ce donc que vous trouvez légèrement douteux ?

— Les chances que j'ai de faire fortune.

— Je l'avais oublié, Bob. La bière vient de me faire souvenir que je l'avais oublié ! C'est vrai, elles sont douteuses.

— C'est étonnant comme les pauvres gens me patronnent, reprit Bob d'un ton réfléchi. Ils frappent à ma porte à toutes les heures de la nuit, prennent une quantité fabuleuse de médecines, mettent des vésicatoires et des sangsues, avec une persévérance digne d'un meilleur sort, et augmentent leur famille d'une manière véritablement hyperbolique. Six de ces petites lettres de change, échéant toutes le même jour, et toutes confiées à mes soins, Ben !

— C'est une chose fort consolante, répondit M. Ben Allen en approchant son assiette du plat de hachis.

— Oh ! certainement. Seulement j'aimerais autant avoir la confiance de patients qui pourraient se priver d'un ou deux shillings. Cette clientèle-ci était parfaitement décrite dans l'annonce; c'est une *clientèle...*, une clientèle très-étendue, et rien de plus !

— Bob, dit M. Ben Allen en posant son couteau et sa fourchette, et en fixant ses yeux sur le visage de son ami ; Bob, je vais vous dire ce qu'il faut faire.

— Voyons.

— Il faut vous rendre maître, aussi vite que possible, des mille livres sterling (25 000 fr.) d'Arabelle.

— Trois pour cent consolidés, actuellement inscrits, en son nom, sur le livre du gouverneur et de la compagnie de la banque d'Angleterre, ajouta Bob Sawyer avec la phraséologie légale.

— Exactement. Elle en jouira à sa majorité, ou lorsqu'elle sera mariée. Il s'en faut d'un an qu'elle ne soit majeure ; et si vous aviez du toupet, il ne s'en faudrait pas d'un mois qu'elle ne fût mariée.

— C'est une créature charmante, délicieuse, Ben, et elle n'a qu'un seul et unique défaut, mais malheureusement cette légère tache est un manque de goût. Elle ne m'aime pas.

— Je crois qu'elle ne sait pas qui elle aime, répliqua M. Ben Allen d'un ton dédaigneux.

— C'est possible : mais je crois qu'elle sait qui elle n'aime pas, et cela est encore plus grave.

— Je voudrais, s'écria M. Ben Allen en serrant ses dents, et en parlant comme un guerrier sauvage qui dévore la chair crue d'un loup, après l'avoir déchiré avec ses ongles, plutôt que comme un jeune gentleman civilisé, qui mange un hachis de veau avec un couteau et une fourchette ; je voudrais savoir s'il y a réellement quelque misérable qui ait essayé de gagner ses affections. Je crois que je l'assassinerais, Bob.

— Si je le rencontrais, répondit M. Sawyer en s'arrêtant au milieu d'une longue gorgée de *porter*, et en regardant d'un air farouche par-dessus le pot ; si je le rencontrais, je lui mettrais une balle de plomb dans le ventre ; et si cela ne suffisait pas, je le tuerais en l'en extrayant ! »

Benjamin regarda pensivement et silencieusement son ami, pendant quelques minutes, puis il lui dit :

« Vous ne lui avez jamais fait de propositions directes, Bob ?

— Non, parce que je savais que cela ne servirait à rien.

— Vous lui en ferez avant qu'il se passe vingt-quatre heures ; reprit Ben, avec le calme du désespoir. Elle vous épousera ou.... elle dira pourquoi. J'emploierai toute mon autorité.

— Eh bien ! nous verrons.

— Oui, mon ami, nous verrons ! répéta Ben Allen d'un ton féroce. Il se tut pendant quelques secondes, et ajouta d'une voix

saccadée par l'émotion : Vous l'avez aimée dès son enfance,
mon ami; vous l'aimiez quand nous étions à l'école ensemble,
et dès lors elle faisait la bégueule et dédaignait votre jeune
tendresse. Vous rappelez-vous qu'un jour, avec toute la chaleur
d'un amour enfantin, vous la pressiez d'accepter une pomme et
deux petits biscuits anisés, proprement enveloppés dans le titre
d'un de vos cahiers d'écriture?

— Oui, je me le rappelle.

— Elle vous refusa, n'est-ce pas?

— Oui, elle me dit que j'avais gardé le paquet dans la poche
de mon pantalon, pendant si longtemps, que la pomme avait
acquis une chaleur désagréable.

— Je m'en souviens, reprit M. Allen d'un air sombre. Et là-
dessus, nous la mangeâmes nous-mêmes, en y mordant alternativement. »

Bob Sawyer indiqua par le mélancolique froncement de ses
sourcils qu'il se rappelait encore cette dernière circonstance;
et les deux amis restèrent, durant quelques minutes, absorbés
dans leurs méditations.

Tandis que ces réflexions étaient échangées entre M. Bob
Sawyer et M. Benjamin Allen, et tandis que le jeune garçon
en livrée grise, s'étonnant de la longueur inaccoutumée du
dîner, et ressentant de tristes pressentiments, relativement à la
quantité de veau haché qui lui resterait, jetait de temps en
temps vers la porte vitrée un regard plein d'anxiété, une voiture bourgeoise roulait pacifiquement à travers les rues de
Bristol. C'était une espèce de coupé, peint d'une triste couleur
verte, tiré par une espèce de cheval fourbu et conduit par un
homme à l'air rechigné, dont les jambes étaient couvertes
comme celles d'un groom, pendant que son corps était revêtu
d'un habit de cocher. Ces apparences sont communes à beaucoup de voitures entretenues par de vieilles dames économes;
et en effet, dans cette voiture, était assise une vieille dame, qui
se vantait d'en être propriétaire.

« Martin? dit la vieille dame en appelant l'homme rechigné
par la glace de devant.

— Eh bien? répondit l'homme rechigné en touchant son
chapeau.

— Chez M. Sawyer.

— J'y allais. »

La vieille dame fit un signe de satisfaction à cette preuve
d'intelligence de son domestique; et l'homme rechigné, donnant

un bon coup de fouet au cheval fourbu, ils arrivèrent, tous ensemble, devant la maison de M. Bob Sawyer.

« Martin, dit la vieille dame quand la voiture fut arrêtée à
la porte de M. Bob Sawyer, successeur de Nockemorf.

— De de quoi?

— Dites au garçon de faire attention au cheval.

— J'y ferai ben attention moi-même, répondit le cocher-
groom en posant son fouet sur l'impériale du coupé.

— Non, cela ne se peut pas : votre témoignage sera très-
important, et je vous emmènerai avec moi dans la maison.
Vous ne bougerez pas de mon côté pendant toute l'entrevue,
entendez-vous?

— J'entends.

— Eh bien! qu'est-ce qui vous arrête?

— Rien. »

En proférant ce monosyllabe, l'homme rechigné descendit
posément de la roue, où il se balançait sur le gros orteil de son
pied droit, appela le garçon en livrée grise, ouvrit la portière,
abaissa le marchepied, et, étendant sa main enveloppée d'un
gant de daim de couleur sombre, aveignit la vieille dame, d'un
air aussi peu attentif que s'il s'était agi d'un paquet de linge.

« Hélas! s'écria-t-elle; maintenant que me voilà ici, je suis si
agitée, que j'en suis toute tremblante. »

M. Martin toussa derrière son gant de daim, mais ne donna
pas d'autres signes de sympathie. En conséquence, la vieille
dame se calma, et, suivie de son domestique, monta les marches de M. Bob Sawyer. Aussitôt qu'elle fut entrée dans l'officine, MM. Ben Allen et Bob Sawyer, qui s'étaient empressés
de faire disparaître les liqueurs et de répandre des drogues
nauséabondes, pour dissimuler l'odeur du tabac, sortirent au-
devant d'elle, avec des transports de plaisir et d'affection.

« Ma chère tante, s'écria Benjamin; que vous êtes bonne
d'être venue nous voir! Monsieur Sawyer, ma tante.... Mon
ami, monsieur Bob Sawyer, dont je vous ai parlé.... Ici, M. Ben
Allen, qui n'était pas tout à fait à jeun, ajouta le mot *Arabelle*,
d'un ton de voix qu'il croyait être un murmure, mais qui, en
réalité, était si distinct et si élevé que personne n'aurait pu
s'empêcher de l'entendre, même en y mettant toute la bonne
volonté du monde.

— Mon cher Benjamin, dit la vieille dame qui s'efforçait de
reprendre haleine, et qui tremblait de la tête aux pieds, ne vous
alarmez pas, mon cher enfant.... Mais je crois que je ferai

mieux de parler à monsieur Sawyer en particulier, pour un instant, pour un seul instant.

— Bob, dit M. Allen, voulez-vous emmener ma tante dans le
laboratoire?

— Certainement, répondit Bob d'une voix professionnelle.
Passez par ici, ma chère dame. N'ayez pas peur, madame, je
suis persuadé que nous remédierons à tout cela, en fort peu de
temps. Ici, ma chère dame, je vous écoute. »

En parlant ainsi, M. Bob Sawyer conduisait la vieille lady
vers son fauteuil, fermait la porte, tirait une chaise auprès
d'elle et attendait qu'il lui plût de détailler les symptômes de
quelque maladie, dont il calculait déjà les profits probables.

La première chose que fit la vieille dame fut de branler la
tête un grand nombre de fois et de se mettre à pleurer.

« Les nerfs agités, dit le chirurgien avec complaisance.
Julep de camphre, trois fois par jour, et, le soir, potion cal-
mante.

— Je ne sais par où commencer, monsieur Sawyer. C'est si
pénible, si désolant....

— Ne vous tourmentez pas, madame ; je devine tout ce que
vous voudriez dire. La tête est malade.

— Je serais bien désespérée de croire que c'est le cœur, répondit la dame avec un profond soupir.

— Il 'n'y a pas le plus petit danger, madame. L'estomac est
la cause primitive.

— Monsieur Sawyer! s'écria la vieille dame en tressaillant.

— Ce n'est pas douteux, madame; poursuivit Bob, d'un air
prodigieusement savant. Une médecine, en temps utile, aurait
prévenu tout cela.

— Monsieur Sawyer! s'écria la vieille dame plus agitée qu'auparavant ; cette conduite est une impertinence, à moins qu'elle
ne provienne de ce que vous ne comprenez pas l'objet de ma vi-
·site. S'il avait été au pouvoir de la médecine, ou de la prudence humaine, de prévenir ce qui est arrivé, je ne l'aurais pas
souffert, assurément. Mais je ferais mieux de parler à mon
neveu, ajouta la vieille dame, en tortillant avec indignation
son ridicule, et en se levant tout d'une pièce.

—Attendez un moment, madame ; j'ai peur de ne vous avoir
pas bien comprise. De quoi s'agit-il? madame.

— Ma nièce, monsieur Sawyer, la sœur de votre ami....

— Oui, madame, interrompit Bob plein d'impatience; car la
vieille lady, quoique extrêmement agitée, parlait avec la lenteur

la plus tantalisante, comme le font volontiers les vieilles ladies. Oui madame.

— A quitté ma maison, monsieur Sawyer, il y a quatre jours, sous prétexte d'aller faire une visite à ma sœur, qui est aussi sa tante, et qui tient une grande pension de demoiselles, près de la borne du troisième mille, où il y a un grand ébénier et une porte de chêne. En cet endroit, la vieille dame s'arrêta pour essuyer ses yeux.

— Eh! que le diable emporte l'ébénier, s'écria Bob, à qui son anxiété faisait oublier sa dignité médicale. Allez un peu plus vite, je vous en supplie.

— Ce matin, continua la vieille dame avec lenteur, ce matin elle....

— Elle est revenue, je suppose, interrompit Bob vivement. Est-elle revenue?

— Non, elle n'est pas revenue; elle a écrit.

— Et que dit-elle? demanda Bob avec impatience.

— Elle dit, monsieur Sawyer, et c'est à cela que je vous prie de préparer l'esprit de Benjamin, lentement et par degrés, monsieur Sawyer. Elle dit qu'elle est.... J'ai la lettre dans ma poche, mais j'ai laissé mes lunettes dans la voiture, et sans elles je ne ferais que perdre du temps, en essayant de vous montrer le passage. En un mot, elle dit qu'elle est mariée.

— Quoi? dit ou plutôt beugla M. Bob Sawyer.

— Mariée! » répéta la vieille dame.

Bob n'en écouta pas davantage, mais, s'élançant du laboratoire dans la boutique, il s'écria d'une voix de stentor : « Ben, mon garçon, elle a décampé. »

M. Ben Allen, dont les genoux s'élevaient à un demi-pied environ plus haut que la tête, était en train de sommeiller derrière le comptoir. Aussitôt qu'il eut entendu cette effrayante communication, il se précipita sur Martin, et entortillant sa main dans la cravate de ce taciturne serviteur, il exprima l'intention obligeante de l'étrangler sur place; ce qu'il commençait, effectivement, à exécuter avec cette promptitude que produit souvent le désespoir, et qui dénotait beaucoup de vigueur et d'adresse chirurgicale.

M. Martin, qui n'était pas un homme verbeux, et qui comptait peu sur ses talents oratoires, se soumit durant quelques secondes à cette opération, avec une physionomie très-calme et très-agréable. Cependant, s'apercevant qu'elle devait en peu de temps le mettre hors d'état de jamais réclamer ses gages, il

urmura quelques représentations inarticulées, et, d'un coup
poing, il étendit M. Benjamin Allen sur la terre; mais il fut
imédiatement obligé de l'y suivre, car le tempérant jeune
omme n'avait pas lâché sa cravate. Ils étaient donc là, tous les
ux, en train de se débattre, lorsque la porte de la boutique
ouvrit et laissa entrer deux personnages inattendus, M. Pick-
ck et Sam Weller.

En voyant ce spectacle, la première impression produite sur
sprit de Sam, fut que Martin était payé par l'établissement
Sawyer, successeur de Nockemorf, pour prendre quelque
olent remède ; ou pour avoir des attaques et se soumettre à
s expériences, ou pour avaler de temps en temps du poison,
in d'attester l'efficacité de quelque nouvel antidote, ou pour
lre n'importe quoi, dans l'intérêt de la science médicale, et
ur satisfaire l'ardent désir d'instruction qui brûlait dans le
in des deux jeunes professeurs. Ainsi, sans se permettre la
oindre intervention, Sam resta parfaitement calme, atten-
nt, avec l'air du plus profond intérêt, le résultat de l'expé-
ence ; mais il n'en fut pas de même de M. Pickwick : il se pré-
pita, avec son énergie accoutumée, entre les combattants
onnés et engagea à grands cris les assistants à les séparer.
Ceci réveilla M. Sawyer qui, jusque-là, était resté comme
tralysé par la frénésie de son compagnon. Avec son assis-
nce, M. Pickwick remit Ben Allen sur ses pieds : quant à
artin, se trouvant tout seul sur le plancher, il se releva, et
garda autour de lui.

« Monsieur Allen, dit M. Pickwick, qu'est-il donc arrivé ?

— Cela me regarde, monsieur, répliqua Benjamin, avec une
nteur provoquante.

— Qu'est-ce qu'il y a, demanda M. Pickwick en se tour-
nt vers Bob. Est-ce qu'il serait indisposé ? »

Avant que le pharmacien eût pu répliquer, Ben Allen saisit
Pickwick par la main et murmura d'une voix dolente : « Ma
œur ! mon cher monsieur, ma sœur !

— Oh ! est-ce là tout ? répondit M. Pickwick. Nous arrange-
ns aisément cette affaire, à ce que j'espère. Votre sœur est
sûreté et bien portante, mon cher monsieur, je suis ici
ur....

— Demande pardon, monsieur, interrompit Sam, qui venait
regarder par la porte vitrée, fâché de faire quelque chose
li puisse déranger ces agréables opérations, comme dit le roi
mettant le parlement à la porte, mais il y a une autre ex-

périence qui se fait là-dedans, une vénérable vieille qui est étendue sur le tapis, et qui attend pour être disséquée, ou galvani-
sée, ou quelque autre invention ressuscitante et scientifique.
— Je l'avais oubliée ! s'écria M. Allen ; c'est ma tante.
— Bonté divine ! dit M. Pickwick. Pauvre dame ! Doucement,
Sam, doucement.
— Une drôle de situation pour un membre de la famille, fit
observer Sam, en hissant la tante sur une chaise. Maintenant
apprenti carabin, apportez les volatils. »

Cette dernière phrase était adressée au garçon en livrée
grise, qui avait confié le coupé à un watchman, et était rentré
pour voir ce que signifiait tant de bruit. Grâce à ses soins,
ceux de M. Bob Sawyer, et à ceux de M. Ben Allen, qui était
cause par sa violence de l'évanouissement de sa tante, se montrait plein d'une tendre sollicitude pour la faire revenir, la
vieille dame fut à la fin rendue à la vie, et alors l'affectionné
neveu se tournant vers M. Pickwick avec une physionomie toute
ahurie, lui demanda ce qu'il allait. dire lorsqu'il avait été interrompu d'une manière si alarmante.

« Il n'y a ici que des amis, je présume ? » dit M. Pickwick
en toussant pour éclaircir sa voix et en regardant l'homme au
visage rechigné.

Ceci rappela à Bob Sawyer que le garçon en livrée grise
était là, ouvrant de grands yeux, et des oreilles encore plus
grandes. Il l'enleva par le collet de son habit, et l'ayant jeté
de l'autre côté, il engagea M. Pickwick à parler sans réserve.

« Votre sœur, mon cher monsieur, dit le philosophe, en se
retournant vers Ben Allen, est à Londres, bien portante et heureuse.

— Son bonheur n'est pas le but que je me propose, monsieur
répondit l'aimable frère, en faisant un geste dédaigneux de la
main.

— Son mari sera un but pour moi, monsieur ! s'écria Bob ;
il sera un but pour moi, à douze pas, et j'en ferai un crible
de ce lâche coquin ! »

C'était là un joli défi et fort magnanime ; mais le pharmacien en affaiblit légèrement l'effet, en y ajoutant quelques observations générales sur les têtes ramollies, et sur les yeux
au beurre noir, lesquelles n'étaient que des lieux communs de
comparaison.

— Arrêtez, monsieur ! interrompit M. Pickwick ; et avant
d'appliquer ces épithètes au gentleman en question, considérez

rez de sang-froid l'étendue de sa faute, et surtout rappelez-vous
qu'il est mon ami.

— Quoi ! s'écria M. Bob Sawyer.

— Son nom ? vociféra Ben Allen, son nom ?

—M. Nathaniel Winkle, » répliqua M. Pickwick avec fermeté.

A ce nom, Benjamin écrasa soigneusement ses lunettes sous
le talon de sa botte, en releva les morceaux qu'il plaça dans
trois poches différentes, se croisa les bras, se mordit les lèvres,
et lança des regards menaçants sur la physionomie calme et
douce de M. Pickwick. A la fin rompant le silence :

« C'est donc vous, monsieur, qui avez encouragé et fabriqué ce mariage ?

—Et je suppose, interrompit la vieille dame, je suppose que
c'est le domestique de monsieur qu'on a vu rôder autour de ma
maison, pour essayer de corrompre mes gens. Martin ?

— De de quoi ? dit l'homme rechigné en s'avançant.

—Est-ce là le jeune homme que vous avez vu dans la ruelle,
et dont vous m'avez parlé ce matin ? »

M. Martin, qui était un homme laconique, comme on l'a déjà
vu, s'approcha de Sam, fit un signe de tête et grommela : « C'est
l'homme. » Sam, qui n'était jamais fier, lui adressa un sourire
de connaissance et confessa, en termes polis, qu'il avait déjà
vu cette boule-là quelque part.

« Et moi, s'écria Benjamin, moi qui ai manqué d'étrangler
ce fidèle serviteur ! Monsieur Pickwick, comment avez-vous osé
permettre à cet individu de participer à l'enlèvement de ma
sœur ? Je vous prie de m'expliquer cela, monsieur.

— Oui, monsieur, ajouta Bob avec violence, expliquez cela !

— C'est une conspiration ! reprit Ben.

— Une véritable souricière, continua Bob.

— C'est une honteuse ruse, poursuivit la vieille dame.

— On vous a mis dedans, fit observer M. Martin.

— Écoutez-moi, je vous en prie, dit M. Pickwick, tandis que
M. Ben Allen, humectant copieusement son mouchoir, se
laissait tomber dans le fauteuil où l'on saignait les malades.
Je ne suis pour rien dans tout ceci, si ce n'est que j'ai voulu
être présent à une entrevue des deux jeunes gens, que je ne
pouvais pas empêcher, et dont je pensais écarter ainsi tout
reproche d'inconvenance. C'est là toute la part que j'ai eue
dans cette affaire, et même à cette époque, je ne me doutais
pas que l'on pensât à un mariage immédiat. Cependant remarquez bien, ajouta M. Pickwick sur-le-champ, remarquez

bien que je ne dis point que je l'eusse empêché si je l'avais su.

— Vous entendez cela? reprit M. Benjamin Allen ; vous l'entendez tous ?

— J'y compte bien, poursuivit paisiblement le philosophe, en regardant autour de lui; et j'espère qu'ils entendront ce qui me reste à dire, ajouta-t-il, d'une voix plus élevée et avec un visage plus coloré : c'est que vous aviez grand tort de vouloir forcer les inclinations de votre sœur, et que vous auriez dû plutôt, par votre tendresse et par votre complaisance, lui tenir lieu des parents qu'elle a perdus dès son enfance. Quant à ce qui regarde mon jeune ami, je dirai seulement que, sous le rapport de la fortune, il est dans une position au moins égale à la vôtre, si ce n'est supérieure, et que je refuse positivement de rien entendre davantage sur ce point, à moins que l'on ne s'exprime avec la modération convenable.

— Je désirerais ajouter quelques observations à ce qui a été dit par le gentleman qui vient de quitter la tribune, dit alors Sam, en s'avançant. Voici ce que c'est : une personne de l'honorable société m'a appelé individu.....

— Cela n'a aucun rapport à la question, Sam, interrompit M. Pickwick. Retenez votre langue, s'il vous plaît.

— Je ne veux rien dire sur ce sujet, monsieur. Mais voilà la chose : Peut-être que l'autre gentleman pense qu'il y avait un attachement antérieur; mais il n'y a rien de cette espèce-là; car la jeune lady a déclaré, dès le commencement, qu'elle ne pouvait pas le souffrir. Ainsi personne ne lui a fait du tort, et il ne serait pas plus avancé si la jeune lady n'avait jamais vu 'M. Winkle. Voilà ce que je désirais observer, monsieur, et maintenant j'espère que j'ai tranquillisé le gentleman. »

Une courte pause suivit cette consolante remarque, après quoi M. Ben Allen se levant de son fauteuil protesta qu'il ne reverrait jamais le visage d'Arabelle, tandis que M. Bob, en dépit des assurances flatteuses de Sam, continuait à jurer qu'il tirerait une affreuse vengeance de l'heureux marié.

Mais précisément à l'instant où les affaires avaient pris cette tournure menaçante, M. Pickwick trouva un allié inattendu et puissant, dans la vieille dame qui avait été vivement frappée de la manière dont il avait plaidé la cause de sa nièce. Elle s'approcha donc de Ben Allen, et se hasarda à lui adresser quelques réflexions consolantes, dont les principales étaient, qu'après tout il était heureux que la chose ne fût pas encore pire ; que

moins on parlerait, mieux cela vaudrait ; qu'au bout du compte,
il n'était pas prouvé que ce fût un si grand malheur ; que ce qui
est fait est fait, et qu'il faut savoir souffrir ce qu'on ne peut empêcher ; avec différents autres apophthegmes aussi nouveaux
et aussi réconfortants.

A tout cela, M. Benjamin Allen répliquait qu'il n'entendait
pas manquer de respect à sa tante, ni à aucune personne présente, mais que, si cela leur était égal, et si on voulait lui
permettre d'agir à sa fantaisie, il préférerait avoir le plaisir de
haïr sa sœur jusqu'à la mort, et par de là.

A la fin, quand cette détermination eut été annoncée une cinquantaine de fois, la vieille dame se redressant tout à coup,
et prenant un air fort majestueux, demanda ce qu'elle avait
fait pour n'obtenir aucun respect à son âge, et pour être obligée de supplier ainsi son propre neveu, dont elle pouvait raconter l'histoire environ vingt-cinq ans avant sa naissance, et
qu'elle avait connu personnellement avant qu'il eût une seule
dent dans la bouche ; sans parler de ce qu'elle avait été présente la première fois qu'on lui avait coupé les cheveux, et
avait également assisté à nombre d'autres cérémonies de son
enfance, toutes suffisamment importantes pour mériter à jamais son affection, son obéissance, sa vénération.

Tandis que la bonne dame exorcisait ainsi M. Ben·Allen,
M. Pickwick s'était retiré dans le laboratoire avec M. Bob
Sawyer ; et celui-ci, durant leur conversation, avait appliqué
plusieurs fois à sa bouche une certaine bouteille noire, sous
l'influence de laquelle ses traits avaient pris graduellement
une expression tranquille et même joviale. A la fin, il sortit
de la pièce, bouteille en main, et faisant observer qu'il était
très-fâché de s'être conduit comme un fou, il proposa de boire
à la santé et au bonheur de M. et de Mme Winkle, dont il voyait
la félicité avec si peu d'envie, qu'il serait le premier à les congratuler. En entendant ceci, M. Ben Allen se leva soudainement de son fauteuil, saisit la bouteille noire, et but le toast
de si bon cœur, que son visage en devint presque aussi noir
que la bouteille elle-même, car la liqueur était forte. Finalement la bouteille noire fut passée à la ronde jusqu'à ce qu'elle
se trouva vide, et il y eut tant de poignées de main données,
tant de compliments échangés, que le visage glacé de M. Martin
lui-même condescendit à sourire.

« Et maintenant, dit Bob en se frottant les mains, nous allons
terminer joyeusement la soirée.

— Je suis bien fâché d'être obligé de retourner à mon hôtel, répondit M. Pickwick ; mais depuis quelque temps je ne suis plus accoutumé au mouvement, et mon voyage m'a excessivement fatigué.

— Vous prendrez au moins un peu de thé, monsieur Pickwick, dit la vieille lady avec une douceur indescriptible.

— Je vous suis bien obligé, madame, cela me serait impossible. »

Le fait est que l'admiration visiblement croissante de la vieille dame était la principale raison qui engageait M. Pickwick à se retirer ; il pensait à Mme Bardell, et chaque regard de l'aimable tante lui donnait une sueur froide.

M. Pickwick ayant absolument refusé de rester, il fut convenu, sur sa proposition, que M. Ben Allen l'accompagnerait dans son voyage auprès du père de M. Winkle, et que la voiture serait à la porte le lendemain matin, à neuf heures. Il prit alors congé, et, suivi de Sam, il se rendit à l'hôtel du *Buisson*. C'est une chose digne de remarque que le visage de M. Martin éprouva d'horribles convulsions lorsqu'il secoua la main de Sam en le quittant, et qu'il lâcha à la fois un juron et un sourire. Les personnes les mieux instruites des manières de ce gentleman ont conclu de ces symptômes, qu'il était enchanté de la société de Sam, et qu'il exprimait le désir de faire connaissance avec lui.

« Voulez-vous un salon particulier, monsieur ? demanda Sam à son maître, lorsqu'ils furent arrivés à l'hôtel.

— Ma foi, répondit celui-ci, comme j'ai dîné dans la salle du café et que je me coucherai bientôt, ce n'en est guère la peine. Voyez quelles sont les personnes qui se trouvent dans la salle des voyageurs ? »

Sam revint bientôt dire qu'il n'y avait qu'un gentleman borgne, qui buvait un bol de bishop avec l'hôte.

« C'est bon, je vais les aller trouver.

— C'est un drôle de gaillard, monsieur, que ce borgne, dit Sam en conduisant M. Pickwick. Il en fait avaler de toutes les couleurs au maître de l'hôtel, si bien que le pauvre homme ne sait plus s'il se tient sur la semelle de ses souliers ou sur la forme de son chapeau. »

Lorsque M. Pickwick entra dans la salle, l'individu à qui s'appliquait cette observation était en train de fumer une énorme pipe hollandaise, et tenait son œil unique constamment fixé sur le visage arrondi de l'aubergiste. Il venait apparem-

ment de raconter au jovial vieillard quelque histoire étonnante,
car celui-ci laissait encore échapper de ses lèvres des exclamations de surprise. « Eh bien, je n'aurais pas cru ça ! c'est la plus
étrange chose que j'aie jamais entendu dire ! Je ne pensais pas
que ce fût possible ! »

« Serviteur, monsieur, dit le borgne à M. Pickwick; une
jolie soirée, monsieur.

—Très-belle, » répondit le philosophe; et il s'occupa à mélanger l'eau-de-vie et l'eau chaude que le garçon avait placées
devant lui. Le borgne le regardait avec attention et lui dit
enfin :

« Je crois que je vous ai déjà rencontré.

— Je ne m'en souviens pas.

— Cela ne m'étonne pas , vous ne me connaissiez pas. Mais
moi je connaissais deux de vos amis qui restaient au *Paon d'ar-*
gent à Eatanswill, à l'époque des élections.

— Oh ! en vérité.

— Oui; je leur ai raconté une petite aventure qui était arrivée à un de mes amis nommé Tom Smart. Peut-être que vous
leur en aurez entendu parler ?

— Souvent, dit M. Pickwick en souriant. Il était votre
oncle, je pense.

— Non, non, seulement un ami de mon oncle.

— Malgré ça, c'était un homme bien étonnant que votre
oncle, dit l'aubergiste en branlant la tête.

— Eh ! eh ! je le crois bien, répliqua le borgne. Je pourrais
vous rapporter une histoire de ce même oncle, qui vous éton-
nerait peut-être un peu, gentlemen.

— Racontez-la nous , je vous en supplie, dit M. Pickwick
avec empressement. »

Le borgne tira du bol un verre de vin chaud et le but; prit
une bonne bouffée de fumée dans la pipe hollandaise, et voyant
que Sam lanternait autour de la porte, lui dit qu'il pouvait
rester s'il voulait , et qu'il n'y avait rien de secret dans son
histoire. Enfin, fixant son œil unique sur l'aubergiste, il commença dans les termes du chapitre suivant.

CHAPITRE XX

Contenant l'histoire de l'oncle du commis-voyageur.

Mon oncle, gentlemen, dit le commis-voyageur, était le gaillard le plus jovial, le plus plaisant, le plus malin qui ait jamais existé. Je voudrais que vous l'eussiez connu, gentlemen.... Mais non, en y réfléchissant, je ne le voudrais point; car, suivant le cours de la nature, si vous l'aviez connu, vous seriez ou morts ou si près de l'être, que vous auriez renoncé à courir le monde, ce qui me priverait de l'inestimable plaisir de vous parler en ce moment. Gentlemen, je voudrais que vos pères et vos mères eussent connu mon oncle, il leur aurait plu étonnamment, principalement à vos respectables mères. J'en suis sûr et certain. Si parmi ses nombreuses vertus il y en avait deux qui prédominaient, j'oserais dire que c'était son punch et ses chansons à boire. Pardonnez-moi de me laisser aller ainsi au mélancolique souvenir du mérite qui n'est plus: vous ne verrez pas tous les jours de la semaine un homme comme mon oncle, gentlemen.

J'ai toujours regardé comme fort honorable pour mon oncle d'avoir été compagnon et ami intime de Tom Smart, de la grande maison de Bilson et Slum, *Cateaton-Street, City.* Mon oncle voyageait pour Tiggin et Welps; mais, pendant longtemps, il fit à peu près la même tournée que Tom. Le premier soir où ils se rencontrèrent, mon oncle se prit d'une fantaisie pour Tom, et Tom se prit d'une fantaisie pour mon oncle. Ils ne se connaissaient pas depuis une demi-heure, lorsqu'ils parièrent à qui ferait le meilleur bol de punch, et le boirait le plus vite. On jugea que mon oncle avait gagné, pour la façon; mais pour ce qui est de boire, Tom l'emporta environ d'une demi-cuiller à sel. Ils prirent alors un autre bol chacun, pour boire mutuellement à leur santé, et furent toujours amis dévoués, depuis lors. Il y a une destinée dans ces sortes de choses, gentlemen; c'est plus fort que nous.

En apparence personnelle, mon oncle était une idée plus court que la taille moyenne; il était aussi une idée plus gros;

et peut-être que son visage était une idée plus rouge que les visages ordinaires. Il avait la face la plus joviale que vous ayez jamais vue, gentlemen. Quelque chose qui tenait de polichinelle, avec un nez et un menton beaucoup plus avantageux. Ses yeux étincelaient toujours de gaieté, et sur sa figure s'épanouissait perpétuellement un sourire; non pas un de vos ricanements insignifiants, bêtes, vulgaires, mais un vrai sourire, joyeux, satisfait, malin. Une fois il fut lancé hors de son cab, et se cogna la tête contre une borne. Il resta là, étourdi, et le visage si abîmé par le sable, que, pour me servir de son expression énergique, si sa pauvre mère avait pu revenir sur la terre, elle ne l'aurait pas reconnu. En y réfléchissant, gentlemen, je puis vous en donner ma parole d'honneur, car lorsqu'elle mourut, mon oncle n'avait que deux ans et sept mois; et, sans parler des écorchures, ses bottes à revers auraient sans doute singulièrement embarrassé la bonne dame, pour ne rien dire non plus de son nez et de sa face rubiconde. N'importe : il était là, étendu, et j'ai souvent entendu dire qu'il souriait aussi agréablement que s'il était tombé par partie de plaisir, et qu'après avoir été saigné, aussitôt qu'il s'était senti revivre, il avait commencé par se dresser dans son lit, éclater de rire, embrasser la jeune fille qui tenait la palette, après quoi il avait demandé sur-le-champ une côtelette de mouton et des noix marinées. Il était fort amateur de noix marinées, gentlemen; il disait que, prises sans vinaigre, elles faisaient trouver la bière meilleure.

La grande tournée de mon oncle avait lieu à la chute des feuilles. C'est alors qu'il faisait rentrer les fonds, et prenait les commissions dans le Nord. Il allait de Londres à Édimbourg, d'Édimbourg à Glascow; de Glascow il revenait à Édimbourg, et enfin à Londres, par le paquebot. Il faut que vous sachiez que cette seconde visite à Édimbourg était pour son propre plaisir; il avait l'habitude d'y revenir pour une semaine, juste le temps de voir ses vieux amis; et comme il déjeunait avec celui-ci, goûtait avec celui-là, dînait avec un troisième et soupait avec un autre, il passait une jolie petite semaine, pas mal occupée. Je ne sais pas si quelqu'un de vous, gentlemen, a jamais tâté d'un solide déjeuner écossais, substantiel, abondant, puis est allé ensuite faire un petit goûter d'un baril d'huîtres et d'une douzaine de bouteilles d'ale, avec un ou deux flacons de whiskey, pour terminer. Si cela vous est arrivé, vous conviendrez avec moi qu'il faut avoir la tête un peu solide pour faire honneur, après cela, au dîner et au souper.

Mais que Dieu vous bénisse tous! cela n'était rien pour mon oncle. Il y était si bien fait, que ce n'était pour lui qu'un jeu d'enfant. Je lui ai entendu dire qu'il pouvait tenir tête aux gens de Dundee, et revenir chez lui sans trébucher; et cependant, gentlemen, les gens de Dundee ont des têtes et du punch aussi forts que vous pouvez en rencontrer entre les deux pôles. J'ai entendu parler d'un homme de Dundee et d'un autre de Glasgow, qui burent ensemble pendant quinze heures consécutives. Autant qu'on put s'en assurer, ils furent suffoqués à peu près au même instant : mais à cela près, gentlemen, ils ne s'en trouvèrent pas plus mal.

Un soir, vingt-quatre heures avant l'époque qu'il avait fixée pour son embarquement, mon oncle soupa chez un de ses plus anciens amis, qui restait dans la vieille ville d'Édimbourg. Un Mac quelque chose, avec quatre syllabes après. Il y avait la femme du bailli, et les trois filles du bailli, et le grand-fils du bailli, et trois ou quatre gros Écossais madrés, à sourcils épais, que le bailli avait rassemblés pour faire honneur à mon oncle, et pour aider à chasser la mélancolie. Ce fut un glorieux souper. On y mangea du saumon mariné, des merluches fumées, une tête d'agneau, et un boudin, un haggis, célèbre plat écossais, qui faisait toujours à mon oncle l'effet de l'estomac d'un petit amour. Il y avait bien d'autres choses encore, dont j'ai oublié les noms, mais de bonnes choses néanmoins. Les jeunes filles étaient agréables, la femme du bailli paraissait une des meilleures créatures qui aient jamais existé, et mon oncle se montra d'une humeur charmante. Aussi, pendant toute la soirée, fallait-il voir les jeunes filles sourire en dessous, et la vieille dame éclater de rire, et les joyeux compagnons pouffer si joliment que leur large face en devenait écarlate. Je ne me rappelle pas, au juste, combien de verres de grog au *whiskey* chacun d'eux but, après souper; mais ce que je sais, c'est que, vers une heure du matin, le grand fils du bailli perdit connaissance au moment où il entamait pour la vingtième fois un couplet de la chanson de Burns: *Oh! Willie brassa un picotin d'orge*. Comme depuis une demi-heure environ c'était le seul convive que mon oncle pût voir au-dessus de la table, il s'avisa qu'il était bientôt temps de s'en aller, afin qu'il pût rentrer chez lui à une heure décente, d'autant plus qu'on avait commencé à boire à sept heures du soir. Croyant néanmoins

qu'il ne serait pas poli de partir sans dire gare, mon oncle se
vota au *fauteuil*, mélangea un autre verre de grog, se leva
pour proposer sa santé, s'adressa un discours bien tourné et
très-flatteur, et but le *toast* avec enthousiasme. Cependant personne ne se réveillait. Mon oncle but encore une petite goutte
pure, cette fois, de peur que le punch ne lui fît mal, et finalement, empoignant son chapeau, sortit dans la rue.

Il faisait beaucoup de vent, lorsque mon oncle ferma la
porte du bailli. Il enfonça solidement son chapeau sur sa tête,
fourra ses mains dans ses poches, et regardant en l'air, passa
rapidement en revue l'état de l'atmosphère. Des nuages passaient sur la lune avec la plus folle vitesse, tantôt l'obscurcis-
sant tout à fait, tantôt lui permettant de répandre toute sa
splendeur sur les objets environnants, puis passant de nouveau
sur elle avec une rapidité incroyable. « Réellement, dit mon
oncle en s'adressant au temps comme s'il s'était senti personnellement offensé, ça ne peut pas aller comme cela. Ce n'est pas
là du tout le temps qu'il me faut pour mon voyage. Je n'en
veux pas à aucun prix, » dit mon oncle d'une voix imposante.
Après avoir répété cela plusieurs fois, et après avoir recouvré
son équilibre, car il était un peu étourdi d'avoir regardé si
longtemps en l'air, il se remit gaiement en marche.

La maison du bailli était dans *Canongate*, et mon oncle
allait à l'autre bout de *Leithwalk;* un peu plus d'un mille de
distance. A sa droite et à sa gauche, s'élevaient vers les cieux
de grandes maisons isolées, hautes, décharnées, dont les faça-
des étaient noircies par l'âge, dont les fenêtres, comme les
yeux des vieillards, semblaient être ternes et creusées par les
années. Six, sept, huit étages, s'empilaient comme des châteaux de cartes, les uns au-dessus des autres, jetant leur ombre épaisse sur la route pavée de pierres raboteuses, en rendant la nuit encore plus noire. Un petit nombre de lanternes
étaient éparpillées à de grandes distances; mais elles servaient
seulement à marquer l'entrée malpropre de quelques étroits
culs-de-sac, ou de quelques escaliers conduisant par des
méandres roides et compliqués aux divers étages supérieurs.
Regardant toutes ces choses de l'air de quelqu'un qui les a
vues trop souvent pour s'en soucier beaucoup, mon oncle
marchait au milieu de la rue, avec son pouce dans chacune
des poches de son gilet, modulant de temps en temps la chan-
sonnette avec tant de chaleur que les honnêtes habitants du
voisinage, réveillés en sursaut de leur premier sommeil, res-

taient tremblants dans leur lit, jusqu'à ce que le son s'éteignît en s'éloignant, et convaincus alors que c'était quelque propre à rien d'ivrogne qui regagnait sa maison, se recouvraient chaudement et s'endormaient de nouveau.

Gentlemen, je vous raconte minutieusement comment mon oncle marchait au milieu de la rue, avec ses pouces dans les poches de son gilet, parce que, comme il le disait souvent et avec raison, il n'y a rien du tout d'extraordinaire dans cette histoire, si vous ne voyez pas bien distinctement, dès le commencement, qu'il n'avait pas du tout l'esprit tourné au merveilleux, ni au romantique.

Mon oncle marchait donc, avec ses pouces dans les poches de son gilet, occupant le milieu de la rue à lui tout seul, et chantant tantôt un refrain d'amour, tantôt un refrain bachique; puis, quand il était fatigué de l'amour et de Bacchus, sifflant mélodieusement; lorsqu'il atteignit le pont du Nord, qui, en cet endroit, réunit la vieille ville d'Édimbourg à la ville nouvelle. Il s'y arrêta, pendant une minute, à considérer l'amas étrange et irrégulier de lumières, empilées si haut dans les airs, qu'on croirait voir des étoiles briller, d'un côté, sur les murs de la forteresse, et de l'autre sur Calton-Hill, pour illuminer des châteaux aériens. A leur pied, l'antique et pittoresque cité dormait pesamment dans son obscurité majestueuse, tandis que le vieux trône d'Arthur, qui s'élevait imposant et sombre, comme un puissant génie, semblait garder et protéger le château et la chapelle d'Holyrood. Je dis, gentlemen, que mon oncle s'arrêta là une minute ou deux, pour regarder autour de lui. Ensuite faisant un doigt de compliment au temps qui s'était un peu éclairci, quoique la lune fût sur son déclin, il se remit à marcher aussi royalement qu'auparavant, occupant le milieu de la route, avec une grande dignité, et comme quelqu'un qui voudrait bien voir qu'on lui en disputât la possession. Pourtant, comme il ne se trouvait là personne qui fût disposé à ouvrir une contestation à ce sujet, il continua de marcher, avec les pouces dans les poches de son gilet, aussi paisible qu'un agneau.

Quand mon oncle eut atteint la fin de Leith-Walk, il lui fallut traverser un grand terrain vague, au bout duquel, en ce temps-là, se trouvait un enclos, appartenant à un charron, qui rachetait à l'administration des postes les voitures hors de service. Mon oncle était grand amateur de voitures, vieilles, jeunes ou d'âge moyen, et il lui prit fantaisie de se déranger de sa route, sans autre but que d'aller lorgner, entre les palis-

sades, une douzaine d'antiques malles-postes, qu'il se rappelait avoir vues là, en fort mauvais état et toutes démantibu-
lées. Mon oncle, gentlemen, était d'un caractère décidé, et
avait la tête chaude : ne pouvant pas voir à son aise à travers
les pieux, il grimpa par-dessus, et, s'asseyant tranquillement
sur un vieux timon, il commença à considérer les débris des
carrosses avec une gravité remarquable.

Il y en avait peut-être une douzaine, ou même davantage;
mon oncle n'était pas bien sûr de cela, et comme c'était un
homme fort scrupuleux à propos de chiffres, il n'aimait point
à en citer à la légère. Enfin ils étaient là tous, pêle-mêle, dans
un état de désolation inimaginable. Les portières avaient été
arrachées de leurs gonds, les garnitures enlevées; seulement
de distance en distance, une loque pendait encore à un clou
rouillé. Les lanternes étaient parties, les timons évanouis depuis longtemps, les ressorts brisés, les boiseries dépouillées
de peinture. Le vent sifflait à travers les crevasses, et la pluie,
qui s'était amassée sur les impériales, tombait goutte à goutte
dans l'intérieur, avec un son lugubre et sourd : c'étaient enfin
les squelettes des malles-postes décédées; et dans cette place
solitaire, à cette heure de la mort, elles avaient quelque chose
de lugubre et d'horrible.

Mon oncle appuya sa tête sur ses mains, et se mit à penser aux gens actifs, affairés, qui avaient roulé autrefois dans
ces vieilles voitures, et qui maintenant étaient aussi silencieux
et aussi changés qu'elles-mêmes. Il pensa aux nombreux individus à qui ces carcasses vermoulues avaient apporté, pendant
des années, à travers toutes les saisons, tant de nouvelles,
impatiemment attendues : nouvelles d'heureux voyage et de
bonne santé; envoi de lettres de change et d'argent. Le marchand, l'amant, l'épouse, la veuve, la mère, l'écolier, le bambin même qui se traînait à la porte, en entendant frapper le
facteur; avec quelle anxiété chacun d'eux avait attendu l'arrivée de cette vieille malle-poste! Et maintenant, qu'étaient-ils
tous devenus? Gentlemen, mon oncle disait qu'il avait pensé à
tout cela; mais je soupçonne plutôt qu'il l'avait lu depuis dans
quelque livre, car il déclarait positivement que, tout en regardant ces squelettes de voitures, il était tombé dans une
espèce d'assoupissement, dont il avait été réveillé soudain par
une cloche voisine qui sonnait deux heures. Or, mon oncle n'a
jamais été distingué pour penser vite, et s'il avait réellement
songé à toutes ces choses, je suis convaincu que cela l'aurait

tenu, pour le moins, jusqu'à deux heures et demie. Je crois
donc pouvoir affirmer que mon oncle tomba dans cette espèce
d'assoupissement, sans avoir pensé à rien du tout.

Quoi qu'il en soit, l'horloge de l'église sonna deux heures.
Mon oncle s'éveilla, frotta ses yeux, et sauta sur ses pieds,
d'étonnement.

En un instant, dès que l'horloge eut sonné deux heures,
cet endroit désert et abandonné devint plein de vie et d'activité. Les portières furent remises sur leurs gonds, les
garnitures restaurées, les boiseries repeintes, les lampes al-
lumées. Des coussins, des houppelandes étaient placés sur chaque siége; les porteurs fourraient des paquets dans chaque
coffre; les gardes rangeaient les sacs de lettres; les palefre-
niers jetaient des seaux d'eau sur les roues renouvelées; une
quantité d'hommes se précipitaient de toutes parts, fixant des
timons à chaque voiture. Les passagers arrivaient; les porte-
manteaux étaient emballés; les chevaux attelés; enfin il devenait évident que chaque malle allait partir sans retard. Gentlemen, mon oncle ouvrait de si grands yeux, en voyant tout
cela, que jusqu'au dernier moment de sa vie, il ne pouvait
s'expliquer comment il avait jamais été capable de les refermer.

« Allons, allons! dit une voix à côté de mon oncle, en même
temps qu'il sentait une main se poser sur son épaule; vous
êtes inscrit pour un intérieur, il est temps de monter.

— Moi inscrit! s'écria mon oncle en se retournant.

— Oui, certainement. »

Mon oncle, gentlemen ne put rien dire, tant il était étonné.
La plus drôle de chose était que, quoiqu'il y eût là un si grand
nombre de personnes, et quoique de nouveaux visages arrivas-
sent à chaque instant, on ne pouvait pas dire d'où ils venaient;
ils semblaient sortir mystérieusement de sous terre ou de l'air,
et disparaître de la même manière. Dès qu'un commissionnaire
avait mis son bagage dans la voiture et reçu son pourboire,
il se retournait, et crac, il avait disparu! Avant que mon oncle eût eu le temps de s'inquiéter de ce qu'il était devenu,
une demi-douzaine d'autres apparaissaient, chancelant sous le
poids de paquets qui paraissaient assez gros pour les écraser.
Une autre singularité, c'est que les voyageurs étaient tous
habillés d'une manière étrange. Ils avaient de grands habits
brodés, avec de larges basques, d'énormes parements, et pas
de collets: enfin ils portaient de vastes perruques, avec un sac
par derrière. Mon oncle n'y pouvait rien comprendre.

« Eh bien! allons-nous monter? » dit l'individu qui s'était déjà adressé à mon oncle.

Il était habillé comme un courrier de malle-poste, mais il avait une perruque sur la tête, et de prodigieux parements à ses manches. D'une main il tenait une lanterne, et de l'autre une grosse espingole.

« En finirez-vous de monter, Jack Martin? répéta le garde en approchant sa lanterne du visage de mon oncle.

— Par exemple! s'écria mon oncle en reculant d'un pas ou deux, voilà qui est familier.

— C'est comme cela sur la feuille de route, répliqua le courrier.

— Est-ce qu'il n'y a pas un *monsieur* devant? demanda mon oncle ; car il trouvait qu'un conducteur, qu'il ne connaissait pas, et qui l'appelait *Jack Martin*, tout court, prenait une liberté que l'administration de la poste n'aurait pas approuvée, si elle en avait été instruite.

— Non, il n'y en a pas, rétorqua le conducteur froidement.

— La place est-elle payée? demanda mon oncle.

— Bien entendu.

— Ah! ah! Eh bien, allons. Quelle voiture?

— Celle-ci, répondit le garde en montrant une malle-poste gothique, dont la portière était ouverte, le marchepied abaissé, et qui faisait le service d'Édimbourg à Londres.

— Attendez, voici d'autres voyageurs : laissez-les monter d'abord, »

Tandis qu'il parlait, mon oncle vit tout à coup apparaître en face de lui un jeune gentilhomme, avec une perruque poudrée et un habit bleu, brodé d'argent, dont les basques doublées de bougran étaient étonnamment carrées. Tiggin et Welps étaient dans les nouveautés, gentlemen, si bien que mon oncle reconnut du premier coup d'œil ces étoffes. L'étranger avait, en outre, une culotte de soie, des bas de soie et des souliers à boucles. Il portait à ses poignets des manchettes, sur sa tête un chapeau à trois cornes, et à son côté une épée très-mince. Les pans de son gilet couvraient à moitié ses cuisses, et les bouts de sa cravate descendaient jusqu'à sa ceinture. Il s'avança gravement vers la portière de la voiture, ôta son chapeau et le tint à bras tendu au-dessus de sa tête, arrondissant en même temps son petit doigt, comme le font quelques personnes maniérées, en prenant une tasse de thé. Puis il plaça ses pieds à la troisième position, fit un profond salut, et enfin tendit sa main gauche. Mon oncle allait s'avancer et la secouer cordialement, quand il s'aperçut que ces civilités n'étaient pas pour lui, mais pour une jeune lady, qui parut en ce moment au bas du marchepied. Elle avait une robe de velours vert, d'une coupe antique, avec une longue taille et un corsage lacé. Elle était coiffée en cheveux, et portait sur la tête un capuchon de soie noire. Elle se retourna un instant, et découvrit à mon oncle le plus beau visage qu'il eût jamais vu, même en peinture. Quand elle monta dans la voiture, elle releva sa robe d'une main, et, comme le disait mon oncle, avec un juron, chaque fois qu'il racontait cette histoire, il n'aurait jamais cru que des pieds et des jambes pussent atteindre cette perfection, s'il ne l'avait pas vu de ses propres yeux.

Cependant mon oncle s'était aperçu que la jeune dame paraissait épouvantée, et qu'elle avait jeté vers lui un regard suppliant. Il remarqua aussi que le jeune homme à la perruque poudrée, malgré toutes ses apparences de respect et de galanterie, lui avait étroitement serré le poignet, pour la faire monter, et l'avait suivie immédiatement. Un autre individu, de fort mauvaise mine, était avec eux. Il avait une petite perruque brune, un habit raisin de Corinthe, une énorme rapière à large coquille, et des bottes qui lui montaient jusqu'aux hanches. Quand il s'assit auprès de la charmante lady, elle se renfonça d'un air craintif, dans son coin, et mon oncle fut confirmé dans son idée première, qu'il allait se passer quelque drame sombre et mystérieux ; ou, comme il le disait lui-même, qu'il y avait quelque chose qui clochait. En un clin d'œil, il se décida à secourir la jeune dame, si elle avait besoin d'assistance.

« Sang et tonnerre ! s'écria le jeune gentilhomme en mettant la main sur son épée lorsque mon oncle entra dans la voiture.

— Mort et enfer ! » vociféra l'autre individu en tirant sa rapière et en se fendant sur mon oncle, sans plus de cérémonies.

Mon oncle n'avait pas d'armes ; mais, avec une grande dextérité, il enleva le chapeau à trois cornes de son adversaire, et recevant la pointe de l'épée juste au milieu de la forme, serra les deux côtés et empoigna solidement la lame.

« Piquez-le par derrière, s'écria l'homme de mauvaise mine à son compagnon, tout en s'efforçant de rattraper son épée.

— Qu'il ne s'en avise pas, s'écria mon oncle en relevant d'une manière menaçante le talon d'un de ses souliers ferrés, je lui ferais sauter la cervelle, s'il en a, ou s'il n'en a pas je lui briserais le crâne ! Employant en même temps toute sa vigueur, il arracha l'épée de son adversaire et la jeta bravement par la portière.

— Sang et tonnerre ! » cria sur nouveaux frais le jeune gentilhomme en mettant encore la main sur le pommeau de son épée, mais sans la tirer. Peut-être, comme le disait mon oncle avec un sourire, peut-être avait-il peur d'effrayer la jeune dame.

« Maintenant, gentlemen, dit mon oncle en prenant tranquillement sa place, il est inutile de parler de mort avec ou sans enfer, devant une dame, et nous avons eu assez de sang et de tonnerre pour notre voyage. Ainsi, s'il vous plaît, nous nous assiérons pacifiquement à nos places comme de paisibles voyageurs. Ici, conducteur ! ramassez le couteau à découper de ce gentleman. »

« Mon oncle n'avait pas achevé ces mots, lorsque le conducteur parut à la portière avec l'épée. En la passant dans l'intérieur, il leva sa lanterne et regarda fixement mon oncle, qui, à sa grande surprise, aperçut autour de la voiture une fourmilière de conducteurs ayant tous les yeux rivés sur lui. Jamais, dans toute sa vie, il n'avait vu un si grand nombre de visages pâles, d'habits rouges et de regards fixes.

« Voilà la chose la plus étrange qui me soit arrivée jusqu'à ce jour, pensa mon oncle. Permettez-moi de vous rendre votre chapeau, monsieur. »

L'individu de mauvaise mine reçut en silence le chapeau à trois cornes, regarda attentivement le trou qui se trouvait au milieu, et, finalement, le plaça sur le sommet de sa perruque, avec une solennité dont l'effet fut cependant légèrement diminué par un violent éternuement qui fit retomber son tricorne sur ses genoux.

« En route ! » cria le conducteur armé de la lanterne, en montant par derrière sur son petit siége. La voiture partit. Mon oncle, en sortant de la cour, regarda à travers les glaces, et vit que les autres malles, avec les cochers, les gardes, les chevaux et les voyageurs, tournaient en rond, au petit trot, avec une vitesse d'environ cinq milles à l'heure. Mon oncle bouillait d'indignation, gentlemen. Comme négociant il trouvait qu'on ne devait pas badiner avec les dépêches, et il résolut d'en écrire à la direction des postes aussitôt après son retour à Londres.

Bientôt cependant toutes ses pensées se concentrèrent sur la jeune dame, qui était assise à l'autre coin de l'intérieur, le visage soigneusement enveloppé dans son capuchon. Le gentilhomme à l'habit bleu se trouvait en face d'elle, et, à côté d'elle, l'autre individu en habit raisin de Corinthe. Tous les deux la surveillaient attentivement. Si elle faisait frôler les plis de son capuchon, mon oncle entendait l'homme de mauvaise mine mettre la main sur sa rapière, et il était sûr, par la respiration du jeune matamore (car la nuit était trop noire pour distinguer les visages), qu'il lui faisait une moue et des yeux comme s'il avait voulu l'avaler. Ce manége irrita mon oncle de plus en plus, et il résolut d'en voir la fin à tout prix. Il avait une grande admiration pour les yeux brillants et pour les jolis visages, pour les pieds mignons et pour les jolies jambes; en un mot, il était passionné pour le sexe tout entier. Cela court dans le sang de la famille, gentlemen, je suis comme lui.

Mon oncle employa bien des subterfuges pour attirer l'attention de la jeune dame, ou tout au moins pour engager la conversation avec ses mystérieux compagnons, mais ce fut en vain. Les gentlemen ne voulaient pas parler, et la jeune dame ne l'osait pas. De temps en temps mon oncle mettait la tête à la portière et demandait à haute voix pourquoi on n'allait pas plus vite; mais il avait beau s'enrouer à crier, personne ne faisait attention à lui. Il se renfonçait alors dans son coin et pensait au joli visage, au pied mignon, à la jambe fine de sa compagne de voyage; ceci réussissait à lui faire passer le temps, et l'empêchait de s'inquiéter de l'étrange situation où il se trouvait, allant toujours sans savoir où. Il est vrai que cela ne l'aurait pas beaucoup tourmenté de toute manière; car mon oncle, gentlemen, était un gaillard entreprenant, nomade, sans peur et sans souci,

Tout d'un coup la voiture s'arrêta:

« Ohé! cria mon oncle, qu'est-ce qui nous arrive maintenant?

— Descendez ici, dit le conducteur en abattant le marchepied.

— Ici! fit mon oncle.

— Ici répéta le garde.

— Je n'en ferai rien.

— A la bonne heure, alors, restez où vous êtes.

— C'est mon intention.

— C'est bien. »

Les autres voyageurs avaient écouté ce colloque fort attentivement. Voyant que mon oncle était déterminé à rester, le jeune gentilhomme passa devant lui, pour faire descendre la dame. Dans ce moment, l'homme de mauvaise mine inspectait minutieusement le trou qui déshonorait le fond de son tricorne.

La jeune dame, en passant, laissa tomber son gant dans la main de mon oncle, et, approchant les lèvres de son visage, si près qu'il sentit sur son nez une tiède haleine, lui murmura tout bas ces deux mots : « Secourez-moi ! monsieur. » Mon oncle s'élança à bas de la voiture avec tant de violence qu'il la fit bondir sur ses ressorts.

« Ah ! vous vous ravisez ? » dit le conducteur, quand il vit mon oncle sur ses jambes.

Mon oncle le regarda pendant quelques secondes, incertain s'il devait lui arracher son espingole, la tirer au visage du matamore, casser la tête du reste de la compagnie avec la crosse, saisir la jeune dame et disparaître au milieu de la fumée. En y réfléchissant, toutefois, il abandonna ce plan, comme d'une exécution un peu mélodramatique, et il se contenta de suivre les deux hommes mystérieux dans une vieille maison devant laquelle la voiture s'était arrêtée. Conduisant entre eux la jeune dame, ils tournèrent dans le corridor, et mon oncle s'y enfonça à leur suite.

De tous les endroits ruinés et désolés que mon oncle avait rencontrés dans sa vie, celui-ci était le plus désolé et le plus ruiné. On voyait que ç'avait été autrefois un vaste hôtel, mais le toit était ouvert dans plusieurs endroits, et les escaliers étaient raboteux et défoncés. Dans la chambre où les voyageurs entrèrent, il y avait une vaste cheminée, toute noire de fumée, quoiqu'elle ne fût égayée par aucun feu. La cendre blanchâtre du bois brûlé était encore répandue sur l'âtre, mais le foyer était froid, et tout paraissait sombre et triste.

« Voilà du joli, dit mon oncle en regardant autour de lui ; une malle qui fait six milles et demi à l'heure, et qui s'arrête indéfiniment dans un trou comme celui-ci ! C'est un peu fort ! mais ça sera connu ; j'en écrirai aux journaux. »

Mon oncle dit cela d'une voix assez élevée et d'une manière ouverte et sans réserve, pour tâcher d'engager la conversation avec les deux étrangers ; mais ils se contentèrent de chuchoter entre eux, en lui lançant des regards farouches. La dame était à l'autre bout de la chambre, et elle s'aventura, une fois, à agiter sa main, comme pour demander l'assistance de mon oncle.

A la fin les deux étrangers s'avancèrent un peu, et la conversation commença.

« Mon brave homme, dit le gentilhomme en habit bleu, vous ne savez pas, je suppose, que ceci est une chambre particulière.

— Non, mon brave homme ; je n'en sais rien, rétorqua mon

oncle. Seulement si ceci est une chambre particulière, préparée exprès, j'imagine que la salle publique doit être joliment
confortable ! »

En disant cela, mon oncle s'établit dans un grand fauteuil,
et mesura de l'œil les deux gentlemen, si exactement, que
Tiggin et Welps auraient pu leur fournir l'étoffe d'un habit,
sans y mettre un pouce de plus ni de moins.

« Quittez cette chambre ! dirent les deux hommes ensemble,
en saisissant leurs épées.

— Hein ? fit mon oncle, sans avoir l'air de comprendre ce
qu'ils voulaient dire.

— Quittez cette chambre, ou vous êtes mort ! dit l'homme
de mauvaise mine, en mettant sa grande flamberge au vent, et
en la faisant voltiger au-dessus de sa tête.

— Tue ! tue ! s'écria l'homme à l'habit bleu, en dégainant
aussi son épée et en reculant deux ou trois pas. Tue ! tue ! »

La dame jeta un grand cri.

Mon oncle, gentlemen, était remarquable pour sa hardiesse
et pour sa présence d'esprit. Pendant tout le temps qu'il avait
paru si indifférent à ce qui se passait, il était occupé à chercher, sans en faire semblant, quelques projectiles ou quelque
arme défensive ; et au moment même où les épées furent tirées,
il aperçut, dans le coin de la cheminée, une vieille rapière à
coquille, avec un fourreau rouillé. D'un seul bond, mon oncle
l'atteignit, la tira, la fit tourner rapidement au-dessus de sa tête,
cria à la jeune dame de se retirer dans un coin, lança le fourreau à l'homme de mauvaise mine, jeta une chaise au gentilhomme en habit bleu, et prenant avantage de leur confusion,
tomba sur tous les deux, pêle-mêle.

Il y a une vieille histoire, qui n'en est pas moins bonne pour
être vieille, concernant un jeune gentleman irlandais, à qui
l'on demandait s'il jouait du violon : « Je n'en sais rien, répondit-il ; car je n'ai jamais essayé. » Ceci pourrait fort bien
s'appliquer à mon oncle et à son escrime. Il n'avait jamais tenu
une épée dans sa main, si ce n'est une fois, en jouant Richard III
sur un théâtre d'amateurs ; et encore, dans cette occasion, il
avait été convenu que Richmond le tuerait par derrière, sans
faire le simulacre du combat ; mais ici, voilà qu'il faisait
assaut avec deux habiles tireurs, poussant de tierce et de
quarte, parant, se fendant, et combattant enfin de la manière
la plus courageuse et la plus adroite, quoique jusqu'à ce moment il ne se fût pas douté qu'il eût la plus légère notion de

la science de l'escrime. Cela montre la vérité de ce vieux proverbe, qu'un homme ne sait pas ce qu'il peut faire tant qu'il ne l'a pas essayé.

Le bruit du combat était terrible. Les trois champions juraient comme des troupiers, et leurs épées faisaient un cliquetis plus bruyant que ne pourraient faire tous les couteaux et toutes les mécaniques à affiler du marché de Newport, s'entrechoquant en mesure. Au moment le plus animé, la jeune dame, sans doute pour encourager mon oncle, retira entièrement son chaperon, et lui fit voir une si éblouissante beauté qu'il aurait combattu contre cinquante démons pour obtenir d'elle un sourire, et mourir au même instant. Il avait fait des merveilles jusque-là, mais il commença alors à en détacher comme un géant enragé.

Le gentilhomme en habit bleu aperçut en se retournant que la jeune dame avait découvert son visage ; il poussa une exclamation de rage et de jalousie, et, tournant son épée vers elle, il lui lança un coup de pointe, qui fit pousser à mon oncle un rugissement d'appréhension. Mais la jeune dame sauta légèrement de côté, et saisissant l'épée du jeune homme avant qu'il se fût redressé, la lui arracha, le poussa vers le mur, et lui passant l'épée au travers du corps, jusqu'à la garde, le cloua solidement dans la boiserie. C'était d'un magnifique exemple. Mon oncle, avec un cri de triomphe et une vigueur irrésistible, fit reculer son adversaire dans la même direction, et plongeant la vieille rapière juste au centre d'une des fleurs de son gilet, le cloua à côté de son ami. Ils étaient là tous les deux, gentlemen, gigotant des bras et des jambes dans leur agonie, comme les pantins de carton que les enfants font mouvoir avec un fil. Mon oncle répétait souvent, dans la suite, que c'était là la manière la plus sûre de se débarrasser d'un ennemi, et qu'elle ne présentait qu'un seul inconvénient, c'était la dépense qu'elle entraînait, puisqu'il fallait perdre une épée pour chaque homme mis hors de combat.

« La malle ! la malle ! cria la jeune dame, en se précipitant vers mon oncle, et en lui jetant ses beaux bras autour du cou ; nous pouvons encore nous sauver !

— Vraiment, ma chère, dit mon oncle, cela ne me paraît guère douteux. Il me semble qu'il n'y a plus personne à tuer. »

Mon oncle était un peu désappointé, gentlemen ; car il pensait qu'un petit intermède d'amour eût été fort agréable après ce massacre, quand ce n'eût été qu'à cause du contraste.

« Nous n'avons pas un instant à perdre ici, reprit la jeune lady. Celui-ci (montrant le gentilhomme en habit bleu) est le fils du puissant marquis de Filletoville.

— Eh bien ! ma chère, j'ai peur qu'il n'en porte jamais le titre, répondit mon oncle, en regardant froidement le jeune homme, qui était piqué contre le mur comme un papillon. Vous avez éteint le majorat, mon amour.

— J'ai été enlevée à ma famille, à mes amis, par ce scélérat, s'écria la jeune dame, dont le regard brillait d'indignation. Ce misérable m'aurait épousée de force avant une heure.

— L'impudent coquin ! dit mon oncle en jetant un coup d'œil méprisant à l'héritier moribond des Filletoville.

— Comme vous pouvez en juger par ce que vous avez vu, leurs complices sont prêts à m'assassiner, si vous invoquez l'assistance de quelqu'un. S'ils nous trouvent ici, nous sommes perdus ! Dans deux minutes il sera peut-être trop tard pour fuir. La malle ! la malle ! »

En prononçant ces mots, la jeune dame, épuisée par son émotion et par l'effort qu'elle avait fait en embrochant le marquis de Filletoville, se laissa tomber dans les bras de mon oncle, qui l'emporta aussitôt devant la porte de la maison. La malle était là, attelée de quatre chevaux noirs à tout crin, mais sans cocher, sans conducteur, et même sans palefrenier à la tête des chevaux.

Gentlemen, j'espère que ne je fais pas tort à la mémoire de mon oncle en disant que, quoique garçon, il avait tenu, avant ce moment-là, quelques dames dans ses bras. Je crois même qu'il avait l'habitude d'embrasser les filles d'auberge, et je sais que deux ou trois fois il a été vu par des témoins dignes de foi déposant un baiser sur le cou d'une maîtresse d'hôtel d'une manière très-perceptible. Je mentionne ces circonstances afin que vous jugiez combien la beauté de cette jeune lady devait être incomparable pour affecter mon oncle comme elle le fit : il disait souvent qu'en voyant ses longs cheveux noirs flotter sur son bras et ses beaux yeux noirs se tourner vers lui, lorsqu'elle revint à elle, il s'était senti si agité, si drôle, que ses jambes en tremblaient sous lui. Mais qui peut regarder une paire de jolis yeux noirs sans se sentir tout drôle ? Pour moi, je ne le puis, gentlemen, et je connais certains yeux que je n'oserais pas regarder, parole d'honneur !

« Vous ne me quitterez jamais, murmura la jeune dame.

— Jamais ! répondit mon oncle. Et il le pensait comme elle le disait.

— Mon brave libérateur, mon excellent, mon cher libérateur!

— Ne me dites donc pas de ces choses-là !

— Pourquoi pas ?

— Parce que votre bouche est si séduisante quand vous parlez que j'ai peur d'être assez impertinent pour la baiser. »

La jeune femme leva sa main comme pour avertir mon oncle de n'en rien faire et dit.... non, elle ne dit rien, elle sourit. Quand vous regardez une paire de lèvres les plus délicieuses du monde, et quand elles s'épanouissent doucement en un sourire fripon, si vous êtes assez près d'elles et sans témoin, vous ne pouvez mieux témoigner votre admiration de leur forme et de leur couleur charmante qu'en les baisant : c'est ce que fit mon oncle, et je l'honore pour cela.

« Écoutez, s'écria la jeune dame en tressaillant, entendez-vous le bruit des roues et des chevaux ?

— C'est vrai, » dit mon oncle en se baissant.

Il avait l'oreille fine et était habitué à reconnaître le roulement des voitures ; mais celles qui s'approchaient vers eux paraissaient si nombreuses et faisaient tant de fracas qu'il lui fut impossible d'en deviner le nombre. Il semblait qu'il y eût cinquante carrosses emportés chacun par six chevaux.

« Nous sommes poursuivis ! s'écria la jeune dame en tordant ses mains. Nous sommes poursuivis ! Je n'ai plus d'espoir qu'en vous seul ! »

Il y avait une telle expression de terreur sur son charmant visage que mon oncle se décida tout d'un coup. Il la porta dans la voiture, lui dit de ne pas s'effrayer, pressa encore une fois ses lèvres sur les siennes, et l'ayant engagée à lever les glaces pour se préserver du froid, monta sur le siége.

« Attendez, mon sauveur, dit la jeune lady.

— Qu'est-ce qu'il y a ? demanda mon oncle de son siége.

— Je voudrais vous parler. Un mot, un seul mot, mon chéri !

— Faut-il que je descende ? » demanda mon oncle.

La jeune dame ne fit pas de réponse, mais elle sourit encore, et d'un si joli sourire, gentlemen, qu'il enfonçait l'autre complétement. Mon oncle fut par terre en un clin d'œil.

« Qu'est-ce qu'il y a ma chère ? » dit-il en mettant la tête à la portière.

La dame s'y penchait en même temps par hasard, et elle lui parut plus belle que jamais.. Il était fort près d'elle dans ce moment-là ; ainsi il ne pouvait pas se tromper.

« Qu'est-ce qu'il y a, ma chère ? demanda mon oncle.

— Vous n'aimerez jamais d'autre femme que moi? Vous n'en épouserez jamais d'autre ? »

Mon oncle jura ses grands dieux qu'il n'épouserait jamais une autre femme, et la jeune lady retira sa tête et releva la glace.

Mon oncle s'élança de nouveau sur le siége, équarrit ses coudes, ajusta les rênes, prit le fouet sur l'impériale, le fit claquer savamment, et en route! Les quatre chevaux noirs à tout crin s'élancèrent avec la vieille malle derrière eux, dévorant quinze bons milles en une heure. Brrr ! brrrr ! comme ils galopaient !

Pourtant le bruit des voitures devenait plus fort par derrière. Le vieux carrosse avait beau aller vite, ceux qui le poursuivaient allaient plus vite encore. Les hommes, les chevaux, les chiens, semblaient ligués pour l'atteindre ; le fracas était épouvantable, mais par-dessus tout s'élevait la voix de la jeune dame, excitant mon oncle, et lui criant : « Plus vite! plus vite! plus vite! »

Ils volaient comme l'éclair. Les arbres sombres, les meules de foin, les maisons, les églises, tous les objets fuyaient à droite et à gauche, comme des brins de paille emportés par un ouragan. Leurs roues retentissaient comme un torrent qui déchire ses digues, et pourtant le bruit de la poursuite devenait plus fort, et mon oncle entendait encore la jeune lady crier d'une voix déchirante : « Plus vite ! plus vite ! plus vite!»

Mon oncle employait le fouet et les rênes, et les chevaux détalaient avec tant de rapidité, qu'ils étaient tout blancs d'écume, et cependant la jeune dame criait encore : « Plus vite! plus vite! » Dans l'excitation du moment, mon oncle donna un violent coup sur le marchepied avec le talon de sa botte.... et il s'aperçut que l'aube blanchissait, et qu'il était assis sur le siége d'une vieille malle d'Édimbourg, dans l'enclos du carrossier, grelottant de froid et d'humidité, et frappant ses pieds pour les réchauffer. Il descendit avec empressement, et chercha la charmante jeune lady dans l'intérieur.... Hélas! il n'y avait ni portière, ni coussin à la voiture, c'était une simple carcasse.

Mon oncle vit bien qu'il y avait là-dessous quelque mystère, et que tout s'était passé exactement comme il avait coutume de le raconter. Il resta fidèle au serment qu'il avait fait à la jeune dame, refusa, pour l'amour d'elle, plusieurs maîtresses d'auberge, fort désirables, et mourut garçon à la fin. Il faisait souvent remarquer quelle drôle de chose c'était qu'il eût découvert, en montant tout bonnement par-dessus cette palissade, que les ombres des malles, des chevaux, des gardes, des cochers et des voyageurs, eussent l'habitude de faire des voyages régulièrement chaque nuit. Il ajoutait qu'il croyait être le seul individu vivant qu'on eût jamais pris comme passager dans une de ces excursions. Je crois effectivement qu'il avait raison, gentlemen, ou du moins je n'ai jamais entendu parler d'aucun autre.

« Je ne comprends pas ce que ces ombres de malles-postes peuvent porter dans leurs sacs ?... dit l'hôte, qui avait écouté l'histoire avec une profonde attention.

— Parbleu, les lettres mortes [1].

— Oh! ah! c'est juste. Je n'y avais pas pensé. »

CHAPITRE XXI.

Comment M. Pickwick exécuta sa mission et comment il fut renforcé, dès le début, par un auxiliaire tout à fait imprévu.

Les chevaux furent ponctuellement amenés le lendemain matin à neuf heures moins un quart, et M. Pickwick ayant occupé sa place, ainsi que Sam, l'un à l'intérieur, l'autre à l'extérieur, le postillon reçut ordre de se rendre à la maison de M. Sawyer, afin d'y prendre M. Benjamin Allen.

La voiture arriva bientôt devant la boutique où se lisait cette inscription : *Sawyer, successeur de Nockemorf;* et M. Pickwick, en mettant la tête à la portière, vit, avec une surprise extrême, le jeune garçon en livrée grise, activement occupé à fermer les volets. A cette heure de la matinée c'était une occupation hors du train ordinaire des affaires, et cela fit penser d'abord à notre philosophe que quelque ami ou patient de M. Sawyer était mort, ou bien peut-être que M. Bob Sawyer lui-même avait fait banqueroute.

« Qu'est-il donc arrivé? demanda-t-il au garçon.

— Rien du tout, monsieur, répondit celui-ci en fendant sa bouche jusqu'à ses oreilles.

1. En anglais, *dead letters*, lettres mises au rebut. (*Note du traducteur.*

— Tout va bien, tout va bien! cria Bob en paraissant soudainement sur le pas de sa porte, avec un petit havresac de
cuir, vieux et malpropre, dans une main, et dans l'autre une
grosse redingote et un châle. Je m'embarque,, vieux.

— Vous?

— Oui, et nous allons faire une véritable expédition. Hé !
Sam, à vous! » Ayant ainsi brièvement éveillé l'attention de
Sam Weller, dont la physionomie exprimait beaucoup d'admiration pour ce procédé expéditif, Bob lui lança son havresac,
qui fut immédiatement logé dans le siége. Cela fait, ledit Bob,
avec l'assistance du gamin, s'introduisit de force dans la redingote, beaucoup trop petite pour lui, et, s'approchant de la
portière du carrosse, y fourra sa tête, et se prit à rire bruyamment.

« Quelle bonne farce! dit-il en essuyant avec son parement
les larmes qui tombaient de ses yeux.

— Mon cher monsieur, répliqua M. Pickwick, avec quelque
embarras, je n'avais pas la moindre idée que vous nous ac-
compagneriez.

— Justement; voilà le bon de la chose.

— Ah! voilà le bon de la chose? répéta M. Pickwick, dubitativement.

— Sans doute : outre le plaisir de laisser la pharmacie se
tirer d'affaire toute seule, puisqu'elle paraît bien décidée à ne
pas se tirer d'affaire avec moi. »

Ayant ainsi expliqué le phénomène des volets, M. Sawyer
retomba dans une extase de joie.

« Quoi! vous seriez assez fou pour laisser vos malades sans
médecin? dit M. Pickwick d'un ton sérieux.

— Pourquoi pas? répliqua Bob. J'y gagnerai encore; il n'y
en a pas un qui me paye. Et puis, ajouta-t-il en baissant la
voix jusqu'à un chuchotement confidentiel, ils y gagneront
aussi; car, n'ayant presque plus de médicaments, et ne pouvant pas les remplacer dans ce moment-ci, j'aurais été obligé
de leur donner à tous du calomel; ce qui aurait pu mal réussir
à quelques-uns. Ainsi, tout est pour le mieux. »

Il y avait dans cette réponse une force de raisonnement et
de philosophie à laquelle M. Pickwick ne s'attendait point. Il
réfléchit pendant quelques instants, et dit ensuite, d'une manière moins ferme toutefois :

« Mais cette chaise, mon jeune ami, cette chaise ne peut
contenir que deux personnes, et je l'ai promise à M. Allen.

— Ne vous occupez pas de moi un seul instant, j'ai arrangé tout cela. Sam me fera de la place sur le siége de derrière, à côté de lui. Regardez ceci ; ce petit écriteau va être collé sur la porte : *Sawyer, successeur de Nockemorf. S'adresser en face, chez Mme Cripps.* Mme Cripps est la mère de mon groom. M. Sawyer est très-fâché, dira Mme Cripps, il n'a pas pu faire autrement. On est venu le chercher ce matin pour une consultation, avec les premiers chirurgiens du pays. On ne pouvait pas se passer de lui ; on voulait l'avoir à tout prix. Une opération terrible. Le fait est, ajouta Bob, pour conclure, que cela me fera, j'espère, plus de bien que de mal. Si on pouvait annoncer mon départ dans le journal de la localité, ma fortune est faite. Mais voilà Ben.... Allons, montez ! »

Tout en proférant ces paroles précipitées, Bob poussait de côté le postillon, jetait son ami dans la voiture, fermait la portière, relevait le marchepied, collait l'écriteau sur sa porte, la fermait, mettait la clef dans sa poche, s'élançait à côté de Sam, ordonnait au postillon de partir, et tout cela avec une rapidité si extraordinaire, que la voiture roulait déjà, et que M. Bob Sawyer était complétement établi comme partie intégrante de l'équipage, avant que M. Pickwick eût eu le temps de peser en lui-même s'il devait l'emmener ou non.

Tant que la voiture se trouva dans les rues de Bristol, le facétieux Bob conserva ses lunettes vertes, et se comporta avec une gravité convenable, se contentant de chuchoter diverses plaisanteries pour l'amusement spécial de Samuel Weller ; mais, une fois arrivé sur la grand'route, il se dépouilla à la fois de ses lunettes et de sa gravité professionnelle, et se régala de diverses charges qui pouvaient jusqu'à un certain point attirer l'attention des passants sur la voiture, et rendre ceux qu'elle contenait l'objet d'une curiosité plus qu'ordinaire. Le moins remarquable de ces exploits était l'imitation bruyante d'un cornet à piston et le déploiement ambitieux d'un mouchoir de soie rouge attaché au bout d'une canne, en guise de pavillon, et agité de temps en temps d'un air de suprématie et de provocation.

« Je ne comprends pas, dit M. Pickwick en s'arrêtant au milieu d'une grave conversation avec M. Ben Allen, sur les bonnes qualités de M. Winckle et de sa jeune épouse, je ne comprends pas ce que tous les passants trouvent en nous de si extraordinaire pour nous examiner ainsi.

— La bonne tournure de la voiture, répondit Ben avec un

léger sentiment d'orgueil. Je parierais qu'ils n'en voient pas
tous les jours de semblables.

— Cela n'est pas impossible.... cela se peut.... cela doit être, »
reprit M. Pickwick, qui se serait sans doute persuadé que cela
était si, regardant en ce moment par la portière, il n'avait pas
remarqué que la contenance des passants n'indiquait aucunement un étonnement respectueux, et que diverses communications télégraphiques paraissaient s'échanger entre eux et les
habitants extérieurs de la voiture. M. Pickwick, comprenant
instinctivement que cela pouvait avoir quelques rapports éloi-
gnés avec l'humeur plaisante de M. Bob Sawyer : « J'espère,
dit-il, que notre facétieux ami ne commet pas d'absurdités là
derrière.

— Oh que non ! répliqua Ben Allen ; excepté quand il est
un peu lancé, Bob est la plus paisible créature de la terre. »

Ici l'on entendit l'imitation prolongée d'un cornet à piston,
immédiatement suivie par des cris, par des hourras, qui sortaient évidemment du gosier et des poumons de *la plus paisible
créature du monde*, ou, en termes plus clairs, de M. Bob Sawyer
lui-même.

M. Pickwick et M. Ben Allen échangèrent un regard expressif, et le premier de ces gentlemen, ôtant son chapeau et se
penchant par la portière, de façon que presque tout son gilet
était en dehors, parvint enfin à apercevoir le jovial pharmacien.

M. Bob Sawyer était assis, non pas sur le siége de derrière,
mais sur le haut de la voiture, les jambes aussi écartées que
possible ; il portait sur le coin de l'oreille le chapeau de Sam,
et tenait d'une main une énorme sandwich, tandis que, de
l'autre, il soulevait un immense flacon. D'un air de suave jouissance, il caressait tour à tour l'un et l'autre, variant toutefois
la monotonie de cette occupation en poussant de temps en temps
quelques cris, ou en échangeant avec les passants quelques
spirituels badinages. Le pavillon sanguinaire était soigneusement attaché au siége de la voiture, dans une position ver-
ticale, et M. Samuel Weller, décoré du chapeau de Bob, était
en train d'expédier une double sandwich avec une contenance
animée et satisfaite, qui annonçait son entière approbation de
tous ces procédés.

Cela était bien suffisant pour irriter un gentleman ayant,
autant que M. Pickwick, le sentiment des convenances ; mais
ce n'était pas encore là tout le mal, car la chaise de poste croi-

sait, en ce moment-là même, une voiture publique, chargée à l'extérieur comme à l'intérieur de voyageurs, dont l'étonnement était exprimé d'une manière fort significative. Les congratulations d'une famille irlandaise qui courait à côté de la chaise, en demandant l'aumône, étaient aussi passablement bruyantes, surtout celles du chef de la famille, car il paraissait croire que cet étalage faisait partie de quelque démonstration politique et triomphale.

« Monsieur Sawyer ! cria M. Picwick dans un état de grande excitation. Monsieur Sawyer, monsieur !

— Ohé ! répondit l'aimable jeune homme en se penchant sur un côté de la voiture avec toute la tranquillité imaginable.

— Êtes-vous fou, monsieur ?

— Pas le moins du monde ! Je ne suis que gai.

— Gai ! Otez-moi ce scandaleux mouchoir rouge, monsieur ! J'exige que vous l'abattiez, monsieur ! Sam, ôtez-le sur-le-champ ! »

Avant que Sam eût pu intervenir, M. Bob Sawyer amena gracieusement son pavillon, le plaça dans sa poche, fit un signe de tête poli à M. Pickwick, essuya le goulot de la bouteille et l'appliqua à sa bouche, lui faisant comprendre par là, sans perte de paroles, qu'il lui souhaitait toutes sortes de bonheur et de prospérité. Ayant exécuté cette pantomime, Bob replaca soigneusement le bouchon, et, regardant M. Pickwick d'un air benin, mordit une bonne bouchée dans sa sandwich, et sourit.

« Allons ! dit M. Pickwick, dont la colère momentanée n'était pas à l'épreuve de l'aimable aplomb de Bob ; allons, monsieur, ne faites plus de semblables absurdités, s'il vous plaît.

— Non, non, répliqua le disciple d'Esculape en changeant de chapeau avec Sam. Je ne l'ai pas fait exprès ; le grand air m'avait si fort animé que je n'ai pas pu m'en empêcher.

— Pensez à l'effet que cela produit, reprit M Pickwick d'une voix persuasive. Ayez quelques égards pour les convenances.

— Oh ! certainement, répliqua Bob. Cela n'était pas du tout convenable. C'est fini, gouverneur. »

Satisfait de cette assurance, M. Pickwick rentra la tête dans la voiture ; mais à peine avait-il repris la conversation interrompue, qu'il fut étonné par l'apparition d'un petit corps opaque qui vint donner plusieurs tapes sur la glace, comme pour témoigner son impatience d'être admis dans l'intérieur

« Qu'est-ce que cela ? s'écria M. Pickwick.

— Ca ressemble à un flacon, répondit Ben Allen en regar-

daht l'objet en question à travers ses lunettes et avec beaucoup d'intérêt. Je pense qu'il appartient à Bob. »

Cette opinion était parfaitement exacte. M. Bob Sawyer
ayant attaché le flacon au bout de sa canné, le faisait battre
contre la fenêtre, pour engager ses amis de l'intérieur à en
partager le contenu, en bonne harmonie et en bonne intelligence.

« Que faut-il faire ? demanda M. Pickwick en regàrdant le
flacon. Cette idée-là est encore plus absurde que l'autre.

— Je pense qu'il vaudrait mieux le prendre et le garder,
opina Ben Allen. Il le mérite bien.

— Certainement. Le prendrai-je ?

— Je crois que c'est ce que nous pouvons faire de mieux. »

Cet avis coïncidant complétement avec l'opinion de M. Pickwick, il abaissa doucement la glace et détacha la bouteille du
bâton. Celui-ci fut alors retiré, et l'on entendit M. Bob Sawyer
rire de tout son cœur.

« Quel joyeux gaillard ! dit M. Pickwick, le flacon à la main.

— C'est vrai, répondit Ben.

— On ne saurait rester fâché contre lui.

— Tout à fait impossible. »

Pendant cette courte communication de sentiments, M. Pickwick avait machinalement débouché la bouteille.

« Qu'est-ce que c'est ? demanda nonchalamment M. Allen.

— Je n'en sais rien, répliqua M. Pickwick avec une égale
nonchalance. Cela sent, je crois, le punch.

— Vraiment ? dit Benjamin.

— Je le suppose du moins, reprit M. Pickwick, qui n'aurait
pas voulu s'exposer à dire une fausseté. Je le suppose, car il
me serait impossible d'en parler avec certitude sans y goûter.

— Vous ne feriez pas mal d'essayer. Autant vaut savoir
ce que c'est.

— Est-ce votre avis ? Eh bien ! si cela vous fait plaisir, je
ne veux pas m'y refuser. »

Toujours disposé à sacrifier ses propres sentiments aux désirs de ses amis, M. Pickwick s'occupa assez longuement à
déguster le contenu de la bouteille.

« Qu'est-ce que c'est ? demanda M. Allen, en l'interrompant
avec quelque impatience.

— C'est extraordinaire ! répondit le philosophe en léchant
ses lèvres ; je n'en suis pas bien sûr. Oh ! oui, ajouta-t-il,
après avoir goûté une seconde fois, c'est du punch. »

M. Ben Allen regarda M. Pickwick, et M. Pickwick regarda

M. Ben Allen. M. Ben Allen sourit, mais M. Pickwick garda
son sérieux.

« Il mériterait, dit ce dernier avec sévérité, il mériterait
que nous buvions tout, jusqu'à la dernière goutte.

— C'est précisément ce que je pensais.

— En vérité! Eh bien alors, à sa santé! »

Ayant ainsi parlé, notre excellent ami donna un tendre et
long baiser à la bouteille, et la passa à Benjamin. Celui-ci ne
se fit pas prier pour suivre son exemple : les sourires devinrent
réciproques, et le punch disparut graduellement et joyeusement.

« Après tout, dit M. Pickwick en savourant la dernière
goutte, ses idées sont réellement très-plaisantes, très-amu-
santes en vérité!

— Sans aucun doute, » répliqua Ben. Et, pour prouver que
M. Bob était un des plus joyeux compères existants, il raconta
lentement et en détail, comment son ami avait tant bu une
fois, qu'il y avait gagné une fièvre chaude, et qu'on avait été
obligé de le raser. La relation de cet agréable incident durait
encore, lorsque la chaise arrêta devant l'hôtel de *la Cloche*, à
Berkeby-Heath, pour changer de chevaux.

« Nous allons dîner ici, n'est-ce pas? dit Bob en fourrant
sa tête à la portière.

— Dîner! s'écria M. Pickwick. Nous n'avons encore fait que
dix-neuf milles, et nous en avons quatre-vingt-sept et demi à
faire.

— C'est précisément pour cela qu'il faut prendre quelque
chose qui nous aide à supporter la fatigue, répliqua Bob.

— Oh! reprit M. Pickwick en regardant sa montre, il est
tout à fait impossible de dîner à onze heures et demie du matin.

— C'est juste, c'est un déjeuner qu'il nous faut.—Ohé! monsieur! un déjeuner pour trois, sur-le-champ, et n'attelez les
chevaux que dans un quart d'heure. Faites mettre sur la table
tout ce que vous avez de froid, avec quelques bouteilles d'ale,
et votre meilleur madère. » Ayant donné ces ordres avec un
empressement et une importance prodigieuse, M. Bob Sawyer
entra immédiatement dans la maison pour en surveiller l'exécution. Il revint, en moins de cinq minutes, déclarer que tout
était prêt et excellent.

La qualité du déjeuner justifia complétement les assertions
du pharmacien, et ses compagnons de voyage y firent autant
d'honneur que lui. Grâce à leurs efforts réunis, les bouteilles

d'ale et le vin de Madère disparurent promptement. Le flacon fut ensuite rempli du meilleur équivalent possible pour le punch, et quand nos amis eurent repris leurs places dans la voiture, le cornet sonna et le pavillon rouge flotta, sans la plus légère opposition de la part de M. Pickwick.

A Tewkesbury, on arrêta pour dîner, et on y expédia encore de l'ale, une bouteille de madère et du porto par-dessus le marché ; enfin le flacon y fut rempli, pour la quatrième fois. Sous l'influence combinée de ces liquides, M. Pickwick et M. Allen restèrent endormis pendant trente milles, tandis que Bob et Sam Weller chantaient des duos sur leur siége.

Il faisait tout à fait sombre, quand M. Pickwick se secoua et s'éveilla suffisamment pour regarder par la portière. Des chaumières éparses sur le bord de la route, la teinte enfumée de tous les objets visibles, l'atmosphère nébuleuse, les chemins couverts de cendre et de poussière de brique, la lueur ardente des fournaises embrasées, à droite et à gauche, les nuages de fumée qui sortaient pesamment des hautes cheminées pyramidales et qui noircissaient tous les environs, l'éclat des lumières lointaines, les pesants chariots qui rampaient sur la route, chargés de barres de fer retentissantes ou d'autres lourdes marchandises, tout enfin indiquait qu'on approchait de la grande cité industrielle de Birmingham.

Le mouvement et le tapage d'un travail sérieux devenaient de plus en plus sensibles, à mesure que la voiture avançait dans les étroites rues qui conduisent au centre des affaires. Une foule active circulait partout ; des lumières brillaient, jusque sous les toits, aux longues files de fenêtres ; le bourdonnement du travail sortait de chaque maison ; le mouvement des roues et des balanciers faisait trembler les murailles. Les feux, dont les reflets rougeâtres étaient visibles depuis plusieurs milles, flambaient furieusement dans les grands ateliers. Le bruit des outils, les coups mesurés des marteaux, le sifflement de la vapeur, le lourd cliquetis des machines, retentissaient de tous les côtés, comme une rude harmonie.

La voiture était arrivée dans les larges rues et devant les boutiques brillantes qui entourent le vieil hôtel *Rogal*, avant que M. Pickwick eût commencé à considérer la nature délicate et difficile de la commission qui l'avait amené là.

La délicatesse de la commission et la difficulté de l'exécuter convenablement n'étaient nullement amoindries par la présence volontaire de M. Bob Sawyer. Pour dire la vérité,

M. Pickwick n'était nullement enchanté de l'avantage qu'il
avait de jouir de sa société, quelque agréable et quelque honorable qu'elle fût d'ailleurs. Il aurait même donné joyeusement
une somme raisonnable, pour pouvoir le faire transporter,
temporairement, à cinquante milles de distance.

M. Pickwick n'avait jamais eu de communications personnelles avec M. Winkle père, quoiqu'il eût deux ou trois
fois correspondu par lettre avec lui, et lui eût fait des réponses satisfaisantes concernant la conduite et le caractère de
M. Winkle *junior*. Il sentait donc, avec un frémissement nerveux, que ce n'était pas un moyen fort ingénieux de le prédis-
poser en sa faveur, que de lui faire sa première visite, accompagné de Ben Allen et de Bob Sawyer, tous deux légèrement
gris.

« Quoi qu'il en soit, pensait M. Pickwick en cherchant à se
rassurer lui-même, il faut que je fasse de mon mieux. Je suis
obligé de le voir ce soir, car je l'ai positivement promis à son
fils; et si les deux jeunes gens persistent à vouloir m'accompagner, il faudra que je rende l'entrevue aussi courte que
possible, me contentant d'espérer que, pour leur propre honneur, ils ne feront pas d'extravagances. »

Comme M. Pickwick se consolait par ces réflexions, la
chaise s'arrêta à la porte du vieil hôtel *Royal*. Ben Allen, à
moitié reveillé, en fut tiré par Sam, et M. Pickwick put descendre à son tour. Ayant été introduit, avec ses compagnons,
dans un appartement confortable, il interrogea immédiatement
le garçon concernant la résidence de M. Winkle.

« Tout près d'ici, monsieur répondit le garçon. M. Winkle
a un entrepôt sur le quai, mais sa maison n'est pas à cinq
cents pas d'ici, monsieur. »

Ici le garçon éteignit une chandelle et la ralluma le plus
lentement possible, afin de laisser à M. Pickwick le temps de
lui adresser d'autres questions, s'il y était disposé.

« Désirez-vous quelque chose, monsieur? dit-il, en désespoir
de cause. Un dîner, monsieur? du thé ou du café?

— Rien, pour le moment.

— Très-bien, monsieur. Vous ne voulez pas commander votre
souper, monsieur?

— Non, pas à présent.

— Très-bien, monsieur. »

Le garçon marcha doucement vers la porte, et s'arrêtant
court, se retourna et dit avec une grande suavité :

« Vous enverrai-je la fille de chambre, messieurs?

— Oui, s'il vous plaît, répondit M. Pickwick.

— Et puis vous apporterez une bouteille de soda-water, ajouta Bob.

— Soda-water? Oui, monsieur. » Avec ces mots, le garçon, dont l'esprit paraissait soulagé d'un poids accablant en ayant à la fin obtenu l'ordre de servir quelque chose, s'évanouit imperceptiblement. En effet, les garçons d'hôtel ne marchent ni ne courent; ils ont une manière mystérieuse de glisser, qui n'est pas donnée aux autres hommes.

Quelques légers symptômes de vitalité ayant été éveillés chez M. Ben Allen par un verre de soda-water, il consentit enfin à laver son visage et ses mains, et à se laisser brosser par Sam. M. Pickwick et Bob Sawyer ayant également réparé les désordres que le voyage avait produits dans leur costume, les trois amis partirent, bras dessus, bras dessous, pour se rendre chez M. Winkle. Le long du chemin, Bob imprégnait l'atmosphère d'une violente odeur de tabac.

A un quart de mille environ, dans une rue tranquille et propre, s'élevait une vieille maison de briques rouges. La porte, à laquelle on montait par trois marches, portait sur une plaque de cuivre ces mots : M. WINKLE. Les marches étaient fort blanches, les briques très-rouges, et la maison très-propre.

L'horloge sonnait dix heures quand MM. Pickwick, Ben Allen et Bob Sawyer frappèrent à la porte. Une servante proprette vint l'ouvrir, et tressaillit en voyant trois étrangers.

« M. Winkle est-il chez lui, ma chère? demanda M. Pickwick.

— Il va souper, monsieur, répondit la jeune fille.

— Donnez-lui cette carte, s'il vous plaît, et dites-lui que je suis fâché de le déranger si tard, mais que je viens d'arriver, et que je dois absolument le voir ce soir. »

La jeune fille regarda timidement M. Sawyer, qui exprimait par une étonnante variété de grimaces l'admiration que lui inspiraient ses charmes; ensuite, jetant un coup d'œil aux chapeaux et aux redingotes accrochés dans le corridor, elle appela une autre servante, pour garder la porte pendant qu'elle montait. La sentinelle fut rapidement relevée, car la jeune fille revint immédiatement, demanda pardon aux trois amis de les avoir laissés dans la rue, et les introduisit dans un arrière-parloir, moitié bureau, moitié cabinet de toilette, dont les principaux meubles étaient un bureau, un lavabo, un miroir à barbe, un tire-botte et des crochets, un tabouret, quatre chaises, une table et une vieille horloge.

Sur le manteau de la cheminée se trouvait un coffre-fort en fer fixé dans le mur ; enfin un almanach et une couple de tablettes chargées de livres et de papiers poudreux décoraient les murs.

« Je suis bien fâché de vous avoir fait attendre à la porte, monsieur, dit la jeune fille en allumant une lampe et en s'adressant à M. Pickwick avec un gracieux sourire ; mais je ne vous connaissais pas du tout, et il y a tant d'aventuriers qui viennent pour voir s'ils peuvent mettre la main sur quelque chose que réellement....

— Il n'y a pas le moindre besoin d'apologie, ma chère enfant, répliqua M. Pickwick avec bonne humeur.

— Pas le plus léger, mon amour, » ajouta Bob en étendant plaisamment les bras, et sautant d'un côté de la chambre à l'autre, comme pour empêcher la jeune fille de s'éloigner immédiatement. Mais elle ne fut nullement attendrie par ces gracieusetés, car elle exprima tout haut son opinion que M. Bob Sawyer était un polisson, et lorsqu'il voulut l'amadouer par des moyens encore plus pressants, elle lui imprima ses jolis doigts sur le visage, et bondit hors de la chambre, avec force expressions d'aversion et de mépris.

Privé de la société de la jeune bonne, M. Bob Sawyer chercha à se divertir en regardant dans le bureau, en ouvrant les tiroirs de la table, en feignant de crocheter la serrure du coffre-fort, en retournant l'almanach, en essayant, par-dessus ses bottes, celles de M. Winkle *senior*, et en faisant sur les meubles et ornements diverses autres expériences amusantes, qui causaient à M. Pickwick une horreur et une agonie inexprimables, mais qui donnaient à M. Bob Sawyer un délice proportionnel.

A la fin, la porte s'ouvrit, et un petit vieillard, en habit couleur de tabac, dont le visage et le crâne étaient exactement la contre-partie du crâne et du visage appartenant à M. Winkle *junior* (si ce n'est que le petit vieillard était un peu chauve), entra, en trottant, dans la chambre, tenant d'une main la carte de M. Pickwick, de l'autre un chandelier d'argent.

« Monsieur Pickwick, comment vous portez-vous, monsieur ? dit le petit vieillard en posant son chandelier et tendant sa main. J'espère que vous allez bien, monsieur? Charmé de vous voir, asseyez-vous, monsieur Pickwick, je vous en prie. Ce gentleman est?...

— Mon ami monsieur Sawyer, répondit M. Pickwick, un ami de votre fils.

—Oh! fit M. Winkle en regardant Bob d'un air un peu refrogné. J'espère que vous allez bien, monsieur?　　.

— Comme un charme, répliqua Bob.

— Cet autre gentleman, dit M. Pickwick, cet autre gentleman, comme vous le verrez quand vous aurez lu la lettre dont je suis chargé, est un parent très-proche.... ou plutôt devrais-je dire, un intime ami de votre fils. Son nom est Allen.

— Ce gentleman?» demanda M. Winkle, en montrant avec la carte M. Benjamin Allen, qui s'était endormi dans une attitude telle qu'on n'apercevait de lui que son épine dorsale, et le collet de son habit.

M. Pickwick était sur le point de répondre à cette question, et de réciter tout au long les noms et honorables qualités de M. Benjamin Allen, quand le spirituel Bob, afin de faire comprendre à son ami la situation où il se trouvait, lui fit dans la partie charnue du bras un violent pinçon. Ben se dressa sur ses pieds, avec un grand cri; mais s'apercevant aussitôt qu'il était en présence d'un étranger, il .s'avança vers M. Winkle et lui secouant tendrement les deux mains pendant environ cinq minutes, murmura quelques mots sans suite, à moitié intelligibles, sur le plaisir qu'il éprouvait à le voir; lui demandant, d'une manière très-hospitalière, s'il était disposé à prendre quelque chose après sa promenade, ou s'il préférait attendre jusqu'au dîner; après quoi il s'assit, et se mit à regarder autour de lui, d'un air hébété, comme s'il n'avait pas eu la moindre idée du lieu où il se trouvait; ce qui était vrai, effectivement.

Tout ceci était fort embarrassant pour M. Pickwick, et d'autant plus que M. Winkle *senior* témoignait un étonnement palpable à la conduite excentrique, pour ne pas dire plus, de ses deux compagnons. Afin de mettre un terme à cette situation, il tira une lettre de sa poche, et la présentant à M. Winkle, lui dit:

« Cette lettre, monsieur, est de votre fils. Vous verrez par ce qu'elle contient que son bien-être et son bonheur futur dépendent de la manière bienveillante et paternelle dont vous l'accueillerez. Vous m'obligerez beaucoup en la lisant avec calme, et en en discutant ensuite le sujet avec moi, d'une manière grave et convenable. Vous pouvez juger de quelle importance votre décision est pour votre fils, et quelle est son extrême anxiété, à ce sujet, puisqu'elle m'a engagé à me présenter chez vous, à une heure si avancée, et, ajouta M. Pickwick en regardant légèrement ses deux compagnons, et dans des circonstances si défavorables. »

Après ce prélude, M. Pickwick plaça entre les mains du vieillard étonné, quatre pages serrées de repentir superfin; puis, s'étant assis, il examina sa figure et son maintien, avec inquiétude il est vrai, mais avec l'air ouvert et assuré d'un homme qui a accepté un rôle dont il n'a pas à rougir ni à se défendre.

Le vieux négociant tourna et retourna la lettre avant de l'ouvrir; examina l'adresse, le dos, les côtés; fit des observations microscopiques sur le petit garçon grassouillet imprimé sur la cire; leva ses yeux sur le visage de M. Pickwick; et enfin, s'asseyant sur le tabouret de son bureau et rapprochant la lampe, brisa le cachet, ouvrit l'épître, et, l'élevant près de la lumière, se prépara à lire.

Juste dans ce moment, M. Bob Sawyer, dont l'esprit était demeuré inactif depuis quelques minutes, plaça ses mains sur ses genoux et se composa un visage de clown, d'après les portraits de feu M. Grimaldi. Malheureusement il arriva que M. Winkle, au lieu d'être profondément occupé à lire sa lettre, comme Bob l'imaginait, s'avisa de regarder par-dessus, et, conjecturant avec raison que le visage en question était fabriqué en dérision de sa propre personne, fixa ses yeux sur le coupable avec tant de sévérité, que les traits de feu M. Grimaldi se résolurent, graduellement, en une contenance fort humble et fort confuse.

« Vous m'avez parlé, monsieur ? demanda M. Winkle après un silence menaçant.

— Non, monsieur, répliqua Bob qui n'avait plus rien d'un clown, excepté l'extrême rougeur de ses joues.

— En êtes-vous bien sûr, monsieur ?

— Oh! certainement; oui, monsieur, tout à fait.

— Je l'avais cru, monsieur, rétorqua le vieux gentleman avec une emphase pleine d'indignation. Peut-être que vous m'avez regardé, monsieur ?

— Oh! non, monsieur, pas du tout, répliqua Bob de la manière la plus civile.

— Je suis charmé de l'apprendre, monsieur, » reprit le vieillard en fronçant ses sourcils d'un air majestueux; puis il rapprocha la lettre de la lumière et commença à lire sérieusement.

M. Pickwick le considérait avec attention, tandis qu'il tournait de la dernière ligne de la première page à la première ligne de la seconde; et de la dernière ligne de la seconde page à la première ligne de la troisième ; et de la dernière ligne de la troisième page à la première ligne de la quatrième ; mais quoique le mariage de son fils lui fût annoncé dans les douze premières lignes, comme le savait très-bien M. Pickwick, aucune altération de sa physionomie n'indiqua avec quels sentiments il prenait une si importante nouvelle.

M. Winkle lut la lettre jusqu'au dernier mot, la replia avec la précision d'un homme d'affaires, et juste au moment où M. Pickwick attendait quelque grande expansion de sensibilité, il trempa une plume dans l'encrier, et dit aussi tranquillement que s'il avait parlé de l'affaire commerciale la plus ordinaire : Quelle est l'adresse de Nathaniel, monsieur Pickwick?

« A l'hôtel *George et Vautour*, pour le présent.

— George et Vautour, où est cela ?

— George Yard, Lombard street.

— Dans la cité?

— Oui. »

Le vieux gentleman écrivit méthodiquement l'adresse sur le dos de la lettre, et l'ayant placée dans son bureau, qu'il ferma, dit en rangeant le tabouret et en mettant la clef dans sa poche: « Je suppose que nous n'avons plus rien à nous dire, monsieur Pickwick?

— Rien à nous dire, mon cher monsieur! s'écria l'excellent homme avec une chaleur pleine d'indignation. Rien à nous dire! N'avez-vous pas d'opinion à exprimer sur un événement si considérable dans la vie de mon jeune ami? Pas d'assurance à lui faire transmettre par moi, de la continuation de votre affection et de votre protection? Rien à dire qui puisse le rassurer, rien qui puisse consoler la jeune femme inquiète, dont le bonheur dépend de lui? Mon cher monsieur, réfléchissez.

— Précisément, je réfléchirai. Je ne puis rien dire maintenant. Je suis un homme méthodique, monsieur Pickwick; je ne m'embarque jamais précipitamment dans aucune affaire, et d'après ce que je vois de celle-ci, je n'en aime nullement les apparences. Mille livres sterling ne sont pas grand'chose, monsieur Pickwick.

— Vous avez bien raison, monsieur, dit Ben Allen, justement assez éveillé pour savoir qu'il avait dépensé ses mille livres sans la plus petite difficulté. Vous êtes un homme intelligent. Bob, c'est un gaillard intelligent.

— Je suis enchanté que vous me rendiez cette justice, dit M. Winkle, en jetant un regard méprisant à M. Ben Allen, qui hochait la tête d'un air profond. Le fait est, monsieur Pickwick, qu'en permettant à mon fils de voyager sous vos auspices pendant un an ou deux, pour apprendre à connaître les hommes et les choses, et afin qu'il n'entrât pas dans la vie comme un écolier, qui se laisse attraper par le premier venu, je n'avais nullement compté sur ceci. Il le sait très-bien, et si je cessais de le soutenir, il n'aurait pas lieu d'en être surpris. Au reste il apprendra ma décision, monsieur Pickwick. En attendant, je vous souhaite le bonsoir. Margaret, ouvrez la porte. »

Pendant tout ce temps M. Bob Sawyer avait fait des signes à son ami pour l'engager à dire quelque chose qui fût frappé au bon coin; aussi Ben improvisa-t-il, sans aucun avertissement préalable, une petite oraison brève, mais pleine de chaleur. « Monsieur, dit-il en regardant le vieux gentleman avec des yeux ternes et fixes et en balançant furieusement son bras de bas en haut : Vous.... vous devriez rougir de votre conduite.

— En effet, répliqua M. Winkle; comme frère de la jeune personne, vous êtes un excellent juge de la question. Allons ! en voilà assez. Je vous en prie, monsieur Pickwick, n'ajoutez plus rien. Bonne nuit, messieurs. »

Ayant dit ces mots, le vieux négociant prit le chandelier et ouvrit la porte de la chambre, en montrant poliment le corridor.

« Vous regretterez votre conduite, monsieur, dit M. Pickwick en serrant étroitement ses dents, pour contenir sa colère, car il sentait combien cela était important pour son jeune ami.

— Je suis pour le moment d'une opinion différente, répondit M. Winkle avec calme. Allons, messieurs, je vous souhaite encore une bonne nuit. »

M. Pickwick regagna la rue d'un pas irrité; Bob Sawyer, complétement maté par les manières décidées du vieux gentleman, prit le même parti; le chapeau de M. Ben Allen roula après eux sur les marches, et la personne de M. Ben Allen le suivit immédiatement; puis les trois compagnons allèrent se coucher en silence, et sans souper. Mais avant de s'endormir, M. Pickwick pensa que s'il avait su quel homme méthodique était M. Winkle *senior*, il ne se serait assurément pas chargé d'une telle commission pour lui.

CHAPITRE XXII.

Dans lequel M. Pickwick rencontre une vieille connaissance, circonstance fortunée à laquelle le lecteur est principalement redevable des détails brûlants d'intérêt ci-dessous consignés, concernant deux grands hommes politiques.

· Lorsque M. Pickwick se réveilla à huit heures du matin, l'état de l'atmosphère n'était nullement propre à égayer son esprit, ni à diminuer l'abattement que lui avait inspiré le résultat inattendu de son ambassade. Le ciel était triste et sombre, l'air humide et froid, les rues mouillées et fangeuses. La fumée restait paresseusement suspendue au sommet des cheminées, comme si elle avait manqué d'énergie pour s'élever, et la brume descendait lentement, comme si elle n'avait pas eu même le cœur de tomber. Un coq de combat, privé de toute son animation habituelle, se balançait tristement sur une patte, dans la cour, tandis qu'une bourrique, sous un étroit appentis, tenait sa tête baissée, et, s'il fallait en croire sa contenance misérable, devait méditer un suicide. Dans les rues, on ne voyait que des parapluies, et l'on n'entendait que le cliquetis des socques et le clapotement de l'eau, qui dégouttait des toits.

Pendant le déjeuner, la conversation demeura singulièrement traînante. M. Bob Sawyer lui-même ressentait l'influence du temps, et la réaction de l'excitation du jour précédent. Suivant son propre et expressif langage, il était *aplati*. M. Ben Allen l'était aussi, et pareillement M. Pickwick.

Dans l'attente prolongée d'une éclaircie, le dernier journal de Londres fut lu et relu, avec une intensité d'intérêt qui ne s'observe jamais que dans des cas d'extrême misère. Les trois compagnons d'infortune ne mirent pas moins de persévérance

à arpenter chaque fleur du tapis ; ils regardèrent par la fenêtre
assez souvent pour justifier l'imposition d'une double taxe ; ils
entamèrent, sans résultat, toutes sortes de sujets de conversation, et à la fin, lorsque midi fut arrivé sans amener aucun
changement favorable, M. Pickwick tira résolûment la sonnette et demanda sa voiture.

La route était boueuse, il bruinait plus fort que jamais, et
la boue était lancée dans la chaise ouverte en si grande quantité, qu'elle incommodait les habitants de l'intérieur presque
autant que ceux de l'extérieur. Pourtant, dans le mouvement
même, dans le sentiment d'un changement, d'une action, il y
avait quelque chose de bien préférable à l'ennui de rester enfermé dans une chambre sombre, et de voir pour toute distrac-
tion la pluie tomber tristement dans une triste rue. Aussi nos
voyageurs s'étonnèrent-ils d'abord d'avoir été si longtemps à
prendre leur parti.

Quand ils arrêtèrent à Coventry pour relayer, la vapeur qui
sortait des chevaux formait un nuage si épais, qu'elle éclipsait
complétement le palefrenier ; seulement on l'entendit s'écrier
au milieu du brouillard, qu'il espérait bien obtenir la première
médaille d'or de la société d'humanité, pour avoir ôté le chapeau du postillon, attendu que celui-ci aurait été infailliblement noyé par l'eau qui découlait des bords, si l'invisible
gentleman n'avait pas eu la présence d'esprit de l'enlever vivement, et d'essuyer avec un bouchon de paille le visage du
naufragé.

« Ceci est agréable, dit Bob en arrangeant le collet de son
habit, et en tirant son châle sur sa bouche pour concentrer
la fumée d'un verre d'eau-de-vie qu'il venait d'avaler.

— Tout à fait, répondit Sam d'un air tranquille.

— Vous n'avez pas l'air d'y faire attention.

— Dame ! monsieur, je ne vois pas trop quel bien ça me ferait.

— Voilà une excellente réponse, ma foi !

— Certainement, monsieur. Tout ce qui arrive est bien,
comme remarqua doucement le jeune seigneur quand il reçut
une pension, parce que le grand-père de la femme de l'oncle
de sa mère avait une fois allumé la pipe du roi avec un bri-
quet phosphorique.

— Ce n'est pas une mauvaise idée cela, répliqua Bob d'un
air approbatif.

— Juste ce que le jeune courtisan disait ensuite tous les
jours d'échéance pendant le reste de sa vie. »

Après un court silence, Sam jeta un coup d'œil au postillon, et baissant la voix de manière à ne produire qu'un chuchotement mystérieux : « Avez-vous jamais été appelé, quand vous étiez apprenti carabin, pour visiter un postillon ?...

— Non, je ne le crois pas.

— Vous n'avez jamais vu un postillon dans un hôpital n'est-ce pas ?

— Non, je ne pense pas en avoir vu.

— Vous n'avez jamais connu un cimetière où y avait un postillon d'enterré ? vous n'avez jamais vu un postillon mort, n'est-ce pas ? demanda Sam, en poursuivant son catéchisme.

— Non, répliqua Bob.

— Ah! reprit Sam d'un air triomphant, et vous n'en verrez jamais, et il y a une autre chose qu'on ne verra jamais, c'est un âne mort. Personne n'a jamais vu un âne mort, excepté le gentleman [1] en culotte de soie noire, qui connaissait la jeune femme qui gardait une chèvre, et encore c'était un âne français; ainsi il n'était pas de pur sang, après tout.

— Eh bien! quel rapport tout cela a-t-il avec le postillon ? demanda Bob.

— Voilà. Je ne veux pas assurer, comme quelques personnes très-sensées, que les postillons et les ânes sont un être immortel, tous les deux; mais voilà ce que je dis : C'est que, quand ils se sentent trop roides pour travailler, ils s'en vont, l'un portant l'autre : un postillon pour deux ânes, c'est la règle. Ce qu'ils deviennent ensuite, personne n'en sait rien; mais il est très-probable qu'ils vont pour s'amuser dans un monde meilleur, car il n'y a pas un homme vivant qui ait jamais vu un postillon ni un âne s'amuser dans ce monde ici. »

Développant compendieusement cette remarquable théorie, et citant à l'appui divers faits statistiques, Sam Weller égaya le trajet jusqu'à Dunchurch. Là on obtint un postillon sec et des chevaux frais. Daventry était le relais suivant, Towcester celui d'après, et à la fin de chaque relais, il pleuvait plus fort qu'au commencement.

« Savez-vous, dit Bob d'un ton de remontrance en mettant le nez à la portière de la chaise, lorsqu'elle arrêta devant la tête du sarrasin, à Towcester, savez-vous que ça ne peut pas aller comme ça ?

1. *Yorick.* Voy. le voyage sentimental de Sterne. (*Note du traducteur.*)

— Ah çà ! dit M. Pickwick, qui venait de sommeiller un peu :
J'ai peur que vous n'attrapiez de l'humidité.

— Oh vraiment ! en effet, je crois que je suis légèrement
humide ! dit Bob, et personne ne pouvait le nier, car la pluie
coulait de son cou, de ses coudes, de ses parements, de ses
basques et de ses genoux. Tout son costume était si luisant
d'eau, qu'on aurait pu croire qu'il était imprégné d'huile.

— Je crois que je suis légèrement humide, répéta Bob, en
se secouant et en jetant autour de lui une petite pluie fine,
comme font les chiens de Terre-Neuve, en sortant de l'eau.

— Je pense vraiment qu'il n'est pas possible d'aller plus
loin ce soir, fit observer Ben Allen.

— Tout à fait hors de la question, monsieur, ajouta Sam en
s'approchant pour assister à la conférence. C'est de la cruauté
envers les animaux que de les faire sortir d'un temps pareil. Il
y a des lits ici, monsieur. Tout est propre et confortable. Un très-
bon petit dîner, qui peut être prêt en une demi-heure ; des
poulets et des côtelettes, du veau, des haricots verts, une tarte
et de la propreté. Vous ferez bien de rester ici, monsieur, si
j'ose donner mon avis gratis. Consultez les gens de l'art,
comme disait le docteur. »

L'hôte de la *Tête de Sarrasin* arriva fort à propos, en ce moment, pour confirmer les éloges de Sam, relativement aux mé-
rites de son établissement et pour appuyer ses supplications
par une quantité de conjectures effrayantes concernant l'état
des routes, l'improbabilité d'avoir des chevaux frais au relais
suivant, la certitude infaillible qu'il pleuvrait toute la nuit, et
la certitude, également infaillible, que le temps s'éclaircirait
le matin ; avec divers autres raisonnements séducteurs familiers à tous les aubergistes.

« C'est bien ! dit M. Pickwick ; mais alors il faut que j'envoie une lettre à Londres, de manière à ce qu'elle soit remise
demain, dès le matin. Autrement je serais obligé de continuer
ma route, à tout hasard. »

L'hôte fit une grimace de plaisir. Rien n'était plus facile
que d'envoyer une lettre empaquetée dans une feuille de papier gris, soit par la malle, soit par la voiture de nuit de Birmingham. Si le gentleman tenait particulièrement à ce qu'elle
fût remise de suite, il pouvait écrire sur l'enveloppe *très-pressée*,
moyennant quoi il serait certain qu'elle serait portée immédiatement, ou bien *une demi-couronne au porteur si ce paquet est
remis de suite*, ce qui serait encore plus sûr.

« Très-bien ! dit M. Pickwick. Alors nous allons rester ici.

— John, cria l'aubergiste ; des lumières dans le *soleil;* faites vite du feu, les gentlemen sont mouillés. Par ici, messieurs. Ne vous tourmentez pas du postillon, monsieur, je vous l'enverrai quand vous le sonnerez. Maintenant, John, les chandelles. »

Les chandelles furent apportées, le feu fut attisé et une nouvelle bûche y fut jetée. En dix minutes de temps un garçon mettait la nappe pour le dîner, les rideaux étaient tirés, le feu flambait, et, comme il arrive toujours dans une auberge anglaise un peu décente, on aurait cru, à voir l'arrangement de toutes choses, que les voyageurs étaient attendus depuis huit jours au moins.

M. Pickwick s'assit à une petite table et écrivit rapidement, pour M. Winkle, un billet dans lequel il l'informait simplement qu'il était arrêté par le mauvais temps, mais qu'il arriverait certainement à Londres, le jour suivant ; remettant d'ailleurs, à cette époque, le détail de ses opérations. Ce billet, arrangé de manière à avoir l'air d'un paquet, fut immédiatement porté à l'aubergiste, par Sam.

Après s'être séché au feu de la cuisine, Sam revenait pour ôter les bottes de son maître, quand, en regardant par une porte entr'ouverte, il aperçut un grand homme, dont les cheveux étaient roux. Devant lui, sur une table, était étalé un paquet de journaux, et il lisait l'article politique de l'un d'eux, avec un air de sarcasme continuel, qui donnait à ses narines et à tous ses traits une expression de mépris superbe et majestueux.

« Hé ! dit Sam, il me semble que je connais cette boule-là, et le lorgnon d'or, et la tuile à grands rebords. J'ai vu tout cela à Eatanswill, ou bien je suis un crétin ! »

A l'instant même, afin d'attirer l'attention du gentleman, Sam fut saisi d'une toux fort incommode. Celui-ci tressaillit, en entendant du bruit, leva sa tête et son lorgnon, et laissa apercevoir les traits profonds et pensifs de M. Pott, l'éditeur de *la Gazette d'Eatanswill.*

« Pardon, monsieur, dit Sam en s'approchant avec un salut. Mon maître est ici, monsieur Pott.

— Chut ! chut ! cria Pott, en entraînant Sam, dans la chambre et en fermant la porte, avec une expression de physionomie pleine de mystère et d'appréhension.

— Qu'est-ce qu'il y a ? monsieur, dit Sam en regardant avec étonnement autour de lui.

‑‑Gardez-vous bien de murmurer mon nom. Nous sommes dans un pays jaune : si la population irritable savait que je suis ici, elle me déchirerait en lambeaux.

— En vérité, monsieur ?

— Oui ; je serais la victime de leur furie. Mais maintenant, jeune homme, qu'est-ce que vous disiez de votre maître ?

— Qu'il passe la nuit dans cette auberge, avec une couple d'amis.

— M. Winkle en est-il ? demanda M. Pott en fronçant légèrement le sourcil.

— Non, monsieur, il reste chez lui maintenant. Il est marié.

— Marié ! s'écria Pott avec une véhémence effrayante. Il s'arrêta, sourit d'un air sombre, et ajouta à voix basse et d'un ton vindicatif : C'est bien fait, il n'a que ce qu'il mérite. »

Ayant ainsi exhalé, avec un sauvage triomphe, sa mortelle malice envers un ennemi abattu, M. Pott demanda si les amis de M. Pickwick étaient bleus, et l'intelligent valet, qui en savait à peu près autant que l'éditeur lui-même, ayant fait une réponse très-satisfaisante, M. Pott consentit à l'accompagner dans la chambre de M. Pickwick. Il y fut reçu avec beaucoup de cordialité, et l'on convint de dîner en commun.

Lorsque M. Pott eut pris son siége près du feu, et lorsque nos trois voyageurs eurent ôté leurs bottes mouillées et mis des pantoufles : « Comment vont les affaires à Eatanswill ? demanda M. Pickwick. L'*Indépendant* existe-t-il toujours?

— L'*Indépendant*, monsieur, répliqua Pott, traîne encore sa misérable et languissante carrière, abhorré et méprisé par le petit nombre de ceux qui connaissent sa honteuse et méprisable existence; suffoqué lui-même par les ordures qu'il répand en si grande profusion, assourdi et aveuglé par les exhalaisons de sa propre fange, l'obscène journal, sans avoir la conscience de son état dégradé, s'enfonce rapidement sous la vase trompeuse qui semble lui offrir un point d'appui solide auprès des classes les plus basses de la société, mais qui, s'élevant par degré au-dessus de sa tête détestée, l'engloutira bientôt pour toujours. »

Ayant débité avec véhémence ce manifeste, tiré de son dernier article politique, l'éditeur s'arrêta pour prendre haleine, puis regardant majestueusement Bob : « Vous êtes jeune, monsieur, » lui dit-il.

M. Sawyer inclina la tête.

« Et vous aussi, monsieur, » ajouta Pott en s'adressant à M. Ben Allen.

Celui-ci reconnut l'agréable imputation.

« Et vous êtes tous les deux profondément imbus de ces principes bleus, que j'ai promis aux peuples de ce royaume de défendre et de maintenir tant que je vivrai ?

— Hé! hé! quant à cela, je n'en sais trop rien, répliqua Bob, je suis....

— Pas un jaune, n'est-ce pas? monsieur Pickwick, interrompit l'éditeur en reculant sa chaise. Votre ami n'est pas un jaune, monsieur.

— Non, non, répliqua Bob. Je suis une espèce de tartan écossais, à présent; un composé de toutes les couleurs.

— Un vacillateur, dit Pott d'une voix solennelle; un vacillateur! Ah! monsieur, si vous pouviez lire une série de huit articles, qui ont paru dans la *Gazette d'Eatanswill*, j'ose dire que vous ne seriez pas longtemps sans asseoir vos opinions sur une base ferme et solide.

— Et moi, j'ose dire que je deviendrais tout bleu, avant d'être arrivé à la fin, » rétorqua Bob.

M. Pott le regarda d'un air soupçonneux, pendant quelques minutes, puis se tournant vers M. Pickwick : « Vous avez lu, sans doute, les articles littéraires qui ont paru par intervalles, depuis trois mois, dans la *Gazette d'Eatanswill*, et qui ont excité une attention si générale et.... et je puis le dire, une admiration si universelle.

— Eh! mais, répliqua M. Pickwick, légèrement embarrassé par cette question, le fait est que j'ai été tellement occupé, d'une autre manière, que je n'ai réellement pas eu la possibilité de les parcourir.

— Il faut les lire, monsieur, dit l'éditeur d'un air sévère.

— Oui, certainement.

— Ils ont paru sous la forme d'une critique très-détaillée d'un ouvrage sur la métaphysique chinoise.

— Ah! très-bien.... Ces articles sont de vous? j'espère.

— Ils sont de mon critique, monsieur, répliqua Pott avec grande dignité.

— Un sujet bien abstrait, à ce qu'il semble?

— Tout à fait, répondit Pott, avec l'air profond d'un sage. Il a fait, sous ma direction, des études préparatoires. D'après mon avis, il s'est aidé, pour cela, de l'*Encyclopédie britannique.*

— En vérité? Je ne savais pas que cet excellent ouvrage contînt quelque chose sur la métaphysique chinoise.

— Monsieur, continua Pott, en posant sa main sur le genou de M. Pickwick et en regardant autour de lui avec un sourire de supériorité intellectuelle, il a lu, pour la métaphysique, à la lettre м; et pour la Chine, à la lettre c; et il a amalgamé les fruits de cette double lecture, monsieur! »

Les traits de M. Pott rayonnèrent de tant de grandeur additionnelle, au souvenir de la puissance de génie et des trésors de science déployés dans le docte travail en question, qu'il s'écoula quelques minutes avant que M. Pickwick eût la hardiesse de recommencer la conversation. Pourtant la contenance de l'éditeur étant retombée graduellement dans son expression ordinaire de suprématie morale, notre philosophe se hasarda à lui dire : « Me sera-t-il permis de demander quel grand objet vous a amené si loin de votre maison ?

— L'objet qui me guide et qui m'anime toujours, dans mes gigantesques travaux, répliqua Pott avec un sourire; le bien de mon pays.

— Je supposais, effectivement, que c'était quelque mission politique.

— Oui, monsieur, vous aviez raison, répondit Pott. Puis, se courbant vers M. Pickwick, il lui murmura à l'oreille d'une voix creuse et lente : Il doit y avoir demain soir un bal jaune à Birmingham.

— En vérité! s'écria M. Pickwick.

— Oui, monsieur; et un souper jaune!

— Est-il possible ? »

Pott affirma le fait par un signe majestueux.

Quoique M. Pickwick fît semblant d'être atterré par cette communication, il était si peu versé dans la politique locale, qu'il ne pouvait pas comprendre suffisamment l'importance de l'affreuse conspiration dont il était question. M. Pott s'en aperçut, et tirant le dernier numéro de *la Gazette d'Eatanswill*, lui lut avec solennité le paragraphe suivant :

RÉUNION CLANDESTINE DES JAUNES.

« Un reptile contemporain a récemment vomi son noir venin dans le vain espoir de souiller la pure renommée de notre illustre représentant, l'honorable Samuel Slumkey; ce Slumkey dont nous avons prédit, longtemps avant qu'il eût atteint sa position actuelle, si noble et si chérie, qu'il serait un jour l'honneur et le triomphe de sa patrie, et le hardi défen-

seur de nos droits. Un reptile contemporain, disons-nous, a
fait d'ignobles plaisanteries au sujet d'un panier à charbon,
en plaqué, superbement ciselé, offert à cet admirable citoyen
par ses mandataires enchantés. Ce misérable et obscur écrivain insinue que l'honorable Samuel Slumkey a, lui-même,
contribué, par le moyen d'un ami intime de son sommelier,
pour plus des trois quarts de la somme totale de la souscrip-
tion. Eh! quoi? cette créature rampante ne voit-elle pas que,
si ce fait était vrai, il ne servirait qu'à placer l'honorable
M. Slumkey dans une auréole encore plus brillante, s'il est
possible. Sa cervelle obtuse ne comprend-elle pas que cet aimable et touchant désir d'exaucer les vœux des électeurs doit le
rendre cher à jamais à ceux de ses compatriotes qui ne sont pas
pires que des pourceaux, ou, en d'autres termes, qui ne sont
pas tombés aussi bas que notre contemporain? Mais telles sont
les misérables équivoques des jaunes jésuitiques. Et ce ne sont
pas là leurs seuls artifices! La trahison couve sous la cendre.
Nous déclarons hardiment, maintenant que nous sommes pro-
voqué à tout dire, et nous nous plaçons en conséquence sous
la sauvegarde de notre pays et de ses constables, nous déclarons hardiment qu'on fait, en ce moment même, des préparatifs pour un bal *jaune*, qui sera donné dans une ville *jaune*, au
centre même d'une population *jaune*, qui sera dirigé par un
maître des cérémonies *jaune*, où assisteront quatre membres
du parlement *ultra-jaunes*, et où l'on ne sera admis qu'avec des
billets *jaunes!* Notre infernal contemporain frissonne-t-il?
Qu'il se torde vainement dans son impuissante malice, en lisant
ces mots : *Nous serons là.* »

Après avoir débité cette tirade, le journaliste, tout à fait
épuisé, referma la gazette, en disant : « Voilà monsieur, voilà
l'état de la question. »

L'aubergiste et le garçon entrant en ce moment avec le
dîner, M. Pott posa son doigt sur ses lèvres, pour indiquer
qu'il comptait sur la discrétion de M. Pickwick, et qu'il le regardait comme maître de sa vie. M. Bob Sawyer et Benjamin
Allen, qui s'étaient irrévéremment endormis pendant la lecture
de la Gazette, furent réveillés par la prononciation à voix basse
de ce mot cabalistique : *dîner*, et se mirent à table, avec bon
appétit.

Pendant le repas et la séance qui lui succéda, M. Pott, descendant pour quelques instants à des sujets domestiques, informa M. Pickwick que l'air d'Eatanswill ne convenant pas à son

épouse, elle était allée visiter différents établissements fashionables d'eaux thermales, afin de recouvrer sa bonne humeur, et sa santé accoutumée. C'était là une manière délicate de voiler le fait, que Mme Pott, exécutant sa menace de séparation souvent répétée, et en vertu d'un arrangement arraché à M. Pott, par son frère le lieutenant, s'était retirée pour vivre, avec son fidèle garde du corps, de la moitié des profits annuels provenant de la vente de la gazette d'Eatanswill.

Tandis que l'illustre journaliste, quels que fussent les différents sujets qu'il traitât, embellissait la conversation par des passages extraits de ses propres élucubrations, un majestueux étranger, mettant la tête à la portière d'une diligence qui se rendait à Birmingham, et qui s'était arrêtée devant l'auberge pour y laisser quelques paquets, demanda s'il pouvait trouver dans l'hôtel un bon lit.

« Certainement, monsieur, répliqua l'hôte.

— En êtes-vous sûr? puis-je y compter? reprit l'étranger, dont les regards et les manières avaient quelque chose de soupçonneux.

— Sans aucun doute, monsieur.

— Bien. Cocher, je reste ici. Conducteur, mon sac de nuit. »

Puis ayant dit bonsoir aux autres passagers, d'un air d'assez mauvaise humeur, l'étranger descendit. C'était un petit gentleman, dont les cheveux noirs et roides étaient taillés en hérisson, ou si l'on aime mieux en brosse, et se tenaient tout droits sur sa tête. Son aspect était pompeux et menaçant; ses manières péremptoires, ses yeux perçants et inquiets; toute sa tournure, enfin, annonçait le sentiment d'une grande confiance en soi-même, et la conscience d'une incommensurable supériorité sur tout le reste du monde.

Ce gentleman fut introduit dans la chambre, originairement assignée au patriote M. Pott, et le garçon remarqua, avec un muet étonnement, que la chandelle était à peine allumée quand l'étranger, plongeant la main dans son chapeau, en tira un journal, et commença à le lire avec la même expression d'indignation et de mépris, qui avait jailli une heure auparavant du regard majestueux de M. Pott. Il se rappela aussi que l'indignation de M. Pott avait été allumée par un journal nommé l'*Indépendant d'Eatanswill*, tandis que le profond mépris du nouveau gentleman était excité par une feuille intitulée: *La gazette d'Eatanswill*.

« Envoyez-moi le maître de l'hôtel, dit l'étranger.

— Oui, monsieur. »

L'hôte arriva bientôt après.

« Êtes-vous le maître de l'hôtel ? demanda l'étranger.

— Oui, monsieur.

— Me connaissez-vous ?

— Je n'ai pas ce plaisir-là, monsieur.

— Mon nom est *Slurk*. »

L'hôte inclina légèrement la tête.

« Slurk, monsieur ! répéta le gentleman d'un air hautain. Me connaissez-vous. maintenant, aubergiste ? »

L'hôte se gratta la tête, regarda le plafond, puis l'étranger, et sourit faiblement.

« Me connaissez-vous ? »

L'hôte parut faire un grand effort, et répondit à la fin :

« Non monsieur, je ne vous connais pas.

— Grand Dieu ! s'écria l'étranger en frappant la table de son poing; voilà donc ce que c'est que la popularité ! »

L'hôte recula d'un pas ou deux vers la porte, et l'étranger poursuivit, en le suivant des yeux :

« Voilà donc la reconnaissance que l'on accorde à des années d'étude et de travail, sacrifiées en faveur des masses ! Je descends de voiture, mouillé, fatigué, et les habitants ne s'empressent point pour féliciter leur champion; leurs cloches sont silencieuses; mon nom même ne réveille aucune gratitude dans leur esprit plein de torpeur. N'est-ce pas assez, continua M. Slurk en se promenant avec agitation, n'est-ce pas assez pour faire bouillonner l'encre d'un homme dans sa plume, et pour le décider à abandonner leur cause à jamais !

— Monsieur demande un grog à l'eau-de-vie ? dit l'hôte en hasardant une insinuation.

— Au rhum ! répondit Slurk en se tournant vers lui d'un air farouche. Avez-vous du feu quelque part ?

— Nous pouvons en allumer sur-le-champ, monsieur.

— Oui ! et qu'il donne de la chaleur à l'instant de me coucher. Y a-t-il quelqu'un dans la cuisine ?

— Pas une âme, monsieur. Il y a un feu superbe; tout le monde s'est retiré et la porte est fermée pour la nuit.

— C'est bien ! je boirai mon grog près du feu de la cuisine. »

Et là-dessus, reprenant majestueusement son chapeau et son journal, l'étranger marcha d'un pas solennel derrière l'hôte. Arrivé dans la cuisine, il se jeta sur un siége, au coin du feu, reprit sa physionomie méprisante, et commença à lire et à boire, avec une dignité silencieuse.

Or, un démon de discorde, volant en ce moment au-dessus de la tête du Sarrazin, et jetant les yeux en bas, par pure curiosité, aperçut Slurk, confortablement établi au coin du feu de la cuisine, et, dans une autre chambre, Pott, légèrement exalté par le vin. Aussitôt le malicieux démon, s'abattant dans ladite chambre avec une inconcevable rapidité, et s'introduisant du même temps dans la tête de Bob Sawyer, lui souffla le discours suivant.

« Dites donc, nous avons laissé éteindre le feu ; cette pluie a joliment refroidi l'air.

— C'est vrai, répondit M. Pickwick en frissonnant.

— Ça ne serait pas une mauvaise idée de fumer un cigare au feu de la cuisine, hein ! qu'en dites-vous ? reprit Bob, toujours excité par le démon susdit.

— Je crois que cela serait tout à fait confortable, répliqua M. Pickwick ; qu'en pensez-vous, monsieur Pott ? »

M. Pott donna facilement son assentiment à la mesure proposée, et les quatre voyageurs se rendirent immédiatement à la cuisine, chacun d'eux tenant son verre à la main, et Sam Weller marchant à la tête de la procession, afin de montrer le chemin.

L'étranger lisait encore. Il leva les yeux et tressaillit. M. Pott recula d'un pas.

« Qu'est-ce qu'il y a ? chuchota M. Pickwick.

— Ce reptile ! répliqua Pott.

— Quel reptile ? s'écria M. Pickwick en regardant autour de lui, de peur de marcher sur une limace gigantesque ou sur une araignée hydropique.

— Ce reptile ! murmura Pott en prenant M. Pickwick par le bras, et lui montrant l'étranger ; ce reptile, Slurk, de l'*Indépendant*.

— Nous ferions peut-être mieux de nous retirer ? demanda M. Pickwick.

— Jamais, monsieur, jamais ! » répliqua Pott ; et prenant position à l'autre coin de la cheminée, il choisit un journal dans son paquet et commença à lire en face de son ennemi.

M. Pott naturellement lisait l'*Indépendant*, et M. Slurk lisait la *Gazette*, et chaque gentleman exprimait son mépris pour les compositions de l'autre par des ricanements amers et par des reniflements sarcastiques. Ensuite ils passèrent à des mani-

festations plus ouvertes, telles que : Absurde! misérable! atro-
cité! blague! coquinerie! boue! fange! ordure! et autres remarques critiques d'une nature semblable.

MM. Bob Sawyer et Ben Allen avaient tous les deux observé
ces symptômes de rivalité avec un plaisir intime, qui ajoutait
beaucoup de goût au cigare, dont ils tiraient de vigoureuses
bouffées. Lorsque le feu roulant d'observations commença à
s'apaiser, le malicieux Bob, s'adressant à Slurk avec une grande
politesse, lui dit : « Voudriez-vous me permettre de jeter les
yeux sur ce journal, quand vous l'aurez fini, monsieur?

— Vous trouverez peu de chose qui mérite d'être lu dans ces
méprisables gasconnades, répondit Slurk en lançant à son rival
un regard satanique.

— Je vais vous donner celui-ci sur-le-champ, dit Pott en levant sa figure, pâle de rage, et avec une voix que la même
cause rendait tremblante : vous serez amusé par l'ignorance
de cet écrivassier. »

Une terrible emphase fut mise sur ces mots : *méprisables* et
écrivassier, et le visage des deux éditeurs commença à prendre
une expression provocatrice.

« Le galimatias et l'infamie de ce misérable sont par trop dégoûtants,» poursuivit Pott en affectant de s'adresser à M. Bob
Sawyer, tout en jetant un regard menaçant à M. Slurk.

M. Slurk se mit à rire de tout son cœur, et, repliant le papier de manière à passer à la lecture d'une nouvelle colonne,
déclara que, malgré tout, il ne pouvait s'empêcher de rire des
absurdités de cet imbécile.

« Quelle ignorance crasse! s'écria Pott en passant du rouge
au cramoisi.

— Avez-vous jamais lu les sottises de cet homme? demanda
Slurk à Bob Sawyer.

— Jamais. C'est donc bien mauvais?

— Détestable!

— Réellement! s'écria Pott, feignant d'être absorbé dans sa
lecture ; ceci est par trop infâme! »

Slurk tendit son journal à Bob Sawyer en lui disant : « Si
vous avez le courage de parcourir cet amas de méchancetés,
de bassesses, de faussetés, de parjures, de trahisons, d'hypo-
crisies, vous aurez peut-être quelque plaisir à rire du style peu
grammatical de ce cuistre ignorant.

— Qu'est-ce que vous dites, monsieur ? s'écria Pott en relevant sa tête, toute tremblante de fureur.

— Cela ne vous regarde pas, monsieur.

— Ne disiez-vous pas, style peu grammatical, cuistre ignorant, monsieur?

— Oui, monsieur, répliqua Slurk ; je dirai même *style de
haut embêtement*, si cela peut vous faire plaisir. »

M. Pott ne répliqua rien, mais ayant soigneusement replié
son *Indépendant*, il le jeta par terre, l'écrasa sous sa botte,
cracha dessus, en grande cérémonie, et le lança dans le feu.

« Voilà, dit-il en reculant sa chaise, voilà comme je traiterais le serpent qui a vomi ce venin, si je n'étais pas retenu,
heureusement pour lui, par les lois de ma patrie. Oui, sans
cette considération, je le traiterais de même.

— Traitez-le donc de même, monsieur! cria Slurk en se
levant. Il n'en appellera jamais aux lois dans un cas semblable.
Traitez-le donc de même, monsieur!

— Écoutez, écoutez! dit Bob Sawyer.

— Rien ne saurait être plus loyal, fit observer Ben Allen.

— Traitez-le donc de même, monsieur, répéta Slurk d'un ton
élevé. »

M. Pott lui darda un regard de mépris qui aurait glacé une
fournaise.

« Traitez-le donc de même! continua l'autre, d'une voix encore
plus stridente.

— Je ne le veux pas, monsieur, répondit Pott.

— Oh! vous ne le voulez pas? Vraiment vous ne le voulez
pas? reprit Slurk d'un air provoquant. Vous entendez cela,
messieurs, il ne le veut pas! Ce n'est pas qu'il ait peur, au
moins; oh! non, il ne le veut pas, ah! ah! ah!.

— Monsieur, rétorqua Pott ému par ce sarcasme; je vous
regarde comme une vipère. Je vous considère comme un
homme qui s'est mis en dehors de la société, par sa conduite
impudente, dégoûtante, abominable. Vous n'êtes plus pour moi,
personnellement ou politiquement, qu'une vipère, une pure
et simple vipère ! »

L'Indépendant indigné n'attendit pas la fin de cette déclaration, mais saisissant son sac de nuit, qui était raisonnablement
garni de biens meubles, il le fit tourner en l'air pendant que
Pott s'éloignait, et le laissant retomber avec un grand fracas,
sur la tête du gazetier, l'étendit tout de son long sur le carreau.

« Messieurs! s'écria M. Pickwick, pendant que Pott se relevait et saisissait la pelle; messieurs, réfléchissez, au nom du

ciel ! Du secours ! Sam ! ici. Je vous en supplie, messieurs....
Aidez-moi donc à les séparer ! »

Tout en prononçant ces exclamations incohérentes, M. Pickwick s'était précipité entre les deux combattants, juste à temps
pour recevoir, sur ses épaules, le sac de nuit d'un côté et la
pelle de l'autre. Soit que les organes de l'opinion publique
d'Eatanswill fussent aveuglés par leur animosité, soit qu'étant
tous deux de subtils raisonneurs, ils eussent vu l'avantage
d'avoir entre eux un tiers parti pour recevoir les coups, il est
certain qu'ils ne firent pas la plus légère attention au philosophe, mais que, se défiant mutuellement avec audace, ils continuèrent à employer la pelle et le sac de nuit. M. Pickwick
aurait sans doute cruellement souffert de son trop d'humanité,
si Sam, attiré par les cris de son maître, n'était pas accouru
en cet instant, et, saisissant un sac à farine, n'avait pas efficacement arrêté le conflit en l'enfonçant sur la tête et sur les
épaules du puissant Pott, et en le serrant au-dessous des
coudes.

« Otez le sac de nuit à l'autre enragé ! cria-t-il en même
temps, à MM. Ben Allen et Bob Sawyer qui jusqu'alors s'étaient
contentés de voltiger autour des combattants, une lancette à
la main, prêts à saigner le premier individu étourdi. Lâchez
votre sac, misérable petite créature, ou je vous étouffe là
dedans ! »

Intimidé par cette menace, et d'ailleurs tout à fait hors d'haleine, l'Indépendant consentit à se laisser désarmer. Sam ôta
alors l'éteignoir qu'il tenait sur Pott, et le laissa libre en lui
disant : « Allez vous coucher tranquillement, ou bien je vous
mettrai tous les deux dans le sac, je le fermerai, et je vous
laisserai battre dedans à votre aise. Et quand vous seriez douze,
je vous en ferais autant, pour vous apprendre à vous conduire de la sorte !

— Vous, monsieur, continua-t-il en s'adressant à son
maître, ayez la bonté de venir par ici, s'il vous plaît. »

En parlant ainsi il prit M. Pickwick par le bras et l'emmena,
tandis que les éditeurs rivaux étaient conduits vers leurs lits
par l'aubergiste, sous l'inspection de MM. Ben Allen et Bob
Sawyer. Chemin faisant, les deux combattants exhalaient encore
leur courroux en menaces sanguinaires, et se donnaient de
vagues et féroces rendez-vous pour le lendemain. Toutefois, quand ils y eurent mieux pensé, ils trouvèrent que la
presse était l'arme la plus redoutable : ils recommencèrent

donc sans délai leurs sanglantes hostilités, et tout Eatanswill fut effrayé de leur valeur.... sur le papier.

Le jour suivant nos amis apprirent que les éditeurs étaient partis, dès le matin, par des voitures différentes, et comme le temps s'était éclairci, ils se mirent en route pour Londres.

CHAPITRE XXIII.

Annonçant un changement sérieux dans la famille Weller, et la chute prématurée de l'homme au nez rouge.

Croyant que la délicatesse ne lui permettait point de présenter, sans préparation, MM. Bob Sawyer et Ben Allen au nouveau ménage, et désirant ménager, autant que possible, la sensibilité d'Arabelle, M. Pickwick proposa à ses compagnons de descendre, pour le moment, quelque part et de le laisser aller seul, avec Sam, à l'hôtel de *George et Vautour*. Ils y consentirent facilement et prirent, en conséquence, leurs quartiers dans une taverne située sur les confins du *Borough*. Ils s'y trouvaient en pays de connaissance, car, en d'autre temps, leurs noms y avaient souvent brillé en tête de certains calculs longs et complexes enregistrés à la craie derrière la porte.

« Tiens, c'est vous? Bonjour, monsieur Weller, dit la jolie femme de chambre, lorsqu'elle rencontra Sam à la porte.

— C'est toujours un bon jour quand je vous vois, ma chère, répondit Sam en restant en arrière, de manière à n'être pas entendu de son maître. Quelle jolie créature vous faites, Mary !

— Allons ! monsieur Weller, quelles folies vous dites ! Oh ! finissez donc, monsieur Weller.

— Finissez quoi, ma chère ?

— Eh ! mais ce que vous faites.... Laissez-moi donc monsieur Weller, dit la jolie bonne en souriant et en poussant Sam contre le mur. Vous avez chiffonné mon bonnet, défrisé mes cheveux, et vous m'empêchez de vous dire qu'il y a ici une lettre qui vous attend depuis trois jours. Vous ne faisiez que de partir quand elle est arrivée, et il y a *pressée* dessus.

— Où est-elle, mon amour ?

— J'en ai pris soin à cause de vous ; autrement je suis bien sûre qu'elle aurait été perdue depuis longtemps. En vérité, c'est plus que vous ne méritez. »

Tout en parlant ainsi et en exprimant avec une petite coquetterie charmante des doutes, des craintes, de l'espoir, sur la conservation de la lettre, Mary la tira de la plus jolie petite guimpe qu'on puisse imaginer, et la tendit à Sam, qui la baisa aussitôt avec beaucoup de galanterie et de dévotion.

« Tiens, tiens, dit Mary en ajustant sa collerette avec une feinte ignorance ; vous avez l'air d'être devenu bien amoureux de cette écriture-là tout d'un coup ? »

Sam ne répondit que par une œillade, dont l'expression brûlante ne pourrait être rendue par aucune description ; puis s'asseyant auprès de Mary, sur l'appui de la fenêtre, il ouvrit la lettre et en examina le contenu.

« Ohé ! s'écria-t-il, qu'est-ce que ça veut dire ?.

— Pas de malheur, j'espère ? dit Mary en regardant par-dessus son épaule.

— Que Dieu bénisse vos jolis yeux ! s'écria Sam en se retournant.

— Ne vous occupez pas de mes yeux et pensez à votre lettre, » rétorqua la charmante bonne.

Mais en parlant ainsi, elle lui décochait un regard où brillait tant de malice et de vivacité qu'il était absolument irrésistible.

Sam se rafraîchit donc d'un baiser, et lut ensuite ce qui suit :

« Markis Gran by Dorken, mekerdi.

« Mon cher Saumule,

« Je suis très faché davoir le plésir de vous anonser des môvèses nouvelles. Votre Belmaire a atrappé un rumhe en conséquance quelle a u limprudanse de rester trop lentems assise sur le gason humid a la pluie pour antendre un berger qui navet pas pu tenir son bec que tré tar dent la nui parce qui sétait si bien monté avec du grogue qui na pas pu sarrêter aveng deitre un peu dégrisé ce ka pris plusieurres heurres le docteur dit que si elle avait pris du grogué chaux aprais au lieur de le prandre avent elle naurait pas été endommajait. Ses roues a été immédiatement graisé et on a fai tout ce quel on a pu pour la faire rouler Votre père espérait quel pourait marché comme à lordinairre mais juste comme elle tournais le

coin mon garson elle a pris le mauvès chemein et elle a dé-
gring aulet la montagne avec une vellocité comme on nen na
jamès veu et malgré que le médecin a voulu lenrayer ça na
servi de rien du tout car elle a fait son defnier relai ière
souarre à si zeurre moins vin minnutes ayant fait le voilliage
en baucoup moins de temsp qu'à lordinaire peut hêtre parce
quelle avait pris trô peu de bagaje en route. Votre père dit
que si vous voulez venir me voir samy il en sera bien satis-
fèz car je suis for sollitaire sammivel. N. B. il veut que ça
soit hortografhié comme cela que je dis qui naît pas bien
et comme il y a beaucoup de chose à arrranger il hait sûr que
votre gouvernur ne si refusera pas bien sûr qu'il ne si refu-
serra pas samy car je le connais bien ainsil vous envoie ses
devoirs auquels je me joint et suis pour la vie infernalement
dévoué,　　　　　　　　*Votre père*, Tony Veller. »

« Quelle drôle de lettre, dit Sam. Y a-t-il moyen de comprendre ce qu'il veut dire avec ses *il* et ses *je*. Ce n'est pas
l'écriture de mon père, excepté cette signature ici en lettres
moulées. Ça c'est sa griphe.

— Peut-être qu'il l'a fait écrire par quelqu'un et qu'il a
signé ensuite, dit la jolie femme de chambre.

— Attendez un peu, reprit Sam en parcourant la lettre de
nouveau et en s'arrêtant çà et là pour réfléchir. Vous avez
raison. Le gentleman qui l'a écrite racontait le malheur qui
est arrivé d'une manière convenable, et alors v'là le père qui
vient regarder par-dessus son épaule et qui complique l'histoire en y fourrant son nez. C'est précisément comme ça qu'il
fait toujours. Vous avez raison, Mary, ma chère. »

S'étant mis l'esprit en repos sur ce point, Sam relut encore
la lettre, et paraissant, pour la première fois, se faire une
idée nette de son contenu, il la referma d'un air pensif en
disant :

« Ainsi la pauvre créature est morte. J'en suis fâché : elle
n'aurait pas eu un mauvais caractère, si ces bergers l'avaient
laissée tranquille. J'en suis très-fâché. »

Sam murmura ces paroles d'un air si sérieux que la jolie
bonne baissa les yeux et prit une physionomie grave.

« Quoi qu'il en soit, poursuivit Sam en mettant la lettre dans
sa poche avec un léger soupir, ça devait arriver comme ça, et
il n'y a plus de remède maintenant, comme dit la vieille lady,
après avoir épousé son domestique. C'est-il pas vrai, Mary ? »

Mary secoua la tête et soupira aussi.

« Il.faut que je demande un congé à l'empereur, maintenant. »

Mary soupira encore ; la lettre était si touchante.

« Adieu, dit Sam.

— Adieu, répondit la jolie bonne en détournant la tête.

— Une poignée de mains. Est-ce que vous ne voulez pas ? »
La jolie bonne tendit une main qui était fort petite, quoique
ce fût la main d'une bonne. Puis elle se leva pour s'en aller.

« Je ne serai pas bien longtemps, dit Sam.

— Vous êtes toujours absent, répliqua Mary en donnant à
sa tête la plus légère secousse possible. Vous n'êtes pas plus tôt
revenu que vous voilà reparti, monsieur Weller. »

Sam attira plus près de lui la beauté domestique et commença à lui parler à voix basse. Bientôt elle retourna son
visage et consentit à le regarder de nouveau, de sorte que,
quand ils se séparèrent, elle fut obligée d'aller dans sa chambre pour rarranger son bonnet et ses cheveux, avant de se
rendre auprès de sa maîtresse. Tout en montant légèrement
les escaliers, elle faisait encore à Sam, par-dessus la rampe,
un grand nombre de signes et de sourires.

« Je ne serai pas plus d'un jour ou deux, monsieur, dit Sam
à M. Pickwick.

— Aussi longtemps qu'il sera nécessaire, Sam ; vous avez
toute permission de rester. »

Sam salua.

« Vous direz à votre père que si je puis lui être de quelque
utilité, je suis prêt à faire pour lui tout ce qui sera en mon
pouvoir.

— Je vous remercie bien, monsieur ; je le lui dirai. »

Ayant échangé ces expressions de bonne volonté et d'intérêt
mutuel, le maître et le valet se séparèrent.

Il était sept heures du soir quand Samuel Weller descendit
du siége d'une voiture publique, qui passait par Dorking, à
quelques cents pas du marquis de Granby. La soirée était
triste et froide, la petite rue, noire et déserte, et le visage d'a-
cajou du noble marquis, poussé à droite et à gauche par le
vent qui le faisait craquer d'une manière lugubre, semblait
plus mélancolique qu'à l'ordinaire ; les jalousies étaient bais-
sées, les volets fermés en partie ; il n'y avait pas un seul flâ-
neur devant la porte ; la scène était silencieuse et désolée.

Voyant qu'il ne se trouvait là personne pour répondre à des

questions préliminaires, Sam entra doucement et aperçut bientôt le respectable auteur de ses jours.

Le veuf était assis près d'une petite table dans le cabinet situé derrière le comptoir. Il fumait sa pipe et ses yeux étaient attentivement fixés sur le feu. Les funérailles avaient évidemment eu lieu le jour même, car une grande bande de crêpe noir d'environ une aune et demie était encore attachée à son chapeau qu'il avait gardé sur sa tête, et, passant par-dessus le dossier de sa chaise, descendait négligemment jusqu'à terre. M. Weller était dans une disposition si contemplative que Sam l'appela vainement plusieurs fois par son nom ; il continua de fumer avec la même physionomie calme et immobile jusqu'au moment où son fils le réveilla définitivement en posant la main sur son épaule.

« Sammy, dit M. Weller, tu es le bienvenu.

— Je vous ai appelé une demi-douzaine de fois, répondit Sam en accrochant son chapeau à une patère ; mais vous ne m'entendiez pas.

— C'est vrai, répliqua M. Weller en regardant encore le feu d'une manière pensive ; j'étais dans une *réverri*, Sammy.

— Qu'est-ce que ça ? demanda Sam, en tirant une chaise près du foyer.

— Je pensais à elle. » En disant ces mots, le veuf inclina sa tête du côté du cimetière de Dorking, pour indiquer que ses paroles se rapportaient à la défunte Mme Weller. « Je pensais, poursuivit-il en regardant fixement son fils par-dessus sa pipe, comme pour l'assurer que la déclaration qu'il allait entendre, tout extraordinaire, tout incroyable qu'elle fût, était proférée avec calme et réflexion, je pensais qu'après tout, je suis très-fâché qu'elle est partie. »

— Eh bien ! vous devez l'être. »

M. Weller fit un signe d'assentiment, et fixant de nouveau ses yeux sur le feu, s'enveloppa dans un nuage de fumée et de réflexions.

Après un long silence, il reprit, en chassant la fumée avec sa main :

« C'est des observations très-raisonnables qu'elle m'a fait, Sammy.

— Quelles observations ?

— Celles qu'elle m'a faites quand elle a été malade.

— Qu'est-ce que c'était ?

— Qué'que chose comme ceci : « Weller, qu'elle dit, j'ai peur

« que je n'ai pas z'été avec vous comme j'aurais dû être. Vous
« étiez un brave homme, avec un bon cœur, et j'aurais pu vous
« rendre votre maison plus confortable. Maintenant qu'il est
« trop tard, dit-elle, je m'aperçois que si une femme mariée
« veut s'montrer dévote, il faut qu'elle commence par remplir
« ses devoirs dans sa maison, et qu'elle rende ceux qui sont
« autour d'elle confortables et heureux. Pourvu qu'elle aille à
« l'église ou à la chapelle en temps convenable, il ne faut
« pas qu'elle se serve de ces sortes de choses pour excuser sa
« paresse ou sa gourmandise, ou bien pire. J'ai fait tout ça,
« dit-elle, et j'ai dépensé mon temps et mon argent pour des
« gens qui employaient leur temps encore plus mal que moi.
« Mais quand je serai partie, Weller, j'espère que vous vous rap-
« pellerez de moi, telle que j'étais réellement par mon naturel
« avant d'avoir connu ces gens-là. » — Suzanne, que je lui ai
dit — j'avais été pris un peu court par cette remarque-là, Samivel, je ne veux pas le nier, mon garçon — « Suzanne, que je
« lui ai dit, vous avez été une très-bonne femme pour moi au
« total ; ainsi ne parlons plus de cela. Reprenez bon courage,
« ma chère, et vous vivrez encore assez longtemps pour me
« voir ramollir la tête de ce Stiggins. » Ça l'a fait sourire,
Samivel, dit le vieux gentleman en étouffant un soupir avec
sa pipe. Mais elle est morte tout de même ! »

Au bout de trois ou quatre minutes consumées par l'honnête cocher à balancer lentement sa tête d'une épaule à l'autre,
en fumant solennellement, Sam crut devoir se hasarder à lui
offrir quelques lieux communs de consolation :

« Allons, gouverneur, dit-il, faut bien que nous en passions tous par là un jour ou l'autre.

— C'est vrai, Sammy.

— Il y a une providence dans tout ça.

— Certainement, répondit le père avec un signe d'approbation réfléchie ; sans cela, que deviendraient les entrepre-
neurs des pompes funèbres ? »

Perdu dans le champ immense de conjectures ouvert par
cette réflexion, M. Weller posa sa pipe sur la table et attisa le
feu d'un air pensif.

Tandis qu'il était ainsi occupé, une cuisinière grassouillette,
vêtue de deuil, et qui, depuis quelques instants, avait l'air de
ranger le comptoir, se glissa dans la chambre, et, accordant à
Sam plusieurs sourires de reconnaissance, se plaça silencieusement derrière la chaise de M. Weller, auquel elle annonça

sa présence par une légère toux, répétée bientôt après sur un ton beaucoup plus élevé.

« Ohé ! dit M. Weller en reculant précipitamment sa chaise et en se retournant si vite qu'il laissa tomber le fourgon, qu'est-ce qu'il y a maintenant ?

— Prenez une petite tasse de thé, mon bon monsieur Weller, dit d'une voix câline la cuisinière grassouillette.

— Je n'en veux pas, répliqua brusquement le cocher. Allez-vous-en à tous.... Allez vous promener, dit-il en se reprenant et d'un ton plus bas.

— Voyez donc comme le malheur change le monde ! s'écria la dame en levant les yeux au ciel.

— Ça ne me fera pas changer d'état au moins, murmura M. Weller.

— Réellement, je n'ai jamais vu un homme de si mauvaise humeur !

— Ne vous inquiétez pas ; c'est pour mon bien, comme disait l'écolier pour se consoler quand on lui donnait le fouet. »

La dame potelée hocha la tête d'un air plein de sympathie, et s'adressant à Sam, lui demanda s'il ne pensait pas que son père devrait faire un effort pour se remonter et ne pas céder à son abattement.

« Voyez-vous, monsieur Samuel, poursuivit-elle, c'est ce que je lui disais avant z'hier. I'sentira qu'il est bien seul. Ça ne se peut pas autrement, monsieur ; mais il devrait tâcher de prendre courage, car je suis sûre que nous le plaignons bien et que nous sommes prêtes à faire ce que nous pourrons pour le consoler. Il n'y a point dans la vie de situation si malheureuse qu'on ne puisse l'amender, et c'est ce qu'une personne très-digne me disait quand mon mari est mort. »

Ici l'orateur potelé, mettant sa main devant sa bouche, toussa encore et regarda affectueusement M. Weller.

« Comme je n'ai pas besoin de vot'conversation dans ce moment, ma'm, voulez-vous avoir l'obligeance de vous retirer, lui dit le cocher d'une voix grave et ferme.

— Bien, bien, monsieur Weller ! Je ne vous ai parlé que par bonté d'âme pour sûr.

— C'est très-probable, ma'm. Sammivel, reconduisez madame, et fermez la porte après elle. »

Cette insinuation ne fut pas perdue pour la cuisinière grassouillette, car elle quitta la chambre sans délai, et jeta violemment la porte derrière elle.

Alors M. Weller retombant sur sa chaise, dans une violente transpiration :

« Sammy, dit-il, si je restais ici tout seul une semaine, rien qu'une semaine, mon garçon, je suis sûr que cette femme-là m'épouserait de force.

— Elle vous aime donc furieusement ?

— Je le crois ben qu'elle m'aime ; je ne puis pas la faire tenir. Si j'étais enfermé dans un coffre-fort de fer, avec une serrure brevetée, elle trouverait moyen d'arriver jusqu'à moi.

— C'est terrible d'être recherché comme cela! fit observer Sam en souriant.

— Je n'en tire pas d'orgueil, Sammy, répliqua M. Weller en attisant le feu avec véhémence. C'est une horrible situation! Je suis positivement chassé de ma maison à cause de cela. A peine si les yeux de vot' pauvre belle-mère étaient fermés, que v'là une vieille qui m'envoie un pot de confitures ; une autre, un bocal de cornichons ; une autre qui m'apporte elle-même une grande cruche de tisane de camomille. » M. Weller s'arrêta avec un air de profond dégoût, et, regardant autour de lui, ajouta à voix basse : « C'étaient toutes des veuves, Sammy ; toutes, excepté celle à la camomille, qu'était une jeune demoiselle de cinquante-trois ans. »

Sam répondit à son père par un regard comique, et le vieux gentleman se mit à briser un gros morceau de charbon *de* terre, avec une physionomie aussi vindicative et aussi féroce que si ç'avait été la tête de l'une des veuves ci-mentionnées.

« Enfin, Sam, poursuivit-il, je ne me sens pas en sûreté ailleurs que sur mon siége.

— Comment y êtes-vous plus en sûreté qu'ailleurs ? interrompit Sam.

— Parce qu'un cocher est un être privilégié, répliqua M. Weller en regardant son fils fixement. Parce qu'un cocher peut faire, sans être soupçonné, ce qu'un autre homme ne peut pas faire ; parce qu'un cocher peut être sur le pied le plus amicable avec quatre-vingt mille voyageuses du beau sexe, sans que personne pense jamais qu'il ait envie d'en épouser une seule. Y a-t-il un autre mortel qui puisse en dire autant, Sammy?

— Vraiment, y a quelque chose là dedans, répondit Sam d'un air méditatif.

— Si ton gouverneur avait été un cocher, crois-tu que les jurys l'auraient condamné? En supposant que les choses en seraient venues à ces extrémités-là, ils n'auraient pas osé, mon garçon.

— Pourquoi pas ? demanda Sam dubitativement.

— Pourquoi pas ? Parce que ça aurait été contre leur conscience. Un véritable cocher est une sorte de trait-d'union entre le célibat et le mariage; tous les hommes pratiques savent cela.

— Vous voulez dire qu'ils sont les favoris de tout le monde, et que personne ne veut abuser de leur innocence. »

Le père Weller fit un signe de tête affirmatif, puis il ajouta: « Comment ça en est venu là, je ne peux pas le dire. Pourquoi le cocher de diligence possède tant d'insinuation et est toujours lorgné, recherché, adoré par toutes les jeunes femmes dans chaque ville où il travaille, je n'en sais rien ; je sais seulement que c'est comme ça. C'est une règle de la nature, un dispensaire de la providence, comme votre pauvre belle-mère avait l'habitude de dire.

— Une dispensation, fit observer Sam, en corrigeant le vieux gentleman.

— Très-bien, Samivel, une dispensation si ça te plaît; moi je l'appelle un dispensaire, et c'est toujours écrit comme ça dans les endroits où on vous donne des médecines pour rien, pourvu que vous apportiez une fiole : voilà tout. »

En prononçant ces mots, M. Weller bourra et ralluma sa pipe ; puis, reprenant encore une expression de physionomie réfléchie, il continua ainsi qu'il suit :

« C'est pourquoi, mon garçon, comme je ne vois pas l'utilité de rester ici pour être marié de force, et comme je ne veux pas me séparer des plus aimables membres de la socliété, j'ai résolu de conduire encore l'*inversable*, et de me remiser à la *Belle-Sauvage*, ce qu'est mon élément naturel, Sammy.

— Et qu'est-ce que la boutique deviendra?

— La boutique, mon garçon, fonds, crientèle et ameublement, sera vendue par un bon contrat, et comme ta belle-mère m'en a montré le désir avant de mourir, sur le prix de la vente on relèvera deux cents livres sterling, qui seront placées en ton nom dans les.... Comment appelles-tu ces macnines-là?

— Quelles machines ?

— Ces histoires qui sont toujours à monter et à descendre dans la cité.

— Les omnibus?

— Non, ces histoires qui sont toujours en fluctuation, et

qui s'entremêlent continuellement, d'une manière ou d'une autre, avec la dette nationale, les bons du trésor et tout ça ?

— Ah ! les fonds publics.

— Oui, les fontes publiques. Deux cents livres sterling, qui seront placées pour toi dans les fontes, quatre et demi pour cent, Sammy.

— C'est très-aimable de la part de la vieille lady, d'avoir pensé à moi, et je lui en suis fort obligé.

— Le reste sera placé en mon nom, et quand je recevrai ma feuille de route, ça te reviendra. Ainsi prends garde de ne pas tout dépenser d'un coup, mon garçon, et fais attention qu'il n'y ait pas quelque veuve qui se doute de ta fortune, ou bien te voilà enfoncé ! »

Ayant proféré cet avertissement paternel, M. Weller reprit sa pipe avec une contenance plus sereine, son esprit étant en apparence considérablement soulagé par la révélation qu'il venait de faire à son fils.

« On frappe, dit Sam au bout d'un moment.

— Laisse-les frapper, » répondit son père avec dignité.

Sam demeurant donc immobile, un autre coup se fit entendre, puis un autre, puis une longue succession de coups, et Sam demandant pourquoi la personne qui tapait n'était pas admise :

« Chut ! murmura M. Weller avec un air d'appréhension ; n'y fais pas attention, Sammy, c'est une veuve peut-être. »

Au bout de quelque temps l'invisible tapeur, remarquant qu'on ne s'occupait pas de lui, s'aventura à entr'ouvrir la porte pour jeter un coup d'œil dans la chambre, et l'on aperçut alors par l'ouverture, non pas une tête féminine, mais les longs cheveux noirs et la face rougeaude de M. Stiggins.

La pipe du vieux cocher lui tomba des mains.

Le révérend gentleman entre-bâilla la porte par un mouvement presque imperceptible, jusqu'à ce que l'ouverture fût assez large pour permettre le passage de son corps décharné, puis il se glissa dans la chambre et referma la porte avec soin et sans faire de bruit. Se tournant alors vers Sam il leva ses yeux et ses mains vers le plafond, en témoignage du chagrin inexprimable que lui avait causé la calamité tombée sur la famille ; puis il porta le grand fauteuil dans un coin, auprès du feu, et s'asseyant sur le bord du siége, tira de sa poche un mouchoir brun, et l'appliqua à ses yeux.

Tandis que ceci se passait, M. Weller était demeuré sur sa chaise, les yeux démesurément ouverts, les mains plantées sur ses genoux, et toute sa contenance exprimant la stupéfaction la plus accablante. Sam placé vis-à-vis de lui attendait en silence et avec une inquiète curiosité, la fin de cette scène.

M. Stiggins tint, pendant quelques minutes, le mouchoir brun devant ses yeux, tout en gémissant d'une manière décente. Ensuite, ayant surmonté sa tristesse par un violent effort, il remit son mouchoir dans sa poche et l'y boutonna; après quoi il attisa le feu, frotta ses mains, et regarda Sam.

« Oh ! mon jeune ami, dit-il en rompant le silence, mais d'une voix très-basse; voilà une terrible affliction pour moi. » Sam baissa légèrement la tête.

« Et pour l'impie également! Cela fait saigner le cœur. »

Sam crut entendre son père murmurer quelque chose sur un nez qui pourrait bien aussi saigner ; mais M. Stiggins ne l'entendit point.

Le révérend rapprocha sa chaise de Sam.

« Savez-vous, jeune homme, lui dit-il, si elle a légué quelque chose à Emmanuel?

— Qui c'est-il ? demanda Sam.

— La chapelle..., notre chapelle..., notre troupeau, monsieur Samuel.

— Elle n'a rien laissé pour le troupeau, rien pour le berger, rien pour les animaux, ni pour les chiens non plus, » répondit Sam d'un ton décisif.

M. Stiggins regarda Sam finement, jeta un coup d'œil au vieux gentleman qui avait fermé les yeux, comme s'il s'était endormi, et rapprochant encore sa chaise de Sam, lui dit :

« Rien pour moi, monsieur Samuel ? »

Sam secoua la tête.

« Il me semble qu'il doit y avoir quelque chose, dit Stiggins en devenant aussi pâle que cela lui était possible. Rappelez-vous bien, monsieur Samuel, pas un petit souvenir?

— Pas seulement la valeur de votre vieux parapluie.

— Peut-être, reprit avec hésitation M. Stiggins, après quelques minutes de réflexion profonde ; peut-être qu'elle m'a recommandé aux soins de l'impie ?

— C'est fort probable, d'après ce qu'il m'a dit. Il me parlait de vous tout à l'heure.

— Vraiment ! s'écria M. Stiggins en se rassérénant. Ah ! il est changé, je l'espère? Nous pourrons vivre très-confortablement ensemble maintenant, monsieur Samuel. Je pourrai

prendre soin de son bien, quand vous serez partis; bien du
soin, croyez-moi. »

Tirant du fond de sa poitrine un long soupir, M. Stiggins
s'arrêta pour attendre une réponse; Sam baissa la tête, et
M. Weller laissa exhaler un son extraordinaire qui n'était ni
un gémissement, ni un grognement, ni un râlement, mais qui
paraissait participer, en quelque degré, du caractère de tous
les trois.

M. Stiggins, encouragé par ce son, qu'il expliqua comme un
signe de repentir, regarda autour de lui, frotta ses mains,
pleura, sourit, pleura sur nouveaux frais; et ensuite, traver-
sant doucement la chambre, prit un verre sur une tablette
bien connue, et y mit gravement quatre morceaux de sucre.
Ce premier acte accompli, il regarda de nouveau autour
de lui, et soupira lugubrement, puis il entra à pas de loup
dans le comptoir, et revenant avec son verre à moitié plein
de rhum, il s'approcha de la bouilloire qui chantait gaiement
sur le foyer, mélangea son grog, le remua, le goûta, s'assit,
but une longue gorgée, et s'arrêta pour reprendre haleine.

M. Weller, qui avait continué à faire d'effrayants efforts
pour paraître endormi, ne hasarda pas la plus légère remarque
pendant ces opérations, mais quand M. Stiggins s'arrêta pour
reprendre haleine, il se précipita sur lui, arracha le verre de
ses mains, lui jeta au visage le restant du grog, lança le verre
dans la cheminée, et saisissant par le collet le révérend gentleman, lui détacha soudainement des coups de pied par derrière, en accompagnant chaque application de sa botte de violents et incohérents anathèmes, sur toute la personne du
berger étourdi.

« Sammy, dit-il en s'arrêtant un moment, enfonce-moi solidement mon chapeau. »

En fils soumis, Sam enfonça le chapeau paternel orné de la
longue bande de crêpe, et le brave cocher, reprenant ses occupations plus activement que jamais, roula avec M. Stiggins à
travers le comptoir, à travers le passage, à travers la porte de
la rue, et arriva dans la rue même, les coups de pied continuant tout le long du chemin, et leur violence, loin de diminuer, paraissant s'augmenter encore, chaque fois que la botte
se levait.

C'était un superbe et réjouissant spectacle, de voir l'homme
au nez rouge, dont le corps tremblait d'angoisse, se tordre
dans les serres de M. Weller, tandis que les coups de pied se

succédaient furieusement. Mais]'intérêt redoubla, lorsque le puissant cocher, après une lutte gigantesque, plongea la tête de M. Stiggins dans une auge pleine d'eau, et l'y tint enfoncée jusqu'à ce qu'il fût presque suffoqué.

« Voilà! dit-il enfin en permettant au révérend de retirer sa tête de l'auge, et en mettant toute son énergie dans un dernier coup de pied. Envoyez-moi ici quelques-uns de vos paresseux de bergers, et je les réduirai en gelée, puis je les délayerai ensuite. Sammy, donne-moi le bras, et verse-moi un verre d'eau-de-vie, je suis tout hors d'haleine, mon garçon. »

CHAPITRE XXIV.

Comprenant la sortie finale de MM. Jingle et Job Trotter, avec une grande matinée d'affaires dans *Gray's Inn square*, terminée par un double coup frappé à la porte de M. Perker.

Lorsque M. Pickwick, après de prudentes préparations et de nombreuses assurances qu'il n'y avait pas la plus petite raison d'être découragé, eut appris à Arabelle le résultat peu satisfaisant de sa visite à Birmingham, elle fondit en larmes et se plaignit en termes touchants, d'être un malheureux sujet de discorde entre le père et le fils.

« Ma chère enfant, dit M. Pickwick avec bonté, ce n'est pas du tout votre faute. Il était impossible de prévoir que le vieux Winkle serait si fortement prévenu contre le mariage de son fils. Je suis sûr, ajouta-t-il en regardant son joli visage, qu'il ne se doute pas de tout le plaisir qu'il se refuse.

— Oh ! mon cher monsieur Pickwick, reprit Arabelle, que ferons-nous s'il continue à être en colère contre nous ?

— Nous attendrons patiemment qu'il se ravise, ma chère enfant, répliqua l'excellent homme d'un air conciliant.

— Mais, mon cher monsieur Pickwick, qu'est-ce que Nathaniel deviendra si son père lui retire son assistance.

— En ce cas-là, ma chère petite, je parierais bien qu'il trouvera quelque autre ami pour l'aider à faire son chemin dans le monde. »

La signification de cette réponse n'était pas assez voilée

pour qu'Arabelle ne là comprît point : aussi jetant ses bras
autour du cou de M. Pickwick, elle l'embrassa tendrement, et
sanglota encore plus fort.

« Allons, allons! dit-il en prenant ses mains nous attendrons encore quelques jours, et nous verrons s'il écrit ou s'il
fait quelque autre réponse à la communication de votre mari.
Si nous ne recevons pas de nouvelles, j'ai dans la tête une
douzaine de plans, dont un seul suffirait pour vous rendre
heureux sur-le-champ. Voilà, ma chère, voilà. »

En disant ces mots, M. Pickwick pressa doucement la main
d'Arabelle, et l'invita à sécher ses larmes, pour ne point tourmenter son mari. Aussitôt, la jeune femme, qui était la meilleure petite créature du monde, mit son mouchoir dans son
sac, et lorsque M. Winkle arriva, il trouva sur sa physionomie
le même gracieux sourire et les mêmes regards étincelants
qui l'avaient originairement captivé.

« Voilà une situation affligeante pour ces deux jeunes gens,
pensa M. Pickwick, en s'habillant le lendemain matin. Je
vais aller jusque chez Perker, et le consulter là-dessus. »
Comme il était en outre invité à se rendre chez le bon petit
avoué par un vif désir de régler son compte avec lui, il déjeuna à la hâte, et exécuta ses intentions si rapidement, qu'il
s'en fallait encore de dix minutes que l'horloge eût sonné dix
heures quand il atteignit *Gray's Inn*.

Lorsqu'il se trouva sur le carré où s'ouvrait l'étude de Perker, les clercs n'étaient pas arrivés et il se mit à la fenêtre pour
passer le temps.

Le soleil, tant célébré, d'une belle matinée d'octobre, semblait
égayer un peu les vieilles maisons elles-mêmes, et quelques-
unes des fenêtres vermoulues paraissaient presque joyeuses,
grâce à l'influence de ses rayons. Les clercs, arrivant par les
diverses portes, se précipitaient l'un après l'autre dans le
square, et regardant la grande horloge, diminuaient ou aug-
mentaient leur vitesse, suivant l'heure à laquelle leur bureau
devait s'ouvrir; les gens de neuf heures et demie, devenant tout
à coup fort empressés, et les gentlemen de dix heures retombant dans une lenteur aristocratique. L'horloge sonna dix
heures, et le flot des clercs se répandit plus vite que jamais,
chacun d'eux arrivant en plus grande transpiration que son
prédécesseur. Le bruit des portes ouvertes et fermées retentissait de tous les côtés; des têtes apparaissaient, comme par en-
chantement, à chaque fenêtre; les commissionnaires prenaient

leur place pour la journée; les femmes de ménage, en savates, se retiraient précipitamment; le facteur courait de maison en maison, et toute la ruche légale se montrait pleine d'agitation.

« Vous voilà de bien bonne heure, monsieur Pickwick, dit une voix derrière notre savant ami.

— Ah! ah! monsieur Lowten! répliqua M. Pickwick en se retournant.

— Il fait joliment chaud à marcher, reprit Lowten en tirant de sa poche une clef Bramah, garnie d'un petit fausset, pour empêcher l'entrée de la poussière.

— Il paraît que vous vous en êtes aperçu, dit M Pickwick au clerc qui était rouge comme une écrevisse. .

— Je suis venu un peu vite. Il était neuf heures et demie quand j'ai traversé le *Polygone;* mais comme je suis arrivé avant lui, ça m'est égal! »

Consolé par cette réflexion, M. Lowten ôta la cheville de sa clef, ouvrit la porte, rechevilla et rempocha son bramah, recueillit les lettres que le facteur avait mises dans la boîte, et introduisit M. Pickwick dans son cabinet. Là, en un clin d'œil, il se dépouilla de son habit, tira d'un pupitre et endossa un vêtement rapé jusqu'à la corde, accrocha son chapeau, tira quelques feuilles de papier-cartouche, disposées par lits alternatifs avec des feuillets de papier buvard, et posant sa plume sur son oreille, frotta ses mains avec un air de grande satisfaction.

« Vous voyez, monsieur Pickwick, me voilà au grand complet! J'ai mis mon habit de bureau, ma boutique est ouverte; il peut venir maintenant aussi vite qu'il voudra. Est-ce que vous n'avez pas une prise de tabac à me donner?

— Je n'en ai pas, malheureusement.

— Tant pis! mais c'est égal, je vais courir chercher une bouteille de soda-water. N'ai-je pas quelque chose de drôle dans les yeux, monsieur Pickwick? »

Le philosophe consulté examina d'une certaine distance les yeux de M. Lowten, et exprima son opinion qu'ils n'avaient rien de plus drôle qu'à l'ordinaire.

« J'en suis bien aise, reprit leur possesseur. Nous ne nous en sommes pas mal donné, la nuit passée, à la *Souche,* et je me sens tout farce, ce matin. — A propos, Perker s'occupe de votre affaire.

— Quelle affaire? Les frais pour mistress Bardell?

— Non, l'affaire du débiteur pour qui nous avons racheté

les dettes, par votre ordre, à un rabais de cinquante pour cent.
Perker va le tirer de prison et l'envoyer à Demerary.

— Ha! M. Jingle, dit vivement M. Pickwick. Eh bien!

— Eh bien! tout est arrangé, répondit Lowten, en surcoupant sa plume. L'agent de Liverpool a dit qu'il avait été obligé par vous bien des fois, quand vous étiez dans les affaires, et qu'il le prendrait avec plaisir, sur votre recommandation.

— C'est très-bien, répondit M. Pickwick; j'en suis charmé.

— Mais, reprit Lowten en grattant une autre plume avec le dos de son canif avant de la tailler; l'autre est-il bonasse!

. — Quel autre?

— Eh! mais, le domestique, ou l'ami,... vous savez bien,... Trotter.

— Bah! fit M. Pickwick, avec un sourire, j'ai toujours pensé de lui tout le contraire.

— Eh bien! moi aussi, d'après le peu que j'en avais vu. Cela montre seulement comment on est trompé. Qu'est-ce que vous diriez s'il s'en allait à Demerary aussi?

— Quoi? il renoncerait à ce qu'on lui offre ici?

— Il a reçu comme rien l'offre que lui faisait Perker de dix-huit shillings par semaine, avec de l'avancement s'il se comportait bien. Il dit qu'il ne peut pas quitter l'autre. Il a persuadé à Perker d'écrire sur nouveaux frais, et on lui a trouvé quelque chose sur la même propriété.... d'un peu moins avantageux que ce qu'obtiendrait un *convict* dans la Nouvelle-Galles du sud, s'il paraissait devant le tribunal avec des habits neufs.

— Quelle folie! s'écria M. Pickwick avec des yeux brillants, quelle folie!

— Oh! c'est pire que de la folie, c'est de la véritable bassesse, comme vous voyez, répliqua Lowten en coupant sa plume d'un air méprisant. Il dit que c'est le seul ami qu'il ait jamais eu, et qu'il lui est attaché, et tout ça. L'amitié est certainement une très-bonne chose, dans son genre. Par exemple, après notre grog, nous sommes tous très-bons amis, à *la Souche*, où chacun paye son écot: Mais le diable emporte celui qui se sacrifierait pour un autre, n'est-ce pas? Un homme ne doit avoir que deux attachements : l'un pour le premier des pronoms personnels, l'autre pour les dames en général; voilà mon système, ha! ha! ha! »

M. Lowten termina cette profession de foi par un bruyant éclat de rire, moitié joyeux, moitié dérisoire, mais qui fut coupé court par le bruit des pas de Perker sur l'escalier. En l'entendant approcher, le clerc s'élança sur son tabouret avec une agilité remarquable, et se mit à écrire furieusement.

Les salutations entre M. Pickwick et son conseiller légal furent cordiales et chaudes, mais le client était à peine étendu dans le fauteuil de l'avoué, quand un coup se fit entendre à la porte, et une voix demanda si M. Perker était là.

« Écoutez, dit le petit homme, c'est un de nos vagabonds ; Jingle lui-même, mon cher monsieur. Voulez-vous le voir ?...

— Qu'en pensez-vous ? demanda M. Pickwick en hésitant.

— Je pense que vous ferez bien. Allons, monsieur.... chose.... entrez. »

Obéissant à cette invitation familière, Jingle et Job entrèrent dans la chambre ; mais, apercevant M. Pickwick, ils s'arrêtèrent avec confusion.

« Eh bien, dit Perker, reconnaissez-vous ce gentleman ?

— Bonnes raisons pour cela, répliqua Jingle en s'avançant. Monsieur Pickwick, les plus grandes obligations, sauvé la vie, remis à flot. Vous ne vous en repentirez jamais, monsieur.

— Je suis charmé de vous l'entendre dire, répondit M. Pickwick. Vous avez bien meilleure mine.

— Grâces à vous, monsieur. Grand changement. La prison de Sa Majesté, malsaine, très-malsaine, » dit Jingle en hochant la tête.

Il était proprement et décemment vêtu, ainsi que Job, qui se tenait debout derrière lui, regardant fixement M. Pickwick avec un visage d'airain.

« Quand partent-ils pour Liverpool ? demanda M. Pickwick à son avoué.

— Ce soir, monsieur, à sept heures, dit Job en avançant d'un pas ; par la grande diligence de la cité, monsieur.

— Les places sont retenues ?

— Oui, monsieur.

— Et vous êtes tout à fait décidé à partir ?

— Tout à fait, monsieur.

— Quant à l'équipement de Jingle, dit Perker en s'adressant tout haut à M. Pickwick, j'ai pris sur moi de faire un arrangement pour déduire, tous les trois mois, de son salaire, une petite somme, et pour nous rembourser ainsi de l'argent qu'il a fallu avancer. Je désapprouve entièrement que vous fassiez pour lui quelque chose qu'il ne reconnaîtrait pas par ses propres efforts et par sa bonne conduite.

— Certainement, interrompit Jingle avec fermeté. Esprit juste, homme du monde, il a raison, parfaitement raison.

— En désintéressant ses créanciers, en retirant ses habits mis en gage, en le nourrissant dans la prison, en payant le prix de son passage, continua Perker sans s'occuper de l'observation de Jingle, vous avez déjà perdu plus de cinquante livres sterling....

— Pas perdus! s'écria Jingle précipitamment, tout sera remboursé. Je travaillerai comme un cheval jusqu'au dernier liard. La fièvre jaune, peut-être.... ça ne peut pas s'empêcher.... sinon.... »

Jingle s'arrêta, et, frappant le fond de son chapeau avec violence, passa sa main sur ses yeux et s'assit.

« Il veut dire, ajouta Job en s'avançant de quelques pas, il veut dire que s'il n'est pas emporté par la fièvre jaune, il remboursera tout l'argent. S'il vit, il le fera, monsieur Pickwick; j'y tiendrai la main. Je suis sûr qu'il le fera, monsieur, répéta Job avec beaucoup d'énergie; j'en ferais volontiers serment.

— Bien, bien, » dit M. Pickwick, qui, pour arrêter l'énumération de ses bienfaits, avait fait au petit avoué une douzaine de signes que celui-ci s'était obstiné à ne point remarquer. « Je vous engage seulement à jouer plus modérément à la crosse, monsieur Jingle, et à ne point renouer connaissance avec sir Thomas Blazo. Moyennant cela, je ne doute pas que vous ne conserviez votre santé. »

M. Jingle sourit à cette saillie, mais en même temps il avait l'air embarrassé, aussi M. Pickwick changea-t-il de sujet en disant : « Savez-vous ce qu'est devenu un de vos amis, un pauvre diable, que j'ai vu à Rochester?

— Jemmy le lugubre? demanda Jingle.

— Oui.

— Gaillard malin, reprit Jingle en branlant la tête, drôle de corps, génie mystificateur, frère de Job.

— Frère de Job! s'écria M. Pickwick. Eh bien, maintenant que j'y regarde de plus près, je trouve de la ressemblance.

— On en a toujours trouvé entre nous, dit Job avec un grain de malice dans le coin de ses yeux; seulement, j'étais réellement d'une nature sérieuse, et lui tout le contraire. Il a émigré en Amérique, monsieur, parce qu'on s'occupait trop de lui dans ce pays-ci. Nous n'en avons plus entendu parler depuis.

— Cela m'explique pourquoi je n'ai pas reçu *la page du ro-*

man de la vie réelle, qu'il m'avait promise un matin sur le pont
de Rochester, où il paraissait méditer un suicide. Je puis apparemment me dispenser de demander si sa conduite lugubre était naturelle ou affectée? continua M. Pickwick en souriant.

— Il savait jouer tous les rôles, monsieur, et vous devez
vous regarder comme très-heureux de lui avoir échappé si aisément. Ç'aurait été pour vous une connaissance encore plus
dangereuse que.... »

Job regarda Jingle, hésita et ajouta finalement :

« Que..., que moi-même.

— Savez-vous que votre famille donnait beaucoup d'espérances, monsieur Trotter? dit le petit avoué en cachetant une
lettre qu'il venait d'écrire.

— C'est vrai, monsieur, beaucoup.

— J'espère que vous allez la déshonorer, reprit Perker en
riant. Donnez cette lettre à l'agent, quand vous arriverez à Liverpool, et permettez-moi de vous engager , gentlemen, à ne
pas être trop habiles en Amérique. Si vous manquiez cette occasion de vous réhabiliter, vous mériteriez richement d'être
pendus tous les deux, comme j'espère dévotement que vous le
seriez. Maintenant, vous pouvez me laisser seul avec M. Pickwick, car nous avons des affaires à terminer, et le temps est
précieux. »

En disant cela, Perker regarda la porte, avec le désir évident de rendre les adieux aussi brefs que possible.

Ils furent assez brefs, en effet, de la part de Jingle. Il re-
mercia par quelques paroles précipitées le petit avoué de la
bonté et de la promptitude qu'il avait déployées pour le secourir; puis, se tournant vers son bienfaiteur, il resta immobile
pendant quelques secondes, comme incertain de ce qu'il
devait faire ou dire. Job Trotter termina sa perplexité, car,
ayant fait à M. Pickwick un salut humble et reconnaissant, il
prit doucement son ami par le bras, et l'emmena hors de la
chambre.

« Un digne couple! dit Perker lorsque la porte se fut refermée derrière eux.

— J'espère qu'ils le deviendront, répliqua M. Pickwick.
Qu'en pensez-vous? Y a-t-il quelques chances pour qu'ils s'a-
mendent? »

Perker haussa les épaules, mais observant l'air désappointé
de M. Pickwick, il répondit :

« Nécessairement il y a une chance; j'espère qu'elle sera
bonne. Ils,sont évidemment repentants, maintenant; mais,
comme vous le savez, ils ont encore le souvenir tout frais de
leurs souffrances récentes. Ce qu'ils feront quand ce souvenir
se sera effacé, c'est un problème que ni vous ni moi ne pouvons
résoudre. Cependant, mon cher monsieur, ajouta-t-il en posant sa main sur l'épaule de M. Pickwick, votre action est également honorable, quel qu'en soit le résultat. Je laisse à des
têtes plus habiles que la mienne le soin de décider si cette espèce de bienveillance, si clairvoyante, qu'elle s'exerce rarement, de peur de s'exercer mal à propos, est une charité réelle
ou bien une contrefaçon mondaine de la charité. Mais , quand
ces deux gaillards-ci commettraient un vol qualifié dès demain,
mon opinion sur votre conduite n'en serait pas moins toujours
la même. »

Ayant débité ce discours d'une manière plus animée que ce
n'est l'habitude des gens d'affaires, il approcha sa chaise de
son bureau et écouta le récit que lui fit M. Pickwick de l'obstination du vieux M. Winkle.

« Donnez-lui une semaine, dit-il en hochant la tête d'une
manière prophétique.

— Pensez-vous qu'il se rendra?

— Mais, oui; autrement, il faudrait essayer les moyens de
persuasion de la jeune dame, et c'est même par où tout autre
que vous aurait commencé. »

M. Perker prenait une prise de tabac avec diverses contrac-
tions grotesques de sa physionomie, en honneur du pouvoir
persuasif des jeunes ladies, lorsqu'on entendit dans le premier
bureau un murmure de demandes et de réponses; après quoi,
Lowten frappa à la porte du cabinet.

« Entrez! » cria le petit homme.

Le clerc entra et ferma la porte après lui d'un air mystérieux.

« Qu'est-ce qu'il y a? lui dit Perker.

— On vous demande, monsieur.

— Qui donc? »

Lowten regarda M. Pickwick et fit entendre une légère toux.

« Qui est-ce qui me demande? Est-ce que vous ne pouvez
pas parler, monsieur Lowten?

— Eh! mais, monsieur, MM. Dodson et Fogg.

— Parbleu! s'écria le petit homme en regardant à sa montre, je leur ai donné rendez-vous ce matin à onze heures et

demie pour terminer votre affaire, Pickwick. C'est fort embarrassant; que ferez-vous, mon cher monsieur? Voudriez-vous
passer dans la chambre à côté? »

La chambre à côté étant précisément celle dans laquelle se
trouvaient Dodson et Fogg, M. Pickwick répliqua avec une
contenance animée et beaucoup de marques d'indignation,
qu'il voulait rester où il était, attendu que MM. Dodson et
Fogg devaient être honteux de paraître devant lui, mais que
lui pouvait les regarder en face sans rougir, circonstance qu'il
priait instamment M. Perker de noter.

« Très-bien, mon cher monsieur, répliqua M. Perker. Je
vous dirai seulement que, si vous vous attendez à ce que Dodson ou Fogg montrent quelques symptômes de honte ou de
confusion en vous regardant ou en regardant qui que ce soit
en face, vous êtes l'homme le plus jeune que j'aie jamais rencontré. Faites-les entrer, monsieur Lowten. »

M. Lowten disparut en riant tout bas; et, revenant bientôt
après, introduisit formellement les associés, Dodson d'abord,
et Fogg ensuite.

« Vous avez déjà vu M. Pickwick, je pense, dit Perker en inclinant sa plume dans la direction où le philosophe était assis.

— Comment vous portez-vous, monsieur Pickwick? cria
Dodson d'une voix bruyante.

— Eh! eh! comment vous portez-vous, monsieur Pickwick?
reprit Fogg en approchant sa chaise et en regardant autour
de lui avec un sourire. J'espère que vous n'allez pas mal ce
soir? Je savais bien que je connaissais votre figure. »

M. Pickwick inclina fort légèrement la tête en réponse à
ces salutations, puis, voyant que Fogg tirait un paquet de sa
poche, il se leva et se retira dans l'embrasure de la croisée.

« Il n'y a pas besoin que M. Pickwick se dérange, monsieur
Perker, dit Fogg en détachant le cordon rouge qui entourait
le petit paquet et en souriant encore plus agréablement.
M. Pickwick connaît déjà cette affaire-là. Il n'y a point de secret entre nous, j'espère. Hé! hé! hé!

— Non; il n'y en a guère, ajouta Dodson; ha! ha! ha! » et
les deux partenaires se mirent à rire joyeusement, comme on
fait d'ordinaire quand on va recevoir de l'argent.

— M. Pickwick a bien acheté le droit de tout voir, reprit
Fogg d'un air notablement spirituel. Le montant des sommes
taxees est de cent trente-trois livres sterling six shillings et
quatre pence, monsieur Perker. »

Perker et Fogg s'occupèrent alors attentivement à comparer des papiers, à tourner des feuillets, et, pendant ce temps, Dodson dit à M. Pickwick d'une manière affable :

« Vous ne m'avez pas l'air tout à fait aussi solide que la dernière fois où j'ai eu le plaisir de vous voir, monsieur Pickwick.

— C'est possible, monsieur, répliqua notre héros, qui avait lancé sur les deux habiles praticiens mille regards d'indignation, sans produire sur eux le plus léger effet. C'est très-probable, monsieur. J'ai été dernièrement tourmenté et persécuté par des fripons, monsieur. »

Perker toussa violemment et demanda à M. Pickwick s'il ne voulait pas jeter un coup d'œil sur le journal ; mais celui-ci répondit par la négative la plus décidée.

« Effectivement, reprit Dodson, je parierais que vous avez été tourmenté dans la prison. Il y a là de drôles de gens. Où était votre appartement, monsieur Pickwick ?

— Mon unique chambre était à l'étage du café.

— Oh ! en vérité ! C'est, je pense, la partie la plus agréable de l'établissement.

— Très-agréable, » répliqua sèchement M. Pickwick.

Le sang-froid de ce misérable était bien fait pour exaspérer une personne d'un tempérament irritable. M. Pickwick restreignit sa colère par des efforts gigantesques ; mais quand Perker eut écrit un mandat pour le montant de la somme, et lorsque Fogg le déposa dans son portefeuille avec un sourire triomphant, qui se communiqua également à la contenance de Dodson, il sentit que son sang montait dans ses joues en bouillonnant d'indignation.

« Allons, monsieur Dodson, dit Fogg en empochant son portefeuille et en mettant ses gants, je suis à vos ordres.

— Très-bien, répondit Dodson en se levant ; je suis aux vôtres.

— Je me trouve très-heureux, reprit Fogg, adouci par le mandat qu'il avait empoché, je me trouve très-heureux d'avoir eu le plaisir de faire la connaissance de monsieur Pickwick. J'espère, monsieur, que vous n'avez plus aussi mauvaise opinion de nous, que la première fois où nous avons eu le plaisir de vous rencontrer.

— J'espère que non, ajouta Dodson avec le ton d'élévation d'une vertu calomniée. Vous nous connaissez mieux maintenant, monsieur Pickwick ; mais quelle que puisse être votre opinion des gentlemen de notre profession, je vous prie de croire, monsieur, que je ne conserve pas de rancune contre vous, pour les sentiments qu'il vous a plu d'exprimer dans notre bureau de *Freeman's Court Cornhill*, lors de la circonstance à laquelle mon associé vient de faire allusion.

— Oh ! non, nous dit Fogg avec une charité toute chrétienne.

— Notre conduite, monsieur, poursuivit l'autre associé, parlera pour elle-même et se justifiera d'elle-même, en toutes occasions. Nous avons été dans la profession pas mal d'années, monsieur Pickwick, et nous avons mérité la confiance de beaucoup d'honorables clients. Je vous souhaite le bonjour, monsieur.

— Bonjour, monsieur Pickwick, dit Fogg ; en parlant ainsi, il mit son parapluie sous son bras, ôta son gant droit, et tendit une main conciliatrice au philosophe indigné. Celui-ci fourra aussitôt ses poignets sous les pans de son habit, et lança à l'avoué des regards pleins d'une surprise méprisante.

— Lowten ! s'écria au même instant M. Perker, ouvrez la porte !

— Attendez un instant, dit M. Pickwick. Je veux parler, Perker.

— Mon cher monsieur, interrompit le petit avoué, qui, pendant toute cette entrevue, avait été dans un état d'appréhension nerveuse, mon cher monsieur, en voilà assez sur ce sujet. Restons-en là, je vous supplie, monsieur Pickwick.

— Monsieur, reprit M. Pickwick avec vivacité, je ne veux pas qu'on me fasse taire ! — Monsieur Dodson, vous m'avez adressé quelques observations.... »

Dodson se retourna, pencha doucement la tête et sourit.

« Vous m'avez adressé quelques observations , répéta M. Pickwick, presque hors d'haleine, et votre associé m'a tendu la main, et tous les deux vous avez pris avec moi un ton de générosité et de magnanimité! C'est là un excès d'impudence auquel je ne m'attendais pas, même de votre part.

— Quoi, monsieur ? s'écria Dodson.

— Quoi, monsieur ? répéta Fogg.

— Savez-vous bien que j'ai été victime de vos perfides complots? Savez-vous que je suis l'homme que vous avez emprisonné et volé ? Savez-vous que vous êtes les avoués de la plaignante, dans Bardell et Pickwick.

— Oui, monsieur, nous savons cela, repartit Dodson.

— Nécessairement, nous le savons, ajouta Fogg en frappant sur sa poche, peut-être par hasard.

— Je vois que vous vous en souvenez avec satisfaction, reprit M. Pickwick en essayant, pour la première fois de sa vie, de produire un rire amer, et en l'essayant tout à fait en vain. Quoique j'aie longtemps désiré de vous dire, en termes clairs et nets, quelle est mon opinion de votre conduite, j'aurais laissé passer cette occasion, par déférence pour les désirs de mon ami Perker, sans le ton inexcusable que vous avez pris et sans votre insolente familiarité. Je dis insolente familiarité, monsieur ! répéta M. Pickwick en se retournant vers Fogg, avec une vivacité qui fit battre l'autre en retraite jusqu'à la porte.

— Prenez garde, monsieur ! s'écria Dodson, qui, quoique le plus grand et le plus gros des deux, s'était prudemment retranché derrière Fogg, et qui parlait par-dessus la tête de son associé avec un visage très-pâle. Laissez-vous maltraiter, monsieur Fogg ; ne lui rendez point ses coups sous aucun prétexte.

— Non, non, je ne les lui rendrai pas, dit Fogg en se reculant un peu plus, au soulagement évident de son associé, qui se trouvait ainsi arrivé au bureau extérieur.

— Vous êtes, continua M. Pickwick en reprenant le fil de son discours, vous êtes une paire bien assortie de vils chicaneurs, de fripons, de voleurs....

— Allons, interrompit Perker, est-ce là tout ?

— Tout se résume là dedans, reprit M. Pickwick. Ce sont de vils chicaneurs, des fripons, des voleurs !

— Bien, bien, reprit Perker d'un ton conciliant. Mes chers messieurs, il a dit tout ce qu'il avait à dire. Maintenant, je vous en prie, allez-vous-en. Lowten, la porte est-elle ouverte ?

M. Lowten qui riait dans le lointain, répondit affirmativement.

« Allons, allons ; adieu, adieu ; allons, mes chers messieurs ; monsieur Lowten, la porte, cria le petit homme en poussant Dodson et Fogg hors de son bureau. Par ici, mes chers messieurs. Terminons cela, je vous en prie. Que diable, monsieur Lowten, la porte ! Pourquoi ne reconduisez-vous pas, monsieur ?

— S'il y a quelque justice en Angleterre, dit Dodson en mettant son chapeau et en regardant M. Pickwick, vous nous payerez cela, monsieur !

— Vous êtes une paire de voleurs !

— Souvenez-vous que vous nous le payerez bien ! cria Fogg en agitant son poing.

— Chicaneurs ! fripons ! voleurs ! continua M. Pickwick sans s'embarrasser des menaces qui lui étaient adressées.

— Voleurs ! cria-t-il en courant sur le carré pendant que les deux avoués descendaient.

— Voleurs ! » vociféra-t-il en s'échappant des mains de Lowten et de Perker et en mettant sa tête à la fenêtre de l'escalier.

Quand M. Pickwick retira sa tête de la fenêtre, sa physionomie était radieuse, souriante et tranquille, et en rentrant dans le bureau, il déclara que son esprit était soulagé d'un grand poids, et qu'il se trouvait maintenant tout à fait heureux.

Perker ne dit rien du tout jusqu'à ce qu'il eut vidé sa tabatière et renvoyé Lowten pour la remplir ; mais alors il fut saisi d'un accès de fou rire, qui dura cinq minutes, à l'expiration desquelles il fit observer qu'il devrait se mettre en colère, mais qu'il ne pouvait pas encore penser sérieusement à cette affaire, et qu'il se fâcherait dès qu'il le pourrait.

« Maintenant, dit M. Pickwick, je voudrais bien régler mon compte avec vous.

— Est-ce de la même manière que vous avez réglé l'autre? demanda Perker en recommençant à rire.

— Non, pas exactement, répondit le philosophe, en tirant son portefeuille, et en secouant cordialement la main du petit avoué. Je veux parler seulement de notre compte pécuniaire. Vous m'avez donné plusieurs preuves d'amitié dont je ne pourrai jamais m'acquitter, ce que d'ailleurs je ne désire pas, car je préfère continuer à rester votre obligé. »

Après cette préface, les deux amis s'enfoncèrent dans des comptes fort compliqués, qui furent régulièrement exposés par Perker, et immédiatement soldés par M. Pickwick, avec beaucoup d'expressions d'affection et d'estime.

A peine cette opération était-elle terminée, qu'on entendit frapper à la porte du carré, de la manière la plus violente et la plus épouvantable. Ce n'était pas un double coup ordinaire, mais une succession constante et non interrompue de coups formidables, comme si le marteau avait été doué du mouvement perpétuel, ou comme si la personne qui l'agitait avait oublié de s'arrêter.

« Ah çà! qu'est-ce que cela ? s'écria Perker en tressaillant.

— Je pense qu'on frappe à la porte, répondit M. Pickwick, comme s'il y avait pu avoir le moindre doute à cet égard. »

Le marteau fit une réponse plus énergique que n'auraient pu faire des paroles, car il continua à battre, sans un moment de relâche, et avec une force et un tapage surprenants.

« Si cela continue, dit Perker en faisant retentir sa sonnette, nous allons ameuter tout le quartier ! Monsieur Lowten, n'entendez-vous pas qu'on frappe ?

— J'y vais à l'instant, monsieur, répliqua le clerc. »

Le marteau parut entendre la réponse, et pour assurer qu'il lui était impossible d'attendre plus longtemps, il fit un effroyable vacarme.

« C'est épouvantable ! dit Perker en se bouchant les oreilles. »

M. Lowten, qui était en train de se laver les mains dans le cabinet noir, se précipita vers la porte, et tournant le bouton se trouva en présence d'une apparition, qui va être décrite dans le chapitre suivant.

CHAPITRE XXV.

Contenant quelques détails relatifs aux coups de marteau, ainsi que diverses autres particularités, parmi lesquelles figurent, notablement, certaines découvertes concernant M. Snodgrass et une jeune lady.

L'objet qui se présenta aux yeux du clerc, était un jeune garçon prodigieusement gras, revêtu d'une livrée de domestique, et se tenant debout sur le paillasson, mais avec les yeux fermés comme pour dormir. Lowten n'avait jamais vu un jeune garçon aussi gras, et sa corpulence extraordinaire, jointe au repos complet de sa physionomie, si différente de celle qu'on aurait dû raisonnablement attendre d'un si intrépide frappeur, le remplirent d'étonnement.

« Que voulez-vous ? demanda le clerc. »

L'enfant extraordinaire ne répondit point un seul mot, mais il baissa la tête, et Lowten s'imagina l'entendre ronfler faiblement.

« D'où venez-vous ? » reprit le clerc. Le gros garçon respira profondément, mais il ne bougea point.

Le clerc répéta trois fois ses questions, et ne recevant aucune réponse, il se préparait à fermer la porte, quand tout à
coup le jeune garçon ouvrit les yeux, les cligna plusieurs fois,
éternua et étendit la main, comme pour recommencer à frapper. S'apercevant que la porte était ouverte, il regarda autour
de lui avec stupéfaction, et, à la fin, fixa ses gros yeux ronds
sur le visage de Lowten.

« Pourquoi diable frappez-vous comme cela? lui demanda
le clerc avec colère.

— Comme quoi? répondit le gros garçon d'une voix endormie.

— Comme quarante cochers de place..

— Parce que mon maître m'a dit de ne pas arrêter de frapper
jusqu'à ce qu'on ouvre la porte, de peur que je m'endorme.

— Eh bien! quel message apportez-vous?

— Il est en bas.

— Qui?

— Mon maître; il veut savoir si vous êtes à la maison. »

En ce moment, M. Lowten imagina de mettre la tête à la
fenêtre. Voyant dans son carrosse ouvert un vieux gentleman
qui regardait en l'air avec anxiété, il lui fit signe, et le vieux
gentleman descendit immédiatement.

— C'est votre maître qui est dans la voiture, je suppose,
dit Lowten. »

Le gros garçon baissa la tête d'une manière affirmative.

Toute autre question fut rendue inutile par l'apparition
du vieux Wardle, qui, ayant monté lestement l'escalier et reconnu Lowten, passa immédiatement dans la chambre de
Perker.

« Pickwick! s'écria-t-il, votre main, mon garçon. C'est d'hier
seulement que j'ai appris que vous vous étiez laissé mettre en
cage. Comment avez-vous souffert cela, Perker?

— Je n'ai pas pu l'empêcher, mon cher monsieur, répliqua
le petit avoué avec un sourire et une prise de tabac. Vous
savez comme il est obstiné.

— Certainement, je le sais, mais je suis enchanté de le voir
malgré cela. Ce n'est pas de sitôt que je le perdrai de vue. »

Ayant ainsi parlé, Wardle serra de nouveau la main de
M. Pickwick, puis celle de Perker, et se jeta dans un fauteuil,
son joyeux visage brillant plus que jamais de bonne humeur
et de santé.

« Eh bien! dit-il, voilà de jolies histoires! Une prise de tabac, Perker mon garçon. Avez-vous jamais rien vu de pareil, hein?

— Que voulez-vous dire? demanda M. Pickwick.

— Ma foi! je pense que toutes les filles ont perdu la tête. Vous direz peut-être que cela n'est pas bien nouveau, mais c'est vrai néanmoins.

— Eh! mon cher monsieur, dit Perker, est-ce que vous êtes venu à Londres tout exprès pour nous apprendre cela?

— Non, non, pas tout à fait; quoique ce soit la principale cause de mon voyage. Comment va Arabelle?

— Très-bien, répondit M. Pickwick; et elle sera charmée de vous voir, j'en suis sûr.

— La petite coquette aux yeux noirs! J'avais grandement idée de l'épouser moi-même un de ces beaux jours, mais néanmoins je suis charmé de cela, véritablement.

— Comment l'avez-vous appris? demanda M. Pickwick.

— Oh! par mes filles naturellement. Arabelle leur a écrit avant-hier qu'elle s'était mariée sans le consentement du père de son mari, et que vous étiez allé pour le lui demander, quand son refus ne pourrait plus empêcher le mariage, et tout cela. J'ai pensé que c'était un bon moment pour donner une petite leçon à mes filles, pour leur faire remarquer quelle chose terrible c'était quand les enfants se mariaient sans le consentement de leurs parents, et le reste. Mais baste! je n'ai pas pu faire la plus légère impression sur elles. Elles trouvaient mille fois plus terrible qu'il y eût eu un mariage sans demoiselles d'honneur, et j'aurais aussi bien fait de prêcher Joe lui-même. »

Ici le vieux gentleman s'arrêta pour rire, et quand il s'en fut donné tout son content, il reprit en ces termes :

« Mais ce n'est pas tout, à ce qu'il paraît. Ce n'est là que la moitié des complots et des amourettes qui se sont machinés. Depuis six mois nous marchons sur des mines, et elles ont éclaté à la fin.

— Qu'est-ce que vous voulez dire, s'écria M. Pickwick, en pâlissant. Pas d'autre mariage secret, j'espère.

— Non! non! pas tout à fait aussi mauvais que cela; non.

— Quoi donc alors! suis-je intéressé dans l'affaire?

— Dois-je répondre à cette question, Perker?

— Si vous ne vous compromettez pas, en y répondant, mon cher monsieur.

— Eh bien! alors, dit M. Wardle en se tournant vers M. Pickwick; eh bien alors, oui, vous y êtes intéressé.

—Comment cela, demanda celui-ci avec anxiété. En quelle manière ?

— Réellement, vous êtes un jeune gaillard si emporté, que j'ai presque peur de vous le dire. Néanmoins, si Perker veut s'asseoir entre nous, pour prévenir un malheur, je m'y hasarderai. »

Ayant fermé la porte de la chambre, et s'étant fortifié par une autre descente dans la tabatière de Perker, le vieux gentleman commença sa grande révélation en ces termes :

« Le fait est que ma fille Bella.... Bella qui a épousé le jeune Trundle, vous savez ?

— Oui, oui, nous savons, dit M. Pickwick avec impatience.

— Ne m'intimidez pas dès le commencement. Ma fille Bella, l'autre soir, s'assit à côté de moi lorsque Émilie fut allée se coucher, avec un mal de tête, après m'avoir lu la lettre d'Arabelle ; et commença à me parler de ce mariage. « Eh bien ! papa, « dit-elle, qu'est-ce que vous en pensez. — Ma foi, ma chère, ré- « pondis-je, j'aime à croire que tout ira bien. » Il faut vous dire que j'étais assis devant un bon feu, buvant mon grog paisiblement, et que je comptais bien, en jetant de temps en temps un mot indécis, l'engager à continuer son charmant petit babil. Mes deux filles sont tout le portrait de leur pauvre chère mère, et plus je deviens vieux, plus j'ai de plaisir à rester assis en tête à tête avec elles. Dans ces moments-là, leur voix, leur physionomie, me reportent au temps le plus agréable de ma vie, me rendent encore aussi jeune que je l'étais alors, quoique pas tout à fait aussi heureux. « C'est un veritable mariage d'incli- « nation, dit Bella après un moment de silence. — Oui, ma « chère, répondis-je ; mais ce ne sont pas toujours ceux qui « réussissent le mieux.... »

— Je soutiens le contraire ! interrompit M. Pickwick avec chaleur.

— Très-bien ; soutenez ce que vous voudrez, quand ce sera votre tour à parler, mais ne m'interrompez pas.

— Je vous demande pardon.

— Accordé. « Papa, dit Bella en rougissant un peu, je suis « fâchée de vous entendre parler contre les mariages d'incli- « nation. — J'ai eu tort, ma chère, répondis-je en tapant ses « joues aussi doucement que peut le faire un vieux gaillard « comme moi. J'ai eu tort de parler ainsi, car votre mère a fait « un mariage d'inclination, et vous aussi. — Ce n'est pas là

« ce que je voulais dire, papa, reprit Bella; le fait est que je
« voulais vous parler d'Émilie. »

M. Pickwick tressaillit.

« Qu'est-ce qu'il y a maintenant? lui demanda M. Wardle
en s'arrêtant dans sa narration.

— Rien, répondit le philosophe; continuez, je vous en prie.

— Ma foi! je n'ai jamais su filer une histoire, reprit le vieux
gentleman brusquement. Il faut que cela vienne tôt ou tard, et
ça nous épargnera beaucoup de temps, si ça vient tout de suite.
Le fait est qu'à la fin Bella se décida à me dire qu'Émilie était
fort malheureuse; que depuis les dernières fêtes de Noël elle
avait été en correspondance constante avec notre jeune ami
Snodgrass; qu'elle s'était fort sagement décidée à s'enfuir avec
lui, pour imiter là louable conduite de son amie; mais qu'ayant
senti quelques retours de componction, à ce sujet, attendu que
j'avais toujours été passablement bien disposé pour tous les
deux, elle avait pensé qu'il valait mieux commencer par me
faire l'honneur de me demander si je m'opposerais à ce qu'ils
fussent mariés de la manière ordinaire et vulgaire. Voilà la
chose ; et maintenant, Pickwick, si vous voulez bien réduire
vos yeux à leur grandeur habituelle, et me conseiller, je vous
serai fort obligé. »

Cette dernière phrase, proférée d'une manière bourrue par
l'honnête vieillard, n'était pas tout à fait sans motifs, car les
traits de M. Pickwick avaient pris une expression de surprise
et de perplexité tout à fait curieuse à voir.

« Snodgrass!... Depuis Noël.... » murmura-t-il enfin, tout
confondu.

— Depuis Noël, répliqua Wardle. Cela est clair, et il faut
que nous ayons eu de bien mauvaises besicles, pour ne pas le
découvrir plus tôt.

— Je n'y comprends rien, reprit M. Pickwick en ruminant.
Je n'y comprends rien.

— C'est pourtant assez facile à comprendre, rétorqua le colérique vieillard. Si vous aviez été plus jeune, vous auriez
été dans le secret depuis longtemps. Et de plus, ajouta-t-il
après un peu d'hésitation, je dois dire que ne sachant rien
de cela, j'avais un peu pressé Emily, depuis quatre ou cinq
mois, afin qu'elle reçût favorablement un jeune gentleman du
voisinage; si elle le pouvait, toutefois, car je n'ai jamais voulu
forcer son inclination. Je suis bien convaincu qu'en véritable
jeune fille, pour rehausser sa valeur et pour augmenter l'ar-

deur de M. Snodgrass, elle lui aura représenté cela avec des
couleurs très-sombres, et qu'ils auront tous deux fini par conclure qu'ils sont un couple bien persécuté, et qu'ils n'ont pas
d'autre ressource qu'un mariage clandestin, ou un fourneau
de charbon. Maintenant voilà la question : Qu'est-ce qu'il faut
faire?

— Qu'est-ce que vous avez fait, demanda M. Pickwick?

— Moi?

— Je veux dire qu'est-ce que vous ayez fait, quand vous
avez appris cela de votre fille aînée?

— Oh ! j'ai fait des sottises, naturellement.

— C'est juste, interrompit Perker, qui avait écouté ce dialogue en tortillant sa chaîne, en grattant son nez et en donnant
divers autres signes d'impatience. Cela est très-naturel. Mais
quelle espèce de sottises?

— Je me suis mis dans une grande colère, et j'ai si bien
effrayé ma mère qu'elle s'en est trouvée mal.

— C'était judicieux, fit remarquer Perker. Et quoi encore,
mon cher monsieur ?

— J'ai grondé et crié toute la journée suivante ; mais à la
fin, lassé de rendre tout le monde, et moi-même, misérable,
j'ai loué une voiture à Muggleton, et je suis venu ici sous prétexte d'amener Emily pour voir Arabelle.

— Miss Wardle est avec vous, alors ? dit M. Pickwick.

— Certainement, elle est en ce moment à l'hôtel d'Osborne ;
à moins que votre entreprenant ami ne l'ait enlevée depuis
que je suis sorti.

— Vous êtes donc réconciliés ? demanda Perker.

— Pas du tout ; elle n'a fait que languir et pleurer depuis ce
temps-là, excepté hier soir, entre le thé et le souper ; car alors
elle a fait grande parade d'écrire une lettre, ce dont j'ai fait
semblant de ne point m'apercevoir.

— Vous voulez avoir mon avis dans cette affaire, à ce que
je suppose? dit Perker en regardant successivement la physionomie réfléchie de M. Pickwick, et la contenance inquiète de
Wardle, et en prenant plusieurs prises consécutives de son
stimulant favori.

— Je le suppose, répondit Wardle, en regardant M. Pickwick.

— Certainement, répliqua celui-ci.

— Eh bien ! alors, dit Perker en se levant et en repoussant
sa chaise, mon avis est que vous vous en alliez tous les deux
vous promener, à pied ou en voiture, comme vous voudrez ;

car vous m'ennuyez; vous causerez de cette affaire-là ensemble. Et si vous n'avez pas tout arrangé la première fois que je vous verrai, je vous dirai ce que vous avez à faire.

— Voilà quelque chose de satisfaisant, dit Wardle, qui ne savait pas trop s'il devait rire ou s'offenser.

— Bah! bah! mon cher monsieur, je vous connais tous les deux, beaucoup mieux que vous ne vous connaissez vous-mêmes. Vous avez déjà arrangé tout cela dans votre esprit. »

En parlant ainsi, le petit avoué bourra sa tabatière dans la poitrine de M. Pickwick et dans le gilet de M. Wardle; puis tous les trois se mirent à rire ensemble, mais surtout les deux derniers gentlemen, qui se prirent et se secouèrent la main sans aucune raison apparente.

« Vous dînez avec moi aujourd'hui? dit M. Wardle à Perker, pendant que celui-ci le reconduisait.

— Je ne peux pas vous le promettre, mon cher monsieur; je ne peux pas vous le promettre. En tout cas, je passerai chez vous ce soir.

— Je vous attendrai à cinq heures.

— Allons, Joe! » Et Joe ayant été éveillé, à grand'peine, les deux amis partirent dans le carrosse de M. Wardle. Joe monta derrière et s'établit sur le siége que son maître y avait fait placer par humanité; car s'il avait dû rester debout, il aurait roulé en bas et se serait tué, dès son premier somme.

Nos amis se firent conduire d'abord au *George et Vautour*. Là ils apprirent qu'Arabelle était partie avec sa femme de chambre, dans une voiture de place, pour aller voir Emily; dont elle avait reçu un petit billet. Alors, comme Wardle avait quelques affaires à arranger dans la cité, il renvoya la voiture et le gros bouffi à l'hôtel, afin de prévenir qu'il reviendrait à cinq heures avec M. Pickwick pour dîner.

Chargé de ce message, le gros bouffi s'en retourna, dormant sur son siége aussi paisiblement que s'il avait été sur un lit soutenu par des ressorts de montre. Par une espèce de miracle, il se réveilla de lui-même lorsque la voiture s'arrêta, et se secouant vigoureusement, pour aiguiser ses facultés, il monta l'escalier, afin d'exécuter sa commission.

Mais, soit que les secousses que s'était données le gros joufflu eussent embrouillé ses facultés, au lieu de les remettre sur un bon pied; soit qu'elles eussent éveillé en lui une quantité d'idées nouvelles, suffisantes pour lui faire oublier les cérémonies et les formalités ordinaires; soit (ce qui est encore possible) qu'elles n'eussent pas été suffisantes pour l'empêcher de se rendormir en montant l'escalier, le fait est qu'il entra dans le salon, sans avoir préalablement frappé à la porte, et aperçut ainsi un gentleman, assis amoureusement sur le sofa, auprès de miss Emily, en tenant un bras passé autour de sa taille, tandis qu'Arabelle et la jolie femme de chambre feignaient de regarder attentivement par une fenêtre, à l'autre bout de la chambre. A cette vue le gros joufflu laissa échapper une exclamation, les femmes jetèrent un cri, et le gentleman lâcha un juron, presque simultanément.

« Qui venez-vous chercher ici, petit misérable ? » s'écria le gentleman, qui n'était autre que M. Snodgrass.

Le gros joufflu, prodigieusement éprouvanté, répondit brièvement: « Maîtresse. »

« Que me voulez-vous, stupide créature ? lui demanda Emily, en détournant la tête.

— Mon maître et M. Pickwick viennent dîner ici à cinq heures.

— Quittez cette chambre! reprit M. Snodgrass, dont les yeux lançaient des flammes sur le jeune homme stupéfié.

— Non! non! non! s'écria précipitamment Emily. Arabelle, ma chère, conseillez-moi. »

Emily et M. Snodgrass, Arabelle et Mary tinrent conseil dans un coin, et se mirent à parler vivement, à voix basse, pendant quelques minutes, durant lesquelles le gros joufflu sommeilla.

« Joe, dit à la fin Arabelle, en se retournant avec le plus séduisant sourire ; comment vous portez-vous, Joe?

— Joe, reprit Emily, vous êtes un bon garçon. Je ne vous oublierai pas, Joe.

— Joe, poursuivit M. Snodgrass, en s'avançant vers l'enfant étonné, et en lui prenant la main, je ne vous avais pas reconnu. Voilà cinq shillings pour vous, Joe.

— Je vous en devrai cinq aussi, ajouta Arabelle, parce que nous sommes de vieilles connaissances, vous savez, » et elle accorda un second sourire, encore plus enchanteur, au corpulent intrus.

Les perceptions du gros bouffi étant peu rapides, il parut d'abord singulièrement intrigué par cette soudaine révolution qui s'opérait en sa faveur, et regarda même autour de lui, d'un air très-alarmé. A la fin, cependant, son large visage commença à montrer quelques symptômes d'un sourire proportionnellement large, puis, fourrant une demi-couronne dans chacun de ses goussets, et, ses mains et ses poignets par-dessus, il laissa échapper un éclat de rire enroué. C'est la première et ce fut la seule fois de sa vie qu'on l'entendit rire.

« Je vois qu'il nous comprend , dit Arabelle.

— Il faudrait lui faire manger quelque chose sur-le-champ, » fit observer Emily.

Il s'en fallut de peu que le gros bouffi ne rît encore en entendant cette proposition. Après quelques autres chuchotements, Mary sortit lestement du groupe et dit :

« Je vais dîner avec vous aujourd'hui, monsieur, si vous voulez bien ?

— Par ici, répondit le jeune garçon avec empressement. Il y a un fameux pâté de viande en bas ! »

A ces mots, le gros joufflu descendit l'escalier pour conduire Mary à l'office, et le long du chemin sa jolie compagne captivait l'attention de tous les garçons, et mettait de mauvaise humeur toutes les femmes de chambre.

Le pâté, dont le gros joufflu avait parlé avec tant de tendresse, se trouvait effectivement encore dans l'office; on y ajouta un bifteck, un plat de pommes de terre, et un pot de porter.

« Asseyez-vous, dit Joe. Quelle chance ! Le bon dîner ! Comme j'ai faim ! »

Ayant répété cinq ou six fois ces exclamations avec une sorte de ravissement, le jeune garçon s'assit au haut bout de la petite table, et Mary se plaça au bas bout.

« Voulez-vous un peu de cela ? dit le gros joufflu , en plongeant dans le pâté son couteau et sa fourchette jusqu'au manche.

— Un peu, s'il vous plaît. »

Joe ayant servi à Mary un peu du pâté, et s'en étant servi beaucoup à lui-même, allait commencer à manger, quand, tout à coup il se pencha en avant sur sa chaise, en laissant ses mains, avec le couteau et la fourchette, tomber sur ses genoux, et dit très-lentement.

« Vous êtes gentille à croquer, savez-vous ? »

Ceci était dit d'un air d'admiration très-flatteur, mais cependant il y avait encore, dans les yeux du jeune gentleman, quelque chose qui sentait le cannibale plus que l'amour passionné.

« Eh ! mais, Joseph, s'écria Mary, en affectant de rougir, qu'est-ce que vous voulez dire ? »

Le gros joufflu, reprenant graduellement sa première position, répliqua seulement par un profond soupir, resta pensif pendant quelques minutes, et but une longue gorgée de *porter*. Après quoi, il soupira encore, et s'appliqua très-solidement au pâté.

« Quelle aimable personne que miss Emily ! dit Mary, après un long silence.

— J'en connais une plus aimable.

— En vérité ?

— Oui, en vérité, répliqua le gros joufflu, avec une vivacité inaccoutumée.

— Comment s'appelle-t-elle ?

— Comment vous appelez-vous ?

— Mary.

— C'est son nom. C'est vous. »

Le gros garçon, pour rendre ce compliment plus incisif, y joignit une grimace, et donna à ses deux prunelles une combinaison de loucherie, croyant ainsi, selon toute apparence, lancer une œillade meurtrière.

« Il ne faut pas me parler comme cela, dit Mary. Vous ne me parlez pas sérieusement.

— Bah ! que si, je dis.

— Eh bien ?·

— Allez-vous venir ici régulièrement ?

— Non, je m'en vais demain soir.

— Oh ! reprit le gros joufflu, d'un ton prodigieusement sentimental, comme nous aurions eu du plaisir à manger ensemble, si vous étiez restée !

— Je pourrais peut-être venir quelquefois, ici, pour vous voir, si vous vouliez me rendre un service, » répondit Mary, en roulant la nappe pour jouer l'embarras.

Le gros joufflu regarda alternativement le pâté et la grillade, comme s'il avait pensé qu'un service devait être lié en quelque sorte avec des comestibles ; puis, tirant de sa poche une de ses demi-couronnes, il la considéra avec inquiétude.

« Vous ne me comprenez pas ? » poursuivit Mary, en regardant finement son large visage.

Il considéra sur nouveaux frais la demi-couronne, et répondit faiblement : non.

« Les ladies voudraient bien que vous ne parliez pas au

vieux gentleman du jeune gentleman qui était là-haut; et moi je le voudrais bien aussi.

— C'est-il là tout ? répondit le gros garçon, évidemment soulagé d'un grand poids, et rempochant sa demi-couronne. Je n'en dirai rien, bien sûr.

— Voyez-vous, M. Snodgrass aime beaucoup miss Emily; et miss Emily aime beaucoup M. Snodgrass; et si vous racontiez cela, le vieux gentleman vous emmènerait bien loin à la campagne, où vous ne pourriez plus voir personne.

— Non, non, je n'en dirai rien, répéta le gros joufflu, résolûment.

— Vous serez bien gentil. Mais, à présent, il faut que je monte en haut, et que j'habille ma maîtresse pour le dîner.

— Ne vous en allez pas encore.

— Il le faut bien. Adieu, pour à présent. »

Le gros joufflu, avec la galanterie d'un jeune éléphant, étendit ses bras pour ravir un baiser; mais comme il ne fallait pas grande agilité pour lui échapper, son aimable vainqueur disparut, avant qu'il les eût refermés. Ainsi désappointé, l'apathique jeune homme mangea une livre ou deux de bifteck, avec une contenance sentimentale, et s'endormit profondément.

On avait tant de choses à se dire dans le salon, tant de plans à concerter pour le cas où la cruauté de M. Wardle rendrait nécessaires un enlèvement et un mariage secret, qu'il était quatre heures et demie quand M. Snodgrass fit ses derniers adieux. Les dames coururent pour s'habiller dans la chambre d'Emily, et le gentleman, ayant pris son chapeau, sortit du salon; mais à peine était-il sur le carré, qu'il entendit la voix de M. Wardle. Il regarda par-dessus la rampe et le vit monter, suivi de plusieurs autres personnes. Dans sa confusion, et ne connaissant point les êtres de l'hôtel, M. Snodgrass rentra précipitamment dans la chambre qu'il venait de quitter, puis passant de là dans une autre pièce, qui était la chambre à coucher de M. Wardle, il en ferma la porte doucement, juste comme les personnes qu'il avait aperçues entraient dans le salon. Il reconnut facilement leurs voix : c'étaient M. Wardle et M. Pickwick, M. Nathaniel Winkle et M. Benjamin Allen.

« C'est très-heureux que j'aie eu la présence d'esprit de les éviter, pensa M. Snodgrass avec un sourire, en marchant, sur la pointe du pied, vers une autre porte, située auprès du lit. Cette porte-ci ouvre sur le même corridor, et je puis m'en aller par là tranquillement et commodément »

Il n'y avait qu'un seul obstacle à ce qu'il s'en allât tranquillement et commodément, c'est que la porte était fermée à double tour et la clef absente.

« Garçon ! dit le vieux Wardle, en se frottant les mains ; donnez-nous de votre meilleur vin, aujourd'hui.

— Oui, monsieur.

— Faites savoir à ces dames que nous sommes rentrés.

— Oui, monsieur. »

M. Snodgrass aussi désirait bien ardemment faire savoir à ces dames qu'il était rentré. Une fois même il se hasarda à chuchoter à travers le trou de la serrure : « Garçon ! » Mais pensant qu'il pourrait évoquer quelque autre personne, et se rappelant avoir lu le matin, dans son journal, sous la rubrique *Cours et Tribunaux*, les infortunes d'un gentleman, arrêté dans un hôtel voisin, pour s'être trouvé dans une situation semblable à la sienne, il s'assit sur un porte-manteau, en tremblant violemment.

« Nous n'attendrons pas Perker une seule minute, dit Wardle en regardant sa montre. Il est toujours exact, il sera ici à l'heure juste s'il a l'intention de venir ; sinon il est inutile de nous en occuper. Ah ! Arabelle.

— Ma sœur ! s'écria Benjamin Allen, en l'enveloppant de ses bras d'une manière fort dramatique.

— Oh ! Ben, mon cher, comme tu sens le tabac ! s'écria Arabelle, apparemment suffoquée par cette marque d'affection.

— Tu trouves ? C'est possible.... (C'était possible en effet, car il venait de quitter une charmante réunion de dix ou douze étudiants en médecine, entassés dans un arrière-parloir devant un énorme feu.) Combien je suis charmé de te voir ! Dieu te bénisse, Arabelle.

— Là, dit Arabelle, en se penchant en avant et en tendant son visage à son frère ; mais, mon cher Ben, ne me prends pas comme cela, tu me chiffonnes. »

En cet endroit de la réconciliation, M. Ben Allen se laissant vaincre par sa sensibilité, par les cigares et le *porter*, promena ses yeux sur tous les assistants à travers des lunettes humides.

« Est-ce qu'on ne me dira rien à moi ? demanda M. Wardle en ouvrant ses bras.

— Au contraire, dit tout bas Arabelle, en recevant l'accolade et les cordiales félicitations du vieux gentleman ; vous êtes un méchant, un cruel, un monstre !

— Vous êtes une petite rebelle, répliqua Wardle du même ton; et je me verrai obligé de vous interdire ma maison. Les personnes comme vous, qui se sont mariées en dépit de tout le monde, devraient être séquestrées de la société. Mais, allons! ajouta-t-il tout haut, voici le dîner; vous vous mettrez à côté de moi. — Joe, damné garçon, comme il est éveillé! »

Au grand désespoir de son maître, le gros joufflu était effectivement dans un état de vigilance remarquable. Ses yeux se tenaient tout grands ouverts et ne paraissaient point avoir envie de se fermer. Il y avait aussi dans ses manières une vivacité également inexplicable! Chaque fois que ses regards rencontraient ceux d'Emily ou d'Arabelle, il souriait en grimaçant; et une fois Wardle aurait pu jurer qu'il l'avait vu cligner de l'œil.

Cette altération dans les manières du gros joufflu naissait du sentiment de sa nouvelle importance, et de la dignité qu'il avait acquise en se trouvant le confident des jeunes ladies. Ces sourires et ces clins d'œil étaient autant d'assurances condescendantes qu'elles pouvaient compter sur sa fidélité. Cependant comme ces signes étaient plus propres à inspirer les soupçons qu'à les apaiser, et comme ils étaient, en outre, légèrement embarrassants, Arabelle y répondait de temps en temps par un froncement de sourcils, par un geste de réprimande; mais le gros garçon ne voyant là qu'une invitation à se tenir sur ses gardes, recommençait à cligner de l'œil et à sourire avec encore plus d'assiduité, afin de prouver qu'il comprenait parfaitement.

« Joe, dit M. Wardle, après une recherche infructueuse dans toutes ses poches, ma tabatière est-elle sur le sofa?

— Non, monsieur.

— Oh! je m'en souviens; je l'ai laissée sur la toilette ce matin. Allez la chercher dans ma chambre. »

Le gros garçon alla dans la chambre voisine, et après quelques minutes d'absence revint avec la tabatière, mais aussi avec la figure la plus pâle qu'ait jamais portée un gros garçon.

« Qu'est-ce qui lui est donc arrivé? s'écria M. Wardle.

— Il ne m'est rien arrivé, répondit Joe avec inquiétude.

— Est-ce que vous avez vu des esprits? demanda le vieux gentleman.

— Ou bien est-ce que vous en avez bu? suggéra Ben Allen.

— Je pense que vous avez raison, chuchota Wardle à travers la table; il s'est grisé, j'en suis sûr. »

Ben Allen répondit qu'il le croyait; et comme il avait observé beaucoup de cas semblables, Wardle fut confirmé dans la pensée qui cherchait à s'insinuer dans son cerveau depuis une demi-heure, et arriva à la conclusion que le gros joufflu était tout à fait gris.

« Ayez l'œil sur lui pendant quelques minutes., murmurat-il; nous verrons bientôt s'il a réellement bu. »

Le fait est que l'infortuné jeune homme avait seulement échangé une douzaine de paroles avec M. Snodgrass; que celui-ci l'avait supplié de s'adresser à quelque ami pour le faire mettre en liberté, puis l'avait poussé dehors avec la tabatière, de peur qu'une absence trop prolongée n'éveillât des soupçons. Rentré dans la salle à manger, Joe était resté quelques instants à ruminer, avec une physionomie renversée, puis il avait quitté la chambre pour aller chercher Mary.

Mais Mary était retournée au *Georges et Vautour*, après avoir habillé sa maîtresse, et le gros joufflu était revenu, plus démonté qu'auparavant.

M. Wardle et Ben Allen échangèrent plusieurs coups d'œil.

« Joe, dit M. Wardle.

— Oui, monsieur.

— Pourquoi êtes-vous sorti? »

Le gros joufflu regarda d'un air troublé chacun des convives, et bégaya qu'il n'en savait rien.

« Oh! dit Wardle, vous n'en savez rien. Portez ce fromage à M. Pickwick. »

Or, M. Pickwick, se trouvant en parfaite santé et en parfaite humeur, s'était rendu universellement délicieux pendant tout le temps du dîner, et paraissait en ce moment, engagé dans une intéressante conversation avec Emily et M. Winkle. Courbant gracieusement sa tête du côté de ses auditeurs, et tout rayonnant de paisibles sourires, il agitait doucement sa main droite, pour donner plus de force à ses observations. Il prit un morceau de fromage sur l'assiette et allait se retourner pour continuer sa conversation, quand le gros garçon se baissant de manière à amener sa tête au même niveau que celle de M. Pickwick, dirigea son pouce par-dessus son épaule comme pour lui montrer quelque chose, et fit en même temps la grimace la plus hideuse qu'on ait jamais vue.

« Eh mais! s'écria M. Pickwick en tressaillant, voilà qui est.... Eh...? » il s'arrêta court, car Joe venait de se redresser, et était ou prétendait être profondément endormi.

« Qu'est-ce qu'il y a ? demanda M. Wardle.

— Votre jeune homme est si singulier, continua M. Pickwick en regardant Joe d'un air inquiet. Cela vous étonnera peut-être, mais sur ma parole, j'ai peur qu'il n'ait quelquefois l'esprit un peu dérangé.

— Oh ! monsieur Pickwick ne dites point cela, s'écrièrent ensemble Emily et Arabelle.

— Je n'en répondrais pas, bien entendu, reprit le philosophe, au milieu d'un profond silence et d'une épouvante générale; mais ses manières avec moi, en ce moment, étaient vraiment alarmantes ! Oh là là ! cria M. Pickwick en sautant sur sa chaise, je vous demande pardon, mesdames; mais il vient de m'enfoncer quelque chose de pointu dans la jambe.... Réellement, il est très-dangereux.

— Il est soûl ! vociféra le vieux Wardle avec colère. Tirez la sonnette, appelez les garçons ! il est soûl !...

— Je ne suis pas soûl ! s'écria le gros bouffi en tombant à genoux, pendant que son maître le saisissait par le collet, je ne suis pas soûl !

— Alors vous êtes fou, ce qui est encore pis; appelez les garçons !

— Je ne suis pas fou, je suis très-raisonnable, répliqua Joe en commençant à pleurer.

— Alors pourquoi diable piquez-vous la jambe de M. Pickwick ?

— Il ne voulait pas me regarder, j'avais quelque chose à lui dire.

— Que vouliez-vous lui dire ? » demandèrent une demi-douzaine de voix à la fois.

Joe soupira, regarda la porte de la chambre à coucher, soupira encore, et essuya ses larmes avec les jointures de ses deux index.

« Qu'est-ce que vous vouliez lui dire ? demanda M. Wardle en le secouant.

— Arrêtez ! dit M. Pickwick, laissez-moi lui parler. Qu'est-ce que vous désiriez me communiquer, mon pauvre garçon ?

— Je voulais vous parler tout bas.

— Vous vouliez lui mordre l'oreille, je suppose, interrompit M. Wardle ; ne l'approchez pas, Pickwick, il est enragé. Tirez la sonnette pour qu'on l'emmène en bas. »

A l'instant où M. Winkle prenait le cordon de la sonnette, il fut arrêté par d'universelles exclamations de surprise. L'a-

mant captif, avec un visage pourpre de confusion, était soudainement sorti de la chambre à coucher, et faisait un salut général à toute le compagnie.

« Oh! ah! s'écria M. Wardle en lâchant le collet du gros
joufflu et en reculant d'un pas, qu'est-ce que cela signifie?

— Monsieur, répliqua M. Snodgrass, je suis caché dans la
chambre voisine depuis votre retour.

— Emily, ma fille, dit M. Wardle d'un ton de reproche, vous
savez pourtant bien que je déteste les cachoteries et les men-
songes. Ceci est tout à fait indélicat et inexcusable. Je ne méritais pas cela de votre part, Emily, en vérité.

— Cher papa, dit Émily, j'ignorais qu'il était là. Arabelle
peut vous le dire, et Joe aussi, et tout le monde. Auguste, au
nom du ciel, expliquez-vous! »

M. Snodgrass, qui avait attendu seulement qu'on voulût
bien l'entendre, raconta immédiatement comment il avait été
placé dans cette position embarrassante; comment la crainte
d'exciter des dissensions domestiques l'avait seule engagé à
éviter la rencontre de M. Wardle; comment il voulait simplement s'en aller par une autre porte, et comment, la trouvant
fermée, il avait été forcé de rester, contre sa volonté. Il termina en disant qu'il se trouvait placé dans une situation pénible; mais qu'il le regrettait moins maintenant, puisque c'était
une occasion de déclarer devant leurs amis communs qu'il aimait profondément et sincèrement la fille de M. Wardle; qu'il
était orgueilleux d'avouer que leur penchant était mutuel, et
que, quand même il serait séparé d'elle par des milliers de
lieues, quand même l'Océan roulerait entre eux ses ondes infi-
nies, il n'oublierait jamais un seul instant cet heureux jour
où, pour la première fois, etc., etc., etc.

Ayant péroré de cette manière, M. Snodgrass salua encore,
regarda dans son chapeau, et se dirigea vers la porte.

« Arrêtez! s'écria M. Wardle. Pourquoi, au nom de tout ce
qui est....

— Inflammable, suggéra doucement M. Pickwick, pensant
qu'il allait venir quelque chose de pis.

— Eh bien! au nom de tout ce qui est inflammable, dit
M. Wardle en adoptant cette variante, pourquoi ne m'avez-
vous pas dit cela, à moi, en premier lieu?

— Ou pourquoi ne vous êtes-vous pas confié à moi? ajouta
M. Pickwick.

— Voyons, dit Arabelle, en se chargeant de la défense, à

quoi sert de faire tant de questions; maintenant-surtout, quand vous savez que vous aviez choisi, dans des vues intéressées, un beau-fils beaucoup plus riche, et que vous êtes si méchant et si emporté, que tout le monde a peur de vous, excepté moi ? Donnez-lui une poignée de mains, et faites-lui servir quelque chose à manger, pour l'amour du ciel ! Vous voyez bien son air affamé ! et, je vous en prie, faites apporter votre vin tout de suite, car vous ne serez pas supportable jusqu'à ce que vous ayez bu vos deux bouteilles, au moins. »

Le digne vieillard tira Arabelle par l'oreille, l'embrassa sans le plus léger scrupule, embrassa également sa fille avec une grande affection, et secoua cordialement la main de M. Snodgrass.

« Elle a raison sur un point, tout au moins, dit-il joyeusement; sonnez pour le vin. »

Le vin arriva, et Perker entra en même temps. M. Snodgrass fut servi sur une petite table, et quand il eut dépêché son dîner, il tira sa chaise auprès d'Emily, sans la plus légère opposition de la part du vieux gentleman.

La soirée fut charmante. Le petit Perker était tout à fait en train. Il raconta plusieurs histoires comiques, et chanta une chanson sérieuse qui parut presque aussi comique que ses anecdotes. Arabelle fut ravissante, M. Wardle jovial, M. Picknick harmonieux, M. Ben Allen bruyant, les amants silencieux, M. Winkle bavard, et toute la société fort heureuse.

CHAPITRE XXVI.

M. Salomon Pell, assisté par un comité choisi de cochers, arrange les affaires de M. Weller senior.

« Samivel, dit M. Weller en accostant son fils, le lendemain des funérailles, je l'ai trouvé ; je pensais bien qu'il était ici.

— Qu'est-ce que vous avez trouvé?

— Le testament de ta belle-mère, Sammy, qui fait ces arrangements dont je t'ai parlé, pour les fontes.

— Quoi ! elle ne vous avait pas dit où il était ?

—Pas un brin, Sammy. Nous étions en train d'ajuster nos petits différents, et je la remontais, et je l'engageais à se remettre sur pieds, si bien que j'ai oublié de lui parler de cela. Ensuite, je ne sais pas trop si j'en aurais parlé, quand même je m'en serais souvenu, car c'est une drôle de chose, Sammy, de tourmenter quelqu'un pour sa propriété, quand vous l'assistez dans une maladie. C'est comme si vous mettiez la main dans la poche d'un voyageur de l'impériale, qui a été jeté par terre, pendant que vous l'aidez à se relever, et que vous lui demandez, avec un soupir, comment il se porte. »

Après avoir donné cette illustration figurée de sa pensée, M. Weller ouvrit son portefeuille, et en tira une feuille de papier à lettre, passablement malpropre, et sur laquelle étaient inscrits divers caractères, amoncelés dans une remarquable confusion.

« Voilà ici le document, Sammy ; je l'ai trouvé dans la petite théière noire, sur la planche de l'armoire du comptoir. C'est là qu'elle mettait ses bank-notes avant d'être mariée, Sammy ; j'y en ai vu prendre bien des fois. Pauvre créature !.elle aurait pu remplir de testaments toutes les théières de la maison, sans se gêner beaucoup, car elle ne prenait guère de cette boisson-là dans les derniers temps, excepté dans les soirées de tempérance, ous-ce qu'elle mettait une fondation de thé pour poser les esprits par-dessus.

— Qu'est-ce qu'il dit ? demanda Sam.

— Juste ce que je t'ai raconté, mon garçon : deux cents livres sterling dans les fontes, à mon beau-fils Samivel, et tout le reste de mes propriétés de toute sorte à mon mari, M. Tony Veller, que je nomme mon seul équateur.

— Est-ce tout ?

— C'est tout. Et comme c'est clair et satisfaisant pour vous et pour moi, qui sont les seules parties intéressées, je suppose que nous pourrons aussi bien mettre ce morceau de papier ici dans le feu.

— Qu'est-ce que vous allez faire, lunatique ? s'écria Sam en saisissant le testament, tandis que son père attisait innocemment le feu avant de l'y jeter. Vous êtes un joli exécuteur, véritablement.

— Pourquoi pas ? demanda M. Weller en se retournant d'un air sévère, avec le fourgon dans sa main.

— Pourquoi pas ! Parce qu'il faut qu'il soit égalisé, et falsifié, et juré, et toutes sortes de manières de formalités.

— C'est-y sérieux tout ça? demanda M. Weller en déposant le fourgon. »

Sam boutonna soigneusement le testament dans sa poche, en intimant, par un geste, qu'il parlait fort sérieusement.

« Alors je vas te dire la chose, reprit M. Weller après une courte méditation; voilà une affaire qui regarde l'ami intime du chancelier. I faut que Pell mette son nez là dedans. C'est un fameux gaillard dans une question de loi difficile. Nous allons faire produire ça sur-le-champ devant la Cour des insolvables, Sammy.

— Je n'ai jamais vu une vieille créature aussi écervelée! s'écria Sam colériquement. *Old Baileys*, et la Cour des insolvables, et les *alebis*, et toute sorte de fariboles qui se brouillent dans sa cervelle. Vous feriez mieux de mettre votre habit du dimanche et de venir avec moi à la ville, pour arranger cette affaire ici, que de rester là à prêcher sur ce que vous n'entendez pas.

— Très-bien, Sammy, je suis tout à fait concordant à ce qui pourra expédier les affaires. Mais fais attention à ceci, mon garçon, il n'y a que Pell, il n'y a que Pell, dans une affaire législative.

— Je n'en demande pas un autre; mais êtes-vous prêt à venir ?

— Attends une minute, Sammy, répliqua M. Weller en attachant son châle à l'aide d'une petite glace accrochée à la fenêtre; attends une minute, Sammy, poursuivit-il en s'efforçant d'entrer dans son habit au moyen des plus étonnantes contorsions; quand tu seras devenu aussi vieux que ton père, tu n'entreras pas dans ta veste aussi aisément qu'à présent, mon garçon.

— Si je ne pouvais pas y entrer plus aisément que cela, je veux être pendu si j'en mettais jamais une.

— Tu penses comme ça, maintenant, répliqua M. Weller avec la gravité de l'âge; mais tu t'apercevras que tu deviendras plus sage quand tu deviendras plus gros. La grosseur et la sagesse vont toujours ensemble, Sammy. »

Ayant débité cette infaillible maxime, résultat de beaucoup d'années et d'observations personnelles, M. Weller parvint, par une habile inflexion de son corps, à boutonner le premier bouton de sa lourde redingote. Ensuite, s'étant reposé quelques secondes pour reprendre haleine, il brossa son chapeau avec son coude, et déclara qu'il était prêt.

« Comme quatre têtes valent mieux que deux, Sammy, dit
M. Weller en conduisant sa carriole sur la route de Londres,
et comme cette propriété ici est une tentation pour un gentleman de la justice, nous prendrons deux de mes amis avec
nous qui seront bientôt sur ses talons, s'il veut faire qué'que
chose d'inconvenant : deux de ceux que tu as vus à la prison
l'autre jour. C'est les meilleurs connaisseurs en chevaux que
tu aies jamais rencontrés.

— Et en hommes d'affaires aussi ?

— L'homme qui sait former un jugement judiciaire d'un
cheval peut former un jugement judiciaire de n'importe quoi, »
répondit M. Weller si dogmatiquement, que Sam n'osa point
contester cet aphorisme.

En conséquence de cette notable résolution, M. Weller mit
en réquisition les services du gentleman au teint marbré et
ceux de deux autres très-gros cochers, choisis apparemment à
cause de leur ampleur et de leur sagesse proportionnelle. Le
quintetto se rendit alors à la taverne du *Portugal-Street*, d'où
un messager fut dépêché à la Cour des insolvables, pour re-
quérir la présence immédiate de M. Salomon Pell.

Le messager le trouva dans la salle, occupé à prendre une
petite collation froide, composée d'un biscuit et d'un cervelas.
Les affaires étaient un peu languissantes en ce moment; aussi
à peine le message lui eut-il été soufflé dans l'oreille qu'il
fourra les restes de son déjeuner dans sa poche parmi plusieurs autres documents professionnels, et se dirigea vers ses
clients avec tant de vivacité qu'il avait atteint le parloir de la
taverne avant que le messager se fût dégagé de la salle d'audience.

« Gentlemen, dit M. Pell en touchant son chapeau, je vous
offre mes services. Je ne dis pas cela pour vous flatter, gentlemen, mais il n'y a pas dans le monde cinq autres personnes
pour qui je fusse sorti de la cour aujourd'hui.

— Fort occupé ? dit Sam.

— Occupé par-dessus les épaules, comme mon ami le défunt lord chancelier me disait souvent, quand il venait d'entendre des appels dans la chambre des Lords. Il n'était pas
bien robuste, et il se ressentait beaucoup de ces appels.
J'ai pensé bien des fois qu'il ne pourrait pas y résister, en
vérité. »

En achevant ces paroles, M. Pell branla la tête et s'arrêta.
Aussitôt M. Weller, poussant du coude son voisin pour lui

faire remarquer les connaissances distinguées de l'homme
d'affaires, demanda à celui-ci si les fatigues en question
avaient produit quelques mauvais effets permanents sur la
constitution de son noble ami.

« Je ne pense pas qu'il s'en soit jamais remis, répliqua
Pell. En fait, je suis sûr que non. « Pell, me disait-il sou-
« vent, comment diable pouvez-vous soutenir tout le travail
« que vous faites ? C'est un mystère pour moi. — Ma foi, ré-
« pondais-je, sur ma vie, je ne le sais pas moi-même. — Pell,
« ajoutait-il en soupirant et en me regardant avec un peu d'en-
« vie.... une envie amicale, comme vous voyez, gentlemen, pure
« envie amicale.... je n'y faisais pas attention; Pell, disait-il,
« vous êtes étonnant, vraiment étonnant. » Ah! vous l'aurez
beaucoup, aimé si vous l'aviez connu, gentlemen. Apportez-
moi pour trois pence de rhum, ma chère. »

Ayant adressé cette dernière phrase à la servante d'un ton
de douleur comprimée, M. Pell soupira, regarda ses souliers,
puis le plafond, but son rhum et tirant sa chaise plus près de
la table : « Quoi qu'il en soit, un homme de ma profession n'a
pas le droit de penser à ses amitiés privées, quand son assistance légale est requise. Par parenthèse, gentlemen, depuis la
dernière fois que je vous ai vus, nous avons eu à pleurer sur
une mélancolique circonstance. (M. Pell tira son mouchoir et
prononçant le mot *pleurer*, mais il n'en fit pas d'autre usage
que d'essuyer une légère goutte de rhum qui teignait sa lèvre
supérieure.) J'ai vu cela dans l'*Advertiser*, monsieur Weller,
poursuivit-il. Et dire qu'elle n'avait pas plus de cinquante-deux
ans ! »

Ces exclamations d'un esprit pensif étaient adressées à
l'homme au teint marbré, dont M. Pell avait fortuitement rencontré le regard. Malheureusement, la conception de celui-ci
était, en général, d'une nature fort nuageuse. Il s'agita d'un
air inquiet sur sa chaise en déclarant qu'en vérité.... quant à
cela.... il n'y avait pas moyen de dire comment les choses en
étaient venues là : proposition subtile, difficile à détruire
par des arguments, et qui, en conséquence, ne fut controver-
sée par personne.

« J'ai entendu dire que c'était une bien belle femme, monsieur Weller, ajouta-t-il d'un air de sympathie.

— Oui, monsieur, c'est vrai, répliqua le cocher, quoiqu'il
n'aimât pas trop cette manière d'entamer le sujet; mais il
pensait que l'homme d'affaires, vu sa longue intimité avec le

défunt lord chancelier, devait se connaître mieux que lui en politesse et en bonnes manières. Elle était fort belle femme quand je l'ai connue, monsieur ; elle était veuve alors.

— Voilà qui est curieux, dit Pell, en regardant les assistants avec un douloureux sourire ; Mme Pell, aussi, était une veuve.

— C'est un fait fort extraordinaire, fit observer l'homme au teint marbré.

— Oui, c'est une singulière coïncidence, reprit Pell.

— Pas du tout reprit M. Weller d'un ton bourru, il a y plus de veuves que de filles qui se marient.

— Très-bien, très-bien, répondit Pell, vous avez tout à fait raison, monsieur Weller. Mme Pell était une. femme élégante et accomplie ; ses manières faisaient l'admiration générale du voisinage. J'étais orgueilleux quand je la voyais danser. Il y avait quelque chose de si ferme, de si noble, et cependant de si naturel dans son maintien ! Sa tournure, gentlemen, était la simplicité même.... Ah ! hélas ! — Permettez-moi cette question, monsieur Samuel, poursuivit l'avoué d'une voix plus basse, votre belle-mère était-elle grande ?

— Pas trop.

— Mme Pell était grande ; c'était une femme superbe, d'une magnifique figure, et dont le nez, gentlemen, avait été fait pour commander. Elle m'était fort attachée, fort ! Elle avait de plus une famille distinguée : le frère de sa mère, gentlemen, avait fait une faillite de huit cents livres sterling, comme *Law statiòner* [1].

— Maintenant, interrompit M. Weller, qui s'était montré inquiet et agité pendant cette discussion, maintenant, pour parler d'affaires.... »

Ces paroles furent une délicieuse musique aux oreilles de M. Pell. Il cherchait depuis longtemps à deviner s'il y avait quelque affaire à traiter, ou s'il avait été simplement invité pour prendre sa part d'un bol de punch ou de grog ; et le doute se trouvait résolu sans qu'il eût témoigné aucun empressement capable de le compromettre. Il posa son chapeau sur la table et ses yeux brillaient en disant :

« Quelle est l'affaire sur laquelle.... hum ? — Y a-t-il un de ces gentlemen qui désire passer devant la cour ? Nous avons

---

[1]. Papetier qui se charge de faire faire des copies d'actes et vend des quittances de loyer, etc. etc.

besoin d'une arrestation : une arrestation amicale fera l'affaire.
Nous sommes tous amis ici, je suppose ?

— Donne-moi le document Sammy, dit M. Weller à son fils,
qui paraissait jouir étonnamment de cette scène. Ce que nous
désirons, mossieu, c'est vétrification de ceci.

— Une vérification, mon cher monsieur ; vérification, fit
observer Pell.

— C'est bien, mossieu, reprit M. Weller aigrement ; vérification, ou vétrification, c'est toujours la même chose. Si vous
ne me comprenez pas, j'espère que je trouverai quelqu'un qui
me comprendra.

— Il n'y a pas d'offense, monsieur Weller, répondit Pell
d'un ton doux. Vous êtes l'exécuteur à ce que je vois, ajouta-
t-il en jetant les yeux sur le papier.

— Oui, mossieu.

— Ces autres gentlemen sont légataires, à ce que je présume ? demanda Pell avec un sourire congratulatoire.

— Sammy est locataire, répliqua M. Weller. Ces autres gentlemen sont de mes amis, venus avec moi pour voir que tout
se passe comme il faut, des espèces d'arbitres.

— Oh ! très-bien ; je n'ai aucune raison pour m'opposer à
cela, assurément. Je vous demanderai la légère somme de
cinq livres sterling[1] avant de commencer, ha ! ha ! ha ! »

Le comité ayant décidé que les cinq livres sterling pouvaient
être avancées, M. Weller produisit cette somme. Ensuite on
tint, à propos de rien, une longue consultation, dans laquelle
M. Pell démontra, à la parfaite satisfaction des arbitres, que
si le soin de cette affaire avait été confié à tout autre qu'à lui,
elle aurait tourné de travers pour des raisons qu'il n'expliquait pas clairement, mais qui étaient, sans aucun doute, satisfaisantes. Ce point important dépêché, l'homme de loi prit
pour se restaurer trois côtelettes, arrosées de bière et d'eau-
de-vie, puis ensuite toute la troupe se dirigea vers *Doctor's
Commons*.

Le lendemain, on fit une autre visite à *Doctors' Commons*,
mais les attestations nécessaires furent un peu enrayées par un
palfrenier ivre, qui se refusait obstinément à jurer autre chose
que des jurons profanes, au grand scandale d'un procureur et
d'un délégué du lord chancelier. La semaine suivante, il fallut faire encore d'autres visites à *Doctor's Commons*, puis au

1. 425 francs.

bureau des droits d'héritage ; puis il fallut rédiger un contrat pour la vente de l'auberge, ratifier ledit contrat, dresser des inventaires, accumuler des masses de papier, expédier des déjeuners, avaler des dîners, et faire enfin une foule d'autres choses.également nécessaires et profitables. Aussi M. Salomon Pell, et son garçon, et son sac bleu par-dessus le marché, se remplumèrent-ils si bien qu'on aurait eu infiniment de peine à les reconnaître pour le même homme, le même garçon et le même sac, qui flânaient à vide, quelques jours auparavant, dans *Portugal-Street*.

A la fin, toutes ces importantes affaires ayant été arrangées, un jour fut fixé pour la vente et le transfert en rentes qui devait être fait par les soins de Wilkins Flasher, esquire [1], agent de change, demeurant aux environs de la Banque, lequel avait été recommandé par M. Salomon Pell.

C'était une sorte de jour de fête, et nos amis n'avaient pas manqué de se costumer en conséquence. Les bottes de M. Weller étaient fraîchement cirées et ses vêtements arrangés avec un soin particulier. Le gentleman au teint marbré portait à la boutonnière de son habit un énorme dalhia garni de quelques feuilles, et les habits de ses deux amis étaient ornés de bouquets de laurier et d'autres arbres verts. Tous les trois avaient mis leur costume de fête, c'est-à-dire qu'ils étaient enveloppés jusqu'au menton, et portaient la plus grande quantité possible de vêtements ; ce qui a toujours été le nec-plus-ultra de la toilette pour les cochers de voitures publiques, depuis que les voitures publiques ont été inventées.

M. Pell les attendait à l'heure désignée, dans le lieu de réunion ordinaire. Lui aussi avait mis une paire de gants et une chemise blanche, malheureusement éraillée au col et aux poignets par de trop fréquents lavages.

« Deux heures moins un quart, dit-il en regardant l'horloge de la salle. Le meilleur moment pour aller chez M. Flasher, c'est deux heures un quart.

— Que pensez-vous d'une goutte de bière, gentlemen ? suggéra l'homme au teint marbré.

— Et d'un petit morceau de bœuf froid ? dit le second cocher

— Écoutez ! écoutez ! cria Pell.

— Ou bien d'une huître ? ajouta le troisième cocher, qui était un gentleman enroué, supporté par des piliers énormes.

1. En Angleterre tout le monde peut s'établir agent de change.

— Afin de féliciter monsieur Weller sur sa nouvelle propriété, continua l'habile homme d'affaires. Eh ! ha ! hi ! hi ! hi ! hi !

— J'y suis tout à fait consentant, gentlemen, répondit M. Weller. Sammy, tirez la sonnette. »

Sam obéit, et le *porter*, le bœuf froid et les huîtres ayant été promptement apportés, furent aussi promptement dépêchés. Dans une opération où chacun prit une part si active, il serait peut-être inconvenant de signaler quelque distinction ; pourtant, si un individu montra plus de capacités qu'un autre, ce fut le cocher à la voix enrouée, car il prit une pinte de vinaigre avec ses huîtres sans trahir la moindre émotion.

Lorsque les coquilles d'huîtres eurent été emportées, un verre d'eau et d'eau-de-vie fut placé devant chacun des gentlemen.

« Monsieur Pell, dit M. Weller en remuant son grog, c'était mon intention de proposer un toast en l'honneur des *fontes* dans cette occasion ; mais Samivel m'a soufflé tout bas (ici M. Samuel Weller qui, jusqu'alors avait mangé ses huîtres avec de tranquilles sourires, cria tout à coup d'une voix sonore : Écoutez !) m'a soufflé tout bas qu'il vaudrait mieux dévouer la liqueur à vous souhaiter toutes sortes de succès et de prospérité, et à vous remercier de la manière dont vous avez conduit mon affaire. A vot'santé, mossieu.

— Arrêtez un instant, s'écria le gentleman au teint marbré avec une énergie soudaine ; regardez-moi, gentlemen ! »

En parlant ainsi, le gentleman au teint marbré se leva, et ses compagnons en firent autant. Il promena ses regards sur toute la compagnie, puis il leva lentement sa main, et en même temps chaque gentleman présent prit une longue haleine et porta son verre à sa bouche. Au bout d'un instant, le coryphée abaissa la main, et chaque verre fut déposé sur la table complétement vide. Il est impossible de décrire l'effet électrique de cette imposante cérémonie. A la fois simple, frappante et pleine de dignité, elle combinait tous les éléments de grandeur.

« Eh bien ! gentlemen, fit alors M. Pell, tout ce que je puis dire, c'est que de telles marques de confiance sont bien honorables pour un homme d'affaires. Je ne voudrais point avoir l'air d'un égoïste, gentlemen ; mais je suis charmé, dans votre propre intérêt, que vous vous soyez adressés à moi : voilà tout. Si vous étiez tombés entre les griffes de quelques membres infimes de la profession, vous vous seriez trouvés depuis long-

temps dans la rue des enfoncés. Plût à Dieu que mon noble
ami eût été vivant pour voir comment j'ai conduit cette affaire ! Je ne dis pas cela par amour-propre, mais je pense....
mais non, gentlemen, je ne vous fatiguerai pas de mon opinion à cet égard. On me trouve généralement ici, gentlemen ;
mais si je ne suis pas ici, ou bien de l'autre côté de la rue,
voilà mon adresse. Vous trouverez mes prix fort modérés et
fort raisonnables. Il n'y a pas d'homme qui s'occupe plus que
moi de ses clients, et je me flatte, en outre, de connaître süf-
fisamment ma profession. Si vous pouvez me recommander à
vos amis, gentlemen, je vous en serai très-obligé, et ils vous
seront obligés aussi quand ils me connaîtront. A votre santé,
gentlemen. »

Ayant ainsi exprimé ses sentiments, M. Salomon Pell plaça
trois petites cartes devant les amis de M. Weller, et regardant
de nouveau l'horloge, manifesta la crainte qu'il ne fût temps de
partir. Comprenant cette insinuation, M. Weller paya les
frais ; puis l'exécuteur, le légataire, l'homme d'affaires et les
arbitres, dirigèrent leurs pas vers la cité.

Le bureau de Wilkins Flasher, esquire, agent de change,
était au premier étage, dans une cour, derrière la Banque
d'Angleterre ; la maison de Wilkins Flasher, esquire, était à
Brixton, Surrey; le cheval et le *stanhope* de Wilkins Flasher,
esquire, étaient dans une écurie et une remise adjacente ; le
groom de Wilkins Flasher, esquire, était en route vers le
West-End pour y porter du gibier ; le clerc de Wilkins Flasher,
esquire, était allé dîner ; et ainsi ce fut Wilkins Flasher lui-
même qui cria : Entrez ! lorsque M. Pell et ses compagnons
frappèrent à la porte de son bureau.

« Bonjour, monsieur, dit Pell en saluant obséquieusement.
Nous désirerions faire un petit transfert, s'il vous plaît.

— Bien, bien, entrez, répondit M. Flasher. Asseyez-vous
une minute, je suis à vous sur-le-champ.

— Merci, monsieur, reprit Pell ; il n'y a pas de presse.—
Prenez une chaise, monsieur Weller. »

M. Weller prit une chaise, et Sam prit une boîte, et les
arbitres prirent ce qu'ils purent trouver, et se mirent à contempler un almanach et deux ou trois papiers, collés sur le
mur, avec d'aussi grands yeux et autant de révérence que si
ç'avaient été les plus belles productions des anciens maîtres.

« Eh bien ! voulez-vous parier une demi-douzaine de vin de
Bordeaux, » dit Wilkins Flasher, esquire, en reprenant la con-

versation que l'entrée de M. Pell et de ses compagnons, avait interrompue un instant.

Ceci s'adressait à un jeune gentleman fort élégant, qui portait son chapeau sur son favori droit, et qui, nonchalamment appuyé sur un bureau, s'occupait à tuer des mouches avec une règle. Wilkins Flasher, esquire, se balançait sur deux des pieds d'un tabouret fort élevé, frappant avec grande dextérité, de la pointe d'un canif, le centre d'un petit pain à cacheter rouge, collé sur une boîte de carton. Les deux gentlemen avaient des gilets très-ouverts et des collets très-rabattus, de très-petites bottes et de très-gros anneaux, de très-petites montres et de très-grosses chaînes, des pantalons très-symétriques et des mouchoirs parfumés.

« Je ne parie jamais une demi-douzaine. Une douzaine, si vous voulez?

— Tenu. Simmery, tenu!

— Première qualité.

— Naturellement, répliqua Wilkins Flasher, esquire; et il inscrivit le pari sur un petit carnet, avec un porte crayon d'or. L'autre gentleman l'inscrivit également, sur un autre petit carnet, avec un autre porte crayon d'or.

— J'ai lu ce matin un avis concernant Boffer, dit ensuite M. Simmery. Pauvre diable! il est exécuté.

— Je vous parie dix guinées contre cinq, qu'il se coupe la gorge.

— Tenu.

— Attendez! Je me ravise, reprit Wilkins Flasher d'un air pensif. Il se pendra peut-être.

— Très-bien! répliqua M. Simmery, en tirant le porte crayon d'or. Je consens à cela. Disons qu'il se détruira.

— Qu'il se suicidera.

— Précisément. Flasher, dix guinées contre cinq; Boffer se suicidera. Dans quel espace de temps dirons-nous?

— Une quinzaine.

— Non pas! répliqua M. Simmery, en s'arrêtant un instant pour tuer une mouche. Disons une semaine.

— Partageons la différence; mettons dix jours.

— Bien; dix jours. »

Ainsi il fut enregistré sur le petit carnet, que Boffer devait se suicider dans l'espace de dix jours; sans quoi Wilkins Flasher, esquire, payerait à Frank Simmery, esquire, la somme de dix guinées; mais que si Boffer se suicidait dans cet intervalle,

Frank Simmery, esquire, payerait cinq guinées à Wilkins Flasher, esquire.

« Je suis très-fâché qu'il ait sauté, reprit Wilkins Flasher, esquire. Quels fameux dîners il donnait.

— Quel bon porto il avait! J'envoie demain notre maître d'hôtel à la vente, pour acheter quelques bouteilles de son soixante-quatre.

— Diantre! mon homme doit y aller aussi. Cinq guinées que mon homme couvre l'enchère du vôtre.

— Tenu. »

Une autre inscription fut faite sur les petits carnets, et M. Simmery, ayant tué toutes les mouches et tenu tous les paris, se dandina jusqu'à la Bourse, pour voir ce qui s'y passait.

Wilkins Flasher, esquire, condescendit alors à recevoir les instructions de M. Salomon Pell, et, ayant rempli quelques imprimés, engagea la société à le suivre à la Banque. Durant le chemin, M. Weller et ses amis ouvraient de grands yeux, pleins d'étonnement, à tout ce qu'ils voyaient, tandis que Sam examinait toutes choses avec un sang froid que rien ne pouvait troubler.

Ayant traversé une cour remplie de mouvement et de bruit, et passé près de deux portiers qui paraissaient habillés pour rivaliser avec la pompe à incendie peinte en rouge et reléguée dans un coin, nos personnages arrivèrent dans le bureau où leur affaire devait être expédiée, et où Pell et Flasher les laissèrent quelques instants, pour monter au bureau des testaments.

« Qu'est-ce que c'est donc que cet endroit-ci? murmura l'homme au teint marbré à l'oreille de M. Weller *senior*.

— Le bureau des consolidés, répliqua tout bas l'exécuteur testamentaire.

— Qu'est-ce que c'est que ces gentlemen qui s'tiennent derrière les comptoirs? demanda le cocher enroué.

— Des consolidés réduits, je suppose, répondit M. Weller. C'est-t'il pas des consolidés réduits, Samivel?

— Comment? vous ne supposez pas que les consolidés sont vivants? dit Sam avec quelque dédain.

— Est-ce que je sais, moi, reprit M. Weller. Qu'est-ce que c'est alors?

— Des employés, répondit Sam.

— Pourquoi donc qu'ils mangent tous des *sandwiches* au jambon?

— Parce que c'est dans leur devoir, je suppose. C'est une partie du système. Ils ne font que ça toute la journée. »

M. Weller et ses amis eurent à peine un moment pour réfléchir sur cette singulière particularité du système financier de l'Angleterre, car ils furent rejoints aussitôt par Pell et par Wilkins Flasher, esquire, qui les conduisirent vers la partie du comptoir au-dessus de laquelle un gros W était inscrit sur son écriteau noir.

« Pourquoi c'est-il, cela ? demanda M. Weller à M. Pell, en dirigeant son attention vers l'écriteau en question,

— La première lettre du nom de la défunte, répliqua l'homme d'affaires.

— Ça ne peut pas marcher comme ça, dit M. Weller en se tournant vers les arbitres. Il y a quelque chose qui ne va pas bien. V est notre lettre. Ça ne peut pas aller comme ça. »

Les arbitres, interpellés, donnèrent immédiatement leur opinion que l'affaire ne pouvait pas être légalement terminée sous la lettre W; et, suivant toutes les probabilités, elle aurait été retardée d'un jour, au moins, si Sam n'avait pas pris sur-le-champ un parti peu respectueux, en apparence, mais décisif. Saisissant son père par le collet de son habit, il le tira vers le comptoir et l'y tint cloué jusqu'à ce qu'il eût apposé sa signature sur une couple d'instruments; ce qui n'était pas une petite affaire, vu l'habitude qu'avait M. Weller de n'écrire qu'en lettres moulées. Aussi, pendant cette opération, l'employé eut-il le temps de couper et de peler trois pommes de reinette.

Comme M. Weller insistait pour vendre sa portion, sur-le-champ, toute la bande se rendit de la Banque à la porte de la Bourse.

Après une courte absence, Wilkins Flasher, esquire, revint vers nos amis, apportant, sur *Smith Payne et Smith*, un mandat de cinq cent trente livres sterling, lesquelles cinq cent trente livres sterling représentaient, au cours du jour, la portion des rentes de la seconde madame Weller, afférente à M. Weller *senior*.

Les deux cents livres sterling de Sam restèrent inscrites en son nom, et Wilkins Flasher, esquire, ayant reçu sa commission, la laissa tomber nonchalamment dans sa poche et se dandina vers son bureau.

M. Weller était d'abord obstinément décidé à ne toucher son mandat qu'en souverains; mais les arbitres lui ayant représenté qu'il serait obligé de faire la dépense d'un sac, pour

les emporter, il, consentit à recevoir la somme en billets de
cinq livres sterling.

« Mon fils et moi, dit-il en sortant de chez le banquier, mon
fils et moi nous avons un engagement très-particulier pour
cette après-dînée, et je voudrais bien enfoncer cette affaire ici
complétement. Ainsi, allons-nous-en tout droit quelque part
pour finir nos comptes. »

Une salle tranquille ayant été trouvée dans le voisinage, les
comptes furent produits et examinés. Le mémoire de M. Pell
fut taxé par Sam, et quelques-uns des articles ne furent pas
alloués par les arbitres; mais quoique M. Pell leur eût déclaré,
avec de solennelles assurances, qu'ils étaient trop durs pour
lui, ce fut certainement l'opération la plus profitable qu'il eût
jamais faite, et elle servit à défrayer pendant plus de six mois
son logement, sa nourriture et son blanchissage.

Les arbitres ayant pris la goutte, donnèrent des poignées
de main et partirent, car ils devaient conduire le soir même.
M. Salomon voyant qu'il n'y avait plus rien à boire ni à manger, prit congé de la manière la plus amicale, et Sam fut laissé
seul avec son père.

« Mon garçon, dit M. Weller, en mettant son portefeuille
dans sa poche de côté, il y a là onze cent quatre-vingts livres
sterling, y compris les billets pour la cession du bail et le
reste. Maintenant Samivel, tournez la tête du cheval du côté
du *George et Vautour*. »

CHAPITRE XXVII.

M. Weller assiste à une importante conférence entre M. Pickwick et
Samuel. Un vieux gentleman, en habit couleur de tabac, arrive
inopinément.

M. Pickwick était seul, rêvant à beaucoup de choses, et
pensant principalement à ce qu'il y avait de mieux à faire pour
le jeune couple, dont la condition incertaine était pour lui un
sujet constant de regrets et d'anxiété, lorsque Mary entra légèrement dans la chambre, et, s'avançant vers la table, lui dit
d'une manière un peu précipitée :

« Oh! monsieur, s'il vous plaît, Samuel est en bas, et il demande si son père peut vous voir ?

— Certainement.

— Merci, monsieur, dit Mary, en retournant vers la porte.

— Est-ce qu'il y a longtemps que Sam est ici?

— Oh! non, monsieur. Il ne fait que de revenir, et il ne vous demandera plus de congé, à ce qu'il dit. »

Mary s'aperçut sans doute, qu'elle avait communiqué cette dernière nouvelle avec plus de chaleur qu'il n'était absolument nécessaire; ou peut-être remarqua-t-elle le sourire de bonne humeur avec lequel M. Pickwick la regarda, quand elle eut fini de parler. Le fait est qu'elle baissa la tête et examina le coin de son joli petit tablier, avec une attention qui ne paraissait pas indispensable.

« Dites-leur qu'ils viennent sur-le-champ, »

Mary, apparemment fort soulagée, s'en alla rapidement avec son message.

M. Pickwick fit deux ou trois tours dans la chambre, et frottant son menton avec sa main gauche, parut plongé dans de profondes réflexions.

« Allons, allons! dit-il à la fin, d'un ton doux, mais mélancolique, c'est la meilleure manière dont je puisse récompenser sa fidélité. Il faut que cela soit ainsi. C'est le destin d'un vieux garçon de voir ceux qui l'entourent former de nouveaux attachements et l'abandonner. Je n'ai pas le droit d'attendre qu'il en soit autrement pour moi. Non, non, ajouta-t-il plus gaiement, ce serait de l'égoïsme et de l'ingratitude. Je dois m'estimer heureux d'avoir une si bonne occasion de l'établir. J'en suis heureux, nécessairement j'en suis heureux. »

M. Pickwick était si absorbé dans ces réflexions, qu'on avait frappé trois ou quatre fois à la porte avant qu'il l'entendît. S'asseyant rapidement et reprenant l'air aimable qui lui était ordinaire, il cria :

« Entrez! » Et Sam Weller parut, suivi par son père.

« Je suis charmé de vous voir revenu, Sam. Comment vous portez-vous, monsieur Weller?

— Très-bien, mossieu, grand merci; répliqua le veuf. J'espère que vous allez bien, mossieu?

— Tout à fait, je vous remercie.

— Je désirerais avoir un petit brin de conversation avec vous, mossieu, si vous pouvez m'accorder cinq minutes.

— Certainement. Sam, donnez une chaise à votre père.

— Merci, Samivel, j'en ai attrapé une ici. Un ben joli temps, mossieu, dit M. Weller en s'asseyant et en posant son chapeau par terre.

— Fort beau pour la saison, répliqua M. Pickwick, fort beau.

— Le plus joli temps que j'aie jamais vu, » reprit M. Weller. Mais, arrivé là, il fut saisi d'un violent accès de toux, et sa toux terminée, il se mit à faire des signes de tête, des clins d'œil, des gestes suppliants et menaçants à son fils, qui s'obstinait méchamment à n'en rien voir.

M. Pickwick s'apercevant que le vieux gentleman était embarrassé, feignit de s'occuper à couper les feuillets d'un livre, et attendit ainsi que M. Weller expliquât l'objet de sa visite.

« Je n'ai jamais vu un garçon aussi contrariant que toi, Samivel, dit à la fin le vieux cocher, en regardant son fils d'un air indigné. Jamais, de ma vie ni de mes jours.

— Qu'a-t-il donc fait, M. Weller? demanda M. Pickwick.

— Il ne veut pas commencer, mossieu; il sait que je ne suis pas capable de m'exprimer moi-même, quand il y a quelque chose de particulier à dire, et il reste là, comme une ferme, plutôt que de m'aider d'une syllabe. Il me laisse embourber dans le chemin pour que je vous fasse perdre votre temps, et que je me donne moi-même en spectacle. Ce n'est pas une conduite filiale, Samivel, poursuivit M. Weller en essuyant son front; bien loin de là!

— Vous disiez que vous vouliez parler, répliqua Sam; comment pouvais-je savoir que vous étiez embourbé dès le commencement?

— Tu as bien vu que je n'étais pas capable de démarrer, que j'étais sur le mauvais côté de la route, et que je reculais dans les palissades, et toutes sortes d'autres désagréments. Et malgré ça, tu ne veux pas me donner un coup de main. Je suis honteux de toi, Samivel.

— Le fait est, monsieur, reprit Sam avec un léger salut; le fait est que le gouverneur vient de retirer son argent des fontes....

— Très-bien, Samivel, très-bien, interrompit M. Weller, en remuant la tête d'un air satisfait. Je n'avais pas l'intention d'être dur envers toi, Sammy. Très-bien, voilà comme il faut commencer; arrivons au fait tout de suite. Très-bien, Samivel, en vérité. »

Dans l'excès de son contentement M. Weller fit une quantité

extraordinaire de signes de tête, et attendit d'un air attentif
que Sam continuât son discours.

« Sam, dit M. Pickwick, en s'apercevant que l'entrevue promettait d'être plus longue qu'il ne l'avait imaginé, vous pouvez
vous asseoir. »

Sam salua encore, puis il s'assit; et son père lui ayant lancé
un coup d'œil expressif, il continua.

« Le gouverneur a touché cinq cent trente livres sterling....

— Toutes consolidées, interpola M. Weller, à demi-voix. ·

— Ça ne fait pas grand chose, que ça soit des fontes consolidées ou non, reprit Sam. N'est-ce pas cinq cent trente livres
sterling ?

— Justement, Samivel.

— A quoi il a ajouté pour la vente de l'auberge....

— Pour le bail, les meubles et la clientèle, expliqua
M. Weller.

— De quoi faire en tout onze cent quatre-vingts livres sterling.

— En vérité, fit M. Pickwick, je vous félicite, monsieur
Weller, d'avoir fait de si bonnes affaires.

— Attendez une minute, mossieu, dit le sage cocher, en
levant la main d'une manière suppliante. Marche toujours,
Samivel.

— Il désire beaucoup, reprit Sam, avec un peu d'hésitation,
et je désire beaucoup aussi voir mettre cette monnaie-là dans un
endroit où elle sera en sûreté; car, s'il la garde, il va la prêter au premier venu, ou la dépenser en chevaux, ou laisser
tomber son portefeuille de sa poche sur la route, ou faire une
momie égyptienne de son corps, d'une manière ou d'une autre.

— Très-bien, Samivel, interrompit M. Weller, d'un air aussi
complaisant que si son fils avait fait le plus grand éloge de sa
prudence et de sa prévoyance.

— C'est pourquoi, continua Sam, en tortillant avec inquiétude le bord de son chapeau; c'est pourquoi il l'a ramassée
aujourd'hui, et est venu ici avec moi, pour dire.... c'est-à-dire
pour offrir.... ou en d'autres termes pour....

— Pour dire ceci, continua M. Weller avec impatience;
c'est que la monnaie ne me servira de rien, à moi, vu que je
vas conduire une voiture régulièrement; et comme je n'ai pas
d'endroit pour la mettre, à moins que je ne paye le conducteur
pour en prendre soin, ou que je la mette dans une des poches
de la voiture, ce qui serait une tentation pour les voyageurs

du coupé; de sorte que si vous voulez en prendre soin pour moi, mossieu, je vous serai bien obligé. Peut-être, ajouta M. Weller, en se levant et en venant parler à l'oreille de. M. Pickwick, peut-être qu'elle pourra servir à payer une partie de cette condamnation.... Tout ce que j'ai à dire, c'est que vous la gardiez, jusqu'à ce que je vous la redemande. »

En disant ces mots, M. Weller posa son portefeuille sur les genoux de M. Pickwick, saisit son chapeau, et se sauva hors de la chambre, avec une célérité qu'on aurait eu bien de la peine à attendre d'un sujet aussi corpulent.

« Sam, arrêtez-le ! s'écria M. Pickwick d'un ton sérieux. Rattrapez-le ! ramenez-le moi sur-le-champ. Monsieur Weller, arrêtez, arrêtez ! »

Sam vit qu'il ne fallait pas badiner avec les injonctions de son maître. Il saisit son père par le bras, comme il descendait l'escalier, et le ramena de vive force.

« Mon ami, dit M. Pickwick en le prenant par la main, votre honnête confiance me confond.

— Il n'y a pas de quoi, mossieu, repartit le cocher, d'un ton obstiné.

— Je vous assure, mon ami, que j'ai plus d'argent qu'il ne m'en faut; bien plus qu'un homme de mon âge ne pourra jamais en dépenser.

— On ne sait pas ce qu'on peut dépenser tant qu'on n'a pas essayé.

— C'est possible; mais comme je ne veux pas faire cette expérience-là, il n'est guère probable que je tombe dans le besoin. Je dois donc vous prier de reprendre ceci, monsieur Weller.

— Très-bien, répliqua le vieux cocher d'un ton mécontent. Faites attention à ceci, Samivel; je ferai un acte de désespéré avec cette propriété ; un acte de désespéré !

— Je ne vous y engage pas, » répondit Sam.

M. Weller réfléchit pendant quelque temps, puis, boutonnant son habit d'un air déterminé, il dit: je tiendrai un *turnpike* [1].

« Quoi ? s'écria Sam.

— Un *turnpike* rétorqua M. Weller entre ses dents serrées. Dites adieu à votre père, Samivel; je dévoue le reste de ma carrière à tenir un *turnpike* ! »

Cette menace était si terrible, M. Weller semblait si déter-

[1]. Un *Turnpike*, barrière pour le péage des voitures sur les routes anglaises. *(Note du traducteur.)*

miné à l'exécuter, et si profondément mortifié par le refus de
M. Pickwick, que l'excellent homme, après quelques instants
de réflexion, lui dit :

« Allons, allons, monsieur Weller, je garderai votre argent. Il est possible effectivement que je puisse faire plus de
bien que vous avec cette somme.

— Parbleu, répondit M. Weller en se rassérénant, certainement, que vous pourrez en faire plus que moi, mossieu.

— Ne parlons plus de cela, dit M. Pickwick, en enfermant
le portefeuille dans son bureau. Je vous suis sincèrement
obligé, mon ami. Et maintenant rasseyez-vous, j'ai un mot à
vous demander. »

Le rire comprimé de triomphe qui avait bouleversé, non
seulement le visage de M. Weller, mais ses bras, ses jambes
et tout son corps, pendant que le portefeuille était enfermé,
fut remplacé par la gravité la plus majestueuse, aussitôt qu'il
eut entendu ces paroles.

« Laissez-nous un instant, Sam, » dit M. Pickwick.

Sam se retira immédiatement.

Le corpulent cocher avait l'air singulièrement profond, mais
prodigieusement étonné, lorsque M. Pickwick ouvrit le discours
en disant :

« Vous n'êtes pas, je pense, un avocat du mariage, monsieur
Weller? »

Le père de Sam secoua la tête, mais il n'eut point la force
de parler; il était pétrifié par la pensée que quelque méchante
veuve avait réussi à enchevêtrer M. Pickwick.

« Tout à l'heure, en montant l'escalier avec votre fils, avez-
vous, par hasard, remarqué une jeune fille ?

— J'ai vu une jeunesse, répliqua M. Weller brièvement.

— Comment l'avez-vous trouvée, monsieur Weller? Dites-
moi candidement comment vous l'avez trouvée ? »

— J'ai trouvé qu'elle était dodue, et les membres bien attachés, répondit le cocher d'un air de connaisseur.

« C'est vrai, vous avez raison. Mais qu'avez-vous pensé de
ses manières ?

— Eh ! eh ! très-agréables, mossieu, et très-conformables. »

Rien ne déterminait le sens précis que M. Weller attachait
à ce dernier adjectif; mais comme le ton dont il l'avait prononcé
indiquait évidemment que c'était une expression favorable,
M. Pickwick en fut aussi satisfait que s'il l'avait compris distinctement.

« Elle m'inspire beaucoup d'intérêt, monsieur Weller, » reprit M. Pickwick.

Le cocher toussa.

« Je veux dire que je prends intérêt à son bien-être, à ce qu'elle soit heureuse et confortable, vous me comprenez ?

— Très-clairement ; répliqua M. Weller, qui ne comprenait rien du tout.

— Cette jeune personne est attachée à votre fils.

— A Samivel Weller ! s'écria le père.

— Précisément.

— C'est naturel, dit M. Weller, après quelques instants de réflexion ; c'est naturel, mais c'est un peu alarmant ; il faut que Samivel prenne bien garde.

— Qu'entendez-vous par là ?

— Prenne bien garde de ne rien lui dire dans un moment d'innocence, qui puisse servir à une conviction pour violation de promesse de mariage. Faut pas jouer avec ces choses-là, monsieur Pickwick. Quand une fois elles ont des desseins sur vous, on ne sait comment s'en dépêtrer, et pendant qu'on y réfléchit, elles vous empoignent. J'ai été marié comme ça moi-même la première fois, mossieu ; et Samivel est la conséquence de la manœuvre.

— Vous ne me donnez pas grand encouragement pour conclure ce que j'avais à vous dire ; mais je crois, pourtant, qu'il vaut mieux en finir tout d'un coup. Non-seulement, cette jeune personne est attachée à votre fils, mais votre fils lui est attaché, monsieur Weller.

— Eh ben ! voilà de jolies choses pour revenir aux oreilles d'un père ! Voilà de jolies choses !

— Je les ai observés dans diverses occasions, poursuivit M. Pickwick, sans faire de commentaires sur l'exclamation du gros cocher ; et je n'en doute aucunement. Supposez que je désirasse les établir, comme mari et femme, dans une situation où ils puissent vivre confortablement ; qu'en penseriez-vous, monsieur Weller ? »

D'abord, M. Weller reçut avec de violentes grimaces une proposition impliquant mariage, pour une personne à laquelle il prenait intérêt : mais comme M. Pickwick, en raisonnant avec lui, insistait fortement sur ce que Mary n'était point une veuve, il devint graduellement plus traitable. M. Pickwick avait beaucoup d'influence sur son esprit, le cocher d'ailleurs avait été singulièrement frappé par les charmes de la jeune fille,,à qui il avait déjà lancé plusieurs œillades très-peu paternelles. A la fin, il déclara que ce n'était pas à lui de s'opposer aux désirs de M. Pickwick, et qu'il suivrait toujours ses avis avec grand plaisir. Notre excellent ami le prit au mot avec empressement, et sans lui donner le temps de la réflexion, fit comparaître son domestique.

« Sam, dit M. Pickwick en toussant un peu, car il avait quelque chose dans la gorge, votre père et moi, avons eu une conversation à votre sujet.

— A ton sujet, Samivel, répéta M. Weller, d'un ton protecteur et calculé pour faire de l'effet.

— Je ne suis pas assez aveugle, Sam, pour ne pas m'être aperçu, depuis longtemps, que vous avez pour la femme de chambre de madame Winkle, plus que de l'amitié.

— Tu entends, Samivel, ajouta M. Weller du même air magistral.

— J'espère, monsieur, dit Sam en s'adressant à son maître; j'espère qu'il n'y a pas de mal à ce qu'un jeune homme remarque une jeune femme qui est certainement agréable, et d'une bonne conduite.

— Aucun, dit M. Pickwick.

— Pas le moins du monde, ajouta M. Weller, d'une voix affable mais magistrale.

— Loin de penser qu'il y ait du mal dans une chose si naturelle, reprit M. Pickwick, je suis tout disposé à favoriser vos désirs. C'est pour cela que j'ai eu une petite conversation avec votre père ; et comme il est de mon opinion....

— La personne n'étant pas une veuve, fit remarquer M. Weller.

— La personne n'étant pas une veuve, répéta M. Pickwick en souriant, je désire vous délivrer de la contrainte que vous impose votre présente condition auprès de moi, et vous témoigner ma reconnaissance pour votre fidélité, en vous mettant à même d'épouser cette jeune fille, sur-le-champ, et de soutenir, d'une manière indépendante, votre famille et vous-même. Je serai fier, poursuivit M. Pickwick, dont la voix jusque-là tremblante, avait repris son élasticité ordinaire, je serai fier et heureux de prendre soin moi-même de votre bien-être à venir. »

Il y eut pendant quelques instants un profond silence, après lequel, Sam dit d'une voix basse et entrecoupée, mais ferme néanmoins.

« Je vous suis très-obligé pour votre bonté, monsieur, qui est tout à fait digne de vous, mais ça ne peut pas se faire.

— Cela ne peut pas se faire! s'écria M. Pickwick, avec étonnement.

— Samivel! dit M. Weller avec dignité.

— Je dis que ça ne peut pas se faire, répéta Sam d'un ton plus élevé. Qu'est-ce que vous deviendriez, monsieur?

— Mon cher garçon, répondit Pickwick, les derniers événements qui ont eu lieu parmi mes amis changeront complétement ma manière de vivre à l'avenir. En outre, je deviens vieux, j'ai besoin de repos et de tranquillité; mes promenades sont finies, Sam.

— Comment puis-je savoir ça, monsieur? Vous le croyez comme ça, maintenant; mais supposez que vous veniez à changer d'avis; ça n'est pas impossible, car vous avez encore le feu d'un jeune homme de vingt-cinq ans; qu'est-ce que vous deviendriez sans moi? Ça ne peut pas se faire, monsieur, ça ne peut pas se faire.

— Très-bien, Samivel. Il y a beaucoup de raison là-dedans, fit observer M. Weller, d'une voix encourageante.

— Je parle après de longues réflexions, Sam, reprit M. Pickwick en secouant la tête. Les scènes nouvelles ne me conviennent plus; mes voyages sont finis.

— Très-bien, monsieur. Alors raison de plus pour que vous ayez toujours avec vous quelqu'un qui vous connaisse, pour vous rendre confortable. Si vous voulez avoir un gaillard plus élégant, c'est bel et bon, prenez-le; mais avec ou sans gages, avec congé ou sans congé, nourri ou non nourri, logé ou non logé, Sam Weller, que vous avez pris dans la vieille auberge du *Borough*, s'attache à vous, arrive qui plante; et tout le monde aura beau faire et beau dire, rien ne l'en empêchera! »

A la fin de cette déclaration, que Sam fit avec grande émotion, son père se leva de sa chaise, et oubliant toute considération de lieu et de convenance, agita son chapeau au-dessus de sa tête, en poussant trois véhémentes acclamations.

« Mon garçon, dit M. Pickwick, lorsque M. Weller se fut rassis, un peu honteux de son propre enthousiasme, mon garçon, vous devez considérer aussi la jeune fille.

— Je considère la jeune fille, monsieur; j'ai considéré la jeune fille, je lui ai dit ma position, et elle consent à attendre, jusqu'à ce que je sois prêt. Je crois qu'elle tiendra sa pro-

messe, monsieur : si elle ne la tenait pas, elle ne serait pas la
jeune fille pour qui je l'ai prise, et j'y renonce volontiers. Vous
me connaissez bien, monsieur ; mon parti est arrêté, et rien
ne pourra m'en faire changer. »

Qui aurait eu le cœur de combattre cette résolution ? Ce n'é-
tait pas M. Pickwick. L'attachement désintéressé de ses hum-
bles amis lui inspirait, en ce moment, plus d'orgueil et de
jouissances de sentiments que n'auraient pu lui en causer
dix mille protestations des plus grands personnages de la
terre.

Tandis que cette conversation avait lieu dans la chambre de
M. Pickwick, un petit vieillard en habit couleur de tabac,
suivi d'un porteur et d'une valise, se présentait à la porte de
l'hôtel. Après s'être assuré d'une chambre pour la nuit, il
demanda au garçon s'il n'y avait pas dans la maison une certaine Mme Winkle ; et sur sa réponse affirmative :

« Est-elle seule? demanda le petit vieillard.

— Je crois que oui, monsieur. Je puis appeler sa femme de
chambre, si vous....

— Non, je n'en ai pas besoin; interrompit vivement le petit
homme. Conduisez-moi à sa chambre sans m'annoncer.

— Mais, monsieur! fit le garçon.

— Êtes-vous sourd?

— Non, monsieur.

— Alors écoutez-moi, s'il vous plaît. Pouvez-vous m'entendre maintenant?

— Oui, monsieur.

— C'est bien. Conduisez-moi à la chambre de mistress
Winkle sans m'annoncer. »

En proférant cet ordre, le petit vieillard glissa cinq shillings dans la main du garçon et le regarda fixement.

« Réellement, monsieur, je ne sais pas si.....

— Eh! vous finirez par le faire, je le vois bien ; ainsi autant
vaut le faire tout de suite; cela nous épargnera du temps. »

Il y avait quelque chose de si tranquille et de si décidé dans
les manières du petit vieillard, que le garçon mit les cinq
shillings dans sa poche et le conduisit sans ajouter un seul
mot.

« C'est là? dit l'étranger. Bien, vous pouvez vous retirer. »

Le garçon obéit, tout en se demandant qui le gentleman
pouvait être et ce qu'il voulait. Celui-ci attendit qu'il fut disparu et frappa à la porte.

« Entrez, fit Arabelle.

— Hum! une jolie voix toujours; mais cela n'est rien. »

En disant ceci; il ouvrit la porte et entra dans la chambre Arabelle, qui était en train de travailler, se leva en voyant un étranger, un peu confuse, mais d'une confusion pleine de grâce.

« Ne vous dérangez pas, madame, je vous prie, dit l'inconnu en fermant la porte derrière lui. Mme Winkle, je présume? »

Arabelle inclina la tête.

« Mme Nathaniel Winkle, qui a épousé le fils du vieux marchand de Birmingham?» poursuivit l'étranger en examinant Arabelle avec une curiosité visible.

Arabelle inclina encore la tête et regarda autour d'elle avec une sorte d'inquiétude, comme si elle avait songé à appeler quelqu'un.

« Ma visite vous surprend, à ce que je vois, madame? dit le vieux gentleman.

— Un peu, je le confesse, répondit Arabelle en s'étonnant de plus en plus.

— Je prendrai une chaise, si vous me le permettez, madame, dit l'étranger en s'asseyant et en tirant tranquillement de sa poche une paire de lunettes qu'il ajusta sur son nez. Vous ne me connaissez pas, madame? dit-il en regardant Arabelle si attentivement qu'elle commença à s'alarmer.

— Non, monsieur, répliqua-t-elle timidement.

— Non, répéta l'étranger en balançant sa jambe droite; je ne vois pas comment vous me connaîtriez. Vous savez mon nom cependant, madame.

— Vous croyez? dit Arabelle toute tremblante, sans trop savoir pourquoi. Puis-je vous prier de me le rappeler?

— Tout à l'heure, madame, tout à l'heure, répondit l'inconnu qui n'avait pas encore détourné les yeux de son visage. Vous êtes mariée depuis peu, madame?

—. Oui, monsieur, répliqua Arabelle d'une voix à peine perceptible et en mettant de côté son ouvrage; car une pensée, qui l'avait déjà frappée auparavant, l'agitait de plus en plus.

— Sans avoir représenté à votre mari la convenance de consulter d'abord son père, dont il dépend entièrement, à ce que je crois? »

Arabelle mit son mouchoir sur ses yeux.

« Sans même vous efforcer d'apprendre par quelque moyen

indirect quels étaient les sentiments du vieillard sur un point qui l'intéressait autant que celui-là.

— Je ne puis le nier, monsieur, balbutia Arabelle.

— Et sans avoir assez de bien, de votre côté, pour assurer à votre époux un dédommagement des avantages auxquels il renonçait en ne se mariant pas selon les désirs de son père? C'est là ce que les jeunes gens appellent une affection désintéressée, jusqu'à ce qu'ils aient des enfants à leur tour et qu'ils viennent alors à penser différemment. »

Les larmes d'Arabelle coulaient abondamment, tandis qu'elle s'excusait en disant qu'elle était jeune et inexpérimentée, que son attachement seul l'avait entraînée, et qu'elle avait été privée des soins et des conseils de ses parents presque depuis son enfance.

« C'était mal, dit le vieux gentleman d'un ton plus doux, c'était fort mal. C'était romanesque, mal calculé, absurde.

— C'est ma faute, monsieur, ma faute à moi seule, répliqua la pauvre Arabelle en pleurant.

— Bah! Ce n'est pas votre faute, je suppose, s'il est devenu amoureux de vous.... Mais si pourtant, ajouta l'inconnu en regardant Arabelle d'un air malin, si, c'est bien votre faute; il ne pouvait pas s'en empêcher. »

Ce petit compliment, ou l'étrange façon dont le vieux gentleman l'avait fait, ou le changement de ses manières qui étaient devenues beaucoup plus douces, ou ces trois causes réunies, arrachèrent à Arabelle un sourire au milieu de ses larmes.

« Où est votre mari? demanda brusquement l'inconnu pour dissimuler un sourire qui avait éclairci son propre visage.

— Je l'attends à chaque instant, monsieur. Je lui ai persuadé de se promener un peu ce matin; il est très-malheureux, très-abattu, de n'avoir pas reçu de nouvelles de son père.

— Ah! ah! c'est bien fait, il le mérite.

— Il en souffre pour moi, monsieur; et, en vérité, je souffre beaucoup pour lui, car c'est moi qui suis la cause de son chagrin.

— Ne vous tourmentez pas à cause de lui, ma chère; il le mérite bien. J'en suis charmé, tout à fait charmé, pour ce qui est de lui. »

Ces mots étaient à peine sortis de la bouche du vieux gentleman, lorsque des pas se firent entendre sur l'escalier. Arabelle et l'étranger parurent les reconnaître au même instant.

Le petit vieillard devint pâle, et, faisant un violent effort pour paraître tranquille, il se leva comme M. Winkle entrait dans la chambre.

« Mon père! s'écria celui-ci en reculant d'étonnement.

— Oui, monsieur, répondit le petit vieillard. Eh bien! monsieur, qu'est-ce que vous avez à me dire? »

M. Winkle garda le silence.

« Vous rougissez de votre conduite, j'espère? »

M. Winkle ne dit rien encore.

« Rougissez-vous de votre conduite, monsieur, oui ou non?

— Non, monsieur, répliqua M. Winkle, en passant le bras d'Arabelle sous le sien; je ne rougis ni de ma conduite ni de ma femme.

— Vraiment? dit le petit gentleman ironiquement.

— Je suis bien fâché d'avoir fait quelque chose qui ait diminué votre affection pour moi, monsieur; mais je dois dire en même temps que je n'ai aucune raison de rougir de mon choix, pas plus que vous ne devez rougir de l'avoir pour belle-fille.

— Donne-moi la main, Nathaniel, dit le vieillard d'une voix émue. Embrassez-moi, mon ange; vous êtes une charmante belle-fille, après tout. »

Au bout de quelques minutes, M. Winkle alla chercher M. Pickwick et le présenta à son père qui échangea avec lui des poignées de main pendant cinq minutes consécutives.

« Monsieur Pickwick, dit le petit vieillard d'un ton ouvert et sans façon, je vous remercie sincèrement de toutes vos bontés pour mon fils. Je suis un peu vif, et la dernière fois que je vous ai vu j'étais surpris et vexé. J'ai jugé par moi-même maintenant, et je suis plus que satisfait. Dois-je vous faire d'autres excuses?

— Pas l'ombre d'une, répondit M. Pickwick.... Vous avez fait la seule chose qui manquait pour compléter mon bonheur. »

Là-dessus il y eut un autre échange de poignées de mains, pendant cinq autres minutes, avec accompagnement de compliments qui avaient le mérite très-grand et très-nouveau d'être sincères.

Sam avait respectueusement reconduit son père à la *Belle-Sauvage*, quand, à son retour, il rencontra dans la cour le gros joufflu qui venait d'apporter un billet d'Emily Wardle.

« Dites donc, lui cria le jeune phénomène, qui paraissait singulièrement en train de parler, dites donc, Mary est-elle assez gentille, hein ? Je l'aime joliment, allez ! »

Sam ne fit point de réponse verbale, mais, complétement pétrifié par la présomption du gros garçon, il le regarda fixement pendant une minute, le conduisit par le collet jusqu'au coin de la rue et le renvoya avec un coup de pied innocent mais cérémonieux, après quoi il rentra à l'hôtel en sifflant.

CHAPITRE XXVIII.

Dans lequel le club des pickwickiens est définitivement dissous, et toutes choses terminées, à la satisfaction de tout le monde.

Durant une semaine, après l'arrivée de M. Winkle de Birmingham, M. Pickwick et Sam Weller s'absentèrent de l'hôtel toute la journée, rentrant seulement à l'heure du dîner et ayant l'un et l'autre un air de mystère et d'importance tout à fait étranger à leur caractère. Il était évident qu'il se préparait quelque événement notable, mais on se perdait en conjectures sur ce que ce pouvait être. Quelques-uns (parmi lesquels se trouvait M. Tupman) étaient disposés à penser que M. Pickwick projetait une alliance matrimoniale, mais les dames repoussaient fortement cette idée. D'autres inclinaient à croire qu'il avait projeté quelque expédition lointaine, dont il faisait les arrangements préliminaires. Mais cela avait été vigoureusement nié par Sam lui-même qui, pressé de questions par Mary, avait solennellement assuré qu'il ne s'agissait point de nouveaux voyages. A la fin, lorsque les cerveaux de toute la société se furent mis inutilement à la torture, pendant six jours entiers, il fut unanimement décidé que M. Pickwick serait invité à expliquer sa conduite, et à déclarer nettement pourquoi il privait ainsi de sa société ses amis, remplis d'admiration pour sa personne.

Dans ce but, M. Wardle invita tout le monde à dîner à l'*Adelphi-Hôtel*, et, lorsque le vin de Bordeaux eut fait deux fois le tour de la table, il entama l'affaire en ces termes :

« Mon cher Pickwick, nous sommes inquiets de savoir en

quoi nous avons pu vous offenser, pour que vous nous aban-
donniez ainsi, consacrant tout votre temps à ces promenades
solitaires.

— Chose singulière ! répondit M. Pickwick, j'avais justement
l'intention de vous donner aujourd'hui même une explication
complète. Ainsi, si vous voulez me verser encore un verre de
vin, je vais satisfaire votre curiosité. »

La bouteille passa de main en main avec une vivacité inaccoutumée, et M. Pickwick, regardant avec un joyeux sourire
ses nombreux amis :

« Tous les changements qui sont arrivés parmi nous, dit-il,
je veux dire le mariage qui s'est fait et le mariage qui doit se
faire, avec les conséquences qu'ils entraînent, rendaient nécessaire pour moi de penser sérieusement et d'avance à mes
plans pour l'avenir. Je me suis déterminé à me retirer aux
environs de Londres, dans quelque endroit joli et tranquille.
J'ai vu une maison qui me convenait, je l'ai achetée et meublée. Elle est tout à fait prête à me recevoir et je compte m'y
établir sur-le-champ. J'espère que je pourrai encore passer
bien des années heureuses dans cette paisible retraite, réjoui,
pendant le reste de mes jours, par la société de mes amis, et
suivi, après ma mort, de leurs regrets affectueux. »

Ici M. Pickwick s'arrêta et l'on entendit autour de la table
un murmure doux et triste.

« La maison que j'ai choisie, poursuivit-il, est à Dulwich,
dans une des situations les plus agréables qu'on puisse trouver auprès de Londres. Il y a un grand jardin, et l'habitation est arrangée de manière à ce qu'on n'y manque d'aucun
confort. Peut-être même n'est-elle pas dépourvue d'une certaine
élégance. Vous en jugerez vous-même. Sam m'y accompagnera.
J'ai engagé, sur les représentations de Perker, une femme de
charge, une très-vieille femme de charge, et les autres domestiques qu'il a jugés nécessaires. Je me propose de consa-
crer cette petite retraite en y faisant accomplir une cérémonie
à laquelle je prends beaucoup d'intérêt. Je désire, si mon ami
Wardle ne s'y oppose point, que les noces de sa fille soient
célébrées dans cette nouvelle demeure, le jour où j'en prendrai
possession. Le bonheur des jeunes gens, poursuivit M. Pickwick un peu ému, a toujours été le plus grand plaisir de ma
vie; mon cœur se rajeunira lorsque je verrai, sous mon propre
toit, s'accomplir le bonheur des amis qui me sont les plus
chers. »

M. Pickwick s'arrêta encore; Arabelle et Emily sanglotaient.

« J'ai communiqué, personnellement et par écrit, avec le club, reprit le philosophe. Je lui ai appris mon intention. Durant notre longue absence, il avait été divisé par des dissensions intestines. Ma retraite, jointe à diverses autres circonstances, a décidé sa dissolution. *Pickwick-Club* n'existe plus. Toutes frivoles que mes recherches aient pu paraître à certaines gens, continua M. Pickwick d'une voix plus grave, je ne regretterai jamais d'avoir dévoué près de deux années à étudier les différentes variétés du caractère de l'espèce humaine. Presque toute ma vie ayant été consacrée à des affaires positives, et à la poursuite de la fortune, j'ai vu s'ouvrir devant moi de nombreux points de vue dont je n'avais aucune idée, et qui, je l'espère, ont élargi mon intelligence et perfectionné mon esprit. Si je n'ai fait que peu de bien, je me flatte d'avoir fait encore moins de mal. Aussi, j'espère qu'au déclin de ma vie chacune de mes aventures ne m'apportera que des souvenirs consolants et agréables. Et maintenant, mes chers amis, qué Dieu vous bénisse tous ! »

A ces mots, M. Pickwick remplit son verre et le porta à ses lèvres d'une main tremblante. Ses yeux se mouillèrent de larmes lorsque ses amis se levèrent simultanément pour lui faire raison, du fond du cœur.

Il y avait peu d'arrangements à faire pour le mariage de M. Snodgrass. Comme il n'avait ni père ni mère, et qu'il avait été, dans sa minorité, pupille de M. Pickwick, celui-ci connaissait parfaitement l'état de sa fortune. Le compte qu'il en rendit à M. Wardle le satisfit complètement, comme, en vérité, l'aurait satisfait tout autre compte; car le bon vieillard avait le cœur plein de tendresse et de contentement. Il donna à Emily une belle dot, et le mariage étant fixé pour le quatrième jour, le peu de temps accordé pour les préparatifs faillit faire perdre la tête à trois couturières et à un tailleur.

Le lendemain, ayant fait mettre des chevaux de poste à sa voiture, M. Wardle partit pour aller chercher sa mère à Dingley-Bell. La vieille lady à qui il communiqua cette nouvelle avec son impétuosité ordinaire, s'évanouit à l'instant ; mais, ayant été promptement ranimée, elle ordonna d'empaqueter sur-le-champ sa robe de brocard, et se mit à raconter quelques circonstances analogues, qui avaient eu lieu au mariage de la fille aînée de feu lady Tollimglower. Ce récit dura trois heures, et, au bout de ce temps, il n'était encore qu'à moitié

Il était nécessaire d'informer Mme Trundle des prodigieux préparatifs qui se faisaient à Londres; et, comme sa situation était alors très-intéressante, cette nouvelle lui fut communiquée par M. Trundle, de peur qu'elle n'en fût bouleversée. Mais elle ne fut pas bouleversée le moins du monde, car elle écrivit sur-le-champ à Muggleton pour se faire faire un nouveau bonnet et une robe de satin noire, et elle déclara, de plus, sa détermination d'être présente à la cérémonie. M. Trundle, à ces mots, envoya immédiatement chercher le docteur. Le docteur décida que Mme Trundle devait savoir, mieux que personne, comment elle se sentait ; à quoi Mme Trundle répondit qu'elle se sentait assez forte pour aller à Londres et qu'elle y irait. Or, le docteur était un docteur habile et prudent. Il savait ce qui était bon pour lui-même aussi bien que pour ses malades; son avis fut donc que si Mme Trundle restait chez elle, elle se tourmenterait peut-être de manière à se faire plus de mal que ne lui en ferait le voyage, et que, par conséquent, il valait mieux la laisser partir. Elle partit en effet, et le docteur eut l'attention de lui envoyer une douzaine de potions, pour boire le long de la route.

En addition à tous ses embarras, M. Wardle avait été chargé de deux petites lettres, pour deux petites demoiselles, qui devaient officier comme demoiselles d'honneur. En apprenant cette importante nouvelle, les deux demoiselles faillirent se désespérer de n'avoir rien à mettre dans une occasion aussi importante, et pas même le temps de rien faire faire, circonstance qui ne parut pas affecter aussi tristement les dignes papas desdites demoiselles. Cependant, de vieilles robes furent rajustées, on fabriqua à la hâte des chapeaux neufs, et les deux demoiselles furent aussi belles qu'il était possible de l'espérer. D'ailleurs , comme elles pleurèrent aux endroits convenables; le jour de la cérémonie, et comme elles tremblèrent à propos, tous les assistants convinrent qu'elles s'étaient admirablement acquittées de leurs fonctions.

Comment les deux parents pauvres atteignirent Londres ; s'ils y allèrent à pied, ou montèrent derrière des voitures, ou grimpèrent dans des charrettes, ou se portèrent mutuellement, c'est ce que nous ne saurions dire ; mais ils y étaient arrivés avant M. Wardle, et ce furent eux qui, les premiers, frappèrent à la porte de M. Pickwick, le jour du mariage. Leur visage n'était que sourires et cols de chemise.

Ils furent reçus cordialement, car la pauvreté ou la richesse

n'avaient aucune influence sur le philosophe. Les nouveaux
domestiques étaient tout empressement, toute vivacité; Sam,
dans un état sans pareil de bonne humeur et d'exaltation;
Mary, éblouissante de beauté et de jolis rubans.

Le marié, qui demeurait dans la maison de M. Pickwick depuis deux ou trois jours, en sortit galamment pour rejoindre
la mariée à l'église de Dulwich. Il était accompagné de
MM. Pickwick, Ben Allen, Sawyer et Tupman. Sam était à l'extérieur de la voiture, vêtu d'une brillante livrée, inventée expressément pour cette occasion; il portait à sa boutonnière
une faveur blanche, gage d'amour de la dame de ses pensées.
Cette troupe joyeuse rejoignit les Wardle et les Winkle, et la
mariée, et les demoiselles d'honneur, et les Trundle; et lorsque la cérémonie fut terminée, tous les carrosses roulèrent
vers la maison de M. Pickwick. Le déjeuner et le petit Perker
les y attendaient.

Là s'effacèrent les légers nuages de mélancolie engendrés par
la solennité de la cérémonie. Tous les visages brillaient de la
joie la plus pure, et l'on n'entendait que des compliments et des
congratulations. Le gazon sur le devant de la maison, le jardin par derrière, la serre mignonne, la salle à manger, le salon,
les chambres à coucher, le fumoir, et, par-dessus tout, le cabinet
d'étude avec ses tableaux, ses gouaches, ses bahuts gothiques,
ses tables étranges, ses livres sans nombre, ses grandes fenêtres, ouvrant sur une jolie pelouse et sur une belle perspective; puis, enfin, les rideaux et les tapis, et les chaises, et les
sofas; tout était si beau, si solide, si propre et d'un goût si
exquis, à ce que disait chacun, qu'il n'y avait réellement pas
moyen de décider ce qu'on devait admirer le plus.

Au milieu de toutes ces belles choses, M. Pickwick se tenait
debout, et sa physionomie était radieuse de sourires auxquels
n'aurait pu résister aucun cœur d'homme, ni de femme, ni
d'enfant. Il semblait le plus heureux de tous les assistants;
il serrait, de minute en minute, les mains des mêmes personnes, et quand ses mains n'étaient pas ainsi occupées, il
les frottait avec un indicible plaisir. Il se retournait de tous
côtés à chaque expression nouvelle de curiosité ou d'admiration, et charmait tout le monde par son air de contentement
et de bonhomie.

Le déjeuner est annoncé. M. Pickwick conduit au sommet
d'une longue table la vieille lady, fort éloquente, comme d'ordinaire, sur le chapitre de Tollimglower; Wardle se met au

bas bout; les amis s'arrangent comme ils l'entendent, des deux
côtés, et Sam prend sa place derrière la chaise de son maître.
Les rires et les causeries cessent pour une minute. M. Pickwick ayant dit le bénédicité, s'arrête un moment et regarde
autour de lui; des larmes de joie coulent de ses yeux en contemplant cette heureuse réunion.

Nous allons prendre congé de notre ami dans un de ces moments de bonheur sans mélange qui viennent de temps en
temps embellir notre passagère existence. Il y a de sombres
nuits sur la terre, mais l'aurore joyeuse n'en semble que plus
brillante par le contraste. Certaines personnes, pareilles aux
hiboux et aux chauves-souris, ont de meilleurs yeux pour les
ténèbres que pour la lumière; nous, qui ne leur ressemblons
point, nous éprouvons plus de plaisir à jeter un dernier regard aux compagnons imaginaires de bien des heures de solitude, dans un moment où le rapide éclat du bonheur les illu-
mine de ses passagères clartés.

C'est le destin de la plupart des hommes, même de ceux qui
n'arrivent qu'à l'été de la vie, d'acquérir dans le monde quelques amis sincères et de les perdre, suivant le cours de la nature. C'est le destin de tous les romanciers, de se créer des
amis fantastiques et de les perdre, suivant le cours de l'art.
Mais ce n'est pas là toute leur infortune; ils sont encore obligés d'en rendre compte.

Pour nous soumettre à cette coutume, évidemment détestable, nous ajouterons ici une courte notice biographique sur la
société réunie chez M. Pickwick.

M. et Mme Winkle, complétement rentrés en grâce auprès de
M. Winkle senior, furent, bientôt après, installés dans une maison nouvellement bâtie, à moins d'un mille de celle de M. Pickwick. M. Winkle étant engagé comme correspondant de son
père dans la Cité, changea son ancien costume contre l'habit
ordinaire des Anglais, et conserva toujours dans la suite l'extérieur d'un chrétien civilisé.

M. et Mme Snodgrass s'établirent à Dingley-Bell, où ils
achetèrent et cultivèrent une petite ferme, pour s'occuper plutôt que pour en tirer profit. M. Snodgrass se montrant encore
quelquefois distrait et mélancolique, est, jusqu'à ce jour, ré-
puté grand poëte parmi ses amis et connaissances, quoique
nous ne sachions pas qu'il ait jamais rien écrit pour encoura-

ger cette croyance. Nous connaissons beaucoup de personnages célébres dans la littérature, la philosophie et les autres facultés, dont la haute réputation n'est pas basée sur de meilleurs fondements.

Lorsque M. Pickwick fut établi à poste fixe et ses amis mariés, M. Tupman prit un logement à Richemond, où il a toujours résidé depuis. Pendant les jours d'été, il se promène constamment sur la rive d'un air juvénile et coquet, grâce auquel il fait l'admiration des nombreuses ladies d'un certain âge qui habitent ces parages dans une vertueuse solitude. Cependant il n'a jamais risqué de nouvelles propositions.

MM. Bob Sauwer et Ben Allen, après avoir fait banqueroute, passèrent ensemble au Bengale comme chirurgiens de la compagnie des Indes. Ils ont eu, tous les deux, la fièvre jaune jusqu'à quatorze fois, et se sont résolus enfin à essayer d'un peu d'abstinence. Depuis cette époque, ils se portent bien.

Mme Bardell continua à louer ses logements à plusieurs gentlemen, garçons et agréables. Elle en tira de bons profits, mais elle n'attaqua plus personne pour violation de promesse de mariage. Ses alliés, MM. Dodson et Fogg, sont encore dans les affaires; ils se font toujours un riche revenu, et sont considérés comme les plus habiles entre les habiles.

Sam Weller tint sa parole et resta deux ans sans se marier. Mais, au bout de ce temps, la vieille femme de charge de M. Pickwick étant morte, M. Pickwick éleva Mary à cette dignité, sous la condition d'épouser Sam sur-le-champ, ce qu'elle fit sans murmurer. Nous avons lieu de supposer que cette union ne fut pas stérile, car on a vu plusieurs fois deux petits garçons bouffis à la grille du jardin.

M. Weller sénior conduisit sa voiture pendant un an; mais, étant attaqué de la goutte, il fut obligé de prendre sa retraite. Fort heureusement, le contenu de son portefeuille avait été si bien placé par M. Pickwick, qu'il peut vivre à son aise dans une excellente auberge, près de Shooter's Hill. Il y est révéré comme un oracle, se vante de son intimité avec M. Pickwick, et a conservé pour les veuves une aversion insurmontable.

M. Pickwick lui-même continua de résider dans sa nouvelle maison, employant ses heures de loisir, soit à mettre en ordre les souvenirs dont il fit présent ensuite au ci-devant secrétaire du célèbre club; soit à se faire faire la lecture par Sam, dont les remarques ne manquent jamais de lui procurer beaucoup d'amusement. Il fut d'abord fréquemment dérangé par les nom-

breuses prières que lui firent M. Snodgrass, M. Winkle et
M. Trundle, de servir de parrain à leurs enfants ; mais il y est
habitué maintenant et remplit ces fonctions comme une chose
toute simple. Il n'a jamais eu de raison de regretter ses bontés
pour Jingle et pour Job Trotter ; car ces deux personnages
sont devenus, avec le temps, de respectables membres de la société. Cependant, ils ont toujours refusé de revenir sur le théâtre de leurs anciennes tentations et de leurs premières chutes.
M. Pickwick est un peu infirme maintenant ; mais son esprit est toujours aussi·jeune. On peut le voir souvent occupé
à contempler les tableaux de la galerie de Dulwich, ou, dans
les beaux jours, à faire une agréable promenade dans le voisinage. Il est connu de tous les pauvres gens d'alentour, qui
ne manquent jamais d'ôter leur chapeau avec respect lorsqu'il
passe. Les enfants l'idolâtrent, et, pour bien dire, tous les voisins en font autant. Chaque année, il se rend à une grande
réunion de famille, chez M. Wardle, et, dans cette occasion,
comme dans toutes les autres, il est invariablement accompagné de son fidèle Sam ; car il existe entre le maître et le serviteur un attachement réciproque et solide que la mort seule
pourra briser.

FIN DU DEUXIÈME ET DERNIER VOLUME.

TABLE DES MATIÈRES

CONTENUES DANS LE SECOND VOLUME.

———

FIN DE LA TABLE DES MATIÈRES.

CPSIA information can be obtained at www.ICGtesting.com
Printed in the USA
BVOW001439070513

320116BV00017B/689/P